novum pro

Katharina Zerbes-Margineau

VOM STURMWIND VERWEHT
Band 2

Von Herz und Schmerz

novum pro

Bibliografische Information
der Deutschen Nationalbibliothek:

Die Deutsche Nationalbibliothek
verzeichnet diese Publikation in
der Deutschen Nationalbibliografie.
Detaillierte bibliografische Daten
sind im Internet über
http://www.d-nb.de abrufbar.

ISBN 978-3-99038-949-2
Lektorat: Katja Kulin
Umschlagfoto:
Vian1980 | Dreamstime.com
Umschlaggestaltung, Layout & Satz:
novum Verlag

Gedruckt in der Europäischen Union
auf umweltfreundlichem, chlor- und
säurefrei gebleichtem Papier.

www.novumverlag.com

INHALTSVERZEICHNIS

Gewidmet meinen Enkelkindern
Elena, Charlotte, Matthias, Clarissa und Marlene

5. KAPITEL

Überfälle auf das Vorban-Haus

Elena wollte Johns Wunsch erfüllen, über die furchtbaren Jahre der Nachkriegszeit und des Kommunismus unter Diktator Ceausescu in Rumänien zu schreiben. Diesen Bericht wollte er ins Englische übersetzen; John versprach sich davon einigen Erfolg, war doch im englischsprachigen Raum das Interesse an diesem Thema sicher vorhanden.

Mit den schrecklichen Nachrichten der Rundfunksendungen über die letzten Tage des „Dritten Reiches", denen sie allabendlich lauschten, hatte sie mit ihrer Erzählung aufgehört. Hier wollte sie fortsetzen, als Ende April im Radio eine Männerstimme mit heroischem Ton meldete: „Der Führer ist gefallen! Umringt von seinen engsten Gefährten starb er den Heldentod für Deutschland!" Das Ende des furchtbaren Krieges stand unmittelbar bevor. Mit diesem Mann und seinem angeblichen „Heldentod" wollte sie ihre Erzählung fortführen.

Seinen 56. Geburtstag hatte er sich wohl anders vorgestellt …

Als er am 20. April 1939 in Berlin die größte Militärparade, die diese Stadt je gesehen hatte, abnahm, wähnte er sich bereits mit einem Bein im Tausendjährigen Reich, mit Krone und Zepter, der Herr Schicklgruber! Tja, seine Vorsehung hatte es jedoch anders gewollt. Offensichtlich hatte sie mit ihm etwas anderes vor als er. Fünf Jahre später lag das schöne Deutschland in Schutt und Asche. Und er?

Er begab sich gerade auf die Hochzeitsreise. Ja, zehn Tage nach seinem 56. Geburtstag, den er unter Ausschluss des Sonnenlichts in den Tiefen des Erdreichs gefeiert hatte, begab er sich mit seiner frisch Angetrauten auf die Hochzeitsreise ins Jenseits, wohl in die heißesten, abgrundtiefsten Gefilde der Hölle. Auf 60-millionenfachen Mord und anschließenden Selbstmord steht doch „Hölle"! Er war ja Katholik gewesen! Oder versuchten jetzt die Kardinäle und Bischöfe ihm den Weg in den Himmel zu bahnen? Sicher taten sie auch post mortem alles für ihn. Aber sicher.

Diese Würdenträger hatten treu und loyal ein Dutzend Jahre auf seiner Seite gestanden, hatten für das Gelingen des mörderischsten aller Kriege gebetet, hatten Waffen gesegnet, um damit ihre Glaubensbrüder an der gegenüberliegenden Front zu ermorden. Wie hieß es in einem Soldatengebet:

Wir treten zum Beten vor Gott, den Gerechten,
er schaltet und haltet ein strenges Gericht,
er lässt von den Schlechten die Guten nicht knechten.
Sein Name sei gelobt! Er vergisst unser nicht.

Im Streite zur Seite hat Gott uns gestanden,
Er wollte, es sollte das Recht siegreich sein, usw.

Mal waren es hehre Sprüche, mal rührseliges Gesäusel, mit denen die ehrwürdigen Würdenträger den hirngewaschenen jungen Männern vorgaukelten, ihre Sache sei gerecht. Nun, wenn Gott gewollt hatte, dass „das Recht siegreich sei", war ja alles in Ordnung ... Dann war ja der Ausgang gerade richtig gewesen ... Wie makaber! Sah denn so das siegreiche Recht aus?

Die Söhne ihres eigenen Volkes hatten die Kardinäle und Bischöfe betend in den Tod geschickt, während sie – samt ihrem allerhochwürdigsten Oberhaupt – dem Morden von sechs Millionen Juden stillschweigend zugeschaut hatten, ohne auch nur mit ihren hochwürdigen Wimpern zu zucken. Tja, gewiss waren die ehrwürdigen Würdenträger zu sehr damit beschäftigt gewesen, ehrwürdig an ihrer Würde zu tragen, hatten es als unter ihrer Würde erachtet, das zu würdigen, was um sie herum geschah ... Oder waren die Scheuklappen an ihren Würde tragenden Häuptern aus zu dickem Leder gewesen, um etwas mitzubekommen? Aber sicher war das der Grund dafür gewesen, dass sie von dem Treiben ihres braunen Schützlings „nichts gewusst" hatten! Keiner hatte ja etwas gewusst ... Somit sind sie in ihren Augen allesamt unschuldig ... Und ihr oberster Chef in Rom ist nicht nur entschuldbar, sondern unfehlbar ... Genauso unfehlbar waren ja auch alle seine ehrwürdigen Würde tragenden Vorgänger der letzten 19 Jahrhunderte gewesen ...

Wer war denn dieser Herr Schicklgruber?

Ja, eigentlich hätte er Adolf Schicklgruber heißen müssen und nicht Adolf Hitler. Wieso? Sein Vater, Alois Schicklgruber, war der uneheliche Sohn der Maria, geborene Schicklgruber. Erst nachdem Maria, Adolfs Großmutter, einen Mann namens Hitler geheiratet hatte, nahm Alois den Nachnamen seines Stiefvaters, an.

Geradezu unerträglich makaber erscheint das Vorfeld des teuflisch bizarren, bis zur Skurrilität reichenden Mannes – der eigentlich Schicklgruber hätte heißen sollen –, wenn man bedenkt, dass in seinen eigenen Adern jüdisches Blut floss. Überrascht? Und das gleich aus zwei Richtungen ... Nun, seine Großmutter Maria, zu der Hitler ein sehr enges Verhältnis hatte, war seinerzeit die verschmähte Geliebte eines reichen Juden gewesen. In ihren jungen Jahren hatte sie nämlich bei Familie Frankenstein in Wien als Hausmädchen gearbeitet und wurde vom Sohn der Familie geschwängert. Ergebnis: ein Junge. Hitlers Vater Alois, geborener Schicklgruber. Adolfs Vater Halbjude?! Die Bankunterlagen, laut denen der reiche Frankenstein seiner Ex-Geliebten, Maria Schicklgruber, 14 Jahre lang Alimente überweisen ließ, sprechen eine unwiderlegbare Sprache. Die zweite Quelle jüdischen Ursprungs: In der Ahnenreihe der Hitlers befindet sich ein Herr Salomon, ebenfalls Jude. Großartig!

Da Adolf Hitlers Vater früh verstarb und seine Mutter Klara arbeiten musste, um für sich und ihren Sohn das Überleben zu gewährleisten, wurde die Großmutter die Bezugsperson des Jungen. Als auch seine Mutter im Alter von 47 Jahren an Krebs starb, blieb seine Großmutter seine einzige Anverwandte und Vertraute. Maria Schicklgruber übertrug ihren eigenen Judenhass auf ihren Enkelsohn Adolf. Die Frage stellt sich: Wo sind die Wurzeln dieses abgrundtiefen, allumfassenden Judenhasses zu finden? Nun, sicher konnte das junge Hausmädchen Maria anfangs nicht wissen, dass es in der Großstadt Wien in der „feinen Gesellschaft" gang und gäbe war, die im Haus angestellten jüngeren Frauen für die jungen Söhne des Hauses als erstes Sexobjekt zu verpflichten. Als sie das am eigenen Leibe erfuhr, empfand sie Entsetzen und abgrundtiefe Abscheu. Maria Schicklgruber hielt das für eine Gepflogenheit der reichen Juden. Die Frankensteins hatten sie zutiefst verletzt und maßlos enttäuscht; wie eine Ware, derer man sich nach Gebrauch entäußert, fühlte sie sich behandelt. Ihr abgrundtiefer Hass gegenüber den Frankensteins ist erklärlich.

Doch genauso wenig konnte Maria Schicklgruber wissen, dass diese „saubere" Gepflogenheit nicht nur in Wien, sondern genauso in London, in Paris, in Berlin sowie in den meisten Städten, in den Kreisen der „Upper Class", üblich war; unter allen Reichen war das „normal", egal ob Juden, Briten, Franzosen oder Deutsche. Aufgrund dieser Unwissenheit beging sie einen riesengroßen Fehler: Ihr Hass richtete sich nicht etwa gegen die reichen Ausbeuter im Allgemeinen, sondern gezielt gegen die Juden, die in ihren Augen alle Frankensteins waren. Wie konnte das Mädchen denn ahnen, dass als Folge dieser Informationslücke und der daraus resultierenden Fehleinschätzung einmal sechs Millionen Menschen sterben sollten?

Offensichtlich übertrug später die Großmutter, Maria Schicklgruber, diesen Judenhass auf ihren Enkelsohn Adolf. Aus diesem Hass erwuchs wie eine Lawine in Eigendynamik der Judenhass des späteren größenwahnsinnigen Nazidiktators und seiner schizophrenen Gefolgschaft.

Und dafür mussten sechs Millionen Juden sterben ... Unerträglich makaber!

Angenommen, Adolfs Vater Alois Schicklgruber hätte den Nachnamen seines Stiefvaters, Hitler, *nicht* angenommen – hätten sich in diesem Fall die Millionen Deutschen des Dritten Reiches mit dem Gruß „Heil Schicklgruber" gegrüßt?

Unerträglich skurril!

Drei Wochen waren vergangen seit Schicklgruber alias Hitler und seine Eva das Jenseits aufgesucht hatten. Eine ganze Welt atmete auf. Als unmittelbare Folge dessen kam der schlimmste aller Kriege, die unser Planet Erde je erlebte, endlich zu seinem Ende: Das Dritte und letzte Reich kapitulierte.

Weit weg von diesem Schauplatz, im fernen Rumänien, scharten sich die aufgeregten Bewohner des Vorban-Hauses allabendlich um das Radio, um zwischen den Quietschtönen des alten Geräts die letzten Nachrichten zu erhaschen: Hitler tot! Deutschland ein Schutthaufen! Endlich Frieden! Man brauchte schon einige Zeit, um das zu kapieren. Unser Schützling, Arthur, hatte es kapiert. Mit einem Lächeln auf den Lippen schritt er durch die Gegend, bewegte sich so locker in Haus und Hof, als gäbe es nichts zu befürchten; wir alle hatten auf Vater Staat vergessen. In uns hatte sich der Gedanke breitgemacht, wir seien für den Rest der Welt uninteressant. Ein grober Fehler!

Ohne Vorwarnung holte uns in jenem vergessenen Winkel der Karpaten der Rest der Welt ein, und zwar ganz plötzlich. Die Gendarmen waren einfach da, allgegenwärtig, überall zugleich: Um das Vorban-Haus herum, um die Ställe herum und leider auch vor dem Backofen – allenthalben wimmelte es von ihnen. Wie grüne Riesenwürmer krochen sie auf ihren Bäuchen an allen Ecken und Enden aus der Erde hervor; fetten Käfern gleich bewegten sie ihre vorgehaltenen Gewehre wie riesige Rüssel schnüffelnd und riechend hin und her …

Tja, uns war während der „Winterfestspiele" der Sinn für die Realität abhandengekommen. Schlagartig wurde uns klar, dass es außer den blauen Bändern, die der Frühling durch die Lüfte flattern ließ, eine raue, kaki-grüne Wirklichkeit gab.

Leichtsinnig hatte sich Arthur längst daran gewöhnt, sich frei im Hof zu bewegen. An diesem Vormittag befand er sich vor dem Backofen, wo er Holz spaltete. Seelenruhig hob und senkte er das Beil, dem Hof den Rücken zukehrend. Zufällig sah ich gerade in dem Augenblick aus dem Küchenfenster, als zwei der Uniformierten mit ihren Flinten auf ihn zielten und „Hände hoch!“ brüllten. Arthur ließ Axt und Holz sofort zu Boden fallen, wandte sich um und hob die Hände. Bleich und mit vor Schrecken geweiteten Augen stand er da und blickte die beiden an wie ein Lamm, das zur Schlachtung geführt werden soll. Aus meiner Entfernung von zehn Metern spürte ich seine Ruhe und Ergebenheit. Unheimlich lange Augenblicke verrannen, in denen gar nichts geschah. Kreidebleich, unbeweglich, mit erhobenen Händen verharrte Arthur in derselben Stellung, während die beiden Soldaten nichts weiter taten, als mit den Gewehren auf ihn zu zielen. Keiner rührte sich. Endlose Sekunden schauten die drei Männer unbeholfen einander an. Aus den kindlichen Augen der beiden blutjungen Kerle sprach plötzlich so etwas wie Respekt. War es Ehrfurcht vor dem viel Älteren, dessen Söhne sie hätten sein können? Sein ruhiger Blick, seine gutmütige Ausstrahlung, seine Ergebenheit ließen sie wohl erahnen, dass sie einen Unschuldigen vor der Flinte hatten. Oder war dies vielleicht ihr erster Einsatz? War das Menschliche in ihnen noch vorhanden? War es noch nicht abgetötet worden? Oh, die Rumänen! Diese friedlichen Wesen! Diese gutmütigen Menschen! Wie lange brauchten sie denn, um brutalisiert zu werden? Gefühl und Menschlichkeit schienen bis zum Schluss das letzte Wort in den Herzen dieser latinischen Gefühlsmenschen behalten zu wollen.

Noch immer stand die Gruppe stumm und bewegungslos da. Irgendwie hatte es den Anschein, als wollten sie mit einem Lächeln Gewehre und Arme sinken lassen, als würden sie sich gleich Zigaretten anbieten und ein Schwätzchen halten, um nachher mit einem „Doamne ajuta!“ (Behüt dich Gott!) als Freunde auseinanderzugehen. Ich glaube heute noch daran, dass dies sogar geschehen wäre, wäre nicht der Offizier auf die Gruppe aufmerksam geworden und brüllend hinzugestürzt. Alles nahm nun eine ganz andere Wendung. Als hätte der Leutnant begriffen, was da in der Luft lag, schrie er die beiden friedlichen Soldaten an, schimpfte und fuchtelte wütend mit seinem Gewehr vor Arthurs

Nase herum. Ich war zu sehr auf diese Gruppe konzentriert, um mitzubekommen, was sich rechts davon, in zwanzig Metern Entfernung, abspielte.

Mit erhobenen Händen traten meine Eltern aus den Stallungen, gefolgt von einem Gendarmen, der ihnen sein Gewehr in den Rücken zu bohren schien. Langsam bewegten sich beide Gruppen auf das Haus zu.

Ich rannte ins Schlafzimmer, hielt mir mit beiden Händen die Ohren zu und vergrub mein Gesicht in die Kissen. Vielleicht war ja alles nur ein böser Traum! Konnte die Zeit nicht auch rückwärts laufen? Konnte sie nicht Geschehenes ungeschehen werden lassen? Ich weiß nicht, wie lange ich dort gelegen habe; irgendwann schlich ich in die Küche. Verschreckt verbarg ich mich hinter den Mänteln der Kleiderablage. Keiner bemerkte mich.

Wie Verbrecher wurden meine Eltern und Arthur von einem Gendarmen mit schussbereitem Gewehr bewacht, während die andern draußen jede Handbreit durchsuchten, in der Hoffnung, noch einige „Nemti“ (Deutsche) zu finden. Alles ging still, beinahe wortlos vonstatten. Anschließend trat der Offizier ins Haus und stellte die ersten Fragen. Arthur verstand kein Wort; todtraurig saß er auf der Eckbank und blickte stumm zu Boden. Meine Eltern beantworteten die Fragen für ihn. In einem günstigen Augenblick hörte ich ihn Mutter zuflüstern: „Die Luke in meinem Zimmer ist offen.“

Mutter wurde noch bleicher, konnte natürlich nichts unternehmen. Bei dem strengen Waffenverbot waren Großvaters Jagdflinte und die Pistolen, die dort verborgen lagen, ein klarer Grund für Gefängnisstrafen.

Nach dem endlosen Verhör, in dem meine Eltern die perfekt einstudierte Version mit dem „polnischen Gepäckträger“, Arthur, schilderten, befahl der Leutnant meinen Eltern, ihn bei der Durchsuchung des Hauses zu begleiten. Mutter schritt sofort voran, öffnete Türen, gab Erklärungen, beantwortete Fragen und wartete geduldig, bis die Kerle jeweils auch das letzte Spinngewebe berochen hatten.

Mutter, das kluge Mädchen, hatte bei der ersten Hausdurchsuchung mit offen gebliebenem Schlupfloch Furore gemacht: Als Erstes musste also der Schlüssel von Zimmer Nr. 14 umgedreht werden und in der Schürzentasche verschwinden, alles andere überließ sie unserem tüchtigen Schutzengel. Dieser huschte dann auch beflissen durch die Gänge und Zimmer, um alles nach Plan ablaufen zu lassen; wie sonst hätte einer der Gendarmen ausgerechnet in dem Augenblick an die verdächtige Tür Nr. 14 getrommelt, als sich der Offizier gerade Zimmer Nr. 7 näherte? Mutter trat aufgeregt auf den Leutnant zu und machte großen Spektakel wegen der verschlossenen Tür und des verlegten Schlüssels … Alles klappte! Die Männer traten die Türe ein, fanden das leerste, langweiligste Zimmer der Welt und vergaßen wegen der Blamage das Zimmer Nr. 7, Arthurs Reich, wo unter seinem Bett die offene Luke klaffte. So weit, so gut. Das Hauptproblem stand jedoch noch an: Vaters und Arthurs Verhaftung zu verhindern!

Mutter täuschte Kopfschmerzen vor, klagte, ihr sei hundeübel und sie müsse ein Aspirin einnehmen. Im Schlafzimmer, hinter zugezogener Tür, raffte sie das ganze Geld, das wir im Hause hatten, zusammen, faltete die Scheine, steckte sie in einen Briefumschlag und ließ sie in der Schürzentasche verschwinden. Jammernd und sich den Kopf mit beiden Händen haltend, ging sie wieder nach oben, wo der Leutnant eben den Dachboden durchstöberte. Im Halbdunkel zeigte sie ihm den Briefumschlag.

„Herr Leutnant, ich hätte hier eine kleine Aufmerksamkeit für Sie persönlich …“

„Aber nein! Wo denken Sie hin? Das kommt gar nicht infrage! Das darf ich nicht tun.“

Mutter sagte nichts mehr, doch bei jeder sich bietenden Gelegenheit hielt sie ihm den Briefumschlag verführerisch unter die Nase, bis der gestresste Mann den Verlockungen nicht mehr standhielt und weich wie Butter wurde. Als auch der kleinste Winkel des Hauses gründlich durchschnüffelt worden war, sagte er plötzlich:

„Ich muss den Dachboden noch einmal durchsuchen, kommen Sie mit mir!“

‚Aha!', dachte Mutter, umklammerte den Briefumschlag in ihrer Tasche noch fester und stieg brav hinter dem Leutnant die Holztreppe hoch. Schweigend, ganz sachlich, als wäre es die selbstverständlichste Angelegenheit der Welt, glitt das Kuvert aus der Schürzentasche in die kaki-grüne Hosentasche. 11.000 Lei! Eine Menge Geld, mit der Mutter das Happy End dieses Tages doch noch erzwungen hatte. Das war der zweite Streich. Der dritte folgte dann in der Form eines großen Mittagessens für die ganze Mannschaft. Mit vollen Bäuchen zogen sie endlich ab. Wir sahen ihnen nicht nach, standen bloß alle in der Küche und starrten uns gegenseitig an. Es war nicht zu fassen! Arthur fand als Erster die Sprache wieder: „Wie kann ich Ihnen das jemals nur vergelten?"

Mutter lächelte nur und machte eine abwehrende Handbewegung. Was hätte sie auch antworten sollen? Wenn sie auch nur im Traum an Vergeltung gedacht hätte, wäre sie vor sechs Monaten gar nicht auf den Gedanken gekommen, Arthur, einen Fremden, ins Haus zu holen und ihm Heim und Schutz zu bieten. Tja, wer A sagt, muss auch B sagen. Etwas anderes als Nägel mit Köpfen kam bei Mutter sowieso nicht infrage. Ruhig antwortete sie: „Darüber habe ich noch nie nachgedacht, ob oder wann uns irgendetwas vergolten werden würde. Und außerdem gehören Sie doch zu uns. Sie haben sich ja von Anbeginn nahtlos in unsere Familie gefügt, waren immer gütig, freundlich und hilfsbereit. Ich bewundere Sie geradezu! Manchmal frage ich mich, wo Sie nur diese innere Ruhe hernehmen."

Mutter hatte recht. Arthur war immer fröhlich und guter Dinge, jeder mochte ihn. Es schien, als verfügte er über eine verborgene, innere Kraftquelle, die nur ihm zugänglich war. Dabei war sein Privatleben alles andere als rosig gewesen. 1941, gleich nach seiner Heirat, war er an die Ostfront gezogen. Seinen inzwischen zweijährigen Sohn hatte er noch nicht gesehen, auch wusste er nicht, wo sich Frau und Kind zurzeit aufhielten. Da er aus dem Gebiet Posen, aus Lods, stammte, war seine Familie geflüchtet; noch hatte er keine Ahnung, wohin sie der Rückzug vertrieben hatte. Trotz alledem war er der ruhende Pol unserer Familie. Erst Monate später, als er im Keller des Untersuchungsgefängnisses saß, wohin dann auch Mutter gebracht wurde, erriet sie seine große Kraftquelle.

Ich glaube, es war Ende Mai, als Nenea Ion unerwartet in der Küche stand. Die Petroleumlampe spendete ihr spärliches Licht und es herrschte eine behagliche Atmosphäre im Raum. Wir hatten gerade unser Abendbrot, also die ewigen Bratkartoffeln, verzehrt und saßen noch schwatzend um den großen Tisch. Esther teilte uns eben mit, dass sie endlich Nachricht von ihrem Onkel hatte, und zwar aus Deutschland. Er war dabei, Schwester und Schwager zu suchen, was in dem heillosen Durcheinander, das damals herrschte, eine Riesenaufgabe war. Er hoffte jedoch, dass sich Esthers Eltern, falls sie wie angenommen 1943 in ein deutsches Konzentrationslager gebracht worden waren und noch lebten, irgendwann einmal bei ihren gemeinsamen deutschen Freunden in Ulm, Familie Riemann, melden würden. Er genieße seit Wochen die Gastfreundschaft der Riemanns, schrieb er, die selber sehr besorgt um das Ehepaar Morgenroth seien. Esther strahlte und war voller Hoffnung.

Keiner hatte den kleinen Mann kommen hören, die Tür hatte offen gestanden und so war der Alte lautlos eingetreten. Verlegen lächelnd verharrte er im Türrahmen, drehte mit beiden Händen die uralte Pelzmütze vor seinem Bauch hin und her, blickte uns halb glücklich, halb fragend an und sagte kein Wort. Erst nach einer Weile entdeckte ihn Mutter und sprach ihn überrascht an: „Hei, Nenea Ion! De unde ai picat asa deodata?“ (Hallo, Onkel Ion! Wo bist du so plötzlich hergekommen?)

Endlich fand auch er die Sprache wieder: „Buna seara! Nun, ich habe mir gedacht, ich muss euch mal besuchen.“

„Komm herein, Alter! Komm, setz dich! Bist du den ganzen Weg zu Fuß heraufmarschiert?“ Vater war nicht wenig überrascht.

„Das bin ich. Heute früh habe ich mich auf den Weg gemacht und mir ganz viel Zeit genommen.“

Er schlich jetzt herein, blieb dann vor dem Tisch stehen und sah uns nacheinander mit seinem breiten Lächeln ins Gesicht.

„Wissen Sie, Herr Zerbes, ich habe mir gedacht, vielleicht könnte ich diesen Sommer hier bei Ihnen im Stall und im Hof nützlich sein … Wissen Sie, es ist, wie soll ich sagen? Es ist so langweilig zu Hause. Wissen Sie, Herr Zerbes, das ist so, wie soll ich sagen … Sie wissen schon, was ich meine, wissen Sie …"

Mutter half ihm aus der Verlegenheit und nannte das Kind gleich beim rechten Namen: „Ist ja gut! Wir wissen, dass deine Frau ein Drachen ist. Hat sie dir das Leben wieder mal schwer gemacht?"

„Das hat sie schon immer … Und deshalb habe ich mir gedacht, Herr Zerbes, ich will auch keinen Lohn, wenn ich nur bei euch hier leben darf."

Mutter trat zu ihm, nahm ihn bei der Hand und drückte ihn auf einen Stuhl: „Natürlich kannst du mit uns hier leben, du gehörst ja hierher. Jetzt setz dich endlich und iss etwas! Du musst ja total ausgehungert sein; nachher sprechen wir weiter."

Während seiner Mahlzeit entging dem alten Schlaumeier nicht, dass „der dritte Mann" dieser Artus-Runde irgendetwas zu verbergen hatte. Weiß Gott, der Alte besaß ein feines Gespür. Als der Tisch abgeräumt war, blickte er Arthur mit einem wissenden Lächeln an und sagte einfach: „Dumneata esti neamti!" (Du bist ein Deutscher.)

Arthur verstand nichts, grinste bloß und wir brachen alle in schallendes Gelächter aus.

„Wie hast du das erraten? Arthur hat ja noch kein Wort gesagt", fragte Vater.

„Ach, das kann ich einfach sehen. Wissen Sie, ich sehe manchmal auch Dinge, die die anderen nicht sehen können."

Die beiden reichten sich die Hände und blickten sich wortlos an; seither waren sie Freunde. Sie sprachen die Sprache der Augen, der Hände, der Gesten und des Lächelns. Sie verstanden sich einfach wunderbar und lachten oft miteinander. So kam es, dass Nenea Ion Arthur mehr und mehr in sein Zigeunerherz schloss und Monate später sogar bereit war, für seinen jungen Freund sein Leben zu lassen.

Ein sonniger Sommer kam über die Berge. Seit Arthurs Entdecktung und dem damit verbundenen finanziellen Verlust war bei uns Küchenmeister Schmalhans noch schmaler geworden. Dreimal täglich gab es Kartoffeln, von denen wir Unmengen im Keller hatten. Mit viel Fantasie versuchten wir die Knollen in unterschiedliche Menüs zu verwandeln. Hie und da leuchtete sogar eine Frikadelle auf unserem Teller, wenn Vater schweren Herzens ein Schaf für die Kartoffel-Gesellschaft geopfert hatte. Jedoch die Eier, die wir in den einsamen Nestern unserer braven Hühner entdeckten, sammelte Mutter wohlweislich für die kommende Saison. Lediglich das bisschen Milch unserer braven Lotti und das Gemüse wie Karotten, Zwiebeln, Sauerkraut und Sauergurken halfen uns, die ewige Knolle hinunterzudrücken. Doch im Gegensatz zu anderen ging es uns ja noch königlich!

Anfang Juni trudelten die ersten Gäste ein. Mutter setzte ihren ganzen Charme und Witz ein, putzte sich heraus und strahlte die Leutchen an, als wären sie eben vom Himmel angeflogene Engel. In die Küche zog wieder die geliebte Hektik ein; Mutter verkochte und verbriet mit viel Geschmack die angesammelten Vorräte und so manches Schaf zu den leckersten Speisen, backte dazu mit Rübenhonig gesüßte Kuchen, sodass die Bukarester sich im Schlaraffenland wähnten. Das alles muss sich herumgesprochen haben; unsere Wochenenden wurden Feste! Erna und ich banden unsere schönsten Schürzchen um und flitzten mit den vollen Tabletts durch die Tischreihen, dass es eine Freude war. Mutter briet und grillte, dass der Rauch nur so aus dem Küchenfenster emporstieg, Arthur schälte in seinem Zimmer Unmengen von Kartoffeln und Zwiebeln, putzte Karotten und Ähnliches und Vater kassierte zufrieden das Geld von den vollgegessenen Gästen. Drei hektische, glückliche Monate brachten uns so viel Geld ins Haus, so viel Hoffnung und Selbstvertrauen zurück, dass wir wieder wagten, an das Gute zu glauben.

Es war im September, als der Himmel über uns zusammenbrach und der Erdboden sich vor uns aufzutun schien. Alles kam so unerwartet plötzlich, dass der Schrecken uns heute – nach all den

Jahren – immer noch in den Knochen sitzt. Wer hatte noch an Cracanel gedacht? Keiner von uns ahnte, wie glühend heiß dem vom Teufel Besessenen der Hass in den Eingeweiden brannte, ihn stündlich ermahnte, etwas zu unternehmen, um die Mächte der Hölle zu erfreuen.

Und er unternahm etwas!

Sich an Unschuldigen zu rächen und sie leiden zu lassen, ist ja bekanntlich der bösen Mächte höchster Reiz. Die Frage war bloß: Woher wusste jene Ausgeburt der Bosheit von Arthurs Anwesenheit? Diese Frage wird für immer fett gedruckt im Raume stehen. Der Wahrscheinlichkeit am nächsten liegt die Annahme, dass Cracanel – als Informer tätig – von Arthurs erster Entdeckung im Mai Kenntnis hatte und unser Haus seither unter seiner Beobachtung stand. Die Lage des Hauses in der Landschaft bot sich ja einer Bespitzelung förmlich an. Der riesige Fichtenwald, der fünfzig Meter oberhalb des Hauses begann, setzte sich fünf Kilometer in sanfter Neigung bergab bis zum Sägewerk und der Schenke fort. Dieser Waldrand verlief auf der einen Seite – der Anhöhe über unserem Haus – in einer geraden Linie, das Grundstück abgrenzend, dann im rechten Winkel bergab auf unser Gehöft zukommend. Knapp hinter unseren Ställen verlief die Waldgrenze weiter, stieg den Vorban-Berg hoch. So verlieh der Wald jedem müßigen und unmüßigen Beobachter volle Deckung und gewährte ihm gleichzeitig von zwei Seiten perfekte Einsicht über Haus und Wirtschaftsgebäude. Ideale Bedingungen für einen Überfall!

Am Morgen des 5. September 1945 hatte Frau Schneider zu ihrem Erstaunen dreizehn Gendarmen und einen Offizier in die Schenke ihres Nachbarn verschwinden sehen. Die Tür wurde geschlossen, doch statt des erwarteten Stimmengewirrs herrschte drüben Totenstille. Bedenklich! Nach einer halben Stunde trat die Gruppe finsteren Gesichts heraus und setzte sich würdigen Schrittes in Bewegung, Richtung Bretterweg. Jetzt kam Frau Schneider eine Erleuchtung! In höchster Eile schrieb sie ihrem Mann einen Zettel, legte ihn auf den Tisch und rannte los. Sie musste den Gendarmen zuvorkommen! Sie musste uns warnen! Eilig wendete sie sich hinter dem Sägewerk dem Walde zu und stieg schnurstracks – ohne Weg und Steg – in Richtung Vorban. Mit dieser Abkürzung, so hoffte sie, würde sie noch vor den Männern bei uns ankommen! Unsportlich und untrainiert keuchte sie die dicht bewaldeten, mitunter morastigen Hänge hinauf. Als sie jedoch schweißgebadet oberhalb unseres Hauses aus dem Wald trat, sah sie zu ihrem Schrecken, dass sie einige Minuten zu spät angekommen war. Auf den Bäuchen krochen die Gendarmen die letzten Meter zum Haus und stürmten es von allen Seiten gleichzeitig. Sie brachen Fensterscheiben ein, stiegen mit entsicherten Gewehren hinein, traten verschlossene Türen ein und brachen mit vorgehaltenen Flinten ins Innere, als gelte es einen verschanzten Trupp feindlicher Infanteristen zu erobern. Welch ein Aufwand einer so harmlosen, wehrlosen Beute wegen!

Für eine Warnung war es zu spät. Hilflos starrte die Frau auf das Geschehen. Im Schutze der jungen Fichten blieb sie unbemerkt. Unbeweglich stand sie auf demselben Fleck, Schweiß und Tränen rannen ihr über das Gesicht, sie presste beide Hände auf den Mund, um ihr Schluchzen zu unterdrücken; ahnte sie doch, was da unten auf ihre Freunde zukam! Nach einer Weile wischte sie Tränen und Schweiß vom Gesicht und verfolgte mit Spannung den Ablauf der Katastrophe. Sieben Soldaten und der Offizier waren ins Haus eingedrungen, während sechs Soldaten die Wirtschaftsräume in Angriff nahmen.

Vor dem Holzschuppen konnte sie Nenea Ion erkennen. Er spaltete und stapelte Holzscheite. Ein Liedchen vor sich hin pfeifend, gönnte er sich eben eine Verschnaufpause, indem er sich auf den langen Beilstiel stützte. Ja, merkte er denn gar nicht, was da vor sich ging? Zwei junge Soldaten stürmten auf ihn zu und brüllten: „Hände hoch!“ Er schien sie nicht wahrzunehmen. Ihnen den Rücken zugekehrt verharrte er unbeweglich in derselben Haltung und stierte auf den Holzstapel. Wieso antwortete er nicht auf die Frage: „Wer bist du?“ Wieso reagierte er nicht auf die Aufforderung: „Ergib dich!“ Lässig auf sein Beil gestützt, pfiff er unverdrossen irgendein Zigeunerliedchen. Was war nur mit dem Alten los? Merkte er denn nicht, dass sie ihn für den deutschen Soldaten hielten? Oder war er bereits so schwerhörig? Wieder klang es scharf: „Hände hoch!“, doch der Alte reagierte nicht. Langsam fasste er das Beil mit beiden Händen und hob es in großem Bogen hoch über seinen Kopf, sich zugleich umwendend. In diesem Augenblick fiel der Schuss, der ihn zu Boden warf. Lautlos sackte der Alte zusammen.

Arthur befand sich mit uns in der Küche, als die Tür aufsprang, zwei Gendarmen mit Kämpfermiene hereinstürmten, ihre Gewehrläufe auf Vater und Arthur richteten und brüllten: „Hände hoch!“ Gleichzeitig stürmten durch die gegenüberliegende Tür zwei weitere Kerle mit vorgehaltenen Gewehren herein. Es gab nicht die geringste Chance zu entwischen! Unsere Männer hoben sofort die Hände, keiner von uns war fähig, auch nur irgendetwas zu sagen. Ich wusste nicht, ob ich die Hände ebenfalls hochheben sollte oder nicht und sah zu Esther hinüber. Die stand aufrecht, hielt ihre Hände auf dem Rücken; unwillkürlich machte ich es ihr nach. Erna stürzte erschrocken aus der Speisekammer und hob sofort die Hände; doch mit einem Blick auf Esther und mich ahmte sie uns nach. So standen wir drei Mädchen nebeneinander, versteckten unsere Hände verängstigt auf dem Rücken. Schemenhaft bleich und bewegungslos standen wir alle in der großen Küche und wagten uns nicht einmal anzuschauen. Zehn Menschen waren hier unfreiwillig aufeinandergestoßen und standen sich unter größter Spannung gegenüber. Einige quälende Sekunden bedrückendster Stille und Bewegungslosigkeit vergingen; behutsam begannen sich endlich einige anzublicken: blaue Augen in braune Augen, schwarze Augenpaare in blaue. Zehn Menschen, die sich unter normalen Umständen vielleicht um den großen Tisch gesetzt hätten, Tee getrunken und über das Wetter gesprochen hätten, um dann mit einem freundlichen „Doamne ajuta!“ auseinanderzugehen. Diese Menschen waren jetzt Feinde, mussten Feinde sein, weil es Kriegsmacher und Politiker so wollten …

Blitzartig fiel mir Peter Rosegger ein: Hatte der nicht seinen besten Freund Heinrich erschossen, weil sie sich im Kampf plötzlich als Feinde gegenüberstanden? Rosegger stand als Tiroler im Kampf gegen Napoleon, Heinrich jedoch auf französisch-bayerischer Seite. Im Toben des Kampfes hatte Letzterer urplötzlich seinen besten Freund Peter auf der anderen Seite entdeckt. Freudestrahlend, mit erhobenen Armen, war er auf ihn zugestürmt. Ehe Rosegger erkennen konnte, wer der auf ihn zustürmende Bayer war, hatte er abgedrückt. Zu spät bemerkte er das Missgeschick. Mit schmerzlich lautem Aufbrüllen warf sich Peter Rosegger über seinen sterbenden Freund … Mord unter Freunden auf Befehl der Kriegsmacher!

In diese bedrückende Stille der Küche drang plötzlich von draußen das Krachen eines Schusses. Mutter schrie auf:

„Um Gottes willen, was soll das alles heißen?"

„Das wissen Sie genau! Wir suchen den Deutschen!", kam die schroffe Antwort. Im selben Augenblick trat ein Gendarm in die Küche: „Herr Leutnant, melde gehorsamst: Im Hof ein Zivilist erschossen, liegt am Boden."

Ich schrie: „Nenea Ion! Sie haben Nenea Ion erschossen!"

Der Leutnant rannte hinaus, Mutter wollte ihm nach, wurde jedoch zurückgehalten. Ich stürzte ins Schlafzimmer meiner Eltern, sprang durchs Fenster und stand auch schon vor dem Holzschuppen, wo der Alte regungslos am Boden lag. Die Pelzmütze lag neben ihm, seine langen, schlohweißen Haare hingen wirr über Stirne und Schläfen. Ich wollte mich zu ihm niederbücken, wurde jedoch vom Leutnant barsch weggestoßen.

„Was habt ihr gemacht, ihr Vollidioten?", hörte ich ihn brüllen. „Das ist ja nicht zu fassen! Ein Greis! Ihr habt einen Greis erschossen!" Vor Wut spuckte er in die Sägespäne.

„Ihr faulen, blöden Hornochsen! Wie konntet ihr diesen Alten für einen deutschen Soldaten halten? Dass ich mich auch immer mit euch idiotischen, verblödeten Eseln herumschlagen muss!" Er spuckte erneut. „Welcher von euch Trotteln hat geschossen?"

„Melde gehorsamst, Herr Leutnant, der Mann hat uns mit dem Beil bedroht, als wir ihn auffordeten sich zu ergeben."

„Jetzt lügst du wieder einmal, du missratene Missgeburt! Wie soll dieser Greis denn das Beil gegen die Gendarmen erheben? Das kannst du deiner wilden Urgroßmutter erzählen, aber nicht mir! Du … du … verstunkenes Schwein!" Immer wieder unterbrach er seine Schimpftirade mit Spucken. „Du hast doch wieder mal Schiss gehabt und Gespenster gesehen! Der hat nur Holz gespalten, du Idiot!" Er schlug sich ein Kreuz.

„Heilige Mutter Gottes! Wann erlöst mich der Himmel endlich von dir? Weißt du, was für Unannehmlichkeiten ich kriege, wenn der verreckt? Am liebsten würde ich dir jetzt eine Kugel durch deinen blöden Schädel jagen! Verschwinde! Mir wird bei deinem Anblick schon übel. Hau ab, bevor ich meine Beherrschung verliere!" (Welche?)

„Zu Befehl, Herr Leutnant!"

Ein heilloses Durcheinander begann auf dem Hof und im Haus, keiner wusste, was er als Nächstes tun sollte. Endlich schleppten sie Nenea Ion ins Haus und legten ihn auf die Eckbank. Dort lag er nun mit geschlossenen Augen, unser guter, alter Zigeuner. Mein Spielgefährte! Mein Seelentröster! Mein Helfer in allen Nöten! Durch zehn Jahre meines Lebens hatte er mich begleitet, hatte alle meine Kinderkrankheiten mit seinen Kräutern geheilt, war immer da gewesen, wenn ich ihn brauchte, hatte stets einen Trost oder einen Scherz für mich bereit gehabt – und nun sollte er so sinnlos sterben?

Ich setzte mich an das Ende der Bank und versuchte, ihm seinen zerschlissenen Rock auszuziehen. Da! Nein, der Schlaukopf! Im Schutz seines alten Rockes, der für Sekunden sein Gesicht vor den anderen verdeckte, blinzelte er mir verschmitzt zu, als sagte er: ‚Keine Bange! Ich sterbe noch lange nicht!' Erneut schloss er die Augen und spielte den Sterbenden …

Um alles in der Welt, was sollte das? ‚Aha! Für seinen Freund Arthur tut er das! Ein Ablenkungsmanöver! Aha!', begriff ich endlich. Wie in Agonie lag er da und ließ sich vom Sergeant das Herz massieren. Jedem tat er leid, und er genoss es.

„Es ist bloß ein Streifschuss, Herr Leutnant! Nichts Gefährliches. Die Ohnmacht kommt vom Schreck.“

„Slava Domnului!“ (Gott sei Dank!) Erleichtert bekreuzigte sich der Offizier.

Das anschließende, nervenaufreibende Verhör ließ uns den Simulanten für eine Weile vergessen. Unter Bewachung wurden wir einzeln im Speisesaal vernommen, jede Verständigung war unmöglich. Obwohl wir den Ernstfall genauestens einstudiert hatten und jeder von uns seine Aussage auswendig gelernt hatte, mussten wir verdammt schlagfertig sein, um die Worte der gegebenen Situation anzupassen. Jedes Abweichen von der einstudierten Version, jedes ungeschickte Verplappern, konnte dem anderen zum Fallstrick werden. Erna, Esther und ich hatten unsere Lektionen bereits brav hergesagt und saßen nun zitternd in der Küche, den vereinzelten Sätzen lauschend, die durch das Servierfenster aus dem Speisesaal drangen. Mutter sprach wohl so laut, damit wir sie verstehen konnten: „Ich weiß gar nicht, was Sie von uns wollen! Was soll das alles? Erklären Sie mir bitte, warum Sie uns wie Verbrecher behandeln! Das kann doch nur ein Irrtum sein!“

„Das ist kein Irrtum.“ Mehr konnten wir nicht verstehen.

Dann wieder Mutters laute Stimme: „Was sagen Sie da? Deutscher Soldat? Dass ich nicht lache! Der spricht doch kein Deutsch; nur mit Mühe haben wir aus ihm herausgekriegt, dass er Pole ist.“

„…“, männliche Stimme.

Dann abermals Mutter: „Gestern ist er mit einer Gruppe Touristen als Gepäckträger auf dem Weg zur Roth-Hütte hier vorbeigegangen. Heute Vormittag kam er auf dem Rückweg herein und bat um ein Mittagessen, anschließend wollte er dafür Holz spalten. Das ist alles, was ich Ihnen über diesen Mann sagen kann. Glauben Sie, dass er gefährlich ist? Haben Sie etwa Waffen bei ihm gefunden?“

Das war die gut einstudierte Version, die Mutter da vom Stapel ließ. Sie klappte perfekt. Trotzdem war alles vergeblich. Dieser

Mann war unbestechlich! Alles war umsonst. Auch die völlige Übereinstimmung unserer Aussagen vermochte ihn nicht davon zu überzeugen, dass es sich um einen Polen handelte.

Zu Tode erschrocken mussten wir mit ansehen, wie Vater und Arthur die Handschellen angelegt wurden und sich der ganze Trupp ohne Umschweife in Bewegung setzte. Mutter wich nicht von Vaters Seite, tapfer schritt sie neben den Männern her. Ich stand mit Erna und Esther auf der Terrasse, fassungslos schauten wir ihnen nach. Bis ins tiefste Innere erstarrt, unfähig zu weinen, konnten wir es nicht glauben. Zwei Menschen, die keinem etwas zuleide getan hatten, wurden wie Verbrecher abgeführt.

Plötzlich bemerkte Erna: „Nein! Das darf nicht wahr sein! Arthur hat ja bloß die Hausschuhe an!"

Ohne Zögern rief sie in unserer sächsischen Sprache, die keiner außer uns verstand, den Hang hinunter: „Mami! Arthur hat bloß die Hausschuhe an!" Sie rannte ins Haus, suchte Arthurs Stiefel und gab sie Mutter. In diesem Augenblick kümmerte es Mutter wenig, dass damit der Beweis unserer ‚Schuld' erbracht wurde. Sie trug das Schuhwerk Arthur nach. Es waren Soldatenstiefel, das leicht erkennbare Markenzeichen der deutschen Wehrmacht. Jeder hatte das mitbekommen; merkwürdigerweise sagte keiner ein Wort dazu. Obgleich Mutter wusste, dass sie sich durch diese Geste verraten hatte, zögerte sie nicht, ihrem Schützling das Schuhwerk zu reichen. Auch dieses Mal hatte sie – trotz Gefahr – der Menschlichkeit die Priorität eingeräumt. Ein ganzes Jahr sollten diese groben Stiefel Arthur auf seinen Irrwegen wärmen.

Einige Male wandte sich Mutter noch um und winkte uns zu, wir weinten endlich los, und als der Zug hinter dem Hang verschwunden war, rannten wir ins Haus, wo uns der ganze Jammer umwarf. Nenea Ion hatte sich inzwischen erholt und versuchte, uns zu trösten, doch wir nahmen nichts wahr. Es dämmerte bereits, aber niemand dachte daran, eine Petroleumlampe anzuzünden. Drei verstörte Mädchen und ein verwundeter Greis, so saßen wir weinend um den vertrauten Küchentisch, stützten uns mit den Ellenbogen oder legten die Arme und die Köpfe einfach drauf, als könnte dieser Tisch, an dem wir so oft seelische und körperliche Nahrung empfangen hatten, auch dieses Mal Halt und Schutz geben.

Jemand erschien im Türrahmen, eine hohe, schlanke Gestalt, keiner hatte sie kommen hören. Wie ein Schemen hob sich die Silhouette gegen den helleren Hintergrund von draußen ab.

„Wieso habt ihr noch keine Lampe angezündet?“

Oh! Diese wohlbekannte Stimme! Jetzt erst erkannten wir unsere Nachbarin. Die ganze Zeit hatte sie im Schutze der Fichten am Waldrand verharrt. Nun war sie bei uns, zündete eine Lampe an und setzte sich zu uns. Ihr vertrautes Gesicht mit der starken Brille, ihr breites Lächeln, ihre braunen Haare, die sie in dicken Flechten um den Kopf gewunden trug, ihre grobknochigen Hände und die ganze Gestalt, deren Füße in morastigen Bergschuhen steckten, ihre ruhige Stimme: Das alles war Inbegriff einer gütigen Nachbarin und flößte uns unheimlich viel Vertrauen ein. Sie setzte sich einfach zu uns.

„Ich habe alles vom Waldrand aus beobachtet. Es ist furchtbar! Doch wisst ihr, was wir jetzt am besten gleich tun? Beten! Sicher ist Gott, der Allmächtige, auf unserer Seite!“ Wortlos falteten wir alle die Hände. Mit fester Stimme sprach sie ein Gebet, den Schöpfer des Himmels und der Erde um Kraft und Ruhe bittend. Nie werde ich dieses Gebet vergessen!

Frau Schneider kochte ein leckeres Abendessen und um neun Uhr war auch Mutter wieder da. Stumm trat sie in die Küche und die beiden Frauen umarmten sich schweigend. Mutters Augen waren rot und verquollen. Sie hatte ihren Mann und unseren Schützling mit Handschellen in den Lastwagen der Gendarmen steigen sehen, ihnen zugewinkt und ein letztes „Behüte euch Gott!“ zugerufen, hatte sich dann umgewandt und war die vier Kilometer weinend bergan gestiegen. Erschöpft saß sie am Tisch, wischte nur immerfort ihre Tränen und brachte keinen Bissen hinunter. Wir alle hingen herum, wussten nichts mit uns anzufangen, sprachen nur immer von dem Ereignis des Tages. Es war ein bedrückender Abend, zentnerschwer lastete das eben Erlebte auf uns. Plötzlich horchte Frau Schneider auf.

„Was war das? Hat da nicht jemand geklopft?“ Jetzt vernahmen auch wir das Geräusch.

„Das wird doch wohl nicht Milli sein?“ Frau Schneider öffnete die Tür und sah sich im nächsten Augenblick ihrem weißen Spitz gegenüber. Bellend sprang Milli an ihr hoch. Schnauze und Pfoten total verdreckt, mit dem buschigen Ringelschwanz wedelnd, war das Tier außer Rand und Band vor Freude, sein Frauchen nach all den Strapazen endlich gefunden zu haben. Mit ihrer Intelligenz und der Zähigkeit einer treuen Hundeseele hatte Milli den Weg zu uns gefunden. Sofort wurde sie von uns allen umringt und getätschelt, brachte sie doch mit ihrer Anwesenheit etwas Leben und Wärme ins Haus!

Nenea Ion saß in einer dunklen Ecke. Keiner hatte gemerkt, wie traurig der Alte war. Mutter wandte sich ihm zu: „Wie geht es dir, Nenea Ion? Hast du Schmerzen? Willst du ein Aspirin?“

„Nein danke, Frau Zerbes, meine Schmerzen sind nicht im Arm. Die Wunde werde ich mit Arnika bald kurieren. Meine Schmerzen sind hier drinnen.“ Er zeigte auf sein Herz. Mit dem Zipfel seines zerschlissenen Ärmels wischte er sich die Tränen von seinen braunen Wangen.

„Mich ärgert bloß, dass es mir nicht gelungen ist, die Schweinehunde so hinzuhalten, dass Arthur genügend Zeit gehabt hätte, in sein Schlupfloch zu verschwinden. Wie konnte ich wissen, dass auch das Haus in derselben Sekunde gestürmt wurde? Ach, ich könnte mich ohrfeigen! Ich bin eben zu gar nichts mehr nütze auf dieser Welt, ich alter Esel!“ Unaufhaltsam rollten ihm die Tränen über Stoppeln und Runzeln.

„Ich hätte so gerne auf meine alten Tage noch etwas Nützliches getan! Nun haben sie den lieben Jungen fortgeschleppt! Und dazu noch meinen guten domnu Zerbes, als ob er ein Verbrechen begangen hätte! Sicher muss er ein paar Jahre im Gefängnis sitzen. Und den Jungen schleppen sie wahrscheinlich nach Russland, womöglich nach Sibirien! Und das nur, weil ich versagt habe! Ach, was schert mich die Wunde am Arm! Mein Schmerz sitzt viel tiefer, da drinnen in der Brust. Und der wird auch niemals aufhören.“ Er warf beide Hände vors Gesicht und schluchzte. In der halbdunklen, großen Küche breitete sich endlich eine erlösende Stille aus; wie ein Hauch schlich sie von einem zum andern. Die Dunkelheit, die Wärme und die Ruhe des Raumes umfingen uns, als strichen sie mit sanften Händen die Spannung des Tages fort. Jeder saß zusammengesunken für sich alleine in einer Ecke oder am Tisch und hing seinen Gedanken nach.

Langsam erhob sich Mutter und ging zu Nenea Ion: „Komm, Alter, hör auf zu weinen! Jetzt hör mir mal gut zu: Wir alle brauchen dich sehr, sehr dringend. Ohne dich könnten wir hier oben gar nicht auskommen.“ Dann straffte sich ihre Gestalt, sie wandte sich um, sah uns der Reihe nach in die Augen und sagte mit fester Stimme: „Und Vater werde ich mit Gottes Hilfe freibekommen! Er wird bald wieder unter uns sein, darauf könnt ihr euch verlassen! Der Allmächtige ist an meiner Seite! Jetzt gehen wir erst einmal alle zu Bett und sammeln Kräfte. Wir müssen stark sein und den Kopf hochhalten. In den kommenden Wochen wartet ein schweres Stück Arbeit auf uns. Kommt, lasst uns schlafen gehen! Gute Nacht! Und schlaft gut, meine Lieben!“

Rechtsanwalt Bársony Gábor führte im Stadtzentrum von Kronstadt eine aufwendige Kanzlei. Zu seinen Kunden gehörten nur Prominente und Reiche. Mutter hatte seinen Namen von einem unserer Stammgäste, dem Ziegelfabrikanten Schmidt, mit dem Vermerk erhalten, er sei der beste Rechtsanwalt der Stadt. Bársony war ein stattlicher, behäbiger Mann in den besten Jahren. Seine wortkarge, doch betont herrische Art, die keinen Widerspruch duldete, machte es jedem Neuling schwer, so etwas wie Vertrauen zu entwickeln. Um seine Herkunft zu unterstreichen, trug er nach ungarischer Art einen gezwirbelten Schnurrbart, der zwei schwungvolle Schleifen nach beiden Seiten von seiner Oberlippe hinweg und wieder zurück beschrieb. Die dunklen Haare streng gescheitelt, die feurigen schwarzen Augen unter buschigen Brauen, auf den Lippen selten ein Lächeln, und wenn, dann nur ironisch, jede Sekunde bereit, sein Gegenüber wissen zu lassen, wer hier das Sagen hatte, so saß er auf seinem wuchtigen schwarzen Ledersessel, als gelte es, die ganze Welt das Fürchten zu lehren. Mürrisch zog er die Augenbrauen zusammen und blickte seine Sekretärin fragend an: „Wie sagten Sie? Nicht angemeldet? Kommt gar nicht infrage! Keine Gespräche außerhalb des Terminkalenders! Wie oft muss ich Ihnen das noch sagen?"

„Aber die Dame bittet Sie ..."

„Nein habe ich gesagt! Und jetzt stören Sie mich nicht länger; ich muss noch ..."

Weiter kam er nicht. Er blickte zur Tür. ‚Das darf doch wohl nicht wahr sein! Wer ist diese Frau, die es trotzdem wagt ... Das darf doch nicht ...'

Im Türrahmen stand eine mittelgroße, schlanke Dame in dunkelrotem, anliegendem Kostüm. Die Krempe ihres schwarzen, modischen Hutes verdeckte die linke Hälfte ihrer Stirne. Erstaunen und Bewunderung verschlugen ihm die Sprache. Nein, sie schien nicht mehr die Jüngste zu sein, trotzdem war ihre Haut jugendlich makellos. Die dunklen Augen, umwölkt von schwarzen Augenbrauen, hoben sich von der bleichen Gesichtshaut wunderbar ab. Ihre tiefschwarzen, bläulich schimmernden Haare trug sie im Nacken zu einem Knoten gebunden. Obwohl sie offensichtlich keinerlei Schminke benutzte, wirkte ihr Mund voll und rot. Alles an ihr war äußerst apart: Schwarze, hochhackige Schuhe, die Ledertasche keck unter den linken Arm geklemmt, die linke Hand in einem Lederhandschuh, lässig den andern haltend, die rechte frei, bereit für einen eventuellen Händedruck, so stand sie im Türrahmen, hinter sich die verdutzte Sekretärin.

„Guten Tag, Herr Rechtsanwalt!"

Bársony beantwortete nicht den Gruß, starrte sie bloß an. Langsam lehnte er sich zurück und schlug ein Bein über das andere; ungeniert betrachtete er die Frau von oben bis unten, als gelte es, den materiellen Wert einer Ware einzuschätzen. Nach endlosen Sekunden schließlich ein mürrischer Gruß: „Guten Tag, gnädige Frau!", kam es herablassend. ‚Oh! Was sehe ich da?' Sein Blick blieb am Kragen des Damenkostüms hangen. ‚Eine Brosche! Und was für eine! Aha! Kohle hat sie also! Und wie sie da steht! Nur Geld kann eine Frau mit so viel Arroganz ausstatten; mir soll's recht sein. Mal sehen, wie lange sie dort auf der Schwelle so standhält! Junge, die hat Format! Meinen Respekt! Oder sollte meine Taktik, die Luft mit Spannung zu füllen, heute versagen? Das wäre doch gelacht!'

Durch die hohen Fenster drangen die schrägen Strahlen der Herbstsonne in den großen Raum, im Kamin war das Feuer noch nicht angefacht, nichts rührte sich, nur das Pendel der alten Standuhr durchbrach mit seinem eintönigen Beng-beng die Stille. Er bat die Besucherin nicht herein, mit betonter Lässigkeit maß er sie, schien die Spannung zu genießen.

Und sie? Zeigte sie etwa Schwäche? Ha! Wenn sie wollte, konnte ihre Arroganz von ganz guten Eltern sein!

‚Was der sich wohl einbildet? Und wenn ich bis morgen hier so aufrecht stehen muss, so werde ich mich nicht von diesem Fleck rühren, bevor ich ihn nicht so weit habe, wie ich will. Die Luft mit Spannung füllen? Haha! Das kennen wir! Nicht mit mir, das wäre doch gelacht!'

Aus ihren großen braunen Augen schaute sie ihn seelenruhig an und wartete, ihm die Chance einräumend, sich irgendwann der Höflichkeit zu besinnen. Als jedoch nichts dergleichen geschah, wandte sie sich an die hilflos dreinschauende Sekretärin:

„Danke, Fräulein, es war nett von Ihnen, mich anzumelden. Ich möchte jetzt Herrn Bársony allein sprechen." Damit trat Mutter auf ihn zu und setzte sich – nach einem knappen „Darf ich?" – ihm gegenüber. ‚Der Flegel bleibt tatsächlich sitzen! Und das noch mit übergeschlagenen Beinen. Unglaublich! Nur Geld kann einen Mann mit so viel Arroganz ausstatten!'

Noch immer sagte er nichts, sah ihr nur voll ins Gesicht, nachdem er mit einer einladenden Handbewegung auf den Sessel gedeutet hatte.

„Herr Bársony, ich brauche Sie! Und zwar sofort."

‚Donnerwetter! Die weiß, was sie will! Woher mag diese Kleopatra nur kommen?'

„Wie ist Ihr Name, gnädige Frau?" Oh! Der Mann konnte ja lächeln!

„Berta Zerbes. Ich besitze ein Berghotel bei Predeal.“

Mit überbetonter Gelassenheit lehnte er sich noch tiefer in seinen Monstersessel, zündete sich nach einem ebenso knappen „Darf ich?“ eine Zigarre an und schmauchte genüsslich.

„Wissen Sie, Frau Zerbes, ich mag Menschen, die nicht aufgeben. Erzählen Sie!“

„Mein Mann sitzt wegen eines groben Irrtums im Untersuchungsgefängnis.“ Pause. Keine Reaktion. Wie abwesend blickte er den blauen Rauchschwaden nach, schien sich ganz dem Genuss seines braunen Giftstängels hinzugeben und drehte mit seiner Linken liebevoll die gezwirbelten Enden seines Schnurrbarts zurecht. Unverwandt beobachtete ihn Mutter. Ihr war klar, dass er trotz seiner gekonnten Show, die er hier vom Stapel ließ, jedes ihrer Worte genauestens verfolgte. Langsam und sorgfältig erzählte sie ihm nun die Geschichte eines Polen, der, um sich ein Mittagessen zu verdienen, bei uns Holz gehackt hatte und dabei von den Gendarmen, in der Annahme, er sei ein deutscher Soldat, überfallen und zusammen mit Vater verhaftet worden war.

„So, so. Haben Sie Zeugen dafür, dass dieser, wie sagten Sie doch?“

„Pole.“

„Dieser Pole am Vortag bei ihnen vorbeigegangen war?“

Schlagfertig log Mutter: „Allerdings.“

„Wie viele?“

„So viele Sie wollen.“ Das drang nun doch etwas schwer aus ihrer Kehle; außer uns und den Gendarmen war an jenem Tag die Gegend menschenleer gewesen.

„Sie müssen mir wenigstens zwei Zeugen bringen, das genügt.“

‚Komisch‘, ging es Mutter durch den Kopf, ‚er fragt gar nicht nach dem wahren Sachverhalt. Aha! Also Erfahrung mit Deutschen-Soldaten-Prozessen! Na, dann mal los!‘

Wie unwirklich diese Welt der Rechtsverdreher doch war! Diesmal sollte jedoch das Recht, welches zum Unrecht verdreht worden war, über die Rechtsverdrehung wieder zum Recht zurückverdreht werden, und zwar durch diesen verdrehtesten aller Rechtsverdreher; ebenso wie sich die spitzen Enden seines Schnurrbarts nach der gezwirbelten Verdrehung wieder an seiner Oberlippe zusammenfanden, genau dort, wo die Verdrehung begonnen hatte.

„Wann kann ich die Namen der Zeugen erfahren?"

„In zwei Wochen", kam es prompt, obwohl Mutter noch gar keine Ahnung hatte, wer diese Zeugen überhaupt sein sollten … Zeugen, die gar keine Zeugen gewesen sein konnten, weil es nichts zu bezeugen gegeben hatte; Zeugen, die erst zu solchen zurechtgebogen werden mussten …

„Zwei Wochen, das ist gut. Wann ist die Verhandlung?"

„Am 30. November."

„Genau heute in drei Wochen will ich Sie wieder sprechen, Frau Zerbes. Wenn die Aussagen Ihrer Zeugen gut sind, haben Sie die besten Chancen. Über meine finanziellen Ansprüche werde ich Sie brieflich unterrichten. Übrigens: Wer hat mich Ihnen anempfohlen?"

„Ziegelfabrikant Schmidt, mein Stammgast."

„Ach so! Gnädige Frau, Sie konnten nicht besser wählen!"

Mutter erhob sich und reichte ihm die Hand. Voller Hoffnung verließ sie das stattliche Gebäude und trat aufatmend hinaus in die Nachmittagssonne.

‚Tja! Sündhaft teures Kostüm, hochhackige Schuhe, schicker Hut, protzige Goldbrosche: Eleganz und Arroganz, noch nie hatten sie ihre Wirkung verfehlt. Wie das Geld – auch das vorgetäuschte – doch die Welt regiert! Jetzt aber nichts wie zum Untersuchungsgefängnis!'

Die Handtasche noch immer unter den Arm geklemmt, den Regenmantel über den andern Arm gehängt, so eilte Mutter zum „Curtea Martiala", dem Stadtgefängnis. Sie musste Tati die gute Neuigkeit sofort mitteilen, ihm Mut machen. Doch es kam ganz anders …

„Va sa zica, dumneata esti sotia lui Zerbes? Foarte bine ca ai dat peaici, avem nevoe de matale." (Du bist also die Frau des Zerbes? Trifft sich gut, dass du hier vorbeikommst, wir können dich brauchen.)

„Sergeant, führen Sie die Frau in die Zelle Nr. 8!"

Bevor sie irgendetwas fragen oder gar protestieren konnte, wurde Mutter von einem vierschrötigen Kerl unsanft am Arm gepackt, durch den halbdunklen Korridor gezerrt und in einen winzigen Raum gestoßen. Die Tür wurde zugeschlagen, der Riegel vorgeschoben. Benommen stand sie in der total verdreckten, stinkenden Zelle. Das einzige Möbelstück war eine alte Holzbank, durch das kleine Fenster drang nur spärlich etwas Licht aus dem Innenhof. Geschockt und erschöpft ließ sie sich auf die Bank nieder.

‚Was soll das nur? Was wollen die von mir?'

Ihr schoss durch den Kopf, was so alles passieren konnte, wenn sie hier festgehalten würde. Das Haus in den Bergen war doch nur von drei wehrlosen Mädchen, einem vierjährigen Kind und einem Greis besetzt. Auf ihnen ruhte nun die ganze Verantwortung: die Versorgung der Tiere und die Bewirtung eventueller Gäste. Doch das Schlimmste war: Wie sollte sie die Zeugen auftreiben, wenn sie festsaß? Sollte nun wirklich alles, alles schiefgehen? Sie legte Tasche und Regenmantel neben sich. Da! Was war das? Aus einer Holzspalte zwängte sich ein kleines, sechsbeiniges Kriechtier faul und dick hervor, hielt inne und schaute sie an. Eine Wanze! Da, noch eine und noch eine! Entsetzt sprang Mutter auf und sah sich um; Wände und Boden waren aus Fichtenbrettern, wo sich Hunderte von Wanzen tummelten. Was sollte sie tun? Wo konnte sie sich hinsetzen, ohne bekrabbelt und gebissen zu werden? Sie klopfte und trommelte an die verschlossene Tür, doch niemand reagierte. Weinend ließ sie sich auf den Boden nieder und schlug die Hände vors Gesicht. „Allmächtiger Gott, steh mir bei!"

‚Nie darfst du unter Tränen beten!', hatte sie mich immer belehrt. Nun sprach sie diese Worte mit halblauter Stimme zu sich selber, straffte den Rücken, faltete die Hände und brachte ihre großen Sorgen vor den Einzigen, der bei ihr war, der sie auch in diesem Schmutzloch nicht verließ.

Es war finster geworden, die verstaubte Glühbirne an der Decke war schon lange ausgebrannt, kein Mensch brachte ihr Essen oder etwas zum Trinken oder kümmerte sich sonst wie um sie. Sie legte sich auf die Bank und deckte sich mit dem Regenmantel zu. Früh am Morgen, nachdem sie die scheußlichste Nacht ihres Lebens verbracht hatte, wurde sie ohne Frühstück abgeholt. Zwei Stunden wurde sie verhört. Grob forderte man sie auf, zu gestehen.

„Daca nu recunosti, o sa stai la inchisoare pina te usuci!" (Wenn du nicht gestehst, wirst du im Gefängnis sitzen, bis du hier vertrocknest!) In zermürbenden Verhören wurde ihr immer wieder erklärt, ihr Mann habe längst „alles" gestanden und so erübrige es sich für sie, weiter zu leugnen.

„Was leugnen? Was gestehen? Da gibt es weder etwas zu leugnen noch zu gestehen. Wenn mein Mann irgendetwas ‚gestanden' haben sollte, dann kann er nicht mehr bei Sinnen sein!"

Endlich erhielt sie etwas Essbares – ein Stück kalten Palukes – und Wasser. Am Nachmittag wurde sie erneut zwei Stunden lang verhört und erhielt anschließend wieder kalte Polenta und Wasser. Langsam krochen die Stunden dahin. In trübe Gedanken versunken, saß Mutter alleine und verlassen in ihrem verschmutzten Verlies auf der alten Holzbank, auf der sich unzählige Wanzen tummelten. Weit und breit keiner, der ihr auch nur ein einziges Wort des Trosts hätte sagen können. Verzweifeln? Das war nicht Mutters Art. Wenn die Gendarmen angenommen hatten, in ihr ein schwaches, hilfloses Weibchen gefunden zu haben, das aus lauter Angst und Verzweiflung alles preisgeben würde, so sollten sie sich gründlich getäuscht haben! Mutter fand immer und in jeder misslichen Lage einen Weg, die Situation zu korrigieren oder sie zumindest erträglicher zu machen.

Wie lange würde sie hier wohl festgehalten werden? „Pina te usuci!", hatte der Offizier gesagt – bis sie vertrocknen würde ... Was war ihr noch geblieben? Gar nichts, außer ihrer Würde und ihrer Gedankenwelt. Hier in der trostlosen Einsamkeit öffnete ihr die Freiheit ihrer Gedanken den Zugang zu einer inneren Kraftquelle, ließ ihre Würde und ihr Selbstbewusstsein erstarken.

Diese Freiheit, die Freiheit ihrer Gedanken und Fantasien, konnte ihr niemand rauben!

Leise begann sie zu singen:

Die Gedanken sind frei, wer kann sie erraten?
Sie fliegen vorbei wie nächtliche Schatten.
Kein Mensch kann sie wissen, kein Jäger erschießen,
es bleibet dabei: Die Gedanken sind frei.

Und sperrt man mich ein im finsteren Kerker,
das alles sind rein vergebliche Werke;
denn meine Gedanken zerreißen die Schranken
und Mauern entzwei: Die Gedanken sind frei.

Drum will ich auch jetzt den Sorgen entsagen
und will mich auch nicht mit Grillen mehr plagen.
Ich kann ja im Herzen stets lachen und scherzen
Und denken dabei: Die Gedanken sind frei!

Zuerst hatte ihre Stimme zaghaft geklungen, doch mit der zweiten Strophe hatte das Lied an Intensität gewonnen, dynamisch war ihre Stimme mit jeder Strophe erstarkt, hatte Dimensionen erlangt, die über sie weit hinauswuchsen. Ihr Gesang füllte den Raum und umhüllte sie wie eine schützende Aura, schützte ihre Würde und ihre Gedanken.

Während der letzten Strophe hatte sie sich erhoben – aufrecht stand sie in der Mitte der halbdunklen Zelle. Die erbauenden Worte des Liedes durchdrangen ihr ganzes Wesen und hoben sie über die Wirklichkeit empor, drangen durch die eisernen Gitterstäbe des kleinen Fensters hinaus in den Innenhof und umfingen auch die bedrückten Männer, die sich – vom Gesang angelockt – unter ihrem Fenster versammelt hatten. Verwundert guckte sie durch die metallenen Stäbe … Diese Männer sprachen ja deutsch! Aufmunternd blickte ein Mann zu ihr empor und rief mit lauter Stimme: „Das war schön! Singen Sie nur ruhig weiter, keiner darf Ihnen das Singen verbieten."

„Arme kleine Frau! Wieso sitzen Sie da drinnen?“, wollte ein anderer wissen.

„Ich werde wegen meines Mannes täglich verhört“, erklärte sie.

„Bleiben Sie stark, kleine Frau! Fallen Sie ja nicht auf die Tricks herein! Sicher wird Ihnen gesagt, Ihr Gatte habe alles gestanden. Das kennen wir. Nicht darauf reinfallen! Der Trick ist so alt wie die Welt.“

„Ja, genau das haben sie gesagt, die Schufte, doch ich habe ihnen geantwortet, ‚Mein Mann muss wohl verrückt geworden sein, um einen solchen Unsinn zu gestehen.‘“

„So ist’s recht, Berta!“, hörte sie auf Sächsisch sagen und entdeckte zugleich unter den Männern ein bekanntes Gesicht.

„Was machst du denn hier, Misch?“ Sie erkannte in ihm einen Rosenauer Bauern, Michael Gagesch.

„Wir sind alle wegen desselben ‚Verbrechens‘ verhaftet worden, und zwar weil wir zu unbequem sind: Wir haben uns gegen die Enteignungen unseres Grund und Bodens zur Wehr gesetzt. Aber wir kommen hier bestimmt wieder raus, keine Bange, liebe Berta! Und dich werden sie auch bald laufen lassen. Du musst bloß stark bleiben! Versprichst du uns das, Berta?“ Mutter konnte es nur mit einem Kopfnicken versprechen … in ihrer Kehle saß ein Kloß.

Es war am zweiten Morgen, als Mutter durch die verdreckte Scheibe des alten Fensters gedankenvoll in den Hof blickte. Ringsum war alles still, keiner ihrer neuen Freunde war zu sehen. Ihr Blick glitt über den verlassenen Platz und das graue Gemäuer der gegenüberliegenden Gebäude, streifte die winzigen Fenster des Untergeschosses, die mit besonders starken Eisenstäben vergittert waren. Das waren also die Räume, aus denen während der letzten Nacht die furchtbaren Schreie bis zu ihr gedrungen waren. Das waren die unterirdischen Folterkammern, in denen die Geständnisse erzwungen wurden, in denen Menschen zu Tode geprügelt wurden. Ein Schauer lief ihr über den Rücken. ‚Mein Gott, welches Verbrechen muss denn einer begangen haben, um dort verprügelt zu werden?‘ Plötzlich stockte ihr Atem, entgeistert schaute sie auf das zweite Kellerfenster von rechts. Nein, sie wollte es nicht glauben: Hinter den Metallstäben konnte sie ein blasses Gesicht deutlich erkennen; zwei große Augen starrten zu ihr empor: Arthur! Entsetzt schlug sie die Hände zusammen und schrie seinen Namen über den leeren Hof. „Arthur!" Nein! Letzte Nacht, die Schreie! Jäh wurde ihr klar: Das waren seine Schreie gewesen! Sekundenlang starrten sie sich wortlos an. Langsam hob sie die Hand und winkte ihm zu, presste die andere Hand auf den Mund, um das Schluchzen zu unterdrücken. Sprechen konnten sie nicht miteinander, verständigten sich bloß durch Zeichen. Sie wollte wissen, ob er brutal geschlagen worden war. Er schien sie nicht zu verstehen. Immer wieder ersann sie Zeichen, um zu erfahren, ob er letzte Nacht geschlagen worden war. Lächelnd sah er sie an und hob die Schultern. Verstand er immer noch nicht? Waren es seine Schreie gewesen? Jahrelang sollte sie diese Frage quälen.

(Erst als sie sich nach 26 Jahren wiedersahen und sie ihm diese Frage erneut stellte, erhielt sie eine Antwort. Es war dasselbe Lächeln, dasselbe Achselzucken, begleitet von einer abwehrenden Handbewegung und den knappen Worten: „Ach, das ist nun schon lange her, das tut nicht mehr weh.")

Mittels der Zeichensprache machten sie sich über den Gefängnishof hinweg gegenseitig Mut, standhaft zu bleiben, keine Geständnisse abzugeben. Als Arthur seine Hände faltete und, sie emporhob, formte er mit seinen Lippen nur ein einziges Wort: „B e t e n !" Automatisch faltete Mutter ebenfalls ihre Hände. „Ja, beten!", nickte sie.

Beten! Das war also die große Kraftquelle, die Arthur über alle Tiefen der Kriegsjahre getragen hatte! Nie hatte er darüber gesprochen. Warum nicht? Wieso hatte er sie wie ein Geheimnis gehütet? Etwa weil es in jenen teuflischen Zeiten unüblich geworden war, über Gott zu sprechen? Musste deshalb ein Mann wie Arthur seinen starken Glauben wie ein persönliches Kleinod hüten, weil keiner mehr an Gott zu glauben schien? Im Übrigen war die Aufschrift auf dem Koppel „Gott mit uns" so ziemlich alles, was damals an die Existenz Gottes erinnerte. Was stand eigentlich hinter dieser Diskrepanz der nationalsozialistischen Doktrin? Einerseits hatte Hitler doch stets von der „Vorsehung“ und seiner „göttlichen Führung“ posaunt, während er andererseits der deutschen Jugend den Kirchgang verbot und die Existenz Gottes verleugnen ließ, bis sich einige seiner engsten Anhänger zu öffentlichen Gotteslästerungen hergegeben hatten. Bemerkenswert ist allerdings die Tatsache, dass die Initiatoren solcher Widersprüche ausgerechnet von den unausbleiblichen Folgen dieser Diskrepanzen in den Wahnsinn getrieben werden. Welch stattliche Liste geistesgestörter Diktatoren die Menschheitsgeschichte doch aufzuweisen hat!

Am vierten Tag wurde Mutter einfach auf die Straße gesetzt; nichts hatten sie aus ihr herausholen können. Verwirrt, hungrig, müde, zerknittert und schmutzig machte sie sich auf den Heimweg. Es war bereits 22 Uhr, als sie am Bahnhof in Predeal ankam. Der Himmel war bewölkt, Finsternis umgab sie, Feuchtigkeit durchdrang sie, bald würde es regnen. Sofort lenkte sie ihre Schritte der Landstraße zu und schritt kräftig aus. Ob sie es wohl wagen sollte, die Abkürzung über den bewaldeten Berg zu nehmen? Oder war es klüger auf der Straße zu bleiben und bei Schneiders zu übernachten? ‚Ach was, den Weg durch den Wald schaffe ich auch im Dunkeln; jetzt nichts wie nach Hause!‘, sagte sie sich.

Rechts der Landstraße, auf dem Hang unter dem Wald, leuchteten die Lichter des Cosmutza-Sanatoriums. Sollte sie vielleicht da um Unterkunft für die Nacht bitten? ‚Ach was, ist nicht nötig! Ich schaffe den Heimweg heute noch.‘ Sie bog linker Hand in den Fußpfad ab und stieg über die steile Wiese dem Walde zu. Und dann schaffte sie es doch nicht …

Mitternacht. Wald. Dunkelheit. Regen. Morast. Eine Frau alleine in der Finsternis des Waldes. Und als Mutter dann auf halbem Weg im schlammigen Boden bis an die Knöchel stecken blieb und nicht mehr weiterwusste, wurde sie von einem Mörder eingeholt …

Gerade versuchte sie – mitten im Morast watend – ihre Orientierung wiederzugewinnen. Ihre Haare waren schon klitschnass und das Wasser rann ihr über das Gesicht. Sie wusste nicht mehr, wo vorne und hinten war, da hörte sie Schritte, grobe Tritte, die sich auf dem Pfad näherten. An Gefahr dachte sie überhaupt nicht, war bloß froh, dass jemand herbeikam.

„Hallo! Ist da jemand? Können Sie mir aus dem Morast heraushelfen?"

„Aber sicher! Wo sind Sie denn?" Er kam näher, bis auch er in den Matsch trat.

„Einen Augenblick, ich habe Streichhölzer dabei." Er zündete ein Streichholz nach dem anderen an und watete zu ihr hin. Plötzlich fühlte sie sich von zwei kräftigen Armen hochgehoben. Behutsam trug er sie durch den Dreck und setzte sie wieder auf den Pfad.

„So, das hätten wir. Sind Sie verletzt?"

„Nein, ich bin in Ordnung. Bloß, meine Schuhe … Wo sind meine Schuhe?"

„Im Matsch, liebe Frau. Die können Sie vergessen."

Er nahm sie bei der Hand.

„Kommen Sie! Jetzt sind Sie nicht mehr allein, den Weg bis zu Ihrem Haus schaffen wir leicht."

„Sie kennen mich?"

„Welche andere Frau hätte die Verwegenheit, bei stockfinsterer Nacht im Regen allein durch die Wälder zu streifen als die Doamna Zerbes?"

„Was hätte ich getan, wenn Sie nicht gekommen wären? Ich danke Ihnen vielmals!"

Wie ein Kind ließ sie sich von dem starken Mann führen und fühlte sich unglaublich geborgen. Nach einigen hundert Metern des Wanderns auf dem steinigen Pfad blieb sie stehen.

„Ich brauche eine Pause, meine Fußsohlen schmerzen."

„Ich habe eine Idee, Frau Zerbes!" Entschlossen setzte sich der Mann auf den Boden.

„Sie nehmen meine Schuhe und ich laufe zur Abwechslung barfuß."

Mutter schlüpfte in die Riesenschuhe, in denen ihre Füße beinahe zweimal Platz hatten. Schlurfend und schleppend ging's weiter.

„Das ist nichts. Ich verheddere mich bei jedem Schritt."

„Dann weiß ich eine noch bessere Lösung. Sie ziehen meine Wollsocken an und ich nehme die Schuhe, was meinen Sie?“

„Probieren wir's!“

Und so kam Mutter um zwei Uhr morgens zu Hause an: triefend nass, verschmutzt und verwanzt, zerzaust und zerknittert, ausgelaugt und ausgehungert, in den Schweißfüße-Socken eines Einbrechers und Mörders, der sich schützend um sie bemüht hatte. Tja, das Leben ist eben voller Rätsel!

Erna, Esther und ich hatten uns bereits halb totgesorgt; an Schlaf war nicht zu denken. Nur die kleine Sunhild, die seit einiger Zeit bei uns wohnte, da ihre Eltern nach Russland verschleppt worden waren, schlief ruhig und fest den Schlaf des Gerechten. Sie und ihr Bruder Otmar wurden von einer Oma zur andern, von einer Tante zur nächsten weitergereicht und versorgt.

Erst fassungslos, dann vor Freude verrückt, begrüßten wir Mutter und ihren nächtlichen Begleiter. Nachdem die beiden tüchtig gegessen hatten, saßen wir noch bis drei Uhr am Küchentisch und erzählten. Der überaus nette Mann durfte natürlich kostenlos in einem Zimmer im Erdgeschoss übernachten und erhielt ein ebenso kostenloses Frühstück.

Gheorghe Namaiescu hieß Mutters ritterlicher Retter, und wie wir wenig später erfahren sollten, war er ein gesuchter Einbrecher, der sogar schon einen Mord begangen hatte. Wieso war er in jener Nacht unterwegs zu unserem Haus gewesen? Was hatte er im Schilde geführt? Und wieso war er trotz seiner verbrecherischen Absicht so überaus freundlich zu Mutter gewesen? Hatte er seinen Plan spontan geändert, als er auf dem Weg zu seinem unsauberen Handwerk in der Dunkelheit eine Frau im Dreck hilflos watend fand? Oder sind auch Bösewichte mitunter liebenswürdig? Sieht so aus! Vielleicht genau so oft wie Engel manchmal böse sind …

Von seiner Schattenseite sollten wir Namaiescu kurze Zeit später kennenlernen, als er uns unvermittelt „beruflich“ besuchte. Während der Nacht, die er bei uns verbrachte, hatte er von innen wohlweislich ein Fenster ausgehakt, sodass er eine Woche später bequem hineinsteigen konnte, um alle Decken und Bettlaken des Erdgeschosses mitzunehmen. Um diese Menge zu transportieren, hatte er sicher noch ein oder zwei Helfershelfer dabeigehabt. Welch ein Glück, dass wir Frauen diesen Einbruch wonniglich verschliefen!

Der weitere Verlauf? Und die weiteren Begegnungen mit diesem Verbrecher? Sie sind es wert, erwähnt zu werden: Als Mutter nach einiger Zeit zur Gerichtsverhandlung vorgeladen wurde, um als Zeugin gegen Namaiescu auszusagen und sie gefragt wurde, was für Ansprüche sie stelle, erklärte sie: „Ich weiß, dass er wieder freikommen und weitere Einbrüche verüben wird. Somit stelle ich keine anderen Ansprüche als den einen – meine Familie und mein Haus künftig zu verschonen, einen großen Bogen um uns zu machen!"

Ein weiteres, diesmal einbruchfreies Jahr war vergangen, als eines trüben Herbsttages drei Gendarmen mit einem an Händen und Füßen gefesselten, blau angelaufenen, übel zugerichteten Namaiescu in unser Haus traten. Bei seinem Anblick flüchtete die kleine Sunhild zu mir, versteckte sich hinter meinem Rücken und hielt sich mit beiden Händen an meinem Rock fest. Mit weit aufgerissenen Augen starrte sie ihn eine Weile an und flüsterte mir dann zu: „Ist das nicht der Onkel, der einmal hier übernachtet hat?"

„Ja, das ist er."

„Warum sind seine Hände und Füße zusammengebunden?"

„Weil er ein Dieb ist. Als du in Rosenau warst, hat er uns einmal arg bestohlen und jetzt kommt er ins Gefängnis."

„Ein Dieb? Er war doch ein netter Onkel, als er hier war!"

„Ja, schon. Aber auch Diebe sind manchmal nett."

Sunhild konnte die Augen nicht von ihm lassen, die ganze Zeit stand sie irgendwo in der Küche und starrte Namaescu an.

Die Gendarmen aßen Mittag und ließen den Gefesselten achtlos neben der Türe auf einem Hocker sitzen. Mutter erbarmte sich seiner. Sie nahm einen großen Teller, häufte ihn mit Kartoffelgulasch an, gab ihn Sunhild und flüsterte: „Willst du diesen Teller dem armen Mann reichen?“

Sunhild war inzwischen fünf geworden und stellte sich geschickt an. Behutsam fasste sie den Teller mit beiden Händen und trippelte mit vorsichtigen Schritten zu Namaescu.

„Das ist für dich! Guten Appetit!“, sagte sie brav und reichte ihm den Teller. Der Mann sah sie mit wehmütigem Blick an und rührte sich nicht. Noch immer stand das Kind mit dem vollen Teller vor ihm, doch er schien entweder nicht zu begreifen oder ihn hatte der Anblick des lieblichen Engelsgesichts fasziniert, beinahe gelähmt. Und dann rollten Tränen über das zerschundene Antlitz, während er das Mädchen wie in Trance betrachtete.

„Bitte, lieber Mann! Das ist für dich!“, wiederholte Sunhild.

Endlich fasste er nach dem Teller und setzte ihn auf den Schoß.

„Ich danke dir! Wie heißt du denn?“

„Ich heiße Sunhild Truetsch. Und wie heißt du?“

„Es ist besser, wenn du meinen Namen nicht kennst. Du bist ein liebes Kind! So ein liebes Mädchen wie dich hätte ich auch gerne einmal!“

Ich hatte die Szene beobachtet und wurde sehr nachdenklich. Standen sich da nicht zwei verlassene Seelen gegenüber? Das elternlose Mädchen, das von hier nach dort geschoben wurde, um mehr schlecht als recht zu überleben? Der erwachsene Mann, der – von den Menschen verachtet – hin und her irrte? Trug er die Schuld? Lag es an den Genen? Oder hatte er – vielleicht auch elternlos – niemanden gefunden, der ihm Obdach, Schutz und Liebe gab? Lief bei ihm deshalb alles schief? Wer mochte das ergründen?

Sunhild flüchtete wieder zu mir und wir hielten uns ganz fest bei den Händen.

Mutter setzte sich zu Namaiescu.

„Erzähl mir, was hast du wieder angestellt? Du hattest mir doch versprochen …“

„Jawohl. Und ich habe mein Wort gehalten; bei Ihnen bin ich doch nicht mehr eingebrochen.“

„Schon gut, aber woanders doch; nun siehst du, was du davon hast!"

„Ich bin aus dem Gefängnis ausgebrochen und habe mich einige Zeit versteckt und ruhig verhalten, doch dann überkam es mich wieder so sehr und so habe ich wieder gestohlen."

„Was überkam dich?"

„Frau Zerbes, wie soll ich Ihnen das erklären? Es kommt immer wieder über mich! Das ist so ein starker Drang, dem ich nicht widerstehen kann. So oft habe ich mir schon geschworen, es nicht mehr zu tun – doch das dauert nur eine kurze Zeit, dann fängt es wieder an."

„Was fängt wieder an?"

„Es ist, als ob jemand ständig hinter mir her sei, mich bedränge und ununterbrochen auf mich einrede, bis ich fast verrückt werde: ‚Brich doch ein! Brich doch ein!' Dann muss ich einfach los und irgendwo einbrechen. Nachher tut es mir leid und es geht mir schlecht." Er griff in seine Rocktasche, zog ein zerschlissenes Buch hervor und zeigte es Mutter.

„Sehen Sie, ich trage immer die Bibel bei mir und lese viel darin, ich weiß genau, dass Gott mich verabscheut. Das macht mich fix und fertig." Er weinte wie ein verlassenes Kind. Nach einer Weile fuhr er fort: „Wissen Sie, warum wir gerade hier vorbeikommen? Ich wollte eben meinem elenden Leben ein Ende bereiten, und zwar hier auf dem Vorban-Berg, in Ihrer Nähe, wo ich in meinen letzten Minuten Ihr Haus hätte sehen können. Nicht einmal das war mir vergönnt! Die Gendarmen fanden mich und schnitten den Strick durch. Warum nur haben sie mich nicht in Ruhe gelassen?"

„Vielleicht hat Gott sie geschickt, damit du weiterlebst und dich besserst. Schau, hier hast du eine Wegzehrung, Brot und Käse."

„Sie sind so gütig zu mir! Noch nie war jemand gut zu mir. Ich will ja auch anständig sein, doch es hilft mir keiner dabei, ich bin so alleine."

„Das funktioniert nur umgekehrt: Wenn du ehrlich bist, mögen dich die Menschen und du findest auch Freunde oder sogar eine Frau."

„Ich werde im Gefängnis an Sie denken und vielleicht gelingt es mir, Schluss zu machen mit diesem Drang."

„Diese Stimmen, die dich bedrängen und so stark beeinflussen, sodass du nicht widerstehen kannst, glaubst du nicht, dass das Stimmen böser Geister sind?"

„Glauben Sie an böse Geister?"

„Warum nicht? Wenn es Gott gibt und wenn es gute Geister gibt, wieso sollte es nicht auch böse Geister geben? Woher käme sonst alles Böse? Doch nicht etwa von Gott?"

„Vielleicht haben Sie recht. Ich werde es von nun an so betrachten."

„Genau das sollst du! Wenn dich das zwanghafte Gefühl mal wieder bedrängt, musst du dir von Gott dem Allmächtigen Hilfe holen! Falte die Hände und bitte Gott um heiligen Geist und Kraft, diesem Drang zu widerstehen! Versuche es zumindest!"

„Das schwöre ich Ihnen, Frau Zerbes!"

Wir haben nie mehr etwas von diesem Mann gehört. Ob Mutters Samenkorn, das sie in diese geschundene Seele gesät hatte, Früchte getragen haben mag?

In diesem Sommer sollte ich mich von meiner über alles geliebten größeren Freundin trennen. Esther hatte einen langen Brief von ihrem Onkel aus Deutschland erhalten: Nach langwierigen Forschungen hatte er in Erfahrung gebracht, dass seine Schwester und sein Schwager, das Ehepaar Morgenroth, 1943 im KZ in Dachau verstorben waren. Er selbst hatte inzwischen seinen Doktor in Deutschland noch einmal machen müssen und hatte dann im Landeskrankenhaus in Ulm eine Stelle angenommen. Für Esther war es ein harter Schlag, die Eltern endgültig aufzugeben. Wir saßen beide in ihrem Zimmer und weinten.

„Am liebsten möchte ich auch nach Ulm zu Familie Riemann und mit Onkel Mircea besprechen, was wir weiter tun können. Vielleicht wäre es das Beste, für immer in Deutschland zu bleiben. Dort könnte ich mein Musikstudium wieder aufnehmen. Es gibt in Deutschland mehr Möglichkeiten als hierzulande."

„Das sind eigentlich gute Aussichten für dich. Und nun darfst du auch wieder Morgenroth heißen. Wie schön!“

„Das ist lieb von dir, alles positiv zu sehen! Aber woher nehme ich bloß das Geld für eine Reise?“

„Ich glaube, meine Eltern würden dir sicher so viel Geld leihen. Ich werde sie fragen.“

Im Stillen hatte ich jedoch gehofft, meine Eltern wären dazu nicht bereit, somit würde Esther noch bei uns bleiben. Doch Mami gab ihr sofort das Geld und wünschte ihr alles Glück der Welt. Schweren Herzens nahmen wir Abschied von dem wunderbaren Mädchen, das mir so viel bedeutete. Ich durfte Esther mit der zweiräderigen Kutsche und der braunen Lena nach Predeal zum Bahnhof bringen. Beide gaben wir uns verdammt viel Mühe, tapfer zu sein und nicht zu weinen. Wir lächelten uns an und versprachen, uns oft zu schreiben, und irgendwann würden wir uns sicher wiedersehen …

Während der folgenden zehn Tage war Mutter pausenlos unterwegs. Sie besuchte Anverwandte, gute Freunde, Stammgäste, erzählte, erklärte, bat und bettelte. Alles vergeblich! Keiner von all den lieben Menschen wollte sich bereit erklären, falsch auszusagen; getreu dem rumänischen Sprichwort: Prietenul la nevoe se cunoaste (Einen Freund erkennst du in der Not). Offensichtlich hatten damals alle unsere Freunde ihre eigene Not zu tragen; die Kraft, Freundschaft für die Not anderer aufzubringen, hielt sich in Grenzen.

In einer der schlaflosen Nächte setzte sich Mutter urplötzlich kerzengerade in ihrem Bett auf und sagte laut: „Frau Popescu!“ Ich glaube, Archimedes mag sein „Heureka“ in dem griechischen Badewasser wohl genauso begeistert ausgerufen haben. Erst nach einigen dunklen Sekunden kapierte ich.

„Genau! Das ist die Lösung! Frau Popescu ist die richtige Person! Heureka!“

„Morgen fahre ich gleich zu ihr nach Ploesti.“ Beruhigt schliefen wir wieder ein.

Frau Popescu, unsere Stammkundin, war eine gut situierte, selbstbewusste, zu ihrem Leidwesen sehr füllige Frau. Ihr Mann war Direktor der Ölraffinerien in Ploesti. Allsommerlich quälte sie sich bei uns in der Abgeschiedenheit der Berge durch die unmenschlichsten Abmagerungskuren, mit dem einzigen Ergebnis, dass sich der Begriff „Schlankheit" für sie hartnäckig im Reich der Utopie verschanzte. Wie dem auch sei, die Wahl war gut, Mutter hatte recht.

Ganz standesgemäß in Seide und Fuchspelz gehüllt, mit extravagantem Hut, Lackschuhen und sündhaft teurem Schmuck erschien Frau Popescu am 30. November bei der Gerichtsverhandlung. In ihrer dominierenden Korpulenz stand sie unerschrocken da und erklärte mit viel Fantasie, doch ganz und gar jeden Zuhörer überzeugend, dass sie jenen Mann, der dort zwischen den beiden Wachen saß, mit Bestimmtheit am 4. September als Gepäckträger bei uns vorbeigehen und dann am folgenden Vormittag wieder ankommen und später Holz hacken gesehen hatte, usw., usw. … Ihr Schwager, den sie überredet hatte, ebenfalls an dieser Hilfsaktion teilzunehmen, stand genauso mutigen Sinnes im Gerichtssaal und sagte alles, was Bársony ihn gelehrt hatte, peinlichst genau her. Und mit diesen vereinten Kräften kam Vater frei …

„Sag mal, Mami", fragte ich hinterher, „wie hat Frau Popescu das geschafft? Auf die Bibel zu schwören, nichts als die Wahrheit und nur die Wahrheit zu sagen und dann so einen Haufen Lügen aufzutischen?"

„Ganz großartig hat sie das gemacht: Sie sah mich vorher noch einmal fest an, hob den Kopf und schwor mit lauter Stimme, als wollte sie Gott auffordern, hier ein Auge zuzudrücken, um einem ehrlichen Menschen zu helfen. Ich habe ja dasselbe tun müssen – es war nicht leicht –, ich war so starr, dass ich es nicht einmal wagte, mit der Wimper zu zucken." Nach einer Pause fuhr sie fort: „Ich hoffe, Gott der Allmächtige wird bei diesem Meineid, mit dem wir Tati vor einer Gefängnisstrafe bewahrt haben, beide Augen zudrücken."

Ich glaubte fest daran, dass Mutter auch diesmal recht hatte.

„Und wie war Rechtsanwalt Bársony?"

„Oh, der war hervorragend! Dafür hat er ja auch das ganze Geld, das wir diesen Sommer verdient haben, eingesteckt. Ach, was soll's? Hauptsache, Tati ist wieder zu Hause!"

„Und was haben die Popescus erhalten? Oder war das reiner Freundschaftsdienst?", wollte Erna wissen.

„Freundschaftsdienst kann man es wohl nicht nennen, weil Frau Popescu weniger meine Freundin als eben nur unser Stammgast ist. Wie soll ich's nennen? Diese bewundernswerte Frau hat mir mit der größten Selbstverständlichkeit aus einer großen Not geholfen, aus reiner M e n s c h l i c h k e i t ."

Vier Überfälle hatte das Vorban-Haus dank Mutters Stärke und Lebenswillen mehr oder minder glimpflich überstanden. Beim vierten und schlimmsten Überfall sollte sich herausstellen, wie machtlos diese Frau, trotz Kraft und Einfallsreichtum, gegenüber einer brutalen Übermacht, dem kommunistischen Staat, war. O ja! Es hatte auch damals eine Chance gegeben … ein Angebot, das Mutter wegen seiner Abscheulichkeit strikt abgelehnt hatte.

Damals, im Herbst vier Jahre zuvor, war Vater der Gefängnisstrafe knapp entkommen. Seither werkelte er wie eh und je in seiner gemächlichen Art in Haus, Hof und Stallungen. Mutter sorgte dafür, dass das Geschäft seinen guten Ruf behielt, dass immer annehmbare Speisen auf den Tabletts in den Gästesaal wanderten, auch wenn es meist verdammt schwer war, überhaupt irgendetwas Essbares herbeizuschaffen. Nachkriegszeit. Harte Arbeit. Entbehrungen. Notlösungen. Aber Hoffnungen!

Von Esther kamen regelmäßig Briefe ins Haus. Sie studierte an der Musikhochschule in Heidelberg Geige. Erna hatte einen Buchhaltungskurs abgeschlossen und sich in Rosenau selbstständig gemacht; sicher ein guter Entschluss, waren doch Mutter und sie nie gut miteinander ausgekommen. Stundenlange Streitereien, unter denen ich auch als Unbeteiligte schrecklich litt, waren schon immer an der Tagesordnung gewesen. Mit ihrer Großmutter, bei der sie nun wohnte, verstand sich Erna prächtig, waren sie doch beide aus demselben Holz. Ich besuchte inzwischen die Pädagogische Lehranstalt, das sogenannte „Lehrerseminar", in Schäßburg. An und für sich hätte ich mich hier wohlfühlen müssen; wenn nur das verdammte Heimweh nach den Bergen nicht gewesen wäre!

Schäßburg! Eine mittelalterliche Stadt, von den Siebenbürgen-Deutschen erbaut und zum Großteil noch von Deutschen bewohnt, es ist ein wunderschöner, malerischer Ort. Aus der Mitte des Häusermeeres, das zum Teil auf Hügeln verteilt ist, hebt sich die Altstadt empor. Sie „hebt" sich im wahrsten Sinne des Wortes, besser gesagt, sie wird von einem Berg getragen, der ungefähr 200 m höher liegt als das umgebende Häusermeer, und der auf seiner Höhe so flach ist, dass sich hier alte Patrizierhäuser und andere denkmalgeschützte Bauten malerisch aneinanderreihen. Die engen Straßen und Plätze werden von keinem Straßenverkehr gestört. Mittelalter pur! Man wähnt sich in eine andere Zeit versetzt. Abgeschnitten vom Rest der Welt. Ruhe, Beschaulichkeit und Freundlichkeit, das charakterisiert diese Stadt. Die Menschen sind gemütvoll, liebenswürdig und fröhlich.

Der südliche Teil dieses isolierten mittelalterlichen Stadtwunders erhebt sich noch einmal um weitere 130–150 m empor. Oben, auf dem Gipfel dieses Hügels, ist gerade noch so viel Platz, dass die deutschen Vorfahren im 14. Jahrhundert hier ihrem Schöpfer ein stolzes Haus errichten konnten. Stolz und erhaben blickt die „Bergkirche" von dieser Höhe über die ganze Stadt und noch weiter hinaus auf das umliegende Land. Zu seinen Füßen, als einzige Nachbarschaft, steht die Schule, das Seminar, ein vierstöckiger, hoher Bau, nicht viel jünger als das evangelische Gotteshaus. Aus der Altstadt zur Bergkirche und dem Seminar führt eine 187-stufige, gerade Holztreppe. Überdacht und von beiden Seiten durch eine Bretterwand geschützt, bildet sie einen Brettertunnel, durch den täglich hunderte lärmende Schüler und Schülerinnen hinaufkeuchen oder hinuntertoben.

Mein Klassenzimmer lag im dritten Stock, im Biologiesaal, dessen Sitzreihen sich nach oben anhoben. Mein Sitzplatz war am Fenster, von wo aus sich mir von Heimweh geplagtem Wesen ein fantastischer Ausblick auf die Stadt und besonders auf den großen Bahnhof bot. Der Bahnhof! Trotz aller Schönheit und allem Zauber dieser Stadt, trotz liebenswürdiger Menschen, trotz allem Jubel und Trubel, der sich in unserer Schule abspielte, übte dieser Bahnhof auf mich die größte Faszination aus – zählte ich doch die Tage und Stunden, bis ich wieder in einer rauchgeschwärzten Eisenbahn sitzen und mich von der Dampflok ziehen lassen durfte, um mich meinen Karpaten zu nähern. Oh, wie ich dann die Nase aus dem Waggonfenster strecken wollte, um die eisige Luft, die mir von den verschneiten Bergen entgegenwehte, in die Lungen zu saugen! Dann erst würde ich wieder spüren, dass ich lebte! Stundenlang saß ich in den Unterrichtsstunden und blickte gedankenverloren auf den Bahnhof, den Punkt, der meinem Zuhause am nächsten war, bis ein Professor mir mal zurief: „Zerbes, nicht träumen!"

Jeden Morgen strich ich in meinem Kalender den jeweiligen Tag bereits so vollständig durch, dass davon nichts mehr zu sehen war. Schon Monate vorher war ich von Kopf bis Fuß auf Winterferien eingestellt; in meinem Sinn hatte nichts anderes mehr Platz als Berge, Schnee, Skilaufen – und Puiu! Seine Briefe trug ich ständig bei mir, wo ich stand und ging, war Puiu bei mir. Abends, vor dem Schlafengehen, las ich noch schnell darin und legte dann das längst abgegriffene Papier mit einem seligen Lächeln unter mein Kopfkissen. Viereinhalb Jahre hatten wir uns nicht mehr gesehen, nun hatte er sich zu Weihnachten und Neujahr angemeldet. Wenn ich die Augen schloss, sah ich die schönsten Fantasiebilder: Puiu und ich tobten über die Pisten, lachten und jodelten, was das Zeug hielt. Mein Gott! Das sollte was werden! Ich war gerade 17 und er 22 Jahre alt, welch ein Alter! Meine Schulfreundinnen nannten mich eine Träumerin, wussten nicht so recht, was mit mir los war, warum ich so anders war als die übrigen kichernden und gackernden Mädchen, denen immer nur

Jungs durch die Köpfe schwirrten. Jungs? Ich? Brauchte ich denn so was? Hatte ich nicht schon das Beste, was es auf der Welt gab? Und jetzt war bereits Mitte Dezember, die ersten Schneeflocken wirbelten durch die Luft, bedeckten die Dächer der Stadt und meinen Bahnhof mit wunderschönem Weiß, dass es eine Freude war! Am 22. Dezember würde ich endlich losfahren dürfen. Mein Rucksack war schon seit Tagen gepackt, bald würde ich am Bahnhof in Predeal aussteigen; jenseits des bewaldeten Berges würde der verschneite Butschetsch in gleißender Mittagssonne glänzen und mich freudig begrüßen. Und dann würde ich selig durch den frischen, flaumigen Schnee dem Vorban-Hause entgegenstapfen …

Doch es kam alles ganz anders!

Am 20. Dezember erhielt ich einen Brief. Ich erkannte die Schrift nicht sofort und wendete das Kuvert: „Georg Truetsch", war der Absender. Ein Brief von meinem Großvater? Noch nie hatte er mir geschrieben. Aufgeregt riss ich den Briefumschlag auf und las die fünf handgeschriebenen Zeilen; fünf magere Zeilen schrieb mir mein Großvater, in denen er mir das Schlimmste mitteilte, was mir und meiner Familie im Leben je zustoßen konnte …

Liebes Elenchen!

Wenn die Ferien beginnen, musst Du her zu uns nach Rosenau kommen. Man hat euch euer Hotel weggenommen, verstaatlicht. Deine Eltern sind mit dem, was man ihnen gelassen hat, her zu uns gekommen.
Herzliche Grüße von Deinem Großvater!

Alles in mir weigerte sich, diese drei Sätze zu erfassen. Ich las die Zeilen immer und immer wieder. Diese Schrift! Diese Worte! Alles war so fremd! Ich stand alleine im Raum und sah mich um. Ja, lebte ich denn überhaupt noch? Die Gegenstände um mich herum, dieses fremde Papier in meinen Händen, ich selbst, alles war unwirklich, weit von der Wirklichkeit entfernt. Auch die Stimme, die mich jäh unterbrach, klang weit entfernt, wie aus dem Jenseits: „Bitte zu Tisch!“ Das war doch nicht Realität! Der ganze Raum fing an sich im Kreise zu drehen, schneller und schneller, und dann wurde es dunkel und still um mich …

Ich weiß nicht, wie lange ich am Boden gelegen habe. Als ich nicht beim Mittagstisch erschienen war, hatte man nach mir gesucht, hatte mich mit Ohrfeigen und kaltem Wasser wieder ins Leben zurückgeholt. Ja, es war die Zeit der Ohrfeigen und des kalten Wassers! Die Menschen, mit denen ich zusammenwohnte, Frau Capelsias mit ihren drei Töchtern und dazu drei Kostgänger-Schülerinnen, stellten überhaupt keine Fragen. Niemand interessierte es, warum ich in Ohnmacht gefallen war. Keiner hatte daran gedacht, zu dem Brief, der neben mir gelegen hatte, irgendeine Verbindung herzustellen; er war sogar verschwunden. Vielleicht hatte ihn auch die sechsjährige Tochter in den Papierkorb geworfen; dort fand ich ihn später. Beim Mittagessen würgte ich ein paar Bissen durch meine trockene Kehle, Tränen tropften unaufhaltsam auf meinen Tellerrand. Am Tisch wurde wie üblich Blödsinn gequasselt, keine Spur von „Was hast du denn?“ oder Ähnlichem. Somit sagte ich auch kein Wort. Konnte ich da irgendein Verständnis für meinen großen Kummer erwarten? Niemals!

Am nächsten Morgen ergriff ich einfach meinen Rucksack und ohne mich zu verabschieden, marschierte ich zum Bahnhof.

„Sollen sie doch denken, was sie wollen, die blöden, blasierten, arroganten Weiber! Die können mich doch alle mal am …!“ Na ja, weiter traute ich mich nicht.

(Hätte ich damals gewusst, was ich heute weiß, das, was ich 40 Jahre später über diese Familie erfahren sollte, so hätte ich gewiss alles ausgesprochen, was ich in dem Moment auf der Zunge hatte, und noch mehr. Der Apotheker V. Capelsias, Vater der Familie, lebte nämlich in Deutschland, versteckt und verfolgt. Er war kein anderer als der bekannte Auschwitz-Apotheker Capelsias, der bei Herstellung und Vertrieb des Zyklon-2-Gases – auch W-2 oder Blausäure – mit dem man Millionen Juden getötet hatte, maßgeblich beteiligt gewesen war.)

Nun streckte ich meine Nase aus dem Eisenbahnfenster und sog die eisige Bergluft ein – doch in meiner Seele war alles finster, grau und schwarz. Ich konnte es nicht fassen! Mein Paradies auf der Narzissenwiese! Mein geliebtes Haus, das mir bei meiner Ankunft immer entgegenlächelte! Mein Vorban-Berg mit der rieselnden Quelle und den drei hohen Bäumen auf halber Höhe! Unterhalb des Hauses der bewaldete Hügel, „Das Hügelchen", wie wir ihn nannten: Das alles sollte uns nun nicht mehr gehören? Alles aus? Vorbei? Wieso? Was hatten wir denn verbrochen?

Im Stillen hatte ich schon lange befürchtet, dass irgendwann einmal dieser Tag anbrechen würde, hatte der kommunistische Staat doch bereits vor drei Jahren alle Bauernhöfe der Siebenbürgen-Deutschen enteignet. Von einem Tag zum andern waren Haus, Hof, Vieh, Acker und Wiesen enteignet worden und in den Besitz neuer Eigentümer übergegangen. Diese „neuen Bauern" waren hergelaufenes Gesindel, das keine Ahnung von Landwirtschaft hatte und faul herumlungerte, sodass die Bauernhöfe schon nach ein, zwei Jahren ganz und gar heruntergekommen aussahen. Die deutschen Bauern, die seit Jahrhunderten ihr Land und ihre Höfe vorbildlich nach altem Wissen und alten Traditionen bearbeitet und gepflegt hatten, wurden umgehend aus ihren Häusern geworfen; ironischerweise erlaubte man ihnen, in den Ställen zu wohnen. In den stattlichen Häusern wohnten nun die Fremden, die „Propietari", die in kürzester Zeit alles in stinkende Sauställe verwandelten. Da zu der Zeit in Rumänien noch keine Unkrautvertilgungsmittel eingesetzt wurden, nahm draußen auf den Feldern das Unkraut derart überhand, dass man mitunter nicht erkennen konnte, was dort eigentlich angebaut worden war. Mit den Händen Unkraut jäten? So wie die Sachsen das seit Jahrhunderten immer taten? Nein, dazu war das Gesindel viel zu faul. Und während sich früher die von der Gemeindeweide heimkommenden Herden so dicht an dicht durch die Straßen gedrängt hatten, dass die Kühe und Büffel wegen Platzmangels ihre gehörnten Häupter emporheben mussten, schleppten sich jetzt in der Abenddämmerung nur vereinzelt ein paar magere, bedauernswerte Vierbeiner durch die

Straßen. Traurig ließen sie ihre Köpfe hängen; mit ihrem tierischen Feingefühl spürten sie den verkommenen Zustand, die Aussichtslosigkeit. Oh, was Tiere mit dem Gehirn nicht aufnehmen können, nehmen sie umso besser mit ihrem Gespür wahr! Nun waren auch unsere Lotti und die kluge Lena in fremden Händen! Und wo war Stucki? Sicher litten diese Tiere genauso wie wir!

Gegen drei Uhr nachmittags kam ich in Rosenau an. Was ich in der Langgasse bei meinen Großeltern vorfand, war ganz anders, als ich es mir vorgestellt hatte. Keiner weinte oder klagte. Mit versteinerten Mienen schlichen sie alle umher und sprachen kaum miteinander. Jeder Einzelne war innerlich so schwer verwundet, dass keiner mehr die Kraft besaß, auch nur zu jammern, und auch keiner dem andern mehr Trost zu spenden vermochte.

Meine Eltern, Erna und ich wohnten zu viert in einem Raum, in der „großen Stube“ meiner Großeltern. Diesen riesengroßen, wunderschönen Raum hatten wir bis dahin normalerweise nie betreten dürfen, stets waren hier nur Gäste empfangen und Familienfeste gefeiert worden. Nun wohnten, kochten und schliefen wir in diesem ehrwürdigen Raum. Tage vergingen, bedrückende, schweigsame Tage, in denen keiner etwas erzählte. Niemand wusste, wie es weitergehen sollte. Vater hatte man ein dreimonatiges Arbeitsverbot aufgebrummt, als hätte er ein Verbrechen begangen und müsste nun dafür büßen. Welche Sinnlosigkeit! Welche Sinnesverwirrung eines satanischen Regimes! Somit wurden wir erst einmal von meinen Großeltern, die sich durch alles andere als durch Großzügigkeit auszeichneten, beköstigt. Unserem enteigneten Hause durften wir uns bis auf drei Kilometer im Umkreis nicht nähern. Welche Demütigung! Die Hoffnung, wieder zur Schule zurückzukehren, sah für mich gering aus.

Gerne hätte ich Näheres darüber erfahren, wie der furchtbare Tag, der 16. Dezember, abgelaufen war. Keiner wollte mir etwas erzählen. Ich gab nicht auf, Mutter anzuflehen: „Komm, Mami, bitte erzähle mir, wie es war!“

„Ich kann nicht! Später einmal“, erhielt ich zur Antwort, bis sie eines Tages dann doch so weit war, dass es aus ihr herausbrach.

„Es war furchtbar! Es war der schlimmste Überfall! Am Morgen des 16. Dezembers, als wir beim Frühstück saßen, bellte Stucki plötzlich wie verrückt. Wir liefen hinaus und was wir sahen, war einfach unglaublich: Das ganze Haus war von Gendarmen umstellt, vor uns standen vier Männer in Zivil und eine Frau. Sie grüßten nicht einmal, sondern erklärten, sie kämen im Namen des Staates, um das Haus zu enteignen. Ich brauchte eine ganze Weile, um zu kapieren, was los war.

‚Was? Unser Haus wollt Ihr uns wegnehmen? Dieses Haus, wofür ich so schwer und ehrlich geschuftet habe? Nur über meine Leiche!‘ Ein Mann kam auf mich zu und packte mich am Arm. Ich sagte schroff: ‚Rühren Sie mich nicht an, Sie Halunke!‘ Ein Gendarmen-Offizier trat hinzu: ‚Wir haben den Befehl, Sie bei dem geringsten Widerstand zu verhaften, also seien Sie vernünftig!‘

‚Ich bin sehr vernünftig. Aber wo ist die Vernünftigkeit eines Staates, der solche Gesetze erlässt? Fleißige, ehrliche Bürger ihres Hab und Gutes zu berauben?‘

‚Beleidigen Sie jetzt nicht auch noch unseren Staat, sonst wird es Ihnen schlecht ergehen! Alle Hotels der Karpaten werden enteignet. Somit sind diese Häuser den Ausbeutern, die sie sich auf dem Rücken der Arbeiter ergaunert haben, endlich entrissen.‘ Das war zu viel für mich! Ich schrie: ‚Wir haben niemand ausgebeutet außer uns selbst. Mein Mann, ich und meine Töchter haben immer am meisten gearbeitet, uns nie einen freien Tag gegönnt, geschweige denn einen Urlaub!‘

‚Ha, ha! Das sagen alle!‘

Unaufgefordert traten sie ins Haus. Aus der gegenüberliegenden Türe traten zwei Gendarmen in die Küche: ‚Wir haben das Haus durchsucht. Es besteht kein Widerstand.‘

‚Sie tun ja so, als hätten Sie es mit Verbrechern zu tun‘, sagte Tati.

Nun erhob sich Nenea Ion vom Tisch. Er straffte seinen alten Körper, gab sich einen Ruck und sagte langsam: ‚Meine

Herren! Es ist ungeheuerlich, was meine alten Augen zu sehen bekommen! Nie hätte ich gedacht, dass ich so etwas mit ansehen muss. Gibt es in diesem neuen Staat denn nur diese Art von Gerechtigkeit?‘

‚Sagen Sie Ihrem Vater, er soll seine Zunge im Zaum halten!‘, wandte sich einer der Zivilisten an mich.

‚Ich bin nicht ihr Vater. Ich bin nur ein alter Zigeuner, der in diesem Hause schon seit vierzehn Jahren arbeitet, wohl aber immer wie ein Vater behandelt worden ist. Herr und Frau Zerbes waren bei Gott keine Ausbeuter. Das ist die Wahrheit, meine Herren!‘

‚Wir sind keine Herren, wir sind Genossen.‘

‚Wohl Genossen des Satans, aber nicht meine Genossen!‘ Wer hätte von Nenea Ion so viel Mut erwartet? Noch einmal blickte er die Gendarmen und den Zivilisten, der hier das Wort führte, durchdringend an, dann hob er pathetisch seine Hand zum Schwur: ‚Ich verfluche euch, ihr Satansgesindel! Ihr scheußliche Höllenbrut! Ich verfluche euch, dass ihr kein Glück haben mögt in diesem Gebäude! Dass dieses ehrenwerte Haus, bei dessen Aufbau ich mitgearbeitet habe, nicht länger als ein Jahr in euren schmutzigen Händen bestehe! Über euren verruchten Köpfen möge es in Flammen aufgehen und euch mit in Schutt und Asche reißen! So wahr der Allmächtige lebt: Er wird meinen Fluch gewiss erhören!‘

Sprachlos und starr vor Schreck standen die Männer herum, keiner hatte es gewagt, den Alten zu unterbrechen. Beinahe ehrfurchtsvoll traten sie beiseite, bildeten ein Spalier, als er hinausging. Erhobenen Hauptes schritt er an ihnen vorbei, würdigte sie keines Blickes und verließ den Raum.

Als er draußen war, fing die Frau jämmerlich an zu heulen: ‚Aualeu! Gheorghitza! Ne-a blestemat! Ne-a blestemat! Er hat uns verflucht! Er hat uns verflucht! Mit diesem Haus will ich nichts zu tun haben! Ich will nach Hause! Dieses Haus wird uns kein Glück bringen! Ich will gleich nach Hause! Aualeu-u-u!‘

‚Halt deinen dämlichen Mund! Dies wird von nun an dein Zuhause sein! Und jetzt kein Wort mehr! Hör auf zu heulen, dummes Weib!‘ Das war wohl ihr Mann.

Unaufgefordert setzten sich die Zivilisten und die Frau an den Tisch. Der Wortführer dieser staatlich eingesetzten Räuberbande holte aus seinem Aktenkoffer eine Menge Papiere hervor und breitete sie vor uns aus.

‚Mein Name ist Enea, Ion Enea. Ich bin der Chef der Kader-Abteilung (rumänische Stasi) der Stadt Rosenau. Der Genosse Radulescu vertritt hier die Kommunistische Partei, Genosse Pop ist von der Rosenauer Stadtverwaltung und Genosse Iordache, zusammen mit seiner Frau, sind die zukünftigen Wirtsleute des Hotels. Iordache wird das Inventar übernehmen.'

Das waren lauter Peitschenhiebe, die auf unsere Köpfe niederprasselten! Ich bedeckte mein Gesicht mit der Schürze und weinte los.

‚Ich mache Ihnen einen Vorschlag', sagte Tati, ‚wenn Sie das Haus nun verstaatlichen, würden meine Frau und ich hier gerne den Posten als Wirtsleute übernehmen.'

‚Das könnte Ihnen so passen! Davon kann keine Rede sein', war die Antwort.

‚Wir müssen jetzt mit der Inventur beginnen, sonst werden wir in den zwei vorgesehenen Tagen nicht fertig. Fangen wir gleich mit den Tieren an.' Alle erhoben sich und gingen in den Hof, Tati und ich folgten ihnen. Als Enea in den Stall treten wollte, stolperte er, verhielt seinen Schritt und rief: ‚Ah! Was ist das hier am Boden? Da liegt jemand.'

Ich lief gleich hin und erstarrte vor Schreck: Es war Nenea Ion! Er lag auf dem Rücken, den Blick starr nach oben gerichtet, als wollte er Gott eindringlich bitten: ‚Vergiss ja nicht meinen Fluch auf diese verruchte Räuberbande!' Mir war sofort klar, dass er tot war, unser armer Nenea Ion! Er hatte den Schock nicht überlebt. Diese Schurken hatten ihn auf dem Gewissen! Ich schrie sie an: ‚Das habt ihr getan! Das ist nur eure Schuld! Das werdet ihr büßen! Gott wird seinen Fluch erhören!'

Die Kerle standen nur dumm herum, keiner sagte ein Wort, nur die Frau begann erneut fürchterlich zu jammern und ihren Mann zu beschwören, mit ihr nach Hause zu gehen. An den dümmlichen Gesichtern war zu erkennen, dass sie zu Tode erschrocken waren; sie wollten es sich jedoch nicht anmerken lassen. Tati und ich trugen Nenea Ion in seine Kammer auf sein Bett, ich faltete seine Hände über der Brust, schloss seine Augen und deckte ihn mit seiner Decke zu. Dort hat er die folgenden beiden Tage gelegen.

Die Inventur war nervenaufreibend. Zwei Tage lang haben wir alle großen sowie auch die kleinsten Gegenstände aufgeschrieben und in Lei gewertet. Wenn ich dir nun etwas erzähle, was mir am zweiten Tag passiert ist, wird dir übel: Stell dir vor, Elenchen, an dem Vormittag ruft mich Enea, der Kaderchef, in das Zimmer Nr. 1, er müsste mir dort etwas zeigen. Als wir drinnen sind, sperrt er die Tür hinter uns ab, sieht mich mit einem schmalzigen Lächeln an und sagt: ‚Frau Zerbes, Sie sind eine viel zu schöne Frau, um zu lange traurig zu sein. Ich würde unter Umständen auf den Vorschlag Ihres Mannes eingehen, nämlich, dass Sie das Haus weiter bewirtschaften … wenn Sie, äh … wenn Sie … wie soll ich sagen … wenn Sie … äh … so hie und da lieb zu mir wären … Sie verstehen …?‘

Ich dachte mir: ‚So, so! Du geiler Bock! Du Dreckskerl! Wie viele Weiber hast du dir wohl in Rosenau auf diese schmutzige Weise schon erkauft? Nun willst du dir hier in der Abgeschiedenheit der Berge noch ein Liebchen sichern? So für ewige Zeiten? Da bist du gerade an die Richtige geraten!‘

Erst bin ich vor ihn hingetreten und habe mit meiner Rechten ausgeholt, doch dann ließ ich sie wieder sinken. Eine Ohrfeige? O nein! An dieser dreckigen Visage wollte ich mir meine Hände nicht beschmutzen. Ganz nahe bin ich an ihn herangetreten, hab’ ihm in die Augen gesehen, sodass er schon dachte, ich sei bereit, mit ihm ins Bett zu gehen. Sein Grinsen wurde breiter und breiter, sein Blick schmalziger und schmieriger, doch dann kam die Überraschung: Schnell sammelte ich meine ganze Spucke, die ich im Mund auftreiben konnte, und schleuderte sie ihm ins Gesicht. Er war völlig baff, wusste nicht, wie ihm geschah, noch viel weniger, wie er reagieren sollte. Schnell schritt ich zur Tür, drehte den Schlüssel im Schloss und verließ das Zimmer. Somit war die Sache geklärt …

Tati hat am nächsten Tag einen Sarg für Nenea Ion gezimmert. Wir haben den Toten in ein weißes Laken eingehüllt und schön hineingelegt. Gegen Abend haben wir den Sarg auf den Leiterwagen geladen, zusammen mit den wenigen Sachen, die man uns gelassen hat. So haben wir dann, müde, ausgelaugt und todtraurig, die Fahrt nach Rosenau angetreten. Es war wie ein Begräbnis. Mit dem Toten im Wagen, auf den wir unsere Säcke und die paar Kisten gepackt hatten, war es ja tatsächlich ein Begräbnis.

Wir trugen nicht nur den Alten zu Grabe, sondern auch uns selber …

Ich werde das nie verkraften. Nie, nie im Leben kann und will ich das verkraften!“

Mutter war müde. Ich stellte keine Fragen mehr, es war schon Mitternacht und wir gingen zu Bett. Bevor ich einschlief, ging mir noch durch den Kopf, dass die Schurken den Zeitpunkt der Enteignung gezielt vor der Wintersaison gewählt hatten, in der sicheren Annahme, dass Keller, Speicher und Kammern vollgestopft mit Vorräten sein würden. Sie hatten recht: Unser ganzes Geld hatten meine Eltern in die Vorräte gesteckt. Im Keller waren ein frisch geschlachtetes Schwein und ein Kalb zurückgeblieben sowie hunderte von Flaschen Wein, Schnäpse und andere erstklassige Getränke von der renommierten Firma „Mott“. Auf dem Speicher lagen zentnerweise Mehl, Zucker usw. Wir standen vor dem Nichts; nicht einmal ein wenig Bargeld war übrig geblieben, gar, gar nichts. Und zu alledem hatte mein Vater Arbeitsverbot, drei Monate durfte er keine Arbeitsstelle annehmen!

Mein Vorsatz, die Lehrerinnen-Bildungsanstalt zu absolvieren, um anschließend Musik zu studieren, schien sich zu verflüchtigen. Wer sollte das bezahlen? Mein Großvater, ein gebildeter alter Herr, hatte immer schon dafür plädiert, dass eine Frau mit Bildung im Leben besser zurechtkäme, höheres Ansehen genieße und außerdem größere Chancen habe, einen feinen Mann zu finden, als eine Dumme. „Schau dir deine Großmutter an: gebildet, tüchtig und auch noch hübsch! Ich war immer mächtig stolz auf sie." Er, dieser kluge Geschäftsmann, hatte mir beigebracht, dass eine Frau nicht unbedingt und ausschließlich an den Herd gehöre. Diese seine Meinung hat mich für das ganze Leben geprägt. Großvater war es auch, der mir aus jener Not half.

„Schau, hier hast du das Geld für die Reise! In Schäßburg gehst du dann sofort zum Schuldirektor, Herrn Prof. Schuller, den ich gut kenne, erzählst ihm alles über euch und bittest ihn um ein Stipendium. Du bist doch eine prima Schülerin, oder? Na also! Du musst dich durchsetzen! Nur dem, der etwas tut, kann Gott helfen. Gott segnet nur das Tun, nicht das Nichtstun. Also spring ins kalte Wasser, mein Mädchen, und vertraue auf Gott!" Wie sehr er recht haben sollte, dieser großartige Mann! Genauso kam es: Ich erhielt sofort ein Stipendium und konnte weiter zur Schule gehen.

‚Spring ins kalte Wasser, mein Mädchen, und vertraue auf Gott!'

Großvaters Worte wurden mein Lebensmotto, meine Lebenssäule, an der ich mich ein Leben lang immer wieder hochrappeln sollte!

Doch die Elena, die aus den Winterferien zurückkehrte, war eine andere geworden. Noch ernster und fleißiger machte ich mich über das Lernen her. Ich wollte mir unbedingt eine Lebensbasis schaffen, die mir keiner nehmen konnte, schon gar nicht eine „Enteignung". Das Schuljahr 1949/50 verlief wohl wie jedes andere, bloß mit dem Unterschied, dass meine Zensuren im Juni unvergleichlich besser als in den vorigen Jahren ausfielen. In den Sommerferien suchte ich dann nach einer Saisonarbeit auf der Rosenauer Staatsfarm und wurde sofort als Sekretärin im Büro der Kantine, die täglich 300–400 Arbeiter bekochte, eingestellt. Auch hier übertrieb ich natürlich in meiner Arbeitswut, indem ich von 7 Uhr früh bis spätabends schuftete; bis mich zuweilen meine besorgte Mutter nach Hause holte. Wie schön war es doch, auf diese Weise den Rest der Welt zu vergessen!

Einen vergaß ich trotzdem nicht: Puiu! Es bedrückte mich, dass ich von ihm keine Nachricht mehr erhielt. Wohl hatte ich ihm aus Rosenau geschrieben, doch nichts rührte sich. Im September fuhr ich wieder nach Schäßburg zur Schule, saß auf meinem Fensterplatz, von dem ich so schön den Bahnhof überblicken konnte, und träumte zuweilen von vergangenen Zeiten, von Bergen, glitzerndem Schnee, duftenden Tannen, herrlichen Skipisten … bis mich kurz vor den Winterferien 1950 wieder eine Hiobsbotschaft erreichte: Mutters Brief.

Liebes Elenchen!

Der letzte, endgültige Überfall auf unser Vorban-Haus geschah, wie es scheint, durch unsichtbare Mächte. Erinnerst Du Dich an den Fluch des alten Nenea Ion? Nun, er ist auf furchterregende Weise in Erfüllung gegangen! Falls Du stehst, setze Dich hin und höre zu:
Vorige Woche, auf den Tag genau ein Jahr nach der Enteignung, ist unser Haus abgebrannt!
In der Nacht des 16. Dezembers, als alles schlief, hat es aus unerklärlichen Gründen angefangen zu brennen. Das geschah so plötzlich, so überraschend, dass Iordache, der Wirt, nur mehr im Pyjama aus dem Fenster springen konnte, während seine Frau es nicht mehr schaffte und drinnen kläglich verbrannte. Siehst Du: Gott schlägt nicht mit dem Knüppel – aber er schlägt auf seine Art.
So seltsam es auch klingen mag: Das waren unsichtbare Mächte! Da bin ich mir sicher!
Der Kaderchef, Enea, und die anderen Männer waren an dem Vormittag hinaufgefahren, um den ersten Jahrestag der Enteignung zu feiern. Wahrscheinlich haben sie sich besoffen und ein zu großes Feuer im Zimmer Nr. 1 angefacht. Dort ist das Feuer ausgebrochen. Im Tiefschlaf hat keiner was bemerkt, bis sie alle hoffnungslos von Flammen umgeben waren. Enea hat noch in derselben Nacht wegen der Verbrennungen seinen bösen Geist aufgegeben, während die andern nur teilweise gegrillt wurden.

Der Allmächtige verzeihe mir meine Schadenfreude wegen der beiden Toten! Zu sehr haben mir jene Menschen wehgetan! Das Haus, die Ställe, die Scheune: alles verbrannt! Iordache hat den Rest der Nacht unter freiem Himmel halb nackt und bibbernd verbracht. Makabererweise konnte er sich nur mehr an den Flammen und der Glut des Brandes erwärmen, bis Hilfe kam. Schade, dass Nenea Ion die Erfüllung seines Fluches nicht erleben durfte!

Ich freue mich, dass Du bald Ferien hast und nach Hause kommst, wenn man das „Zuhause“ nennen darf. Ich habe jetzt eine Stelle als Putzfrau in der Lehrlingsherberge der C. F. R. angenommen. Wie Du weißt, ist Vater seit zwei Monaten Nachtwächter im Sägewerk, gegenüber von Cracanels Schenke, sodass wir uns nur alle paar Wochen sehen können. Unser gewesener Nachbar, Herr Schneider, hat Tati diese Stelle verschafft. Im Frühjahr lässt dieser gute Mann in der Nähe des Sägewerks für uns ein Holzhäuschen bauen; dort können wir dann beide wohnen und müssen nicht mehr getrennt leben.

Dich grüßt herzlich
Deine Mami

Mein geliebtes Haus abgebrannt! Die vage Hoffnung, irgendwann doch noch an den Ort zurückzukehren und wieder dort leben zu dürfen, war nun gänzlich zunichte gemacht. Nichts war mehr übrig geblieben als ein paar brüchige Mauern, Kohle und Asche. Aus! Vorbei! Hatte dieses Leben nur noch Zerstörung zu bieten? Gab es keine Hoffnung, keinen Aufbau mehr? Als wütete ein überdimensionaler Löwe mit geweitetem Rachen durch das Land, um alle Hoffnung, alle Freude und alles Leben zu verschlingen …

Wochenlang hatte ich den Winterferien entgegengeträumt, doch mit diesem Schock fiel mein schwer aufgebauter Optimismus wieder in sich zusammen. Die Ferien verliefen ohne das heiß ersehnte Skilaufen, ohne Schnee und ohne Tannenwalder. Und genauso eintönig verrannen die folgenden Wochen und Monate in Schäßburg, bis ich mich wieder von der alten, schnaufenden und Feuer speienden Eisenbahn nach Rosenau ziehen lassen durfte.

In meiner Familie hatte sich inzwischen einiges verändert: Erna arbeitete in Kronstadt, verschwand allmorgendlich mit dem ersten Hahnenschrei und kehrte abends todmüde zurück. Mutter wohnte mit Vater im Holzhäuschen beim Sägewerk, sodass ich die meiste Zeit, die ich in dem großen Haus in der Langgasse war, nur mit meinen Großeltern verbrachte. Ich erhielt wieder meinen Sommerjob auf der Staatsfarm, wo ich meine Energie prima loswerden konnte. An den Abenden liebte ich es, mich mit Großvater über Gott und die Welt zu unterhalten.

Großvater hatte auf mehreren Gebieten großes Wissen, und seine Meinung bedeutete für mich alles; stundenlang konnte ich ihm zuhören und Fragen stellen. Eines meiner Lieblingsthemen waren unsere weitläufige Familie und unsere bemerkenswerten Vorfahren. Eines Abends eröffnete er mir, dass unsere Familie seit Mitte des 16. Jahrhunderts eine Familienchronik führe. Ich war sprachlos.

„Und wo ist diese Chronik? Darf ich sie sehen?"

„Die ist unter Verschluss." Mehr war aus ihm nicht herauszuholen. Die dürfe ich nie zu Gesicht bekommen. Das war zu viel für mich. Ha, nicht mit mir! Oder … Hatten unsere Ur-Ur-Urahnen irgendwelche Dinge getrieben, die es zu verbergen gab? Waren da Schwachstellen, die mir Großvater vorenthielt? Umso mehr steigerte sich meine Neugier. Wo konnte das gute Stück nur versteckt sein? Irgendwann und irgendwie würde ich seiner habhaft werden! Wenn beide mal zusammen ausgingen, z. B. auf ein Begräbnis, das in Rosenau normalerweise zwei Stunden dauerte, würde ich bei allem, was von papierener Beschaffenheit war, das Unterste zuoberst kehren. So groß war Opas Bürokratie-Bereich doch gar nicht! Ich wartete also voller Ungeduld auf das nächste Begräbnis. Erfahrungsgemäß fanden diese ehrenwerten Ereignisse so ziemlich verlässlich im Wochenrhythmus statt.

Jede Woche segnete doch irgendein altersschwacher Rosenauer Erdenbürger ergeben (oder auch nicht ergeben) das Zeitliche. Wie erwartet, so auch in jener Woche, an einem Donnerstag. Samstag würde ich also zwei Stunden lang stöbern können, da meine Großeltern als Herr und Frau Kirchenkurator bei keinem Begräbnis fehlen durften.

Endlich war die Luft rein. Seufzend stand ich vor dem wuchtigen Eichenschreibtisch und überlegte. Dann zog ich die Schubladen nacheinander heraus und stöberte; nichts! Da, rechts unten weigerte sich die Lade, ihren Inhalt preiszugeben, weil verschlossen … Aha! Da drin also! Woher den Schlüssel nehmen? Ich fing an, das alte Möbelstück von allen Seiten zu beschnüffeln, irgendwo musste er doch hängen! Hm! Meine Blicke streiften die Wand über dem Schreibtisch, an der – zwischen anderem Firlefanz – eine Lindenholz-Schnitzerei hing, ein Erbstück, das ein Vorfahre meiner Großmutter im Jahre 1827 geschnitzt hatte. Es stellte ein Vogelnest auf Zweigen und Lindenblättern dar, darüber – mit schützend ausgebreiteten Flügeln – eine Vogelmutter.

‚Nun, du komisches Menschenkind', schien diese zu sagen, ‚was glaubst du, was ich hier in meinem Nest außer Eiern noch verberge?'

‚Den Schlüssel natürlich, du komischer Vogel!'

Ein Griff, und ich hielt den kleinen Schlüssel in der Hand. So einfach war das. Hurra! Die Lade war groß und vollgestopft mit alten Unterlagen aller Art. Obenauf lagen Geburtsurkunden, Taufscheine, Schulzeugnisse, Trauscheine, Todesurkunden, Bankunterlagen, alles aus dunkler Vorzeit. Interessant fand ich eine Schiffskarte von Hamburg nach New York und zurück auf den Namen meines Großvaters. So, so! Wichtiges und Unwichtiges füllte den Kasten und regte meine Fantasie zu bunten Bildern der Vorzeit an. Zwei Briefe erweckten meine besondere Aufmerksamkeit, weil sie an meinen Vater adressiert waren. Ich wendete sie und las den Absender: Arthur Schramm, Marktstraße 17, 2764 Triftern, Deutschland, Poststempeldatum: 3. 8. 1948. Der Absender des zweiten Briefes: Arthur Schramm, Schillerstraße 2,

Iserlohn, Deutschland, Poststempeldatum: 7. 1. 1950. Nein! Da hatten uns doch meine Großeltern tatsächlich diese Briefe aus Angst vor den Behörden einfach vorenthalten! Kurz entschlossen steckte ich sie unter die Bluse an meinen Busen. Fantastisch! Arthur lebte! Arthur hatte uns nicht vergessen! Ich suchte weiter. Da! Welch ein Brocken! Ein in braunes Leder gebundenes, etwa 10 cm dickes, riesengroßes Buch kam zum Vorschein. ‚Das ist sie, die Chronik!' Vorsichtig entnahm ich sie ihrem Gefängnis, legte sie liebevoll auf die Schreibtischplatte, zog den Sessel heran und bückte mich ehrfurchtsvoll über die alte, papierene Dame, die mir nun einiges verraten sollte, ob sie wollte oder nicht. Ich schlug das Buch auf. Mein Herz klopfte aufgeregt, als sich die vergilbten und teilweise zerschlissenen Seiten vor mir auftaten. Die ersten Aufzeichnungen begannen im Jahre 1561, mit der Geburt eines männlichen Kindes namens Peter Durmes. Ich blätterte weiter und las, dass Peter Durmes im Jahre 1609 Bürgermeister von Rosenau geworden war. Dann, einige Blätter weiter, ein ausführlicher Bericht über eine Belagerung der Rosenauer Burg vonseiten des ungarischen Fürsten Gabriel Báthory im Jahre 1611. Nachdem sich die tapferen Rosenauer unter der Leitung ihres Bürgermeisters Durmes 14 Wochen lang erfolgreich gewehrt hatten, indem sie kochendes Wasser und heißes Pech von der Burgmauer auf die ungarischen Horden hinabgegossen hatten, wurde die Wasserquelle von einem Schurken, der zufällig ein Rumäne war, verraten. Ohne Wasser war die Burg bald bezwungen. Der tapfere Bürgermeister, Peter Durmes, wurde von den Belagerern geköpft …

Wow! Da war ja tatsächlich ein Held in der Ahnenreihe meiner Großmutter! Ich musste weiterlesen, die Zeit drängte. Mitte des 17. Jahrhunderts, ein Richter namens Johann Gagesch. Seine Tochter Anna verliebte sich in den spanischen Rittmeister Miguel de Cornette. Ich stutzte! Wo in aller Welt war sie denn ausgerechnet einem Spanier begegnet? Aha! Österreich umfasste doch zu der Zeit sowohl Siebenbürgen als auch Spanien. Im Bericht las ich weiter, dass in Rosenau eine spanische Garnison – zum Schutze gegen Türkeneinfälle – einquartiert worden war. Der flotte Rittmeister hatte im Hause des Richters, Johann Gagesch, gewohnt und sich in Anna verliebt. Der gestrenge Vater lehnte jedoch eine Heirat entschieden ab. Als die Garnison nach zwei Jahren abzog, brach es Anna das Herz. Sie verriet Miguel nicht, dass sie ein Kind erwartete. Miguel und Anna mussten sich trennen. Anna starb bei der Geburt und ihr Vater adoptierte den Jungen, gab ihm seinen eigenen Namen: Johann Gagesch. Es folgten sodann vier Generationen von Johann Gagesch. Im Jahre 1868 dann der fünfte und letzte Johann Gagesch, der Vater meiner Großmutter. Nun, was ich da weiter zu lesen bekam, war nicht von schlechten Eltern: Ob die vorhergegangenen vier Johanns ihre spanische Anverwandtschaft besuchten und Freundschaft pflegten oder nicht, wurde in der Chronik nicht erwähnt, doch dass der fünfte Johann gewitzter war als die anderen, das lässt sich daraus schließen, dass er der spanischen Sprache mächtig war und Spanien mehrmals bereist hatte. Außerdem bestand ein Briefwechsel zwischen einem Luis de Kasonaz und meinem Urgroßvater, in dem Luis Johann mit „mein lieber Cousin" ansprach. Also doch! Er hatte die Verwandtschaft ausfindig gemacht! Welch ein Teufelskerl, dieser Johann Gagesch der Fünfte!

Ich las und las und traute meinen Augen nicht: Der Kavallerie-Oberst Luis de Kasonaz war wohl ein bemerkenswerter Mann. Unter anderem war er Zahlmeister der spanischen Kavallerie. Als im Jahre 1898 unter König Alfonso dem Dreizehnten (seine Mutter Maria-Christina regierte an seiner statt, da er noch minderjährig war) in Spanien eine Militärrevolution ausbrach, war es dem tollkühnen Spanier, Oberst de Kasonaz, in dem Wirrwarr gelungen, sich mit der ganzen Militärkasse aus dem Staube zu machen. Mit 800.000 Golddukaten, einer Kutsche voller Gold, fuhr er bis nach Siebenbürgen, zu seinem Cousin Johann Gagesch. Diese abenteuerliche Flucht, bei der er in einem Schusswechsel verwundet und sein Komplize getötet worden war, wurde in allen Einzelheiten beschrieben. In Rosenau pflegte ihn Johann gesund und dann vergruben die beiden die Golddukaten auf dem nahen Berge

„Ronk“. Luis de Kasonaz kehrte nach einem Jahr unvorsichtigerweise nach Spanien zurück zu seiner Tochter Helen, wurde leider verhaftet und zu lebenslanger Gefängnisstrafe verurteilt. Nach acht Jahren Kerker in der Festung Ceuta in Spanisch-Marokko verstarb er. Johann, ein Ehrenmann, hielt sein Wort und befreite Helen aus einem Kloster in Toledo, brachte sie nach Siebenbürgen und teilte mit ihr den Schatz christlich. Sie zog nach Wien und heiratete einen Edlen von Tannenried. Johann kaufte sofort den halben Berg Ronk, Wald und Wiesen rund um den Schatz herum, und seither hieß dieser Berg „Gagesch-Berg“. Er kaufte noch ein Weingut in Nordsiebenbürgen, wo er tragischerweise nach relativ kurzer Zeit einem Jagdunfall zum Opfer fiel. Seine Witwe, Rosa Gagesch, die Großmutter meiner Mutter, verkaufte das Gut und kehrte nach Rosenau zu ihrer Tochter, meiner Großmutter, zurück, wo sie bis zu ihrem Tod lebte.

‚Und wo ist der Rest?! Von 400.000 Golddukaten kann man doch nicht bloß einen halben Berg und ein Gut kaufen!‘, durchfuhr es mich.

Ich schreckte auf! Die Glocke des Straßentors bimmelte. Nur schnell alles zurücklegen! ‚O Gott! Wenn sie mich ertappen!‘ Schwuppdiwupp! Alles wieder hinein in die Schublade! Abgesperrt! Schlüssel ins Vogelnest – mit den Worten: ‚Dass du ja deinen Schnabel hältst!‘ – und dann ein unschuldiges Gesicht aufgesetzt. Na also. Wer sagt’s denn? Bis mein alter, sehr beleibter Großpapa und meine alte, noch beleibtere Großmama die vielen Stufen der breiten Treppe zum Eingang heraufgewackelt kamen, war alles wieder an seinem Platz und ihre unschuldige Enkelin saß entspannt, in einem Buche lesend, jungfräulich und unverdorben auf dem Sofa. Um ein großes Wissen reicher geworden, war ihr Sinn jedoch seither weniger jungfräulich und unverdorben …

Einen anderen kleinen Schatz trug ich noch an meinem Busen: Arthurs Briefe. Am nächsten Tag setzte ich mich aufs Fahrrad und radelte die 14 km zu meinen Eltern. Die Freude über meinen

Besuch und die Briefe war riesengroß! Ausführlich schrieb uns Arthur über seine Odyssee, seit er uns 1945 verlassen hatte: Nach einigen Monaten rumänischer Gefangenschaft war er nach Österreich transportiert worden. Er hatte sich als Österreicher ausgegeben, weil er erfahren hatte, dass er als solcher nicht nach Russland verschleppt werden würde. Nachdem er ein halbes Jahr mit anderen Kriegsgefangenen in den Wäldern Österreichs Holzfällerarbeiten verrichtet hatte, war es ihm im Herbst 1946 gelungen, nach Deutschland zu flüchten. Es war gar nicht leicht gewesen, seine Frau und seinen inzwischen vierjährigen Sohn zu finden. Nach fünf Jahren Trennung hatte er dann endlich seine Margarete getroffen und seinen kleinen Herbert kennengelernt. Zu dritt hatten sie sich in dem kleinen Ort Triftern niedergelassen. Von dort waren sie später nach Iserlohn gezogen. Nun wollten sie sich ein kleines Haus bauen. Er machte sich Sorgen, weil er von uns keine Nachricht erhielt, hoffte jedoch, dass dieses den chaotischen Umständen zuzuschreiben sei und es uns wohlergehe.

Erleichtert atmeten meine Eltern auf ob der guten Nachricht von ihrem „Adoptivsohn". Sogleich setzten sie sich hin und schrieben ausführliche Briefe über die Ereignisse der letzten Jahre. Seither bestand ein reger Briefwechsel zwischen den Schramms und unserer Familie. Sowohl zu Geburtstagen als auch zu Weihnachten kamen Geschenke an, jedoch stets mit der Bitte, sich dafür nicht zu bedanken (wohl, weil es Margarete nicht wissen durfte …). Es schien, als fänden die beiden nicht mehr zueinander. Margarete hielt an ihrem Liebhaber, den sie sich in Arthurs Abwesenheit angelacht hatte, beharrlich fest. Was Arthur noch zu schaffen machte, war, dass er zu seinem Sohn keinen Zugang fand. Die Familie lehnte ihn ab. Armer Arthur! Er schien todunglücklich! Wir konnten nichts anderes tun, als ihn zu trösten und ihm zu versichern, dass wir ihn mochten und nie vergessen würden.

Geradezu erschütternde Worte schrieb er uns in einem seiner Briefe: „Jeder einzelne Brief von Euch ist für mich Lebenswasser! Ihr seid meine eigentliche Familie! Ihr seid die Menschen, die meinem Herzen am nächsten stehen. Meine Frau und meine Kinder sind mir so fremd! Warum nur ist das so? Was habe ich falsch gemacht?“

Bis hier reichten Elenas „**Erinnerungen an die deutschen Soldaten**“.

Beginnend mit den hübschen Kerlen der „Ersten Batterie“, die vor dem Krieg in Rosenau stationiert gewesen war, und den Möchtegern-Skifahrern des Winters 1941/42 im Vorban-Haus, gingen Elenas Erfahrungen über zu den beiden Versprengten Hans und Adolf und schlossen mit Arthur. Tja! Außerhalb der Schlacht und des Kriegsgeschehens waren sie alle lieb und lustig gewesen; unvorstellbar, dass diese freundlichen Kerle an der Front und im Feindesland genauso barbarisch sein konnten wie alle anderen Soldaten der Welt und der Weltgeschichte.

Auf Johns Bitte hatte Elena vor drei Monaten begonnen, diese Erinnerungen aufzuzeichnen, um ihn bei der Verarbeitung seiner tiefen Abneigung, die er während des Krieges gegen die „German soldiers“ entwickelt hatte, zu unterstützen.

Natürlich war es Arthur, der Elena am nächsten gestanden hatte, war er doch ein Jahr lang wie ein Bruder zu ihr gewesen. Nun, als sie während der zurückliegenden Wochen ihre Erinnerungen zu Papier brachte, stieg er aus dem Dunkel der Vergangenheit ans neuseeländische Tageslicht, große und kleine Erlebnisse nahmen wieder Gestalt an und füllten die weißen Blätter unter ihren Händen. Während sie schrieb, sah sie Arthur und hörte seine Stimme, er schien bei ihr, in Johns Haus, gegenwärtig zu sein. Die bunten Erinnerungen hatten ihre Seele erwärmt, hatten sie weit fort über Zeit und Raum getragen, hatten sie Umgebung und Gegenwart vergessen lassen.

Elena hatte die Blätter fein säuberlich in einen Ordner geheftet und überreichte sie John.

„Ein Geschenk von deiner ‚German lady', das Werk dreier Monate Arbeit."

„Ich danke dir! Das ist wahrlich ein einmaliges Geschenk! Ich schätze es ungemein! Und ich werde mich sofort daranmachen, es zu übersetzen; Rolf Panny wird mich, angesichts meiner mangelhaften Deutschkenntnisse, sicher gerne unterstützen. Und dann biete ich es meinem Verlag, bei dem ich arbeite, an."

„John, ich schätze deine Einstellung, alten Seelenmüll verarbeiten zu wollen, ungemein hoch! Und ich würde mich freuen, wenn mein kleines Buch meine Leser anregen könnte, dasselbe zu tun wie du. Wenn das alle Menschen täten, würde die Welt etwas freundlicher aussehen!"

„Wie recht du hast!" Er blätterte das Manuskript durch, las die Titel der Kapitel: „‚Hans und Adolf', ‚Das Jahr mit Arthur', ‚Überfälle auf das Vorban-Haus'. Drei Kapitel? Donnerwetter!"

„Ich konnte ja anfangs selbst nicht ahnen, dass es drei Kapitel werden würden. Erst beim Schreiben habe ich mich so richtig hineingesteigert, war nicht mehr zu bremsen."

„Wie schön für mich! Heute Abend werde ich mich darin vertiefen und mich in deinen Erinnerungen wohlig baden! Ich liebe deine Geschichten."

„Du liebst sie, weil du mich liebst."

„Umgekehrt: Ich liebe dich, weil du unter anderem die Gabe hast, mich mit deinen Geschichten der Gegenwart zu entrücken. Nun etwas anderes: Vergiss bitte nicht morgen um 17 Uhr den Termin bei Professor Axel Vieregg!"

„Wie sollte ich? Wenn ich nur wüsste, wie ich mich darauf vorbereiten kann! Sicher will er auf seine Art und Weise herauskriegen, wes Geistes Kind ich bin, ob ich für den Posten der Deutschlehrerin in der Massey-University wohl tauge. Mein Lehrerinnendiplom schien im zweitrangig."

„Da kann ich seine Einstellung nur teilen. Wie viele qualifizierte Kräfte – mit handfesten Unterlagen – gibt es, die trotzdem nichts taugen? Massenweise. Also unterzieht er dich lieber einer ungezwungenen persönlichen Prüfung. Sehr richtig! Fühlst du dich dafür genügend gerüstet?"

„Ich glaube schon. Außer Singen ist die deutsche Sprache meine Stärke, ich fürchte eigentlich nichts und niemand!"

Am nächsten Nachmittag saß sie dann – zusammen mit John – in einem gemütlichen Wohnzimmer und unterhielt sich mit dem Dozenten, dem Leiter der deutschsprachigen Abteilung der Massey-University in Palmerston-North, Herrn Axel Vieregg. Tat das gut, endlich einmal in der eigenen Muttersprache sprechen zu dürfen! Das Gespräch umfasste sowohl private Themen als auch Themen der deutschen Literatur. Nach eineinhalb Stunden endete es mit der Bitte Professor Vieregg̈s, irgendetwas aus der deutschen Literatur vorzutragen.

„Sehr gerne!" Nach kurzer Überlegung sagte Elena: „Ich wähle die Beschreibung eines wunderschönen, frühen Morgens in den Bergen. Noch strahlt die vorwitzige Venus am Himmel, doch bald verblasst sie im Licht des aufgehenden Feuerballs. Die Sonne tritt hervor und taucht die Welt in grelles Licht. Geblendet schließen wir die Augen und bedecken sie schützend mit beiden Händen."

Langsam begann Elena vorzutragen. Professor Vieregg lächelte wissend, sicher erkannte er den genialen Dichter und dessen größtes Werk.

Des Lebens Pulse schlagen frisch lebendig,
ätherische Dämmerung milde zu begrüßen;
du, Erde, warst auch diese Nacht beständig
und atmest neu erquickt zu meinen Füßen,
beginnest schon mit Lust mich zu umgeben,
du regst und rührst ein kräftiges Beschließen,
zum höchsten Dasein immerfort zu streben. –

Im Dämmerschein liegt schon die Welt erschlossen,
der Wald ertönt von tausendstimmigem Leben;
talaus, talein ist Nebelstreif ergossen,
doch senkt sich Himmelsklarheit in die Tiefen,
und Zweig und Äste, frisch erquickt, entsprossen

dem duftgen Abgrund, wo versenkt sie schliefen;
auch Farb an Farbe klärt sich los vom Grunde,
wo Blum und Blatt von Zitterperle triefen:
Ein Paradies wird um mich her die Runde!

Hinaufgeschaut! – Der Berge Gipfelriesen
verkünden schon die feierlichste Stunde;
sie dürfen früh des ewigen Lichts genießen,
das später sich zu uns hernieder wendet.
Jetzt zu der Alpe grüngesenkten Wiesen
wird neuer Glanz und Deutlichkeit gespendet,
und stufenweis herab ist es gelungen! –
Sie tritt hervor! – und leider schon geblendet,
kehr ich mich weg, vom Augenschmerz durchdrungen.

So ist es also, wenn ein sehnend Hoffen
dem höchsten Wunsch sich traulich zugerungen,
Erfüllungspforten findet flügeloffen;
nun aber bricht aus jenen ewigen Gründen
ein Flammenübermaß, wir stehn betroffen;
des Lebens Fackel wollten wir entzünden,
ein Feuermeer umschlingt uns, welch ein Feuer!
Ist's Lieb? Ist's Hass? die glühend uns umwinden,
mit Schmerz und Freuden wechselnd ungeheuer,
so, dass wir wieder nach der Erde blicken,
zu bergen uns in jugendlichstem Schleier.

So bleibe denn die Sonne mir im Rücken!
Der Wassersturz, das Felsenriff durchbrausend,
ihn schau ich an mit wachsendem Entzücken.
Von Sturz zu Sturz wälzt er jetzt in tausend,
dann abertausend Strömen sich ergießend,
hoch in die Lüfte, Schaum an Schäume sausend.
Allein wie herrlich diesem Sturm ersprießend,
wölbt sich des bunten Bogens Wechseldauer,
bald rein gezeichnet, bald in Luft zerfließend,

umherverbreitend duftig kühle Schauer.
D e r spiegelt ab das menschliche Bestreben.
Ihm sinne nach, und du begreifst genauer:
Am farbigen Abglanz haben wir das Leben!

Es war still geworden. Immer noch ruhte Professor Viereggs Blick auf Elena, als wünschte er, sie möge fortfahren, nie aufhören. Doch dann besann er sich.

„Ich danke Ihnen! Es war ein Genuss, Ihnen zuzuhören! Ich danke Ihnen ganz besonders für die Wahl, die Sie getroffen haben: Goethes Faust! Schon lange habe ich ihn nicht mehr gehört. Und dass Sie aus dem zweiten Teil vorgetragen haben, besagt, dass Sie dieses illustre Werk gründlich studiert haben, stimmt's?"

„Stimmt! Im dritten Jahr der Lehrerinnenbildungsanstalt haben wir im Deutschunterricht ein ganzes Schuljahr ausschließlich Faust gearbeitet. Es war eine Wonne! Unvergesslich! Bis heute habe ich davon noch so viel in meiner Erinnerung, dass ich darüber – wann immer – eine Arbeit schreiben könnte. Da ich die Berge sehr liebe, habe ich damals diese Verse auswendig gelernt und noch oft zitiert. Ich liebe sie!"

„Sie sind wunderschön! Schade, dass im heutigen Schulsystem unsere Klassiker in den Hintergrund gedrängt werden! Ehrlich gesagt: Die zeitgenössischen Dichtungen sind eine Qual! Zur Entspannung und zum Aufbauen und Erbauen lese ich nur die Klassiker: Goethe, Schiller, Hölderlin, Fontane, Herder, auch Matthias Claudius, Ludwig Uhland usw. Mein Gott, sind das Werke! Die bauen auf! Die reinigen!"

„Sie sprechen mir aus der Seele, Herr Professor!"

„Das freut mich! Sie haben den Posten, Frau Margineanu! Es war mir ein besonderes Vergnügen, Sie kennenzulernen, und ich wünsche Ihnen alles Gute!"

„Vielen Dank, Herr Professor Vieregg! Ich freue mich auf die Zusammenarbeit mit Ihnen!"

Als Elena und John draußen waren, sagte John: „Ich habe, während du sprachst, ein Klicken gehört, und zwar aus der Ecke, wo der

Kassettenrekorder stand. Professor Vieregg hat euer ganzes Gespräch aufgezeichnet, da bin ich mir sicher."

„Meinst du? Soll er doch! Es war ein angenehmer Nachmittag und ich habe es genossen, wieder über deutsche Literatur sprechen zu dürfen. Für mich war es keine ‚Prüfung'."

„Wie schön, dass du die Stelle hast! Ich gratuliere dir von Herzen!"

„Ich danke dir! Vielleicht hebt diese Position meinen Wert in den Augen deiner Familienangehörigen." Sie meinte es sarkastisch, er aber verstand nicht, seelenruhig sagte er: „Ja, mit Bestimmtheit!" Unumwunden gab er es zu, ohne sich dabei etwas zu denken.

Am nächsten Morgen lag ein Brief mit deutschem Poststempel im Briefkasten. Es war die schon etwas zittrige Schrift ihrer alten Mutter. Elena lief ins Haus, öffnete ihn und las. Mutter teilte ihr mit, Arthur leide seit geraumer Zeit an Knochenkrebs, und sie solle ihm doch wieder mal schreiben. Es ginge ihm gar nicht gut und er bräuchte jetzt seelische Unterstützung. Sofort rief Elena ihre Mutter an.

„Wie schrecklich! Knochenkrebs ist furchtbar schmerzhaft! Armer Arthur! Wie kommt man nur zu so etwas? Ich habe eine Idee, mit der ich ihm sicher die größte Freude bereiten werde!" Sie wollte ihm die Kapitel über ihn und die Überfälle auf das Haus auf Kassetten vorlesen.

Am 22. März 1990 war Elena den ganzen Tag damit beschäftigt gewesen, die 208 handgeschriebenen Seiten auf Kassetten zu sprechen. Die Zeit drängte, wer konnte wissen, wie lange er noch lebte? Müde und heiser verpackte sie die Kassetten kurz vor Mitternacht, damit sie am Morgen mit der ersten Post fortkämen … und wusste dabei nicht, dass ihr „Adoptivbruder" zur selben Zeit starb … In aller Frühe rief ihre Mutter sie an und teilte ihr die traurige Nachricht mit. Elena hielt das fertige Päckchen in den Händen – eben hatte sie damit zum Postamt gehen wollen. Sie blickte auf die Anschrift, las seinen Namen: Arthur Schramm, Iserlohn. Dann entglitt ihr das Päckchen … Der Laut der fallenden, aneinander schlagenden Kassetten klang wie zerbrechendes Glas. Wie gerüttelte Scherben eines zerbrochenen Lebens …

Elena hob das Päckchen auf und merkte erst, als sich die Buchstaben „Arthur Schramm" durch die fallenden Tropfen allmählich verwischten, dass sie weinte. Urplötzlich war ihr klar, dass sie sich diese Unterlassungssünde nie verzeihen würde! Hatte sie ihm doch während der letzten Jahre kaum noch geschrieben, ihn beinahe vergessen. An dem Tag jedoch, als er von seiner trostlosen Welt Abschied nahm, hatte sie stundenlang nur an ihn gedacht, hatte ihm seine Geschichte auf Band erzählt, und das mit einer Intensität, die sich offensichtlich in Telepathie umgesetzt hatte. Sie hatte es gespürt! Während jener Stunden hatte sie es deutlich gefühlt, dass auch seine Gedanken bei ihr waren. Jedoch hatte sie noch nicht wissen können, dass er eben gerade starb.

Elf Tage später erreichte sie Mutters Brief, der ihr die Telepathie bestätigte:

Traunreut, 26. März 1991
Liebes Elenchen!

Arthur ist tot. Obgleich wir wussten, dass es in absehbarer Zeit geschehen würde, hat es uns tief getroffen. Frau Schramm hatte mich telefonisch erst kurz davon in Kenntnis gesetzt und dann nach der Beerdigung, d. h. gestern, noch einmal angerufen. Offensichtlich hatte sie das Bedürfnis, mit Freunden über Arthur zu sprechen. Es wurde ein langes Gespräch. Was sie mir sagte, war beeindruckend, klang beinahe unglaublich, und so will ich es Dir gleich mitteilen:
Erinnerst Du Dich noch an das Gedicht, das ich damals, nachdem Arthur von uns fortgeschleppt worden war, gemacht hatte? Es war in der Zeit, in der wir gar keine Nachricht von ihm hatten und somit auch keine Ahnung, ob er überhaupt noch am Leben war. Acht bange Monate waren vergangen. Im September hatte man ihn geschnappt und nun war es bereits Mai. Ein wunderschöner, stiller Frühling lag über den Bergen, Du und Erna, ihr

besuchtet in Rosenau die Schule und ich fühlte mich verdammt einsam. Während des Fensterputzens ließ ich meinen Tränen freien Lauf. Aus dieser Stimmung heraus entstand ein Gedicht an Arthur, um den ich mir – wie um meinen eigenen Sohn – große Sorgen machte.

Und wieder ist Frühling, die Wiesen sind grün,
Die Waldvöglein singen und die Blumen blühn usw. …

Ich schreibe Dir jetzt nicht das ganze Gedicht. So gut ich konnte, hatte ich darin versucht, Arthurs Geschichte, seine liebenswerte Persönlichkeit und seinen Aufenthalt bei uns in den Bergen, wo er Schutz und Wärme gefunden hatte, dann seine Festnahme und meine große Sorge um ihn, in Reime zu fassen. Warum ich es ihm in all den Jahren nicht gegeben habe? Ich weiß es nicht. Vielleicht, weil ich es für nicht gut genug erachtete, um es vorzuzeigen. Nun, wie auch immer, einer Eingebung folgend, setzte ich mich am 20. März hin, schrieb das Gedicht ab und schickte es Arthur. Am Morgen des 22. März erhielt er es. Arthur las das Gedicht immer und immer wieder, unzählige Male, legte den Brief dann auf seine Brust, faltete die Hände darüber und schlief lächelnd ein – für immer …
Frau Schramm erzählte mir dies gestern am Telefon. Nun hat mein Gedicht schließlich doch einen guten, vielleicht seinen einzigen Zweck erfüllt: Es ließ Arthur friedlich einschlafen!
Deine Kassetten hat Frau Schramm eine Woche nach seinem Tod erhalten. Wie schade! Hättest Du sie ihm doch früher geschickt! Wie sehr er sich darüber gefreut hätte!
„Nicht meine Familie, sondern ihr seid die Menschen, die mich verstehen. Ihr steht meinem Herzen näher als alle anderen meiner Familie“, hatte er oft zu uns gesagt. An dem Tage, als er mein Gedicht immer wieder lesend in Gedanken bei uns war, warst Du doch, liebes Elenchen, damit beschäftigt, seine Geschichte auf Kassetten zu sprechen. Weder Du noch ich konnten wissen, dass er an diesem Tag starb. Wir drei: Arthur, Du und ich, obgleich räumlich so weit voneinander entfernt, waren an seinem

letzten Lebenstag stundenlang in Gedanken vereint, alle drei eng verbunden, so, als ob wir uns am selben Tisch gegenübergesessen hätten. Im Bewusstsein dieser geistigen Nähe seiner Freunde, dankbar dafür, dass es sie gibt, schlief er ein …
Nie hätte ich gedacht, dass ich Arthur überleben würde! 85 Jahre alt bin ich jetzt und wünsche mir nichts sehnlicher, als Dich öfter zu sehen! Komm bald wieder!

Viele liebe Grüße von Deiner Mami.

6. KAPITEL

Abschiede
Ruhapehu, Clabucet, Piatra-Arsa und Palmerston

Rasant kurvte der gelbe Corolla den Berg zum Universitätsgelände hinauf. Nervös schaute Elena auf die Uhr.

„Keine Angst, Darling, das schaffen wir!“, klang Johns Stimme. Es sollte beruhigend wirken, doch ihr ging diese angelsächsische Ruhe manchmal auf den Wecker. Gewiss war es ein Liebesdienst, sie fünfmal in der Woche zur Universität zu kutschieren, um sie nach drei Stunden wieder abzuholen, leider waren jedoch die Hinfahrten immer mit Stress verbunden. Es war bereits fünf Minuten vor Unterrichtsbeginn und sie saß noch im Wagen.

„Musstest du unbedingt vorher noch tanken? Hättest du das nicht auch auf dem Rückweg tun können?“

„…“

„Schweigen kann auch Antwort sein.“

„Mein lieber Schatz, du hast noch genau vier Minuten bis Unterrichtsbeginn. Mit deinem Temperament schaffst du das spielend.“

Sie stürmte die Treppen hoch und trat keuchend in den Klassenraum. Vierzehn Augenpaare strahlten sie an, als wollten sie sagen: ‚Prima! Du gefällst uns! So ein bisschen Unpünktlichkeit steht dir gut! Wenigstens bist du nicht ganz so German.‘

„Good morning! How are you today?“

„Thanks! We are fine!“

„Na, na! Ich sehe ein paar verschlafene Gesichter.“

„Einige von uns müssen jobben, das stimmt nicht gerade fröhlich.“

„Tja, tut mir leid! Ich werde versuchen Sie so zu faszinieren, dass jeder von Ihnen munter wird. Bei Ihren mangelhaften grammatikalischen Vorkenntnissen müssen wir uns noch straff in die Riemen legen, wenn wir unser Pensum schaffen wollen!“

Im Land der langen, weißen Wolke, wo man nicht unbedingt mit beiden Beinen auf dem Boden steht, wo man nur maori-isch und engel-isch zu sprechen braucht, hatte das Kultusministerium aus Liebe zu seinen immer entspannten und ewig lächelnden Kiwis beschlossen, diese liebenswerte Spezies nicht überflüssigerweise mit Grammatik zu quälen. So kam es also, dass die Studenten der Massey-University in Palmerston-North Elena nach den ersten Deutschunterrichtstunden fragten: „What is that: a noun? And what is that: a verb? Sorry, we don't know!"

„Wie? Sie wissen nicht was das ist: ein Hauptwort? Ein Verb? Didn't you have any grammar in the college?"

„No. We didn't. Sorry, it's not our fault."

„It certainly isn't. But what are we going to do? Das heißt also, Sie hatten nie einen Grammatikunterricht? Wie wollen Sie eine Zweitsprache erlernen, wenn Sie den Aufbau Ihrer eigenen Sprache nicht kennen?"

Vierzehn unschuldige, hilflose Augenpaare, die sie anstarrten, wussten keine Antwort.

„Wissen Sie, meine Lieben, die Grammatik der eigenen Muttersprache dient als Gerüst für jede andere Sprache, die man dazulernt. So, wie bei den neuseeländischen Häusern: Zuerst wird ein kunstgerechtes Gerüst aus Balken, four-by-two, nach einem genauen Plan aufgestellt, wie ein Käfig, und dann werden die Zwischenräume ausgefüllt, mit weather-boards versehen, gestrichen, überdacht, usw. Dieses Gerüst ist wie die Grammatik der eigenen Muttersprache. Man braucht es, um es immer wieder hervorzuholen, wenn man eine neue Sprache dazulernt. Für jedes weitere Haus verwenden Sie dasselbe Muster, bzw. wird jede weitere Sprache auf einem solchen Mustergerüst aufgebaut. Kapiert?"

„Es leuchtet ein. Aber was tun wir jetzt?"

„Es ist nie zu spät, um etwas zu erlernen. Also nichts wie ran!"

Bevor Elena also mit dem Deutschunterricht überhaupt beginnen konnte, musste sie ihren Studenten erst einmal die Grundbegriffe der Grammatik in englischer Sprache beibringen; gewiss ein Defizit. Doch mit dieser Einsicht stand sie leider alleine da, wenn sie auch die Studenten auf ihrer Seite hatte. Selbst ihre Briefe mit den gesammelten Unterschriften an das Kultusministerium, mit dem Vorschlag, in den Colleges Grammatik einzuführen, blieben erfolglos. Neuseeländer lehnen prinzipiell jede Veränderung ab. Belehrt zu werden, ist ihnen ein Gräuel. Also, was wollte diese German lady überhaupt? Die Dinge liefen doch prima: Ein Bein auf dem Boden, das andere hüpfend nebenher und den Kopf in der langen, weißen Wolke, immer nur lieb und freundlich – so war's doch immer gewesen. Und was die „Overseaers" jenseits des großen Wassers tun, ist ihre Sache. Die sind weit weg.

Wen wundert's also, dass Neuseeland das einzige Land der Welt ist, in dem die Kinder gerne zur Schule gehen? Tja, wer das nicht glaubt, der möge mal schnell nach Neuseeland fliegen und die Kinder auf irgendeinem Schulhof befragen: „Do you like school? Or do you prefer weekends?" Er wird immer und überall dieselbe Antwort erhalten, und das noch mit verklärtem Blick: „I love school! I hate weekends!"

War das nicht ein für Elena maßgeschneidertes Land, dieses Neuseeland?

Ihre Studenten liebten sie abgöttisch, mit dem Deutsch kamen sie inzwischen auch schon gut voran. Liefen die Dinge nicht prima? Na also! Kürzlich hatte sie ihnen versprochen, für die ganze Gesellschaft Knoblauch-Baguette zuzubereiten und mitzubringen. Sie hatte das wirklich getan! Kauend, mit vollem Munde sprechend, verlief die Unterrichtsstunde in aller Gemütlichkeit. Jeder fühlte sich wohl. Bald gab es Ferien, und da wollten sich Studenten und Lehrerin auf dem Mont-Ruhapehu im Skiurlaub treffen. Skisport kam in Neuseeland gerade groß in Mode. Viele wussten gerade noch, dass man auf diesen Utensilien einen Berg hinuntergleiten konnte; aber wie, das war die Frage. Also wollte Elena ihre Kids auch in dieser Fertigkeit unterweisen.

„Kids?" Stimmte nicht ganz. Die Alterspalette der ihr Anvertrauten reichte von 17–42. Als sie vorigen Winter gefragt hatte: „Who skis?", hatte der 37-jährige Andrew als Erster die Hand hochschnellen lassen, er, der sein Hemd immer verführerisch aufgeknöpft trug und eine Kette mit Kreuz auf seiner behaarten Brust baumeln ließ, der immer in der ersten Reihe saß und Elena anhimmelte. Dieser blonde, gut gewachsene Männlichkeitsprotz hatte doch tatsächlich einmal zu ihr gesagt: „I love your voice! I like your blue eyes! I like your black hair!“ Oh! Welcher 58-Jährigen hätte das nicht gut getan? Und weil Elena nur geschmeichelt gelächelt hatte, ging die Anmache weiter. Zwar hatte sie so nebenbei erwähnt, dass sie 21 Jahre älter war, in der Hoffnung, es würde ihn abschrecken. Tat es nicht. Im Gegenteil. Eines Tages war er mit einem Riesenstrauß bei ihr zu Hause aufgekreuzt. John, der alles tolerierende Gentleman, hatte ihn im Hof begrüßt und ins Haus geführt. „Elena, du hast Besuch.“ Da musste Elena deutlicher werden. Half auch nichts. Nun sollte sie mit dieser bunten Gesellschaft Skiurlaub machen …

„Komm doch mit!“, hatte sie Skimuffel John gebeten. „Willst du mich dieser Rasselbande überlassen?“

„Das schaffst du locker.“

„Was soll ich nur mit Andrew machen? Der geht ganz scharf ran!“

„Bei deinem Aussehen und deiner Ausstrahlung kann ich Andrew das nicht übel nehmen.“ Nach einer Weile fügte er hinzu: „Ich weiß, dass du immer nur das tust, was du vor Gott, vor dir und vor mir verantworten kannst.“ Somit brachte er sie in den Wintersportort Ohakune am Fuße des Mount Ruhapehu, quartierte sie in einem Hotel ein und wandte sich heiteren Gemüts wieder dem heimischen Herde zu.

Wie zu erwarten, heftete sich Andrew von früh bis spät an Elenas Fersen, tat so, als könne er nicht Ski laufen. Als sie einmal beide am selben Schlepplift hingen und dem höchsten Punkt der Ruhapehu-Skipisten entgegenschleiften, sagte er:

„Elena, ich habe Sie in Ihrem Konzert bewundert. Ich liebe Ihre Stimme, wenn Sie sprechen, doch wenn Sie singen, könnte ich wegschmelzen. Nun stelle ich fest, dass Sie auch eine hervorragende Skiläuferin sind. Was können Sie eigentlich nicht?“

„Was ich nicht kann? Ich bin keine gute Hausfrau, weil ich immer andere, wichtigere Dinge im Kopf habe. Von wegen Ski laufen: Ich bin mit Skiern an den Füßen aufgewachsen, war in

Rumänien jahrelang an Landeswettkämpfen beteiligt, habe 1952 und 1953 Goldmedaillen gewonnen. Und übrigens lebe ich mit dem besten Mann der Welt zusammen, der mich jeden Winter in die Berge fährt und abholt. Vorigen Winter war ich auf der Südinsel in Queenstown. Das ist ein Skiparadies!"

Sie waren oben angekommen, kein Mensch war in der Nähe. Seite an Seite standen sie auf dem höchsten Berg der Nordinsel, blickten fasziniert die endlosen, weißen Hänge entlang und schauten in das weite Land hinab. Ein atemberaubender Anblick!

„Wie wunderschön!", sagte Elena leise.

„Traumhaft schön! Und mit Ihnen ist es noch schöner." Sekundenlang Stille. Dann die zaghafte Bitte: „Elena, darf ich Sie etwas fragen?"

„Wenn die Frage interessant ist, nur zu!"

„Hätten Sie Lust … mit mir … eine Woche … Skiurlaub in Queenstown zu machen?"

Sie hatte sich wohl verhört! Er wollte mit ihr Skiurlaub machen?! Nur so, sie und er allein? Nanu! Oben, auf 2700 m Höhe, wehte ein eisiger Wind. Elena zog ihre Kapuze hoch. Anschauen konnte sie ihn nicht, als sie antwortete: „Eine verlockende Frage! Glauben Sie mir, das Angebot ist hinreißend! Doch es gibt nur eine Antwort, die Sie sicher kennen."

Verlegen stocherte er eine Weile mit dem Skistock im vereisten Schnee, sah sie dann voll an und sagte: „Glauben Sie, dass ich die Antwort kenne? Vielleicht will ich sie nicht kennen … Wenn Sie wüssten, wie sehr ich mir die Antwort, die Sie mir nicht geben wollen, herbeiwünsche!"

„Nicht wollen ist falsch. Nicht können ist richtig. Mein lieber Andrew, sprechen wir lieber von etwas anderem: Warum tun Sie die ganze Zeit so, als könnten Sie nicht Ski laufen?"

„Vielleicht um in Ihrer Nähe zu sein. Ich mag es nun mal, von Ihnen unterrichtet zu werden."

„Wollen Sie mir einen Gefallen tun, Andrew?"

„Jeden!"

„Ich möchte Sie verdammt gerne einmal so Ski fahren sehen, wie Sie es wirklich können."

„Woher wissen Sie …?“

„Wir Skifahrer haben doch ein Auge füreinander. Einen Skiläufer erkenne ich – auch auf dem Trockenen und in Zivil – unter hundert Nichtskiläufern heraus.“

„Wieso? Woran?“

„An der Art, wie er geht und steht und wie er sich bewegt. Wie hätte ich das bei Ihnen nicht erkennen können, als ich Sie zum ersten Mal auf der Piste mit den Skiern an den Füßen sah?“

„Und was haben Sie an mir noch erkannt? Da wäre gewiss noch einiges zu erkennen …“

Wo hatte sie sich da hineinmanövriert? Wie kam sie da wieder raus?

„Also, fahren Sie mal für mich diesen Hang so richtig scharf hinunter!“

„Nichts täte ich lieber! Vorher muss ich aber noch schnell etwas erledigen.“

„Was denn?“

Er trat an sie heran, streifte seine Stöcke von den Händen, zog die Handschuhe aus und warf sie in den Schnee, dann nahm er Elena behutsam in die Arme. Stumm drückte er sie an sich. Auch sie hatte ihre Arme um ihn geschlungen, keiner sagte ein Wort. Regungslos hielten sie sich umfangen, ihre Wangen berührten sich, sie fühlte, wie er bebte und wie sein Herz tobte.

„Elena, ich weiß nicht, was ich sagen soll … Es ist ein zu wertvoller Augenblick …“

„Sag bitte nichts, Andrew!“, flüsterte sie.

„Elena!“ Er umfasste ihr Gesicht mit beiden Händen, hob es zu sich empor und blickte ihr in die Augen. Leise sagte er: „Zwei Jahre habe ich mich nach diesem Augenblick gesehnt! Elena, ich liebe dich!“ Er küsste sie zart und lange, und sie ließ es geschehen.

„Andrew, was tun wir? Das darf doch alles nicht sein!“

„Warum darf es nicht sein? Wir sind beide unverheiratet. Auch wenn wir verheiratet wären – alles wäre mir in diesem Augenblick egal! Aber wir sind frei – frei – frei! Elena, sag mir bitte, dass du mich magst, bitte sag es mir!“

Sie nickte nur stumm und sah ihm lange in die Augen.

„Wie kannst du nur diesen stinklangweiligen John lieben? So ein Rasseweib und so ein Leisetreter!“

„Du tust ihm unrecht.“

„Auch das ist mir egal. Jetzt gehörst du mir! In diesem Augenblick gehörst du nur mir allein! Komm, ich will dich!“ Er drückte sie fester an sich und küsste sie leidenschaftlich auf Mund und Augen. „Wie ich diese großen, dunkelbraunen Augen liebe!“

„Andrew!“

„Elena, hörst du mich?“, hauchte er in ihr Ohr. „Ich möchte dich so gerne ganz haben! Genau so, wie du bist: mit deinen verdammten 58 Jahren und so ganz einzigartig! Schön, klug und sportlich, voll warmer Ausstrahlung, dass mir dabei heiß wird!“ Und dann kaum hörbar: „Darf ich heute Abend zu dir ins Hotel kommen? Auf ein Glas Wein? Bitte!“

„Andrew!“

„Wenn ich dich jetzt nicht kriege, wann dann?“

„Andrew, ich fühle es: wir zwei sind artverwandt. Wir haben genau dieselbe Wellenlänge in allen Dingen, aber …“

„Das sind keine Wellenlängen“, unterbrach er sie, „das sind verdammt hohe Sturmwogen, die vom Windsturm gepeitscht als Gischt an die Felsen schlagen, sodass von ihrer Kraft die Erde erbebt!“

„Genau deshalb habe ich Angst vor dir und vor mir selber … Komm, du Sturmwind! Lass uns jetzt abfahren. Du wolltest mir zeigen, was du kannst, Andrew McDiamat!“

Er sagte nichts mehr, lachte sie noch einmal an, stieß sich mit einem Ruck ab und glitt in eleganten Schwüngen davon. Hingerissen starrte sie ihm nach.

„Fantastisch! Ein Wahnsinn! Dieser Kerl ist eine Sünde wert!“

Kraftvoll stieß sie sich auch ab und fegte ihm nach. Doch zu lange hatte sie ihn bewundert und nun hatte sie ihn aus den Augen verloren. Wo war er? Auf dem menschenleeren Abhang sauste sie seiner Spur in großen Schwüngen nach. Da! Endlich! Rechts, seitlich der Piste, erkannte sie seinen blauen Overall. Lachend und mit geöffneten Armen wartete er auf sie. Elena schoss auf ihn zu, bremste kurz ab und fiel ihm in die Arme.

„Herrlich! Herrlich! So ein wunderschöner Tag! Ist das nicht fantastisch!"

„Weißt du, was am fantastischsten ist, Andrew? Du selbst! Und wie du fährst! Ein Wahnsinn!"

„Du bist ein Wahnsinn, Elena! Mit dir möchte ich immer zusammen sein. Immer nur mit dir! Ein Leben lang … immer nur mit dir!"

„Andrew, du Wirrkopf, das klingt ja wie ein Heiratsantrag? Pass auf, ich bin altmodisch, ich nehme dich beim Wort! Komm jetzt!"

Sie hatte sich schon halb abgewandt und die Stöcke bereits in den Schnee gestoßen, als er nach ihr fasste und sie noch einmal an sich zog. Stumm hielten sie einander fest.

Ohne erklärlichen Grund machte sich plötzlich ein dunkles Gefühl von Furcht, Trauer und Verzweiflung in ihm breit. Jäh nahm es von ihm Besitz, durchdrang ihn wie ein körperlicher Schmerz bis in die Tiefen seiner Seele. Stürmisch drückte er Elena an sich und küsste sie wieder und wieder, bis das dunkle Gefühl verflogen war.

„Komm jetzt, Andrew McDiamat! Noch einmal zeig mir, was du kannst!"

„Nichts tue ich lieber!" Er stieß sich ab, hob die Arme und glitt mit ausgebreiteten Armen davon. Er war schon einige Meter entfernt, als er rief:

„Ich freue mich auf heute Abend!" Und dann wurde sein Tempo so rasant, als wollte er alles, was da unten auf den Pisten kreuchte und fleuchte, über den Haufen rennen, so irrsinnig, dass ihm Elena besorgt nachrief: „Pass auf, Andrew! Die vielen Anfänger! Pass auf!" Doch er hörte sie nicht mehr. Weg war er.

Sie glitt ihm nach … Plötzlich überfiel sie eine unerklärliche Angst. In knappen Schwüngen folgte sie ihm, doch sie fand ihn nicht; die Menschenmenge hatte ihn aufgesogen. ‚Nein, diese Schneepflug-Idioten! Da hat ein vernünftiger Skifahrer überhaupt keinen Platz mehr für ein paar Schwünge! Wo ist Andrew bloß?'

Angestrengt hielt sie Ausschau nach dem blauen Overall. Nichts. Sie hielt an und blickte um sich. Nichts war zu sehen. Vielleicht wartete er unten wieder mit ausgebreiteten Armen auf sie. Aber sicher! Los ging's!

Weiter rechts, bei der Sesselliftstütze, hatte sich eine Gruppe von Menschen gebildet, die anscheinend einem frischgebackenen Schneepflug-Künstler wieder auf die Beine half. ‚Diese vielen Anfänger dürften eigentlich nur unter Aufsicht der Skilehrer fahren. Die machen ja die Gegend unsicher, diese Trottel! Hier fährt bald jeder nur noch Schneepflug', schimpfte Elena. Eben wollte sie an der Gruppe vorbeifahren, blickte nur beiläufig hinüber. Da! Inmitten der Menschen, schimmerte da nicht etwas Blaues im aufgewühlten Schnee? Nein! Das durfte nicht wahr sein! Andere trugen doch auch blaue Skianzüge. Sie sah schon Gespenster … Andrew fiel doch nicht hin! Doch nicht Andrew! Sie glitt nahe heran und dann entdeckte sie ihn.

„Andrew! Andrew! Was ist passiert?"

Er lag auf dem Rücken und sah sie mit schmerzverzerrtem Lächeln an. Hastig entledigte sie sich der Skier, streifte ihre Stöcke ab und bückte sich zu ihm. Aus einer Stirnwunde sickerte Blut. Sie hob seinen Kopf, nahm ihn in ihre beiden Hände: „Andrew! Was um Himmels willen ist passiert?!" Behutsam tupfte sie ihm das Blut ab und strich ihm zärtlich über die wirren Haare … Da spürte sie sein warmes Blut. Entsetzt starrte sie auf das Blut in ihren Handflächen. Da! Auf der rechten Seite über dem Scheitel! Eine riesengroße Wunde, aus der das Blut quoll, ein offener Schädelbruch!

„Wie konnte das passieren!"

Er öffnete die Augen und versuchte zu lächeln: „Aus heute Abend wird wohl nichts…"

„Liebster! Hast du Schmerzen?"

„Schade, dass ich heute nicht bei dir sein darf!"

„So sehr liebst du mich, du Wirrkopf?"

„So sehr liebe ich dich … ich … Wirr…kopf …"

Liebevoll hielt sie seinen Kopf in ihren Händen. Er blickte sie an, wollte etwas sagen … versuchte es immer wieder, vergeblich … Dann schloss er die Augen.

„Andrew! Hör mich! Ich bin bei dir, geh nicht fort! Andrew! Andrew! Geh nicht fort! Ich liebe dich! Andrew! Hörst du mich? Geh nicht fort! Andrew!" Er hörte sie nicht mehr.

Als der Arzt kam und ihn untersuchte, sah er Elena mit ernster Miene an: „Es tut mir leid! Er ist tot."

Entsetzt warf sich Elena über ihn und weinte hemmungslos.

„Wie ein Wahnsinniger kam er die Piste herunter, von der andern Seite donnerte ein anderer Verrückter heran und dann sind die beiden zusammengeprallt und dieser ist gegen die Metallstütze geflogen, ich habe alles mitbekommen!", hörte sie jemand sagen.

„Und wo ist der andere? Der muss ja auch schwer verletzt sein!", sagte eine Frauenstimme.

„Da liegt niemand mehr."

„Der andere hat dann verdammt großes Glück gehabt!"

„Sind Sie die Mutter?"

Wie aus endloser Ferne rauschte das alles an Elena vorbei. Dieser wunderbare Mann … Wie konnte er mit einem Male tot sein? Das war doch nur ein böser Traum, gleich würde sie erwachen … Wenn sie ihn nur fest an sich drückte, würde er sicher bald die Augen öffnen und sich erheben, um wieder den Hang hinabzustürmen, aber nichts geschah … Regungslos lag er in ihren Armen.

Hilflos musste Elena zusehen, wie Andrew in einen Leichensack gelegt wurde, wie der Reißverschluss über ihm geschlossen wurde. Aus! Vorbei! Schwankend ging sie hinter der Bahre her, begleitete ihn bis zum Rotkreuzwagen. „Rettung" stand in großen Lettern auf dem weißen Auto. Rettung? Welch ein Hohn! Wieso hatten sie ihn nicht gerettet?! Und wieder die Frage: „Sind Sie die Mutter?"

„Nein."

„Oder eine Anverwandte?"

„Nein. Ich … bin … ich bin bloß …, ich meine …, ich bin nicht die Mutter."

„Es tut mir sehr leid, aber Sie können nicht mitfahren. Hat er seine Papiere bei sich?"

„Sicher."

„Wir fahren jetzt los. Auf Wiedersehen!"

Völlig betäubt stand sie da und sah dem Wagen entsetzt und hilflos nach. Alles war so furchtbar schnell geschehen, vor 15 Minuten hatte er noch gelacht und sie geküsst, hatte ihr gesagt, dass er sie liebte. Und jetzt? Ihre Hände, ihr Gesicht, ihre Arme, der Skianzug, alles war über und über mit Andrews Blut verschmiert. Mit beiden Händen fasste sie sich an den Kopf und weinte los. Alles war so unfassbar! Einige ihrer Studenten und Studentinnen standen um sie herum, sprachlos und erstarrt vor Entsetzen. Die blonde Darleen, das Mädchen, zu dem Elena ein besonders inniges Verhältnis hatte, legte tröstend ihren Arm um sie.

„Elena, wie konnte das passieren?"

„Ich bin schuld, Darleen! Nur ich bin schuld, dass er tot ist. Es ist meine Schuld! Es ist nur meine Schuld!", schrie sie laut auf. „Ich habe ihn dazu angetrieben, wie ein Wahnsinniger die Piste hinunterzufahren. Ich habe zu ihm gesagt: ‚Zeig mir, was du kannst!' Es ist nur meine Schuld!"

„Es ist nicht deine Schuld, Elena!" Darleen hatte sie in die Arme genommen und drückte sie an sich, versuchte sie zu trösten, doch Elena hörte das Mädchen nicht. Laut weinend schrie sie immer wieder Andrews Namen und dass sie schuld an seinem Tod sei. Die Studenten und Studentinnen drängten sich eng um sie herum, legten ihre Arme um sie. Alle hatten den strahlenden Andrew gemocht. Wohl spürten sie, dass zwischen den beiden mehr gewesen war als nur Sympathie, versuchten, Elena davon zu überzeugen, dass es nicht ihre Schuld sein konnte.

„Ich will nach Hause. Wo ist eine Telefonzelle?"

Darleen führte sie die paar Schritte um die Ecke zum Telefon.

„John, ich will nach Hause! Bitte hole mich so schnell du kannst von hier weg! Bitte, John! Nein, mir ist nichts passiert. Aber Andrew ist tot. Und es ist meine Schuld. In drei Stunden bist du hier? Ich danke dir, John!"

Um drei Uhr nachmittags war er zur Stelle. Bereits informiert, stellte er keine Fragen, nahm Elena nur in die Arme und streichelte ihre aufgelösten Haare.

„Komm, wein dich aus, Darling! Jetzt bin ich bei dir und wir fahren nach Hause.“ Und nach einer langen, nachdenklichen Pause: „Hat er dir so viel bedeutet?“

„Ja, John. Noch eine Viertelstunde, bevor es passierte, hat er mir zum ersten Mal gesagt, wie sehr er mich liebt, und das seit zwei Jahren. Und ich habe ihn aufgefordert, mir zu zeigen, wie er Ski fahren kann, und daraufhin ist er losgestürmt … in den Tod! John, wie soll ich damit leben?“

„Du wirst mit der Zeit verstehen lernen, dass jeder seinen freien Willen hat; niemand ist für irgendwen verantwortlich.“

„Als er starb, habe ich ihm gesagt, dass ich ihn liebe, und das habe ich genauso gemeint. Kannst du das verstehen? Ich liebte ihn, weil er so ein lieber, strahlender junger Mann war. Verzeih mir, John! Das hat mit dir nichts zu tun. Du weißt, wie viel du mir bedeutest.“

Er hatte ihre Sachen bereits im Auto verstaut und öffnete ihr die Wagentür. Sie stieg ein und er fuhr sie behutsam die Bergstraße hinab.

„Wie soll ich nur damit leben? Was soll ich tun? Nie werde ich darüber hinwegkommen!“

John war sehr nachdenklich geworden. Nachdem eine halbe Stunde kein Wort mehr gefallen war, sagte er unvermittelt: „Mein lieber, lieber Schatz! Weißt du, was du tun musst, um es zu verarbeiten? Um es am Ende irgendwann einmal zu vergessen?“

„Was denn?“

„Schreiben, Elena, schreiben musst du!“

„Was soll ich denn schreiben? Die Geschichte mit Andrew ist so kurz! Zu kurz und zu traurig!“

„Einmal hast du mir erzählt, dass dir vor Jahren so etwas Ähnliches in den Bergen Rumäniens passiert ist.“

„Meinst du den Unfall mit Puiu auf dem Butschetsch?“

„Ja, Elena. Schreibe darüber! Jenes Erlebnis hat eine gewisse Ähnlichkeit mit dem heutigen. Diesen Puiu, den du als Kind beim Flugzeugabsturz gerettet hast, den hast du ja später geliebt und der ist Jahre später vor deinen Augen verunglückt.“

„Ja! Genau!“

„Fang doch gleich morgen an zu schreiben! Ich kenne dich: Wenn du schreibst, vergisst du die Welt. Das ist deine beste Seelenmedizin.“

„Andrew hat mich sehr an Puiu erinnert!“, murmelte Elena gedankenvoll. „Vielleicht mochte ich ihn aus diesem Grunde. Puiu fuhr genauso fantastisch Ski, war auch blond und genauso strahlend. Ja, ich glaube, das ist es.“

John antwortete nicht. Mutete sie ihm vielleicht zu viel zu?

„John, du bist wunderbar! Ich danke dir für dein Verständnis! Du hast ja so recht! Du kennst mich besser als ich mich selbst kenne.“

Schweigend saßen sie nebeneinander, jeder hing seinen Gedanken nach. Längst war es dunkel geworden, gemächlich fuhr der Wagen über die verschneite Bergstraße. Sie waren allein, nichts bewegte sich weit und breit. Leise sagte Elena: „Seine Eltern leben in Christchurch, sicher wird er dahin überführt und dort begraben werden. Ich möchte ihm die letzte Ehre erweisen.“

„Ich komme mit dir.“

„Ich danke dir, John! Ich danke dir! Du bist ein wunderbarer Mann! Du weißt immer am besten, was zu tun ist. Doch ich fühle, dass ich mit dem Schreiben erst beginnen kann, wenn Andrew unter der Erde ist.“

„Ja, du hast recht. Wenn der Verstorbene einmal begraben ist, tritt eine gewisse Beruhigung ein.“

Es war ein großes Begräbnis. Andrews Vater, ein wichtiger Geschäftsmann, war in Christchurch sehr beliebt, jeder kannte die McDiamats. Die ganze Stadt war auf den Beinen, einige hundert Menschen fanden sich auf dem Friedhof ein. Elena und John lernten die erschütterten Eltern kennen, unbeholfen versuchten sie zu trösten, doch schien sich jedes gut gemeinte Wort in Luft aufzulösen. Es gab keinen Trost …

Drei Tage später landeten Elena und John auf dem kleinen Flughafen in Palmerston-North, stiegen in ihren gelben Corolla und fuhren in die Featherston Street. Während des Fluges und im

Auto hatten sie kaum gesprochen. Jetzt fragte John: „Glaubst du, du könntest morgen mit dem Schreiben beginnen?"

„Ich glaube schon. Ja! Morgen werde ich damit beginnen. Darf ich dich um etwas bitten, John? Willst du dich zu Beginn neben mich an den Schreibtisch setzen?"

„Natürlich tue ich das gerne, doch weshalb möchtest du das?"

„Von dir strömt Kraft aus. Und die brauche ich jetzt."

„So verzagt bist du? Nun, ich werde bei dir sein!"

„Ich werde im Jahre 1952 einsetzen, acht Jahre nach dem Flugzeugabsturz, als ich Puiu wiedertraf."

Es klang so, als hätte sie bereits die Pläne im Kopf. Er lächelte. Gut so! Dann konnte er damit rechnen, dass es morgen losging. Wenn das kein gutes Zeichen war!

Als ich Puiu wiedertraf

Sieben Jahre hatte ich Puiu nicht mehr gesehen, und seit zwei Jahren nichts mehr von ihm gehört, kannte auch nicht den Grund, warum er ins Nichts versunken war; doch vergessen konnte ich ihn nicht. Ich unterrichtete inzwischen als junge Lehrerin in Rosenau, meiner heiß geliebten Heimatstadt. Es war eine Wonne, täglich die allerliebsten Siebenjährigen der ersten Klasse vor mir zu sehen und in ihre offenen, unverdorbenen Herzen Samen zu streuen, der dann spross und Wurzeln schlug. Eine Wonne! In jeden Einzelnen von ihnen war ich verliebt. Ja, ich liebte die Schule und all die gut geratenen Rosenauer Kinder! Trotzdem zog es mich im Winter mit Riesenkräften in die Berge, in den Schnee, was mit dem Unterricht natürlich unvereinbar war. Nur einmal durfte ich im Schuler-Gebirge an einem Skiwettkampf teilnehmen – und gewann prompt eine Goldmedaille. Das genügte, um mich mit dem Wettkampf-Bazillus so zu infizieren, dass ich die Stelle als Lehrerin kündigte und mich in einem großen Unternehmen mit 10.000 Arbeitern und Angestellten um eine

Stellung als technische Zeichnerin bewarb. Qualifiziert war ich hierin nicht, doch eine Eignungsprüfung, die ich gut bestand, löste das Problem.

Die Munitionsfabrik „Malaxa" lag am Fuße des Königsteins, dem wunderschönen, bizarren Kalksteinmassiv. Meine Begeisterung für den Maschinenbau, die sich in ungewöhnlichen Fleiß umsetzte, verhalf mir schnell zu Anerkennung, sodass ich nach zwei Jahren eine gefestigte Stellung hatte und selbst Projekte entwerfen durfte. Nie werde ich meine erste von mir entworfene Wendeltreppe vergessen! Sie war drei Meter hoch, aus Metall und führte in einer riesigen Maschinenhalle auf eine Zwischenplattform. Mensch, war ich stolz!

Im Sportklub dieses Unternehmens war ich als Medaillenträgerin sofort aufgenommen worden und so schickten mich diese Sportsfreunde jeden Winter monatelang in die Berge zum Training und zur Teilnahme an den Wettkämpfen. Mehr als ich erträumt hatte …

Es war die Zeit, wo mir einfach alles auf Anhieb gelang, egal, was ich anfasste. Ein herrliches Gefühl! Aus lauter Energieüberschuss entschloss ich mich, meine Stimme ausbilden zu lassen, und bestand auch prompt die Aufnahmeprüfung an der Musikakademie in Kronstadt. Meine Gesangslehrerin hieß Teodora Margineanu und war die Gattin des Opernbaritons Ioan Margineanu, den ich seit meiner Kindheit verehrte. Das Ehepaar Margineanu war kürzlich von Klausenburg nach Kronstadt umgezogen. Nun durfte ich mein Idol in den Opernvorstellungen bewundern, sooft ich Lust hatte.

Da meine „Malaxa" zwei Stunden Bahnfahrt von Kronstadt entfernt lag, wirkte sich das zeitlich so aus, dass mir von den täglich 24 zur Verfügung stehenden Stunden auch nicht eine Minute Verschnaufpause übrig blieb. Vier- bis fünfmal die Woche fuhr ich nach Dienstschluss mit der verräucherten Dampflok-Eisenbahn zum Unterricht und wieder nach Hause. Das bedeutete: Aufstehen um 5 Uhr, 1,5 km Fußmarsch bis zum Bahnhof, Bahnfahrt zum Betrieb, Arbeitsbeginn 7 Uhr, Arbeitsschluss 15 Uhr, Fahrt nach Kronstadt zur Musikschule, vier Stunden Unterricht,

22.30 Uhr endlich wieder zu Hause, 6 Stunden Schlaf, Aufstehen 5 Uhr ... Erholung holte ich mir dann im Winter, wenn die Skiwettkämpfe riefen. Von Januar bis Mitte März gab es nichts anderes als Schnee und Berge.

Das war ein Leben!

Im ersten Jahr meiner Tätigkeit in der „Malaxa“, im Winter des Jahres 1952, war ich also bereits – zusammen mit den besten Skiläufern des Landes – unterwegs von einem Wettkampf zum andern. Es war Ende Februar, als wir auf dem „Clabucetul Taurului“ in die Endphase liefen. Der Winter hatte uns noch fest im Griff, kaum ein Tag unter –15°, doch oft bis –25°. Heute erinnere ich mich mit Schaudern an die klägliche Bekleidung, die wie trugen, und an die jämmerlichen Bretter, die sich meistens sträubten, in die von uns gewünschte Richtung zu fahren. Ich war mit einem ganz besonderen Exemplar gesegnet. Meine Skier – wenn sie diese Bezeichnung auch kaum verdienten – hatte unser guter Nachbar, der Tischlermeister Markus, als „Einzelausgabe“ hergestellt. Auf Aussehen und Funktionstüchtigkeit dieser Bretter näher einzugehen, erübrigt sich. Auf den schaukelnden Sesselliften ließen wir uns in dünnen, luftdurchlässigen Anoraks vom Sturm und den eisigen Winden „hochblasen“, wobei wir die Bergstationen stets nur in knochenhart gefrorenem Zustand erreichten. Es ist mir schleierhaft, wieso wir nicht ständig mit Grippe und Lungenentzündung darniederlagen, aber wir taten es nicht. Seltsamerweise waren wir immer alle gesund und energiegeladen.

Und so stand ich wieder einmal oben auf dem Clabucetul Taurului, einem fantastischen Skigebiet bei Predeal, bei –20° im Starthäuschen und wartete auf den berühmten Schubs in den Hintern. Ich war die Letzte von den Damen, vor mir standen noch drei bibbernde Gestalten, die sich in der Kälte die erstarrten Hände rieben, „Brrrrr-rrrrrr-!“ und Ähnliches von sich gaben. In diesem Bretterhäuschen, wo der Wind durch alle Ritzen pfiff und jeder nur vor sich hin stierte, hatte ich bemerkt, dass hinter mir als erster männlicher Starter, vermummt und bibbernd, ein blonder junger

Mann stand, der mich die ganze Zeit beobachtete, mich immer wieder anschaute. Das wurde mir lästig. Abrupt wandte ich mich um und blickte ihm voll ins Gesicht. Was wollte der Kerl? Etwa flirten? Plötzlich … Nein! Diese Augen! Die großen, blauen Augen hinter der Sturmbrille! Das war doch … Sekundenlang starrten wir einander an, und dann erkannte ich ihn endlich …

„Puiu!", rief ich. Überrascht und zugleich konzentriert schaute er mich an. Plötzlich ein Blitzen in seinen Augen und ein Schrei: „Elenchen!" Wir fielen uns in die Arme und lachten und weinten zugleich, doch schon musste ich los. „Wir sehen uns unten!", rief ich noch und weg war ich.

Wie eine Wahnsinnige schoss ich durch die Tore des Riesenslaloms. Außer Rand und Band und außer Kontrolle, mit übergelaufenem Adrenalinspiegel und weiß Gott was für anderen überstrapazierten Hormonspiegeln, stürmte ich an allen brüllenden Pistengaffern vorbei. Wie durch einen Schleier nahm ich alles wahr und hörte die Rufe wie aus weiter Ferne: „Bravo, Elena! Bra-a-a-v-o-o! E-le-na-a-a-a!" Dass ich unten mit heilen Knochen ankam, war ein Wunder.

Ich kam nicht nur gut an – ich hatte die beste Zeit! Das hieß: Gold!

Meine Freunde bestürmten mich mit Geschrei und Hurra. Ich war nicht in der Lage, das alles zu erfassen. Erst die plötzliche Begegnung mit Puiu und jetzt die beste Zeit! Wie in Trance schnallte ich meine Skier ab, steckte sie neben mir in den Schnee und suchte Puiu. Sicher musste er bald ankommen. Wo war er nur? Der Mann, der jetzt durch das Tor lief, war Radu Scarneci, der hinter ihm gestanden hatte. Wo war Puiu geblieben?

Plötzlich fühlte ich mich von hinten umfangen und emporgehoben.

„Elenchen! Jetzt hab' ich dich! Jetzt saust du mir nicht mehr davon!", hörte ich die liebste Stimme der Welt rufen. Wieder umarmten wir uns stürmisch.

„Elenchen! Ja, ist das die Möglichkeit? Dass du meine kleine Elena bist, das hätte ich mir nicht träumen lassen! Dich habe ich doch bei den Wettkämpfen schon lange beobachtet, ohne dich wiederzuerkennen! Deine langen, schwarzen Haare! Und wie toll du Ski läufst! Ich Dummkopf! Komm, lass dich anschauen!" Er trat einen Schritt zurück und betrachtete mich.

„Donnerwetter, bist du hübsch geworden! Und groß bist du, beinahe so groß wie ich."

„Genau 1,75 m."

„Und deine schönen Haare! Eine Pracht! Du bist ein fantastisches Mädchen geworden! Auch mit zwölf warst du schon hübsch, aber jetzt erst!" Er schwieg eine Weile, dann fragte er: „Sag mal, Elena, wieso hast du mir in den letzten drei Jahren auf meine Briefe nicht mehr geantwortet?"

„Dieselbe Frage kann ich dir stellen: Wieso hast du drei Jahre nichts von dir hören lassen?"

„Ich habe dir unzählige Male geschrieben, bis ich es aufgegeben habe. Ich war sicher, dass du einen bestimmten Grund hast, nichts mehr von mir wissen zu wollen. Ich nahm an, du hast geheiratet, irgendeinen eifersüchtigen Mann, der meine Briefe zurücksendet, oder dass du selbst das tust … hatte ich recht?"

„Von wegen! Ich heirate noch lange nicht. Doch jetzt langsam: Wohin hast du mir geschrieben?"

„Elena Zerbes, Cabana-Vorban, Predeal."

„Ja, weißt du denn nicht, dass unser Haus verstaatlicht wurde und dass wir längst nicht mehr dort wohnen?"

„Wa-a-a-s? Enteignet hat man euer Hotel?"

„Warst du denn nicht mehr auf dem Vorban?"

„Nein. Wieso sollte ich noch hingehen, wenn alle meine Briefe zurückkamen?"

„Und was ist mit meinen Briefen passiert, die ich dir geschrieben habe?"

„Du hast mir geschrieben? Ach so, du konntest nicht wissen, dass ich umgezogen bin. Nein, so etwas! Was für Irrtümer! Wie schön, dass wir uns jetzt hier wiedersehen!"

„Ja, dann weißt du auch nicht, dass unser Haus vor zwei Jahren abgebrannt ist?"

„Was? Euer Hotel ist abgebrannt? Ist das wahr? Das ist ja furchtbar! Und wo lebt ihr jetzt?"

„In Rosenau. Zuerst haben wir bei meinen Großeltern gewohnt. Voriges Jahr hat man auch Haus und Hof meiner Großeltern enteignet, ein großes, schönes Haus mit einem riesengroßen Hof, Stallungen und Scheunen und einem wunderschönen Garten. Dort hat der Staat ein landwirtschaftliches Unternehmen, eine „Ferma“, eingerichtet. Zweimal wurden wir also unseres Besitzes beraubt! Zweimal aus unserem Eigentum hinausgeworfen! Jetzt wohnen wir in einem alten, kleinen Haus zur Miete.“

„Das ist ja furchtbar! Nein, wie schrecklich! Und wie geht es deinen Eltern? Was arbeiten sie?“

„Nachdem unser Haus enteignet worden war, hatte mein Vater zunächst drei Monate Arbeitsverbot, das war kriminell! Im Frühjahr danach fand er eine Stelle als Nachtwächter in einem Sägewerk. Jetzt arbeitet er als landwirtschaftlicher Arbeiter auf der Ferma, dem Hof, der unseren Großeltern gehört hatte. Er fand nichts Besseres. Meine Mutter hat zuerst als Putzfrau gearbeitet, seit sechs Monaten hat sie nun eine gute Stelle in der Offiziersmesse der Kaserne, als Köchin.“

„Es tut mir alles so leid, Elena! Man hat euch von Grund auf das Leben zerstört! Und zwar gründlich! Es ist ungeheuerlich, wie der Kommunismus die Menschen ruiniert! Und ausgerechnet die Fleißigen und Ehrlichen!“

„Meine Eltern sind Kämpfer und sie haben immer schwer gearbeitet. Sie werden auch diese Phase überleben.“

„Hoffentlich ist der Kommunismus nur eine Phase. Lange kann sich dieses System doch nicht behaupten. Und was tust du?“

„Eigentlich bin ich Lehrerin. Seit einem Jahr arbeite ich jedoch als technische Zeichnerin in der ‚Malaxa‘.“

„‚Malaxa‘? Am Königstein, dem Kletterparadies der Alpinisten! Das wäre was für mich!“

„Komm doch auch zu uns! Was hält dich davon zurück, in die ‚Malaxa‘ zu kommen?“

„Keine schlechte Idee!“

„Wir haben einen sehr aktiven Sportklub, unter anderem eine Bergsteigergruppe, die bereits von sich reden gemacht hat. Ihr Trainer heißt Mircea Popescu, den müsstest du doch kennen!“

„Natürlich kenne ich Mircea! Mit ihm habe ich so manche halsbrecherische Klettertour in den Bergen unternommen."

„Komm jetzt! Bald ist ja Siegerehrung. Drüben wird schon alles vorbereitet."

„Die müssen noch die Namen auf die Urkunden schreiben."

„Wir sind ja nur ein paar Leutchen, das haben die gleich. Schau, sie winken uns. Komm!"

„Ich freue mich ja so wahnsinnig, dass du heute von den Damen das Gold erhalten wirst! Ich gratuliere dir, Elena!"

Vor lauter Begrüßungsfreude hatten wir nicht mitbekommen, dass Puiu von den Herren die beste Zeit hatte. Wie irre waren wir aufeinander zugeflogen und hatten weder Augen noch Ohren für irgendetwas anderes auf der Welt gehabt als für uns. Ich fühlte mich wie im siebten Himmel. Puiu! Ich hatte Puiu wiedergefunden! Und ich hatte Gold gewonnen! Alles am selben Morgen. Beides war innerhalb weniger Minuten geschehen. Ich war unsagbar glücklich! Noch immer stand er neben mir, als sein Name aus dem Lautsprecher erklang: „Wo ist Genosse Fomino? Den ersten Platz der Herren besetzte Emil Fomino vom Sportklub Avintul Bukarest und erhält somit das Gold."

„Puiu! Du hast das Gold!"

Blitzartig drehte er sich um und rannte auf das Treppchen. Lachend winkte er mir zu, legte beide Hände als Schalltrichter an den Mund und rief über den freien Platz, dass alle es hören konnten: „Elena! Das ist nur, weil ich dir wie verrückt hinterhergestürmt bin!"

Wieder der Lautsprecher: „Der erste Platz der Damen, das Gold, geht an Elena Zerbes vom Sportklub Metalul, Malaxa."

Es war der herrlichste Wintertag, den sich Bergfreunde nur wünschen konnten! Die gleißende Mittagssonne verwandelte die Schneekristalle um uns herum in blitzende Edelsteine. Verzaubert stand ich auf meinem Treppchen und winkte zu Puiu hinüber. Es war der schönste Tag in meinem jungen Leben!

Hand in Hand gingen wir nach der Siegerehrung in die Stadt. Wir wollten allein in einem Restaurant ungestört zu Mittag essen. In einer lauschigen Ecke setzten wir uns an einen Tisch. Bei Kerzenschein saßen wir uns gegenüber und ließen es uns schmecken. Wir verspeisten je vier Mititei, ein scharfes rumänisches Fleischgericht, und tranken ein Bier. Puiu blickte mich an und sagte: „Wie komisch alles ist! Wie oft habe ich dich schon beobachtet, ohne dich wiederzuerkennen! Stattdessen hab' ich dir einen Ersatznamen gegeben, ‚Schneewittchen'."

„Ein viel zu romantischer Name für mich!"

„Nein! Der passt ausgezeichnet zu dir: groß, schlank, schwarze Haare, dunkelbraunen Augen! Wie konnte ich ahnen, dass dieses Schneewittchen das kleine Mädchen ist, das mir vor acht Jahren das Leben rettete? Zu meiner Entschuldigung musst du bedenken, dass du dich in diesen Jahren – von 12 bis 20 – viel mehr verändert hast als ich. Von 17 bis 25 verändert man sich nicht so drastisch; darum warst du es auch, die mich zuerst erkannte."

„Zum Glück standst du im Starthäuschen dicht hinter mir, trotzdem brauchte ich eine ganze Weile, um dich zu erkennen."

„Wie schön, mit dir hier zu sitzen, Elena!"

„Erzähl mir von dir!"

Bis jetzt hatte er noch so gut wie nichts von sich erzählt, und ich wollte vieles wissen. Trotz der großen Wiedersehensfreude hatte ich während des Essens das Gefühl, als liege irgendetwas in der Luft, was ihn unsicher machte. Hin und wieder blickte er zerstreut auf seinen Teller und vermied es, mich anzusehen, wenn ich Fragen stellte. Was hatte er nur? War es Traurigkeit? Waren es Sorgen?

„Es geht dir doch gut in Bukarest, oder?"

„Ja, es geht mir gut. Nur habe ich dort großes Heimweh nach meinen Bergen. Ich bin nicht für die Großstadt geschaffen. Das Einzige, was mir in Bukarest noch geblieben ist, ist die Fliegerei. Ich liebe es unheimlich, oben in den Lüften zu schweben! Die Schwerelosigkeit verleiht mir ein Gefühl der grenzenlosen Freiheit, sie macht mich frei von meinen Sorgen. Wenn ich allein in meiner kleinen ‚Karavelle' sitze und über der Erde schwebe, bin ich selig. Leider darf ich dieses Hochgefühl nur einmal in der Woche genießen. Das Fliegen hat vieles mit den Bergen gemein: Man erhebt sich über die Dinge. Man löst sich los und die Probleme werden klein."

„Zu gerne würde ich auch den Pilotenschein machen! Glaubst du, ich könnte das schaffen?“

„Wenn nicht du, wer denn sonst? Du hast die besten Voraussetzungen für eine Pilotin.“

„Oder ich möchte wenigstens einige Male mit dir fliegen dürfen! Ich käme gerne einmal extra deswegen nach Bukarest.“

„Toll! Das solltest du unbedingt tun! Ich würde mich unheimlich freuen. Das müssen wir unbedingt machen!“ Und wieder wurde er ernst und leise: „Doch trotz der Fliegerei vermisse ich meine Berge so sehr! Gerade in letzter Zeit bin ich zu dem Schluss gekommen: Ich kann ohne die Berge nicht leben! Du weißt ja, ich bin in Sinaia geboren und aufgewachsen, unter dem Caraiman, unser Elternhaus klebte am Hang eines Ausläufers, am Ende der Jepi-Schlucht. In meiner Kindheit und Jugend bin ich nur in den Bergen herumgestiegen und geklettert. Ich kann mich an die Großstadt nicht gewöhnen. Besuchsweise mag ich Bukarest, jedoch ständig dort leben, das halte ich auf die Dauer nicht aus.“ Leise und bedrückt, wie zu sich selber, hatte er das gesagt.

„Puiu, ist es nur das? Es ist doch mehr, was dich bedrückt! Was ist es? Kannst du es mir sagen? Du bist doch ein freier Mensch. Wenn es dir irgendwo nicht gefällt, kannst du doch fortgehen.“

„Elena, ich bin nicht so frei, wie du denkst …“

„Wie meinst du das?“

„Ich bin … verlobt.“

Ein Peitschenhieb hätte mich nicht schlimmer treffen können als diese drei Worte.

„Du … bist … verlobt?“

„Ja.“

Im gleichen Augenblick rief ich mich zur Raison: Was wollte ich eigentlich? Wenn ich mich in ihn verliebt hatte, war das doch meine Schuld. Sollte ihn das zu irgendetwas verpflichten? Meine innere Stimme meldete sich in ihrer barschen Art: ‚Also, du blödes Schaf, reiß dich zusammen und wünsch ihm schön artig viel Glück! Na, wird's bald? Noch immer nichts? Wie lange willst du denn mit deinen geheuchelten Glückwünschen noch warten? Sitzt er überhaupt noch da oder bist du längst allein auf dieser Welt?

Dass du jetzt anstatt hier, an diesem Tisch, lieber auf dem Mond sitzen möchtest, ist verständlich, ist aber nun mal nicht der Fall, du blöde Gans! Warum stierst du auf deinen Teller? Guck doch mal rüber! Er sitzt nämlich immer noch da und starrt dich an, du Hornöchsin! Es wird Zeit, dass du deinen blöden Mund auftust!'

„Ich wünsche dir viel Glück!" – ‚Das war nicht sehr viel, was du da herausgewürgt hast!'

„Danke!" – ‚Das war auch nicht übertrieben wortreich! Ach, ihr beiden macht mich krank!'

„Und wer ist deine Verlobte?" – ‚Gute Frage! Das zu erfahren, ist sicher nützlich; wie sonst willst du ihr einmal den Hals umdrehen?'

Nicht immer ging ich mit meiner inneren Stimme konform. Heute war sie besonders aggressiv. Zumindest spürte ich, dass irgendjemand meinen Schmerz verstand, ich armes Luder!

„Meine Verlobte heißt Marietta. Sie ist Bukaresterin, hat Sprachen studiert, ist zwei Jahre älter als ich, ein gutes Mädchen."

‚Marietta, sagt er!'

Betont zweideutig knirschte ich: „Das … freut … mich." Vorerst war es an diesem Tisch unmöglich, irgendein Gespräch laufen, fließen oder auch nur tröpfeln zu lassen … Nach einer langen, langen Pause, in der die Verlegenheit in der Luft zu dicken Bällen angeschwollen war, die zu platzen drohten, sagte er aus trockenem Mund: „Ich habe ein Foto von Marietta bei mir, willst du es sehen?"

„Ja."

„Links, die Blonde, das ist Marcela, meine Schwester, und neben ihr, die Dunkelhaarige, das ist Marietta. Findest du nicht, dass sie dir ähnlich sieht?"

„Irgendwie schon. Ja, vielleicht." Im Unterschied zu mir trug sie ihre dunkelblonden Haare kurz geschnitten, meine waren schwarz und lang, ihr Gesicht war etwas zarter und man sah ihr die 27 Jahre an, für mich damals bereits ein hohes Alter, zählte ich doch erst 20 Jährchen.

„Man könnte meinen, sie sei deine ältere Schwester. Irgendwann einmal werdet ihr euch kennenlernen. Ich glaube, ihr könntet euch gut verstehen."

‚Ich glaube, ihr könntet euch gut verstehen', äffte ihn meine innere Stimme nach. Diesmal pflichtete ich ihr von Herzen bei; fast hätte ich eine Grimasse geschnitten. War Puiu so ahnungslos oder tat er nur so, oder aber wollte er mich quälen? Hatte er denn keine Ahnung, wie wenig scharf ich darauf war, dieses „gute Mädchen" kennenzulernen?

‚Wenn du sie liebst', dachte ich zutiefst gekränkt, ‚wieso bist du dann so bedrückt? Und wenn sie so gut ist, wieso geht sie nicht mit dir nach Sinaia? Wieso musst du nach Bukarest zu ihr ziehen? Ich, Elena, würde dir auch ans Ende der Welt folgen, nur um dich glücklich zu sehen. Nein, diese Frau wird dich nicht glücklich machen! Weder sie dich noch du sie! Du wirst noch Rotz und Wasser weinen!'

Das waren so meine ersten, unschönen Reaktionen; dabei war ich mir bewusst, dass uns nur Irrtümer getrennt hatten. Und außerdem, wieso durfte ich annehmen, von diesem tollsten aller Burschen geliebt werden zu müssen?! Als wir uns damals auf dem Aschenkopf beim Flugzeugabsturz begegneten, war ich doch noch ein Kind von 12 Jahren gewesen; damals, als ich ihn vom Baum freigeschnitten hatte. ‚Genauso ist es, Elena, du großes Schaf!'

Ich straffte meinen Rücken und setzte ein freundliches Lächeln auf, blickte endlich zu ihm hinüber – und sah in das Gesicht eines nachdenklichen, sehr ernsten, traurigen Puiu. ‚Mein Gott', durchfuhr es mich, ‚dem geht es doch viel schlechter noch als mir! Was ist nur los mit den beiden? Wo liegt das Problem? Wo ist das Geheimnis?'

„Puiu!"

„Ja, Elenchen?"

„Puiu, du siehst nicht sehr glücklich aus … Ich will nicht indiskret sein … Ich will mich nicht aufdrängen … Doch sollst du wissen, dass es mir leid tut, dich traurig zu sehen."

„Es geht. Es muss gehen. Und es wird gehen."

„Aber das ist doch keine Einstellung kurz vor der Hochzeit!"

„Wir werden noch nicht heiraten. Es kann noch Jahre dauern."

„Verzeih mir, wenn ich gar nichts mehr verstehe! Du sprichst in Rätseln."

„Genauso ist es: Ich bin verstrickt in Rätsel … und in …"

„… und in Mysterien!", ergänzte ich spontan. „Es scheint mir alles zu geheimnisvoll! Ich verstehe gar nichts, dabei möchte ich dir so gerne helfen!"

„Mir kann niemand helfen …"

Schlagartig hatte sich mein ganzer Trotz in innige Anteilnahme verwandelt. Verzweifelt sah ich ihn an. ‚Was gäbe ich dafür, dir irgendwie helfen zu dürfen! Ja, darf ich denn überhaupt irgendetwas, so wie die Dinge liegen? Nein. Gar nichts darf ich. Doch! Dich im Geheimen lieben bis ans Ende meiner Tage! Das darf und werde ich!'

„Mein lieber Puiu!" Noch nie hatte ich ihn oder irgendeinen anderen Mann mit „mein lieber" angesprochen. Ganz einfach und natürlich kamen mir nun die Worte über die Lippen. Langsam schob ich meine Hände über den Tisch und umschloss seine Rechte. Warm und weich legte er seine Linke darüber. Wir drückten uns die Hände und schauten uns lange wortlos in die Augen.

„Ja, meine liebe Elena?"

„Puiu, es tut mir weh, dich unglücklich zu wissen! Und ich weiß, dass ich gar nichts tun kann, um das zu ändern. Wer bin ich und was bin ich schon? Aber was immer auch kommen mag: Lass uns für immer gute Freunde bleiben!"

Er drückte meine Hände noch fester und ich sah, dass seine Augen feucht waren: „Für immer Freunde! Mein liebes, kleines Elenchen! Weißt du noch, vor acht Jahren, als du mir am Baum die Stricke durchgeschnitten hattest und ich mich an dir festhielt, bis ich den Baumstamm erreichte, als ich deinen jungen Körper in meinen Armen hielt, fühlte ich mich plötzlich von einer Ruhe und einer Wärme durchdrungen. Du hattest mich gerettet! Ich fühlte mich unsagbar geborgen. Ich erinnere mich genau daran, was ich damals dachte: ‚Von diesem Kind geht eine seltsame Kraft aus, eine wohltuende Geborgenheit. Das ist kein gewöhnliches Kind!' Und genau diese Wärme fühle ich jetzt wieder, spüre, wie sie von dir auf mich überströmt. In deiner Nähe fühle ich mich verstanden und geborgen. Es ist ein Gefühl, als gehörten wir zusammen."

Er lächelte gequält und ich sah, dass sich eine Träne, trotz seines inneren Widerstandes, durchgekämpft hatte, und dann rollten mehrere seine Wangen herab … Ich wollte ihm sagen, dass es mir damals genauso gegangen war, dass ich in jenem Augenblick dasselbe gespürt hatte, ich wollte ihm so vieles sagen – doch ich konnte ihn nur ansehen und weinen. So saßen wir lange schweigend da, sahen uns in die Augen und weinten. Unentwegt streichelte er meine Hände und lächelte mich an: „Hast du das damals nicht auch gespürt, Elena? Damals auf der Buche? Wir waren uns so nahe, als hätten wir uns schon seit Ewigkeiten gekannt und als gehörten wir zusammen für Ewigkeiten."

„Ja, Puiu! Genauso habe ich das auch gefühlt. Wie verzaubert war ich von dir! Tagelang habe ich immer noch deine Nähe um mich gespürt. Und als du mit deinem toten Bruder, Radu, bei uns vorbeikamst, als du mich streicheltest und mir über die Haare strichst, durchdrang mich ein unbeschreibliches, warmes Gefühl. Als du hinter dem Hang verschwunden warst, war ich furchtbar traurig – und dennoch ganz sicher, dass wir uns wieder begegnen würden. Es hat zwar acht Jahre gedauert doch nun haben wir uns gefunden."

„Ja, nun haben wir uns gefunden! Wir wollen immer Freunde sein – ein Leben lang, was auch kommen mag! Versprichst du mir das, Elena?"

„Ja, Puiu! Wir wollen immer Freunde sein! Egal, was auf uns zukommt! Das verspreche ich dir!"

Er stand auf, kam zu meinem Platz, reichte mir beide Hände und hob mich zu sich empor. Weich und warm schloss er mich in seine Arme. Er sagte kein Wort, hielt mich nur lange umschlungen, als wollte er sich an einem Rettungsanker festhalten. Meine Arme hielten ihn mit derselben Intensität umfangen, verloren lag mein Kopf an seiner Schulter. Ich wollte nichts mehr von meinem Leben, als diesen Mann ewig in meinen Armen halten.

Wir küssten uns nicht. Es war, als läge unsere Liebe jenseits von Leidenschaft, als stünde sie viel höher noch als jedes sexuelle Gefühl. Unendlich lange hielten wir uns umschlungen. Der dämmerige Raum war menschenleer, der Kellner hielt sich diskret zurück, wir waren allein auf der Welt …

Nach endlosen Minuten erwachten wir aus unserer Verschmelzung. Menschen waren eingetreten und riefen nach dem Kellner, katapultierten uns in die Wirklichkeit zurück. Puiu zahlte und wir verließen das Lokal.

Die Sonne näherte sich bereits dem Westen und warf lange Schatten auf die glitzernden Schneeflächen; schon hing sie über dem verschneiten Butschetsch. Blass und verschwommen stand er jetzt da, der Bergriese, der sonst mit seiner Schönheit nur so protzte. Sehr bald würde die liebe Sonne hinter der bizarren Bukschoi-Silhouette verschwinden und uns der Dämmerung preisgeben. Ich schritt an Puius Seite, hielt seine Hand. Solange er bei mir war, schien für mich die Sonne. Bald würde ich mich von ihm trennen müssen, von meiner Sonne, und Dunkelheit würde mich umfangen.

„Wie schön, dass wir noch einige Zeit zusammen sein dürfen!"

„Ja! In zwei Wochen, wenn die Wettkämpfe beendet sind, muss ich nach Bukarest zurück."

‚… m u s s ich nach Bukarest zurück …' Wieso musste er?! Diese Frage quälte mich unglaublich, doch ich wollte das schmerzliche Thema nicht wieder berühren, ich wollte mich freuen, dass er bei mir war.

„Eine Abfahrt können wir noch wagen. Hast du Lust, Elena?"

„Ja, Puiu. Noch ein wenig kalte Luft um die Nase kann nicht schaden."

Und dann standen wir wenig später wieder auf dem Gipfel des Clabucetul Taurului und sahen der sinkenden Sonne nach. Tief verschneit lagen die umliegenden Berge vor uns im ersten Abendschatten. Weit und breit war niemand mehr zu sehen, die Hänge waren menschenleer. Es war eisig kalt, wir sogen die frostige Luft in unsere Lungen und fühlten uns wie Könige, die von ihrem felsigen Wohnsitz ihr Reich überblickten.

„Komm, Elenchen! Auf uns wartet die tollste Abfahrt."

Wie er da vor mir stand und lachte! Den blonden Schopf mit einem schmalen Stirnband zusammengehalten, seine dunkelblaue Skijacke trotz der Kälte wie üblich aufgeknöpft, der himmelblaue Pulli, der zu seinen blauen Augen toll passte: einfach umwerfend! Er stieß sich ab, ich sah ihm nach. Er fuhr wie ein junger Gott! Ich wollte den Abstand nicht zu groß werden lassen und sauste ihm hinterher, fuhr immer genau seinen Schwüngen nach. Wie herrlich es doch war, den Spuren eines solchen Könners zu folgen! Im vollen Vertrauen, dass er die beste Route wählte, dass es dort, wo er hinfuhr, am schönsten war!

Oh, diese Marietta! Wer immer sie auch sein mochte: Kannte sie ihn so gut, wie ich ihn kannte? Konnte sie sein Inneres so wie ich nachempfinden? Begeisterte sie sich an ihm so wie ich? Hatte sie auch die Überzeugung, dass seine Schwünge, seine Wege die besten waren? Oder saß sie auf einem anderen Planeten? Wollte ihn in andere, ihm fremde Wege zwingen? Wollte ihn umerziehen? Ihn ändern? Puiu in ihre Großstadtwelt hineinzwingen? Eine dunkle Ahnung sagte mir: ‚Ja, genau das wird sie tun!' Welche widernatürlichen Umstände hatten zu dieser Verlobung geführt? Würde ich es je erfahren?

Die nächsten Tage verbrachten wir von früh bis spät zusammen, hingen wie die Kletten aneinander. Es war traumhaft! Wir taten, was wir wollten. Den ganzen Tag streiften wir durch die Gegend oder sausten die Hänge hinunter. Unsere Trainer schienen sich bereits daran gewöhnt zu haben, dass wir nicht mehr zum Training erschienen. Die Skimannschaften nannten uns „das Klettenpaar", wir wurden vor und hinter unseren Rücken – teils aus Sympathie, teils aus Neid – belächelt. Uns war's recht. Wussten wir doch, dass diese Zeit für uns einmalig und unwiederbringlich sein würde!

Am schönsten war es, neben Puiu auf den baumelnden Sesseln zu sitzen und ihm zuzuhören. Er erzählte gerne von seiner Kindheit in Sinaia, der schönsten aller rumänischen Städte, die an den Wurzeln des Caraiman-Massivs klebt. Als Kind hatte er sich oft im Schloss „Peles“, der Sommerresidenz der königlichen Familie, aufgehalten, hatte mit dem jungen Prinzen Michael – dem späteren König – auf den Wiesen und in den Wäldern des Schlosses „Räuber und Gendarm“ gespielt. Im Sommer hatten sie bei der Heuernte mit Heugabel und Rechen mitgeholfen und im Winter waren sie gemeinsam Ski gelaufen.

Puiu liebte den sympathischen, sportlichen Prinzen, der als Wildfang bekannt und eben aus diesem Grund so beliebt gewesen war. Alle Bewohner Sinaias hatten die liebenswerte, unkomplizierte Königsfamilie wie ihresgleichen geliebt. Als dann 1947 – drei Jahre nach dem Putsch – König Michael mit seiner Familie das Land verlassen musste, hatten die Bewohner Sinaias bittere Tränen geweint.

„Ich stand mit Mutter und Marcela am Straßenrand zusammen mit Tausenden von Leuten, als die beiden Autos mit König Michael und seiner Familie das Schloss verließen. Jeder hatte Michael geliebt, alle weinten und schluchzten laut auf, als er vorüberfuhr. Auch Mutter und Marcela weinten. Jedem war klar, dass es ungerecht war, was die kommunistische Regierung diesen lieben Menschen antat; ich war sehr traurig. Als der König an uns vorbeifuhr und mich in der Menge entdeckte, kurbelte er das Fenster hinunter und rief mir zu: ‚Hallo, Puiu! Auf Wiedersehen! Verlass dieses Land! Besuch mich in der Schweiz! Wir sehen uns wieder, Puiu, vergiss mich nicht!‘ Ich werde ihn nie vergessen! Irgendwann einmal werde ich seinen Rat befolgen. Im Kommunismus mein Leben fristen? Nein, das werde ich gewiss nicht! Die große Frage ist bloß: Wie kommt man hier raus?“ Erst nachdenklich, dann mit vor Wut blitzenden Augen fügte er hinzu: „Irgendwann einmal und irgendwie wird es mir gelingen, dem Kommunismus zu entfliehen, das schwör’ ich dir! Ich sehe kein anderes erstrebenswertes Ziel in diesem Land als das eine: es zu verlassen! Doch lass uns heute lieber über schöne Dinge sprechen!“

Ich war fasziniert von seinen Erzählungen über die Königsfamilie und konnte nicht genug davon hören, da wir – meine Eltern und ich – große Verehrer der rumänischen Royals waren und noch sind.

„Komm, Elenchen, erzähl mir auch etwas von dir!“

„Du wirst es nicht glauben: Ich habe auch persönliche Erinnerungen an König Michael.“

„So, so! Was denn? Wie denn?“

„Im Winter des Jahres 1942 war König Michael auf dem Vorban in unserem Hotel.“

„Du machst Witze ...!“

„Ganz und gar nicht! Es war Anfang März und alles war tief verschneit.“

„Hatte er sich denn vorher angekündigt?“

„Angekündigt? Ganze zwanzig Minuten vor seiner Ankunft erfuhren wir, was da auf uns zukommen sollte: ein Königsbesuch! Ich sage ‚wir‘, das ist nicht ganz richtig, denn ich war ja in Rosenau in der Schule. Mutter hat mir jedoch alles so haarklein erzählt, dass ich meine, dabei gewesen zu sein.“

„Er war sicher nicht allein; mit wem kam er denn?“

„Diesmal war er nicht allein, obwohl er auch im Alleingang die Berge oft und gerne durchstreifte, besser gesagt: im Alleingang die Gegend unsicher machte. Im Sommer zuvor war er z. B. auf dem Weg zur ‚Cabana Voevodul Mihai‘, die nach seinem Namen benannt ist, in einem Landrover den Vorban-Berg ganz gerade steil – ohne Weg und Steg – hinaufgedonnert. Das hat weder vor ihm noch nach ihm irgendjemand gewagt. Er war ein Draufgänger!“

„Ja, ja! Das war er!“

„Einen besonders netten Vorfall muss ich dir erzählen: Du kennst ja die wunderschöne Bergstraße bei Paraul-Rece, den ‚Königin-Maria-Weg‘ zwischen Predeal und Schloss Bran (Törzburg); da hat er einmal eine Kuh, die ihm im Wege stand, totgefahren. Natürlich saß er wieder einmal allein in seinem geliebten Landrover. Und jetzt kommt’s: Der Bauer, der ihn nicht erkannte, hat ihn auf die übelste rumänische Weise beschimpft, ihn dahin zurückgeschickt, woher er auf natürlichem Wege zur Welt gekommen war ... und dann hinzugefügt: ‚Te-am mai vazut eu pe-aici trecind ca un nebun!‘ (Dich habe ich schon mal gesehen, wie ein Verrückter hier vorbeirasen.)“

„Das ist ja köstlich!“ Puiu lachte schallend.

„Michael hat dem Bauern dann beschwichtigend auf die Schulter geklopft: ‚Iertati-ma! Nu va mai suparati! Eu sint regele. Va dau bani ca sa va cumparati cea mai frumoasa vaca din Piata in Predeal.‘ (Entschuldigen Sie! Beruhigen Sie sich! Ich bin der König. Ich gebe Ihnen Geld, mit dem Sie sich die schönste Kuh auf dem Markt in Predeal kaufen können.)“

„Das sieht ihm ähnlich! Ja, so war er!“ Puiu bog sich vor Lachen.

„Du kannst dir das Gesicht des Bauern sicher schwer vorstellen. Doch er hat sich eine schöne Kuh gekauft und liebte seinen König fortan umso mehr.“

„Eigentlich wolltest du mir von Michaels Skiausflug auf den Vorban erzählen!“

„Also das war so: An einem schönen, sonnigen Wintertag kam ein einzelner Mann den Pfad zum Vorban-Haus heraufgestapft und kündigte seine Majestät König Michael den Ersten an. Mutter hielt das für einen schlechten Scherz.

‚Wie? Sie glauben mir nicht?‘, fragte der Fremde. ‚Da, schauen Sie einmal den Weg hinunter! Sehen Sie die Leute, die da kommen? Das sind der König, seine Mutter Elena, seine Tante Ileana und das königliche Gefolge. Alle auf Skiern. Was sagen Sie nun?‘

Wie von der Tarantel gestochen flitzte Mutter daraufhin umher, wusste nicht, was sie zuerst tun sollte. Ihrer Eitelkeit folgend, machte sie sich zunächst einmal selber hübsch. Das Haus war sauber und außerdem wusste sie ja noch gar nicht, ob und was die Herrschaften essen würden, wie lange sie bleiben wollten usw.

‚Hat Seine Majestät sagen lassen, was sie essen möchten? Ich habe frisches Kalbfleisch für Wiener Schnitzel.‘

‚Unser König wünscht ein traditionelles rumänisches Mittagessen: Mamaliga taraneasca (Polenta nach rumänisch-bäuerlicher Art) mit Rührei und gestampfte Zwiebeln dazu‘, sagte der Kurier, ‚hier haben Sie den Maisgrieß dafür!‘

„Das sieht ihm wieder ähnlich!“, lachte Puiu.

„Und weißt du, was meine Mutter mit dem königlichen Kukuruz gemacht hat? Sie hat ihn behalten, um nachher mal aristokratischen Mamaliga zu essen, und hat ihren eigenen Maisgrieß für den König verwendet. Als das Wasser im Topf kochte, ging plötzlich die Küchentüre auf und herein trat der König. Mutter war hingerissen von der Erscheinung dieses zwanzigjährigen, wunderschönen Mannes. Heute noch kommt sie ins Schwärmen: ‚Groß, echt majestätisch, um die 1,90 m. Und dann die goldblonden, gewellten Haare! Die himmelblauen, großen Augen! Und die sympathische, warme Ausstrahlung!‘

Mutter nahm sofort Haltung an, stand stramm und grüßte laut und feierlich, jedes Wort betonend: ‚Traiasca maiestatea Sa Regele Mihai!‘ (Es lebe Seine Majestät König Michael!)

Der König blieb im Türrahmen stehen, hob seine Rechte an die Schläfe und salutierte:

‚Traiasca!‘, antwortete er. Stell dir vor: Er salutierte vor Mutter!“

„Ja, Elena, genauso war er – ein König mit viel Herz, mit viel Feingefühl und Ehrerbietung für jedermann! Ein ganz besonders feiner Charakter! Er war der König, den unser Land verdiente, der mit seinem großen Potenzial an Liebe und Güte Rumänien für lange Zeit zum Besten seiner Bürger regiert hätte.“

„Du sprichst mir aus der Seele – und nicht nur mir. Alle Bürger dieses völkischen Konglomerats unseres Landes haben ihn doch verehrt: Rumänen, Ungarn, Juden, Deutsche, Zigeuner, Russen, Bulgaren, Türken, Serben. Alle lebten in Frieden miteinander und liebten ihren jungen, sportlichen, liebenswerten Sonnyboy Michael.“

„Genauso ist es!“

„Lass dir jetzt aber weiter erzählen: König Michael trat dann an den Herd und bat, seine Mamaliga selbst salzen zu dürfen. ‚Ja, natürlich!‘ Mutter reichte ihm das Salzfass und zeigte ihm, wie viel Salz er hineingeben müsse. Mit den Fingern langte er ins Fass und salzte sorgfältig seinen Brei.

‚Imi dati voe ca s-o si amestec?‘ (Erlauben Sie mir, es durchzurühren?) Bedauernd musste ihm Mutter diese Bitte abschlagen: ‚Ma iertati! Dar acum mamaliga trebue sa fiarbe bine un timp.‘ (Tut mir leid, aber die Mamaliga muss jetzt eine ganze Weile kochen.)

Und weißt du, was er dann gemacht hat? Er hat sich nach Fritz, unserem Kater, gebückt, hat ihn aufgehoben und gestreichelt. So hat er eine ganze Weile in der Küche gestanden, Mutter zugeguckt und mit unserem Kater – einem Mordskerl, einer Kreuzung zwischen einem hergelaufenen Wildkater aus den Wäldern und unserer Mieze – geschmust. Zu lange wollte er jedoch auch nicht in der Küche herumstehen und so beendete Mutter schließlich ohne seine Hilfe das königlich-bäuerliche Mittagsmahl. Ein Diener kam später hinzu und bereitete die Zwiebeln vor: Je eine ganze, geschälte rote Zwiebel packte er in eine Serviette ein, drehte sie oben zu und versetzte ihr mit der Faust einige Hiebe, bis der Saft herausquoll. Dann öffnete er die Serviette, salzte die Zwiebel und packte sie in eine saubere Serviette ein; Serviette oben wieder zugedreht, wurden die Zwiebeln dann auf den Tisch neben die Teller gestellt. So aß unser viel geliebter König Michael der Erste bei uns im Hause auf eigenen Wunsch rumänisch-bäuerlich: Mamaliga taraneasca cu jumeri de oua (Bauern-Polenta mit Rührei) und Zwiebeln. Nachher gab es einen türkischen Kaffee."

„Herrlich! Herrlich! Ist er denn auch Ski gelaufen?"

„Freilich ist er Ski gelaufen. Leider war damals von Skilift oder Ähnlichem noch weit und breit keine Spur und so keuchte er den Berg einige Male hinauf und fuhr in eleganten Schwüngen den Hang hinab. Natürlich gafften alle, die an dem Tag in der Gegend waren, sahen dem heiß geliebten König zu und klatschten Beifall. Seine Mutter und seine Tante saßen Kaffee nippend am großen Fenster des Speisesaals. Meine Mutter, von der Natur mit viel Neugierde ausgestattet, lugte durch einen Vorhangschlitz des Servierfensters und erhaschte einige Brocken des Gesprächs, mit denen sie leider nicht viel anfangen konnte, weil die königlichen Damen französisch parlierten. So viel bekam sie dennoch mit, dass ihr Kaffee ‚bon' war. Die Augen der Königsmutter, einer griechischen Prinzessin, verfolgten selig lächelnd die gekonnten Abfahrten ihres geliebten Sohnes.

Für meine Familie ein unvergesslicher Tag! Eine große Ehre!"

„Schade, dass ihr kein Foto von ihm machen konntet!"

„Das ging zwar nicht, doch vier Tage später erhielten wir einen Brief, in dem der König für die Bewirtung danken ließ und ein Foto schickte, auf dem er vor unserm Haus stehend zu sehen war."

„Das war eine hübsche Geschichte; für mich besonders wertvoll, erstens, weil ich ihn persönlich gut gekannt habe, und zweitens, weil ich mich freue, dass er euer Haus mit seiner Gegenwart beehrt hat.“

„Nun ist alles vorbei! Unser geliebter König musste fort und unser Haus wurde von dem kommunistischen Räuberstaat enteignet und dann in Schutt und Asche gelegt.“

„Und das ganze Land ist auch wie abgebrannt, unser schönes, reiches, armes Rumänien! Und dabei ist es eines der interessantesten und reichsten Länder Europas: erstklassiger, pechschwarzer Ackerboden, endlose Wälder, wunderschöne Berge, fantastische Strände am Schwarzen Meer, Heilquellen aller Art. An Bodenschätzen gibt es bald nichts, was es in Rumänien nicht gibt: Gold, Uran, Erz, Kohle, Salz. Habe ich etwas vergessen?“

„Das Öl!“

„Genau, das Wichtigste: das Erdöl! Und das alles geht vor die Hunde, nur weil der Kommunismus jede Wirtschaft und jede soziale Struktur kaputtmacht. Das ist ja erst der Anfang! Wer weiß, was nach 40–50 Jahren von diesem Land noch übrig bleiben wird!“

Puiu, ein echter Rumäne, der sein Land mit Leib und Seele liebte, hatte seiner Empörung über die Zustände ein wenig Luft gemacht. Ich wollte ihn aufmuntern:

„Sei heute bitte nicht traurig, Puiu! Wenn du willst, singe ich dir ein österreichisches Lied, das ich von einer Tirolerin gelernt habe, als ich sechs Jahre alt war. Frau Viehweger war unser Stammgast und kam jeden Sommer und jeden Winter zu uns in die Berge – eine großartige Sängerin und Jodlerin! Das Lied heißt der Erzherzog-Johann-Jodler:

Wo i geh’ und steh’, tuet mir mei Herz so weh,
um mei Steiermark, Leit glaubt’s ma’s g’wiss!
Wo dös Bixl knollt, der scheenste Gamsbock follt,
und mei liaba Herzog Johann is.

Ich sang ihm alle drei Strophen, jodelte, was das Zeug hielt, und es gelang mir, seine trüben Gedanken zu verscheuchen.

„Elena! Ich bin sprachlos! Wie schön du singst! Und wie gut du jodeln kannst!"

Er lachte begeistert und schloss mich spontan in die Arme und … endlich, endlich küsste er mich! Wie sehr hatte ich mich danach gesehnt! Vergebens hatte ich mir einreden wollen, unsere Liebe bewege sich auf einer höheren Ebene … Ich war zwanzig und es war mein erster Kuss von einem männlichen Wesen! Der erste Kuss von dem Mann, den ich seit acht Jahren liebte! Eng umschlungen saßen wir im Sessellift. Schneegestöber und Sturm pfiffen uns um die Ohren und schaukelten den Sessel hin und her. Was kümmerte es mich? Und wenn der Clabucet in dem Augenblick plötzlich angefangen hätte, Feuer zu speien, und wenn das größte Erdbeben aller Zeiten mit Krachen losgebrochen wäre und unsern Sessel in senkrechten Kreisen rund um das Seil geschleudert hätte, und wenn die Welt untergegangen wäre, ich hätte es nicht wahrgenommen … Puiu hielt mich in den Armen! Puiu küsste mich! Er küsste mich immer wieder. Ich schloss die Augen und spürte seinen warmen Körper, spürte, wie seine Wärme durch mich hindurchfloss, diesen unbeschreiblichen Strom, diesen Energiestoß aus einer anderen Welt, der unsern Geist und unsere Sinne emporhob, hinweg von Zeit und Raum …

Doch, so hart es klingen mag: Es blieb bei diesen Küssen. O Gott! Dieser superehrliche Mensch! Hielt er Marietta eine so verbissene Treue? Wie sie keiner von ihm verlangte? Außer er selbst? Oder aber wollte er in mir die Gefühle nicht hochspielen? War die Lage so hoffnungslos? Durfte ich in seinem Leben keinen Platz einnehmen? Eines wusste ich jetzt mit Bestimmtheit: Er liebte mich! Puiu liebte mich! Nie wäre ich jedoch aufdringlich geworden, nie! Schon immer verabscheute ich jegliche Aufdringlichkeit. Außer der Tatsache, dass Aufdringlichkeit an sich widerlich ist, führt sie stets zum gegenteiligen Ergebnis! Ihn lieben und leiden, das würde mir beschert sein … bis ans Ende meiner Tage …

An einem der sonnigen Tage schlug ich vor, einen Ausflug zur Roth-Hütte zu unternehmen. Ich wollte Frau Roth, die ich in lieber Erinnerung hatte, wiedersehen. Puiu fand die Idee toll, zugleich wollte er die Absturzstelle, wo sein Bruder gestorben war, aufsuchen. Früher als sonst krochen wir aus den Federn und glitten nach dem Frühstück auf unsern Brettern im Langlauf los. Das Wetter war herrlich und die Landstraße menschenleer. Dennoch ergriff plötzlich eine tiefe Traurigkeit von mir Besitz – bog doch nach zwei Kilometern linker Hand der Fußweg ab, der über die verschneite Wiese in den Wald führte. Der Weg, den ich so oft voller Heimatgefühl und Wiedersehensfreude hinaufgestiegen war, um bald zu Hause zu sein! Auch jetzt war der Pfad im tiefen Schnee ausgetreten.

Ich blieb stehen und verfolgte mit wehmütigem Blick seine Spur – vielleicht brauchte ich jetzt bloß abzubiegen und den Fußstapfen zu folgen? Ich würde unter den Buchen und Fichten hinaufkeuchen, um dann bald aus dem Wald zu treten, und vor mir läge das schönste Panorama, das Paradies auf Erden! Sicher strahlte jenseits des Vorban – in seiner ganzen Länge lässig ausgebreitet, drapiert, wie ein seitlich liegender Narziss – der verschneite Butschetsch in der Morgensonne! Gleich zu meinen Füßen stünde das Haus und Vater würde eben die Tiere tränken. Mutter würde aus dem Haus treten und mich begrüßen … ich brauchte bloß wie immer links abzubiegen und dem Pfad zu folgen …

„Elenchen! Du weinst ja!“, hörte ich Puius Stimme. Wie schön, einen solchen Freund an meiner Seite zu haben! Er zog die Handschuhe aus, nahm sein Taschentuch hervor und trocknete mir die Tränen.

„Alles ist weg! Verbrannt! Verloren! Nie werde ich es verkraften, Puiu!“

„Ich weiß, was du jetzt fühlst.“ Er zog mich in seine Arme und hielt mich fest.

„Komm, lass dich nicht vom Schmerz übermannen! Wir müssen lernen stark zu sein, andernfalls gehen wir kaputt. Kopf hoch, mein kleines Elenchen! Abertausenden von Bürgern dieses Landes geht es genauso wie dir, du stehst nicht allein da. Dieses

Regime hat unsagbar viel Schmerz über die Menschen gebracht! Auch meine Familie hat große Verluste und Leid hinnehmen müssen, und es könnte unter Umständen noch schlimmer kommen. Damit verbunden ist auch meine Heirat mit einer Frau, die ich zwar schätze, aber nicht liebe."

Ich horchte auf! Da war ihm doch etwas herausgerutscht, das er sonst nicht preisgegeben hätte! Seine Heirat, eine Notwendigkeit? Vielleicht um seine Familie zu retten? Wer war diese Marietta eigentlich? Hatte ihr Vater eine wichtige Position inne? Eine politisch bedeutende, mit der er Puius Familie Böses ersparen konnte? Oder reichte meine Fantasie gar nicht aus, um mir die Realität auszumalen? Schlagartig war ich von meinem Schmerz abgelenkt worden. Puiu tat mir jetzt leid, viel mehr noch als ich mir selber leid tat.

Wir glitten weiter. Rechts von uns tauchte das Cosmutza-Sanatorium auf. Esther! Hier war ich mit ihr über die Wiese gerannt. Meine beste Freundin, die ich je hatte. Seit Monaten hatte ich nichts mehr von ihr gehört.

„Komm, Elena! Lass das Träumen! Sonst sind wir bis abends nicht zurück."

„Der Anblick des Sanatoriums erinnert mich an Esther."

„Wer ist Esther?"

„Esther ist ein jüdisches Mädchen, das meine Eltern versteckt und durch die Jahre der Verfolgung durchgebracht hatten. Ich habe sie sehr gemocht, so eine Freundin finde ich nie wieder."

„Woher stammte sie?"

„Sie kam aus Iasi. Jetzt ist sie in Deutschland."

„Irgendwann einmal werde ich König Michaels Rat befolgen und in die Schweiz ziehen; du wirst nach Deutschland ziehen und dann treffen wir uns alle am Bodensee!"

Es hatte ein Scherz sein sollen, doch mein junger, fantasiebeschwingter Geist hatte es ernst genommen. Dieser Satz wurde mir zum Lebensmotto: nach Deutschland! Hinaus aus diesem Chaos! In einem freien Land meine Zukunft aufbauen! Esther finden! Tja, und Puiu am Bodensee treffen … und was noch alles?

Puius Satz erhielt immer festere Konturen in meinem Kopf.

„Puiu, ich versichere dir heute: Jeder kann Gift drauf nehmen, dass ich genau das erreichen werde! Das schwöre ich dir und mir!" Verbissen hatte ich es geschworen und verbissen sollte ich dieses Ziel verfolgen, jahrelang. Mit Entschlossenheit, mit Energie, mit Geduld und einem unerschütterlichen Glauben. Jahrelang sollten mir täglich, stündlich diese Worte in den Ohren klingen: ‚Weg von hier! Nach Deutschland! In mein Mutterland!'

Um elf Uhr standen wir vor dem Häuschen der Schneiders. Mit großen Augen hatte Frau Schneider einige Sekunden gebraucht, um mich wieder zu erkennen. Sie schlug die Hände zusammen und rief ein ums andere Mal: „Ja, so eine Überraschung! Ja, so eine Überraschung! Welche Freude, dich wiederzusehen! Nein, das hätte ich mir nicht träumen lassen, dass mich Elena heute besucht! Kommt herein! Und wer ist der Herr?"

„Ein alter Freund von mir."

„So alt kann der Freund gar nicht sein, bei seiner Jugend."

Wir setzten uns in der winzigen Küche an den kleinen Tisch, sie brühte einen Kräutertee auf und wir erzählten – Tee trinkend – wichtige und weniger wichtige Ereignisse der letzten Jahre, in denen wir uns nicht mehr gesehen hatten.

„Wo arbeitet dein Vater jetzt?"

Ich berichtete, dass er jetzt Vorarbeiter auf der Ferma war und Mutter Nobelköchin bei den Offizieren in der Kaserne.

„Es war schön, sie beide in der Nähe zu haben, als dein Vater hier Nachtwächter war, wenn ich auch wusste, dass das nur vorübergehend sein sollte", meinte Frau Schneider.

Ich nickte, dann sagte ich: „Wir möchten heute noch gerne bis zur Roth-Hütte gehen. Frau Roth wollen wir auch noch besuchen. Puiu hat diese Frau in schönster Erinnerung."

„Frau Roth? Aber Elena, die Rots sind längst nicht mehr auf dem Diham, weißt du das nicht?"

„Fort? Wieso? Wo sind sie denn?"

„Eine sehr traurige Geschichte! Ach, es ist schrecklich, was wir Siebenbürgen-Deutschen unter diesem Regime alles durchmachen müssen!"

„Erzählen Sie, bitte!“

„Vor vier Jahren hat man die Familie Roth ohne triftigen Grund – genauso überraschend wie euch – einfach hinausgeschmissen.“

„Ich verstehe nicht, sie waren doch bloß die Pächter des Geschäfts, nicht die Eigentümer!“

„Trotzdem. Als einzigen Grund wiederholten die Schweinehunde nur: ‚Nu mai avem nevoe de sasi. De-acum s-a terminat cu voi.‘ (Wir brauchen die Sachsen nicht mehr. Es ist aus mit euch.) Herr und Frau Roth haben sich dann in Predeal ein Haus gemietet und – weil sie von irgendetwas leben mussten – zwei Zimmer als Fremdenzimmer an Touristen vermietet. Frau Roth hat jedoch, als tüchtige Geschäftsfrau – unerlaubterweise – auch Mahlzeiten bereitet.“

„Das war gewagt!“

„Stimmt. Sie war eben eine mutige Frau. Nun, sie hat es bitter bezahlen müssen! Furchtbar, was den beiden zugestoßen ist!“ Frau Schneider hielt inne, trank einen Schluck und fuhr fort: „Ein Jahr lang ging das gut, bis die Nachbarn neidisch wurden und sie anzeigten, als sie vom Schwarzmarkt ein geschlachtetes Kalb gekauft hatten. Daraufhin hat man Herrn Roth verhaftet und zu fünf Jahren Zwangsarbeit am Donaukanal verurteilt. Ihr kennt ja die Bedingungen, unter denen die Menschen dort in kurzer Zeit kaputtgemacht werden! Angeblich sind dort bereits Tausende zu Tode gekommen. Unser lieber Herr Roth hatte einen schrecklichen Unfall, er wurde unter einem Felsbrocken begraben. Sein rechtes Bein wurde so schwer verletzt, dass es amputiert werden musste. Nach der Amputation durfte er sich aber nicht etwa schonen, nein, er musste mit einer primitiven Prothese aus Holz weiterarbeiten. Ist das nicht unmenschlich?! Das hat er nur einige Wochen geschafft, dann ist er an einer Blutvergiftung gestorben, der Arme! Ist das nicht furchtbar?!“

„Das ist erschütternd! Einfach unmenschlich! Und Frau Roth? Ist sie noch in Predeal? Könnte ich sie besuchen?“

„Nein. Sie ist nach Deutschland zu ihrer Tochter gezogen.“

Ich sah Puiu an, dass er zu erschüttert war, um etwas zu erwidern. Er hatte das Ehepaar Roth in bester Erinnerung. Auch ich war wie versteinert und fand keine Worte. Stumm saßen wir am Tisch. Wie weise von meinen Eltern, sich nicht mit verbotenen Geschäften befasst zu haben! Sie hatten es vorgezogen, die niedrigsten Arbeiten – Putzfrau und Nachtwächter – zu verrichten, und so waren sie von einem ähnlichen Schicksal wie dem des Herrn Roth verschont geblieben. Doch ich sprach meine Gedanken nicht aus …

Herr Schneider trat herein. Es war Mittagspause. Seine Freude, uns zu sehen, war groß und er lud uns spontan zum Mittagessen ein. Eine große Pfanne Bratkartoffeln half, alle satt zu kriegen, und so saßen wir nach dem Essen noch lange um den Tisch.

„Mich zieht es nicht mehr zur Diham-Hütte; Roth-Hütte kann man wohl nun nicht mehr sagen“, erklärte ich.

„Mich auch nicht“, stimmte Puiu mir zu. „Wie gerne hätte ich Frau Roth noch einmal gesehen! Damals beim Flugzeugabsturz war sie wie eine Mutter zu mir gewesen.“

„Bleibt doch bei uns!“

„Ja, wir bleiben noch eine Weile hier und gehen dann zurück nach Predeal.“

Im Herd knisterte das Holzfeuer, es war angenehm warm in dem kleinen Raum. Frau Schneider hatte einen echten Bohnenkaffee aufgebrüht, weiß der Himmel, woher sie solche Raritäten aufzutreiben verstand. Genüsslich schlürften wir das schwarze Gebräu und knabberten Kekse. Es war urgemütlich!

Jetzt erst fand Puiu die Sprache wieder: „Ich bin zutiefst erschüttert über das, was ich heute erfahren habe! Und ich bin sehr besorgt um unser aller Zukunft! Dieses Regime ist erst acht Jahre alt und hat schon so viel Unheil angerichtet! So viel zerstört! Wo soll das noch hinführen?“

Herr Schneider wollte den Nachmittag in unserer Gesellschaft verbringen und ließ sich im Werk vertreten. Entspannt lehnte er sich im Sessel zurück und nippte an seinem Kaffee. Es schien ihm recht zu sein, sich mit uns über die Lage im Land und in der Welt zu unterhalten, war er doch wochenlang lediglich in der Gesellschaft seiner Frau und der Arbeiter.

„Es hat nicht nur Menschen kaputtgemacht, sondern auch alle Wirtschaftszweige bereits ruiniert. Nach dem Putsch hatten wir gehofft, die Räuberbande in Bukarest würde sich nicht behaupten und wir würden bald von ihr erlöst werden."

„Das kann alles noch kommen, mein lieber Hans! Du hast doch immer behauptet, die beiden Weltmächte würden aufeinander losgehen und sich gegenseitig zerstören. Nun, Amerika und Russland wettern ja schon gewaltig gegeneinander; jeder sagt doch, dass ein Krieg vor der Tür steht", bemerkte Frau Schneider.

„Wissen Sie, Herr Fomino", nahm Herr Schneider das Gespräch wieder auf, „wir waren bis vor kurzem Adventisten. Jahrelang habe ich mich somit sehr intensiv mit der Bibel befasst. Im Buche des Propheten Daniel steht ganz deutlich, dass Christus noch einmal kommen wird, um auf der Erde den Frieden herzustellen. Dem geht jedoch ein grausamer Krieg zwischen zwei Weltmächten voraus: zwischen dem König des Nordens und dem König des Südens."

„Sagten Sie, das steht im Buche des Daniel? Das ist ja das Alte Testament, oder?" Ungläubig runzelte Puiu die Stirn.

„Allerdings!", fuhr Herr Schneider fort. „Im Buch Daniel steht geschrieben, dass Christus während dieses Kampfes mit seinen Heerscharen kommen wird, um beide Großmächte zu zermalmen und um anschließend Gottes Königreich aufzurichten. Deshalb beten wir doch auch im Vaterunser: Dein Reich komme!"

Herr Schneider erhob sich, holte eine dicke Bibel aus dem Schlafzimmer, nahm wieder Platz und lehnte sich in seinem bequemen Sessel zurück. Umständlich schlug er ein Bein über das andere, blätterte eine Weile und las dann laut und langsam, mit viel Würde, aus dem Buche Daniels: „Zur Zeit dieser Könige …"

„Welcher Könige?", wollte ich wissen.

„Zur Zeit der beiden Weltmächte. Das heißt nicht, dass es sich buchstäblich um Könige handelt, sondern eben um politische Herrscher von Großmächten. Also: ‚Zur Zeit dieser Könige wird aber der Gott des Himmels ein Reich errichten, das in Ewigkeit nicht untergehen wird; dieses Reich wird er keinem anderen Volk überlassen. Es wird alle anderen Reiche zermalmen und endgültig vernichten; es selbst aber wird in alle Ewigkeit bestehen.'"

„Das klingt sehr beeindruckend!" Mit großen Augen blickte Puiu Herrn Schneider an. „Darf ich fragen, welche Bibelausgabe Sie benutzen?"

„Es ist die Elberfelder-Bibel, das Buch des Propheten Daniel, 2. Kap., 44. Vers."

„Wieso sind Sie sich da so sicher, dass die von Daniel erwähnten Könige die heutigen Weltmächte repräsentieren?"

„Daniel spricht von einer Zeit, in der die Welt von zwei starken Weltmächten beherrscht wird, also in zwei riesige Weltlager geteilt ist. Noch nie in der Weltgeschichte hat es das gegeben: eine perfekte Spaltung der Welt in zwei mächtige Lager!"

Betretenes Schweigen folgte dieser Ausführung unseres Gastgebers. Ich sah Puiu an, dass es in seinem Kopf arbeitete. Nachdenklich, wie zu sich selber, sprach er: „Wenn ich das recht verstehe, wird Christus dieses Mal als *Kämpfer* kommen, und zwar zu der Zeit, wenn die beiden Weltmächte aufeinanderprallen."

Immer wieder musste ich Puius Intelligenz bewundern. Auch Herr Schneider betrachtete ihn mit Begeisterung und sagte: „Ich bewundere Ihren Scharfblick! Genauso ist es: Christus wird während dieses Kampfes der beiden Weltmächte mit seinen Heerscharen kommen und – um mit den Worten der Bibel zu sprechen – beide Weltmächte zermalmen und anschließend ein Weltreich, das Königreich Gottes, aufrichten. Ich persönlich glaube, dass der König des Nordens zurzeit die Sowjetunion ist, während die USA den König des Südens darstellen. Zwei Dinge müsst ihr jedoch in Betracht ziehen:

Erstens ist Norden und Süden symbolisch, also keinesfalls geografisch zu verstehen, zweitens sind die Weltmächte als solche nicht stabil. Wenn ich zuvor sagte, Russland bzw. die Sowjetunion stelle den König des Nordens dar und Amerika den König des Südens, ist diese Situation eben bloß heute so. Im Laufe der Jahre könnten sich die politischen Mächte als Folge von Kriegen oder aber als Ergebnis friedlicher Abkommen verlagern."

„Kann ich im Moment nicht ganz verstehen", warf Puiu ein.

Herr Schneider fuhr fort:

„Es könnte doch unter Umständen passieren, dass irgendwann in der Zukunft die heutigen Gegensätze überwunden werden und sich die ganze westliche Welt mit Russland und dem Ostblock zusammenschließt. Diese neue Konstellation würde somit dann den König des Südens bilden."

„Schwer vorstellbar", bemerkte ich. „Und wer sollte in diesem Fall der König des Nordens sein?"

Langsam und bedächtig setzte Herr Schneider seine Darlegungen fort: „Dem entgegen würde sich z. B. die ganze islamische Welt zusammenschließen und den König des Nordens bilden. Diese neuen sogenannten ‚Könige' – also Weltmächte – wären noch viel größer und gewaltiger als unsere jetzige Formation. Stellt euch mal vor: Der ganze Westen mit Russland und dem gesamten Ostblock zusammengeschlossen als König des Südens und die ganze islamische Welt – und das sind verdammt viele – als König des Nordens! Welch gewaltige Mächte! Ein Zusammenprall dieser beiden religiösen Weltmächte wäre verheerend! Doch Daniels Vision ist ja für die Zeit des Endes bestimmt; hoffentlich haben wir noch ein wenig Zeit."

Mir hatte es buchstäblich die Sprache verschlagen! Einen kleinen Trost fand ich in der Tatsache, dass dieser Zusammenstoß irgendwo in weiter Zukunft lag. Auch Puiu hatten die Ausführungen nachdenklich gestimmt: „Noch nie habe ich das Weltgeschehen unter diesem Aspekt betrachtet!", sagte er. „Obwohl ich die Bibel sehr schätze, kenne ich sie leider viel zu wenig. Was Sie eben gelesen und erklärt haben, ist hochinteressant!" Nach einer Weile fuhr er betont sachlich fort, als gelte es, eine neue Theorie herauszuarbeiten, als gelte es aufgrund von Wahrscheinlichkeit und Logik eine klare Dialektik festzusetzen:

„Ein Zusammenprall zweier Weltmächte – wer immer sie sein mögen –, ihre totale Vernichtung, gefolgt von einem Aufbau einer neuen Weltordnung! Da ich das Buch der Bücher durchaus als glaubwürdig einschätze, ist dieser Aspekt der einzig realistische", schloss er überzeugt.

„Genauso ist es!“, bestätigte Herr Schneider.

Puiu fuhr fort: „Bemerkenswerterweise lehrte Marx etwas Ähnliches, nämlich dass sich die Entwicklungen der Geschichte und der Ideologien nach folgendem Prinzip vollziehen: These – Antithese gebiert Synthese.“

Herr Schneider unterbrach ihn ungeduldig: „Nein, nein! In Daniels Prophetie ist diese Dialektik nicht erkennbar.“

Ich verstand nicht viel davon und schaute nur mit großen Augen auf die beiden Männer. Puiu runzelte die Stirn und bemerkte dann: „Sie haben recht! Gewiss sind Daniels Aussage und Marx' Theorie – obgleich auf den ersten Blick ähnlich – doch inhaltlich meilenweit voneinander entfernt.“

„Wieso?“, fragte Frau Schneider. Sicher war ihr These – Antithese – Synthese nicht geläufig.

Überzeugend erläuterte Puiu weiter: „Weil nach Marx' Theorie These und Antithese verschmelzen, nur teilweise beseitigt werden, um aus ihnen die Synthese hervorzubringen, eine Synthese, in der die Wurzeln von These und Antithese beinhaltet sind. Daniel hingegen spricht von einer totalen Vernichtung der konträren Mächte durch eine d r i t t e Macht.“

„Jetzt verstehe ich auch den Unterschied.“ Meine Ambitionen, bei anspruchsvollen Gesprächen mitzureden, zeichneten sich damals bereits ab, auch wenn meine Bemerkungen bescheiden waren. „Also werden irgendwann einmal die beiden Weltmächte zusammenprallen, um anschließend von einer dritten Macht vernichtet zu werden. Und diese *dritte Macht* wird dann eine neue Weltordnung, eine Weltregierung, aufrichten.“

„So ist es!“, bestätigte Herr Schneider, und diese *dritte Macht* ist Jesus Christus mit seinen Heerscharen.“

„Ein solcher Zusammenprall der bestehenden Weltmächte wäre furchtbar!“, warf Frau Schneider ein.

„Der größte und schrecklichste aller Weltkriege!“, ergänzte ihr Gatte. „Mir graut schon bei der Vorstellung eines solchen flächendeckenden Krieges!“ Langsam und unheimlich traurig hatte er die Worte in den halbdunklen Raum gestreut, nun herrschte bedrückende Stille. Ich war noch zu jung, um das alles bis in die tiefsten Tiefen zu erfassen, instinktiv ließ mir jedoch diese Vorstellung einen Schauer über den Rücken laufen …

Eine andere Frage brannte mir auf der Zunge und ich musste sie endlich stellen:

„Wieso sind Sie denn aus der Sekte der Adventisten ausgetreten? Das erstaunt mich sehr! Sie hatten uns so viel über Ihre Religion erzählt! Die Idee, dass Christus noch einmal auf die Erde kommen wird, um für tausend Jahre Frieden zu schaffen, fand ich faszinierend!"

„Darf ich dich korrigieren, Elena? W ä h r e n d der tausend Jahre wird Christus als König regieren, um die Zustände auf der Erde wiederherzustellen und damit den Weltfrieden für immer zu stabilisieren."

„Ach, so ist das! Ich verstehe trotzdem noch nicht, warum Sie aus der Sekte ausgetreten sind?"

„Der Glaube ist das, was unser Leben ausfüllt", fuhr Herr Schneider fort. „Nun haben wir jedoch entdeckt, dass in der Lehre der Adventisten einiges nicht stimmen kann, und da ich mich mit Halbwahrheiten nie und nimmer zufriedengeben kann, habe ich mich mit meiner Frau beraten, ob es sinnvoll sei, nur pro forma in jener Religionsgemeinschaft zu bleiben. Wenn mein Herz und mein Sinn anders empfinden, kann ich doch nicht heucheln."

„Ich bin sicher, dass wir die richtige Entscheidung getroffen haben!", ergänzte seine Frau. „Halbwahrheiten sind zur Hälfte Lügen und folglich eben Lügen."

„Genau! Damit will ich jedoch den Sektenführern nicht unterstellen, Unwahrheiten bewusst zu Thesen erhoben zu haben, vielmehr nehme ich an, dass sie der Logik nicht weit genug gefolgt sind, um die Wahrheit herauszufinden. Sollte aber nicht gerade unser Schöpfer die Mühe wert sein, durch Forschen die unverfälschte Wahrheit über ihn herauszufinden?"

„Eigentlich müsste die Wahrheit leicht zu verstehen sein, sodass sie jeder erfassen kann. Das wäre menschenfreundlich!", warf ich ein.

„Nicht jeder kann die Wahrheit erfassen! Es gibt ein Prinzip: ‚Ehrliche Menschen glauben der Wahrheit, unehrliche Menschen glauben der Lüge und halten die Wahrheit für Lüge.‘ Demnach ist die Fähigkeit, die Wahrheit zu erfassen, relativ. Wer an der Wahrheit ehrlich interessiert ist und die Mühe nicht scheut, zu forschen, dem fällt es bald wie Schuppen von den Augen, das heißt, ihm wird plötzlich alles klar. Doch wie schon gesagt, bedarf es einiger Anstrengung. Tröstlich ist, dass die Wahrheit für den, der ehrlich sucht, leicht zu erfassen, ja sonnenklar ist. Die Bibel nennt diese ehrlichen Sucher ‚Die Menschen guten Willens‘. Wurde nicht auch bei der Geburt Christi von den Engeln ein ‚Friede auf Erden den Menschen guten Willens‘ vorausgesagt?“

Puiu hatte interessiert zugehört und ich hatte den Eindruck, er zollte Herrn Schneider Respekt. Bewundernd sagte er zu unserem Gastgeber: „Sie besitzen eine gute Bibelkenntnis, Herr Schneider. Haben Sie Ihr Wissen nur innerhalb der Sekte erworben oder studieren Sie mehr im Alleingang?“

„Die Bibel ist meine Lieblingslektüre und ich stöbere täglich darin, kreuz und quer, um bestimmte Themen zu verfolgen. Wissen Sie, in der Abgeschiedenheit der Berge, wo man wenig Kontakt zu gleich gesinnten Gruppen hat, ergibt es sich von selbst, dass man sich ausgiebiger einer Privatlektüre widmet. Auf diese Weise habe ich ebenfalls Folgendes herausgefunden: Es ist ganz und gar unmöglich, dass Christus als Mensch – in Fleisch und Blut – wieder auf die Erde kommt.“

Herr Schneider ging zum Herd und schürte das Feuer an, er legte einige Holzscheite auf und blies kräftig in die Glut, bis die Funken nur so stoben. Längst war die Sonne untergegangen und der halbdunkle Raum wurde von den Funken hell erleuchtet, es knisterte und knackte behaglich. Bläulich kräuselte sich eine feine Rauchsäule aus dem munteren Feuerchen empor. Wie ich diesen leichten Rauchgeruch liebte! Die Ofentüre stand offen, es war still geworden im Raum, nachdenklich blickten wir in die Glut. Auch Milli, die ansonsten vorlaute Hundedame, lag schlafend unter dem Ofen und grunzte irgendwas im Traum. Frau Schneider erhob sich, zündete eine Petroleumlampe an und stellte sie auf den Tisch. Ihr Gatte hatte es sich in seinem Sessel wieder gemütlich gemacht; es bereitete ihm sichtlich Freude, über sein Lieblingsthema zu sprechen: „Wie ich schon erwähnte, glauben also die Adventisten, Christus käme ‚als Mensch von Fleisch und Blut' wieder auf die Erde. Da so etwas jedoch weder logisch noch ethisch vertretbar wäre, kann das auf gar keinen Fall stimmen. Verstehen Sie mich, Herr Fomino? Wenn die Grundidee einer Lehre falsch ist, muss doch an der Lehre vieles oder gar alles falsch sein, meinen Sie nicht auch?"

„Da gebe ich Ihnen völlig recht! Einer solchen Gesellschaft möchte ich nicht angehören. Meine Bibelkenntnisse reichen nicht aus, um mit Ihnen darüber zu debattieren, doch es interessiert mich, worauf Sie Ihre Behauptung stützen können."

„Hauptsächlich auf die Logik: Christus ist freiwillig für uns gestorben, er hat sein menschliches Leben für uns geopfert, damit unsere Vergehen verziehen werden können. Ist Ihnen das bekannt?"

„Gehört habe ich das oft, aber nie so richtig darüber nachgedacht."

„Nun, vorläufig lassen wir es dahingestellt sein, ob Sie persönlich davon überzeugt sind oder nicht. Im Moment will ich nur die Logik herausarbeiten. Also: Wenn Christus sein menschliches Leben als Opfergabe seinem Vater dargebracht hat, so ist das ein für alle Mal. Würde er dann später einmal diese Opfergabe zurückverlangen? Mit Sicherheit nicht!"

„Bisher stimmt die Logik." Puiu lächelte, mir schien es, als habe er den Ausgang der logischen Schlussfolgerung bereits erfasst. Ich selbst war noch nicht so weit.

„Sehen Sie! Genau das würde er aber tun, wenn er als Mensch wieder auf die Erde käme: Sein geopfertes menschliches Leben würde er unter diesen Umständen zurückverlangen müssen – und genau das wäre unlogisch und auch ethisch nicht vertretbar!"

Trotz meines jugendlichen Alters faszinierten mich solcherlei Gespräche und so bemerkte ich: „Christus könnte nie Ethik oder Logik außer Acht lassen."

„Genauso ist es, Elena! Das zweite Gegenargument ist Folgendes: Würde die heutige entartete Menschheit, die in so viele Religionen aufgespalten ist, auf einen Einzelnen hören? Mit einem Male die eigene Religion mit ihren vielen Traditionen verwerfen? Gottes Sohn als solchen erkennen und anerkennen? Ihm folgen? Und mit ihm ein weltumfassendes Friedensreich aufbauen? Vereint unter einer weltumfassenden Religion? Könnten Sie sich das vorstellen?!"

„Unvorstellbar! Ganz und gar unmöglich! Doch wenn er nicht als Mensch kommen wird, wie denn sonst?"

„Christus ist ein Geistwesen, seine Beschaffenheit ist geistiger Natur, eine für uns fremde Substanz und mit unseren Sinnen somit nicht erfassbar. Als Geist ist er auch vor seinen Jüngern in den Himmel aufgefahren – erst sichtbar dann plötzlich unsichtbar – und als Geist existiert er heute und in Ewigkeit – und als Geistwesen wird er auch wieder zur Erde kommen. Was heißt das nun? Das heißt, er wird seine ganze Aufmerksamkeit der Erde zuwenden und seine Tätigkeiten auf die Erde konzentrieren. Das bedeutet ‚Seine zweite Gegenwart'! Er ist als Geistgeschöpf gegenwärtig, wenn er auch für das menschliche Auge unsichtbar bleibt. Er braucht keinen menschlichen Leib, um auf der Erde den Frieden herzustellen – im Gegenteil: Ein menschlicher Leib wäre ihm bestimmt hinderlich."

„Auf alle Fälle klingt das, was Sie sagen, ganz und gar logisch, Herr Schneider. Das Thema fasziniert mich mehr und mehr", bemerkte Puiu.

„Wenn er als Mensch käme, würden sich mit Sicherheit wieder irgendwelche perversen Menschen finden, um ihn zum zweiten Male umzubringen, genauso wie beim ersten Male." Ich begann zu kapieren.

„Ja, Elena, da hast du recht. Und zwar wären das mit Bestimmtheit diejenigen, die am Frieden nicht interessiert sind."

„All diejenigen, die an den Kriegen verdienen, die ihre Reichtümer den Kriegen verdanken, z. B. die Waffenindustrie", ergänzte ich.

„Wie recht du hast!"

„Dass Christus nicht als Mensch auf die Erde kommen wird, habe ich nun verstanden. Doch wie wird er als G e i s t w e s e n den Frieden auf Erden herstellen, wenn ihn keiner sieht und keiner hört?" Ich konnte mir beim besten Willen keine Vorstellung davon machen.

Herr Schneider schien viel mehr zu wissen, als er uns an diesem Abend preisgeben konnte. Langsam und bedächtig sprach er die Worte: „Gott, dem Schöpfer, und seinem Sohn stehen alle Naturgewalten zur Verfügung." Er hielt inne. Mit diesem Satz schien er ein neues Kapitel angeschnitten zu haben. Überlegte er nun, ob seine bescheidene Zuhörerschaft wohl in der Lage sei, seine weiteren Ausführungen zu erfassen? Aller Augen waren auf ihn gerichtet, doch er sagte immer noch nichts. Ich sah zu Frau Schneider hinüber. ‚Eigentlich müsste sie etwas mehr darüber wissen!' Sie wirkte jedoch genauso ratlos wie wir. Herr Schneider wartete noch eine ganze Weile – endlich fuhr er fort: „Ich will versuchen, es euch zu erklären. Vorerst muss euch aber klar sein, dass Gott immer und in allem, was er tut, nach Prinzipien vorgeht, nach seinen Prinzipien. Ich will euch das anhand eines Beispiels verdeutlichen: In einem großen Mietshaus mit zahlreichen Mietern ist natürlich im Parterre oder sogar in jedem Stockwerk die Hausordnung angebracht, die Sauberkeit und Ordnung im Hause betreffend, nach der sich jeder zu richten hat. Der Hausherr schickt seinen Verwalter oft, um nach dem Rechten zu sehen. Dieser mahnt die Schmutzfinken und Streithähne immer wieder zur Ordnung. Doch trotz aller Mahnungen befindet sich das Haus im Laufe der Zeit in einem desolaten Zustand: Total verdreckt, die Fenster zerbrochen, die Wände zerschunden, die sanitären Anlagen kaputt; außerdem haben die Mieter ihre Miete nicht mehr bezahlt und einige haben sich untereinander nicht nur zerstritten und verprügelt, sondern einander sogar umgebracht. Was glaubt ihr, was der Hausbesitzer als Konsequenz nun tun wird? Wird er alles beim Alten lassen, in der Hoffnung, die Mieter würden schon eines Tages von sich aus lieb und nett miteinander umgehen, die Mieten bezahlen und sein Haus wiederherstellen – ohne sein Eingreifen?"

Ich musste lachen: „Sicher wäre es naiv, an eine solche Utopie zu glauben! Es ist eher anzunehmen, dass das Haus schließlich ganz und gar zerstört werden würde und sich die Mieter alle im Streit gegenseitig halb oder ganz totschlagen würden."

„Was wird der Hausbesitzer also tun?", fuhr Herr Schneider fort. „Sicher wird er alle Raufbolde und bösen Leute rausschmeißen, das Haus restaurieren und es ordentlichen Mietern übergeben, denke ich."

„Ist doch logisch!", sagte Puiu. „Meinen Sie damit, dass Gott mit uns Menschen genau so vorgehen wird?"

„Nicht genauso. Er wird nämlich seinen fähigen Sohn bevollmächtigen, diese Aufgabe durchzuführen. Das ist der Grund der ‚Zweiten Gegenwart' Christi auf Erden! Zuallererst muss dieser auf der Erde radikal Ordnung schaffen. Wie ich schon sagte: Ihm stehen alle Naturgewalten zur Verfügung – die Kräfte des Wassers, der Vulkane und überhaupt der gesamten Geophysik des Erdinneren sowie des interplanetaren Raumes ... Und nach diesem Eingriff folgt der Friede auf Erden."

„Das hört sich überwältigend an, Herr Schneider! Doch es ist genau das, was wir vorhin aus Daniels Prophezeiung verstanden und erörtert haben", sagte Puiu.

„Allerdings!", gab Herr Schneider zu. „Dieses Thema wird jedoch nicht nur von Daniel behandelt, sondern von mehreren Propheten. Um das alles zu lesen und zu besprechen, müssten wir jedoch unzählige Bibelpassagen durchstudieren, wozu wir sicher einige Tage brauchen würden."

Schlagartig begriff ich die Tragweite dieser Worte! Was ich da gehört hatte, war ein gänzlich neuer Aspekt: Christus sollte Frieden auf Erden bringen, den Weltfrieden herstellen, aber vorher müsste er die Erde reinigen – und zwar auf radikale Weise! Ich war so erschrocken, dass ich nichts mehr sagen konnte. Auch Puiu blickte nachdenklich drein. Was ging in ihm vor? Mit zusammengezogenen Augenbrauen grübelte er vor sich hin. Dann hörte ich ihn sagen: „Und welcher Religion wollen Sie sich jetzt anschließen? Ich kann mir nämlich schwer vorstellen, dass irgendeine Religion Ihre These von einem radikalen Eingreifen Gottes vertritt. Vom Frieden auf Erden spricht auch die Bahai-Religion, doch nicht nach einem vorhergegangenen göttlichen Eingriff, z. B. behaupten die

Bahai-Anhänger, dass jeder, aber auch wirklich j e d e r Mensch, inklusive Diebe, Mörder, Betrüger aller Art, korrupte Beamte, kriegslüsterne, geistesgestörte Politiker, massenmordende Fanatiker, Waffen herstellende Industrielle, deren Milliardenprofit nach Blut und Leichen riecht, dass diese alle zur Reue kommen würden und so unser Planet nur noch von guten, liebevollen Erdenbürgern bewohnt sein würde. Ein schönes Wunschdenken! Doch ganz und gar unrealistisch. Da ist Ihre These von einer radikalen Reinigung zwar grausam, aber durchaus realistisch."

„Nennen Sie es bitte nicht ‚meine These'! Ich glaube nicht, dass ich der einzige Mensch auf dieser Welt bin, der das aus der Bibel herausgefunden hat. Und ich weiß, dass ich irgendwann einmal Menschen finden werde, die zum selben Schluss gekommen sind. Bis dahin jedoch werde ich außerhalb jeder anderen Religionsgemeinschaft weiter mein privates Bibelstudium betreiben. Aber so viel ist gewiss: Meine Frau steht auf meiner Seite." Er lächelte sein Gegenüber vertrauensvoll an.

„Ja, ich bin dein erster Anhänger."

Puiu richtete sich in seinem Sessel auf und sagte unverbindlich:

„Elena, es ist dunkel. Wir müssen gehen." Er erhob sich, reichte mir die Hand und half mir aus dem Sessel. Widerwillig stand ich auf, sechs Kilometer verschneite Landstraße in der Dunkelheit warteten auf uns, meine Begeisterung darüber hielt sich in Grenzen. Unbeholfen standen wir nebeneinander, sagten kein Wort und guckten wahrscheinlich nicht sehr geistreich in die Gegend. Ich sah Frau Schneider an, dass sie etwas im Schilde führte; wieso grinste sie so verschmitzt? Endlich sagte sie: „Elena, was haltet ihr von dem Vorschlag, bei uns zu übernachten? Ich bereite euch auch ein königliches Abendbrot."

Erstaunt sah ich sie an: „Das ist sehr lieb von Ihnen, vielen Dank für die Einladung! Aber wir möchten Ihnen keine Umstände machen. Und ein ‚königliches' Abendbrot wollen wir schon gar nicht."

Frau Schneider lachte: „Vor zwölf Jahren hat doch König Michael bei euch Mamaliga mit Rührei gegessen. Wenn euch das schmeckt, koche ich uns gerne dieses Menü, wollt ihr das?"

„Wunderbar! Eine tolle Idee!“ Herr Schneider war begeistert.

„Wirklich nett von Ihnen, Frau Schneider, doch in Ihrem kleinen Haus haben Sie ja keinen Platz für uns beide.“

„Elena, du schläfst auf der Couch in unserem Zimmer und Herr Fomino auf einem Klappbett in der Küche. Wie findet ihr das?“

Wir fanden es großartig! Wenig später saßen wir wieder um den Tisch, aßen wie König Michael Mamaliga mit Rührei und tranken einen guten rumänischen Wein. Unsere Laune war bestens. Lachend halfen wir dann die Schlafstätten herzurichten – das winzige Holzhaus war gleich voll davon – und schlüpften schließlich schlaftrunken in unsere Betten.

Es war ein hochinteressanter Tag gewesen! Ich hatte dabei eine Menge gelernt, mein Verständnis für Gott und das Weltgeschehen war in eine Richtung gelenkt worden, von deren Existenz ich noch nie gehört hatte. Puiu hatte recht: Ein Eingriff Gottes würde grausam sein, aber verständlich und durchaus realistisch. Mit geschlossenen Augen lächelte ich vor mich hin. ‚Wie klug Puiu doch ist! Und in jeder Hinsicht so verlässlich! Er ist einfach wunderbar! Ich liebe ihn! Ich liebe ihn! Ich liebe ihn!‘ An den Fingern meiner Hand konnte ich die Tage abzählen, die wir noch zusammen sein durften. ‚Nicht dran denken! Nicht dran denken!‘

Es war bereits neun Uhr, als wir uns nach dem Frühstück verabschiedet hatten, um dann auf unsern Brettern in Richtung Predeal dahinzugleiten.

„Meinst du nicht, dass sich unsere Trainer Sorgen um uns gemacht haben, Puiu?“

„Gewiss haben sie das. Trotzdem möchte ich den gestrigen Tag auf gar keinen Fall missen! Auch wenn jetzt sicher eine Standpauke auf uns zukommt.“

Wir sprachen nicht mehr viel. Gedankenvoll folgte ich Puius Ski-Enden; er hatte ein rasantes Tempo zugelegt und ich kam ganz schön ins Keuchen. Es war immer wieder eine Wonne, den Spuren dieses Mannes zu folgen! ‚Wie gerne täte ich es ein Leben lang! Zu spät!‘

Was uns dann in Predeal erwartete, überstieg alle meine Befürchtungen. In meinem naiven Gemüt hatte ich geglaubt, mein Trainer, Vasile Chicomban, hätte liebenswürdigerweise Verständnis für unsere Romanze, hatte er doch zwei Wochen lang unserer Selbständigkeit stillschweigend zugesehen. Nun stand er vor mir und blitzdonnerwetterte auf mich ein, als ob ich der letzte Abschaum wäre. Puiu stand neben mir und hörte sich das alles an. Ich war so geschockt, dass mir gar nichts zu meiner Verteidigung einfiel. In einer seiner Atempausen sagte ich lediglich kleinlaut: „Ich sehe ein, dass … und es tut mir leid, dass ich Sie so verärgert habe, aber … ich …“

„Aber ich, aber ich, mehr fällt Ihnen wohl nicht ein! Was könnten Sie auch sagen? Erst erscheinen Sie zwei Wochen lang nicht zum Training, schlendern und strolchen die ganzen Tage in der Gegend herum und jetzt bleiben Sie sogar über Nacht weg. Ab sofort verzichte ich auf Ihren Beitrag. Sie sind wegen Disziplinlosigkeit und grober Unmoral suspendiert!“

„Unmoral?!“

„Ja, U n m o r a l !! Oder wollen Sie mir weismachen, Sie beide hätten die letzten Wochen bloß Händchen gehalten? Was käme heraus, wenn sich alle so aufführen würden wie Sie?“

„Moment mal!“ Endlich griff Puiu ein. „Das ist nicht nur eine Unterstellung, das ist eine Beleidigung einer Dame gegenüber! Die Disziplinlosigkeit lasse ich gelten, aber die sogenannte ‚Unmoral‘ nehmen Sie auf der Stelle zurück!“

„Dass ich nicht lache!“, erwiderte Chicomban grinsend.

„Von wegen ‚Moral‘? Mein sehr verehrter Chicomban, glauben Sie denn, mir ist als Mann nicht auch längst zu Ohren gekommen, was sich da alles in den Ski-Kantonnements unter den Sportlern und Sportlerinnen abspielt? Und dass Sie selber nicht gerade durch Keuschheit aufgefallen sind? Ausgerechnet Sie sprechen von Moral?!“

„Keuschheit hin, Keuschheit her … bis jetzt hat es jedenfalls noch keiner gewagt, sich über Nacht in weiß Gott welchen fragwürdigen Hotels herumzutreiben wie Sie!“

Ich sah, wie Puius Stirnader anschwoll und sein Gesicht rot anlief. Er sagte kein Wort, sondern zog die Handschuhe aus, bückte sich, schnallte die Skier ab und steckte sie ruhig mit den Enden in den Schnee. Dann pflanzte er sich vor dem Trainer in Kämpferpose auf: „Unmoral sagten Sie? Fragwürdige Hotels sagten Sie?“ Blitzschnell holte er mit seiner rechten Faust aus und versetzte dem verblüfften Mann solche gezielten Hiebe, dass dieser zu Boden stürzte. Wie ein Gladiator stand Puiu vor ihm: „Na los, Sie Schlappschwanz, erheben Sie Ihre alten Knochen! Für die Beleidigungen haben Sie sich eine gute Tracht Prügel verdient! Ausgerechnet Sie spielen den Moralapostel!“

Chicomban erhob sich, rieb sich die Backe, spuckte sich umständlich in die Hände und sagte: „Jetzt wollen wir doch sehen, wer hier der Schlappschwanz ist!“

Die beiden stürzten aufeinander los, boxten sich, schlugen sich, was das Zeug hielt. Längst lagen sie am Boden, mal war der eine unten, mal der andere. Ich stand dabei und schrie: „Hört auf! Hört doch auf!“ Einige Skisportler hatten sich eingefunden, Passanten blieben stehen, alle bildeten einen Kreis und feuerten die beiden an. Mir war es unheimlich peinlich und Puiu tat mir leid. Aha! Jetzt saß er rittlings auf Chicomban und versetzte ihm Hiebe, die sich gewaschen hatten; endlich hatte der großmäulige Trainer genug davon.

„Komm, Puiu, lass ihn!“, bat ich.

Puiu erhob sich. Aus seiner Oberlippe quoll Blut, seine Haare standen zu Berge, sonst fehlte ihm nicht viel. Ich wischte ihm das Blut ab, er nahm mich bei der Hand.

„So, Elena! Der Fall ist geklärt.“ Wir luden unsere Skier auf die Schultern und verließen das Schlachtfeld.

„Wenn sie dich suspendieren, gehe ich auch. Die blöden Affen! Sollen sie doch sehen, wen sie verloren haben! Ich habe nichts zu verlieren. Das war sowieso mein letzter Winter, in dem ich an den Wettkämpfen teilgenommen habe.“

„Meiner auch. Ich werde die Musikschule regelmäßig besuchen, mich als Sängerin ausbilden lassen. Skisport und Gesang lassen sich sowieso nicht vereinbaren.“

„Dann war das tatsächlich unser letzter Winter, Elena. Schade!“

„Schade! Doch die letzten zwei Wochen mit dir waren die schönsten!“

„Ja, kleines Elenchen! Nie werde ich sie vergessen! Es war wunderschön, all die Tage nur mit dir zusammen zu sein! Ich wünschte … ich könnte …"

„Ja, Puiu, was wünschst du …?"

„Ich wünschte, ich könnte mit dir für immer … ich wünschte, ich könnte … frei sein, das zu tun, was ich von Herzen gerne möchte! Verstehst du mich, Elenchen?"

„Ja, mein lieber Puiu, ich verstehe dich."

Wortlos nahm er meine Skier und lud sie obenauf auf seine, so trug er unsere ganze Ausrüstung auf seiner rechten Schulter. Seinen linken Arm legte er um meine Taille, schweigsam und traurig stapften wir dem Hotel zu. Und dann sagte ich ganz spontan und ohne zu überlegen, rein aus dem Gefühl heraus: „Puiu, komm doch zu uns in die Malaxa! Das wäre genau der richtige Platz für dich. Komm doch, Puiu! Wir könnten wunderbare Bergtouren und Klettertouren unternehmen."

Er sah mich unendlich lange an und lächelte schmerzlich. Plötzlich hellte sich sein Blick auf und ich hörte ihn genauso spontan und unüberlegt sagen: „Ja, Elenchen, ich werde kommen!"

Mit einem Ruck warf er seine ganze Last von der Schulter, sodass alles prasselnd auf den hart gefrorenen Boden fiel, mit beiden Armen umfing er mich, hob mich empor und wirbelte mich im Kreis.

„Ich werde kommen! Ich werde kommen! Ich werde zu dir kommen und wir werden den Königstein unsicher machen. Hurra-a-a!"

Ich verstand zwar nicht recht, was er da heraussprudelte, aber seine Worte klangen wie Musik in meinen Ohren. Er hielt inne, sah mir in die Augen und ließ mich langsam an seinem Körper hinabgleiten. Aus seiner Wunde an der Oberlippe sickerte noch ein kleines Tröpfchen Blut. Zärtlich umschloss ich sein Gesicht mit beiden Händen und küsste ihm den Blutstropfen weg. Er hatte die Augen geschlossen und rührte sich nicht. Auch während ich lange sein Antlitz betrachtete und ihm über die Haare strich, hielt er mit geschlossenen Lidern ganz still. In seiner Haltung war eine unaussprechliche Zartheit.

Scheu küsste ich seine geschlossenen Augen, so, wie man etwas berührt, wonach man sich mit allen Fasern seines Wesens sehnt, es aber nie besitzen darf.

„Ich liebe dich unendlich, Puiu!"

„Ich dich auch, Elena! Meine Seele gehört nur dir … bis zu meinem letzten Atemzug!" Noch immer hielt er die Augen geschlossen, und ich spürte seinen Atem dicht an meinem Mund … doch küsste er mich nicht. Ich legte meine Wange an sein Gesicht und flüsterte: „Dies soll unser Abschied sein, Puiu! Lass uns morgen nach Hause fahren! Hier haben wir nichts mehr verloren!"

„Mit Sicherheit nicht. Was hätten wir mit diesen Menschen noch gemein?" Er hatte die Augen geöffnet und sein Blick traf mich wie ein Lichtstrahl. Entschlossen sagte er: „Du hast recht. Dies soll unser Abschied sein! Am besten wir fahren gleich fort. Lass uns so auseinandergehen, mit diesem einmaligen Gefühl, dass unsere Seelen zusammengehören. Egal, wem unsere Körper gehören werden, unsere Seelen kann niemand trennen."

Noch einmal umfasste er mich und wir hielten einander lange umschlungen. Dann gab er sich einen Ruck, ließ mich los und sagte schnell: „Ich werde am besten mit dem Mittagszug nach Bukarest fahren. Wann fährst du fort?"

„Es wäre ein unerträglicher Nachmittag ohne dich. Ich verschwinde mit dem erstbesten Zug nach Rosenau."

Nüchtern und brutal hatte uns die Wirklichkeit eingeholt. Noch ein Blick und ein Händedruck, noch ein Versprechen, bald zu schreiben, dann schritt er mit seinen Skiern auf den Schultern hinweg. Ich stand vor dem Hoteleingang und blickte ihm nach. An der Ecke drehte er sich noch einmal um und lächelte … Es war dasselbe Lächeln, das ich vor Jahren bei unserem Abschied vor dem Vorban zu sehen geglaubt hatte, damals, als er mit seinem toten Bruder im Leiterwagen den Hang hinabfuhr, als ich vor dem Haus stand und ihm nachschaute. Ich hatte sein Lächeln aus der Entfernung gesehen, bevor er hinter dem Hügel verschwand. Ja, ja, ich weiß, es war nur mein Wunschlächeln gewesen! Heute war es jedoch Wirklichkeit: Ein Teil meiner selbst hatte sich von mir losgerissen und war fort; verschwunden hinter dem grauen Gemäuer eines alten Hauses …

Schleppenden Schrittes ging ich ins Haus, die Treppe zum ersten Stock schien kein Ende zu nehmen. Wie in Trance griff ich nach meinem Rucksack, stopfte meine Habseligkeiten hinein, schnürte ihn zu und warf ihn mir auf den Rücken. Erst als ich die schmale Treppe wieder hinunterstieg, fühlte ich die Tränen. Mit Urgewalt brachen sie jetzt hervor, tropften unaufhaltsam auf meinen Anorak. Mir war schon alles egal. Laut schluchzend trat ich ins Sonnenlicht. Am Boden lagen noch meine Skier, so, wie sie Puiu hingeworfen hatte. Strapaziert und abgenutzt, jämmerlich zugerichtet lagen sie vor mir, meine Markus-Bretter. Mein Blick streifte sie wehmütig, doch ich hob sie nicht auf.

„Lebt wohl! Ihr habt mir treu gedient! Ich danke euch, besonders für die letzten zwei Wochen! Mag euch ein anderer mitnehmen … ich mache Schluss!“ Dann verschwand ich hinter derselben grauen, alten Mauer und wandte mich laut schluchzend dem Bahnhof zu. Einige Passanten sahen mir erstaunt, andere mitleidig nach. Mir war's egal.

Wie rasend donnerte der Zug durch den Tömöschpass zu Tal, als wollte er mich so schnell wie möglich vom Schauplatz meiner unglücklichen Liebe fortbringen. Abwesend starrte ich durch das Abteilfenster, lehnte meine Wange an das kühle Glas und schloss die Augen; langsam rannen die Tränen die Glasscheibe hinab.

In Rosenau lief alles seine alten, eingefahrenen Wege. Eltern und Schwester arbeiteten beruflich schwer und ich fügte mich bald wieder nahtlos in das Geschehen ein: Aufstehen um 5 Uhr, 1,5 km Fußmarsch zum Bahnhof, Fahrt zum Malaxa-Werk, Arbeitsbeginn 7 Uhr, Arbeitsschluss 15 Uhr, Fahrt nach Kronstadt zur Musikschule, 22.30 endlich zu Hause, 6 Stunden Schlaf, alles wieder von vorn. Von Puiu kamen die Briefe eher spärlich und jeder war für mich ein Heiligtum. Trotz seines zurückhaltenden Stils wog jeder Brief Tonnen an Gefühl, das schwer zwischen den Zeilen lag.

Ich stürzte mich mit einer Wut der Verzweiflung in meine Aktivitäten, mir blieb kaum Zeit mich zu erinnern, wer ich eigentlich war und was ich wollte. An den Wochenenden sang ich noch mit meinem Duettpartner, Hans Elsenfenk, einem guten Tenor, auf allen möglichen und unmöglichen Bühnen, Festen und Feierlichkeiten. Wir hatten ein großes Repertoire beliebter Schlager und Volkslieder und waren bereits „weltbekannt“ – in unserer Welt im Südosten Europas. Gesangswettbewerbe gewannen wir schon wie selbstverständlich und produzierten Platten, die sich gut verkauften. An sich eine schöne Zeit des Erfolges, sie lenkte mich ab und nahm mich ganz und gar gefangen. Tief in meinem Herzen brannte jedoch eine übermenschliche Sehnsucht, brach sich nach oben Bahn durch all den Rummel und meine selbst aufgebaute Wahnsinnshektik. Puiu war einfach da, immer und überall.

Drei Jahre gingen ins Land. Zeichnen, Lernen, Singen erlaubten mir keine Minute der Muße. Zum Skifahren kam ich schon gar nicht mehr. Mit dem verdammt gut aussehenden und gut singenden Hans Elsenfenk war ich zwei Jahre verlobt gewesen, hatte die Verlobung jedoch gelöst; zu unterschiedlich waren unsere Charaktere. Er war ein berechnender, gefühlloser Mensch, der nichts außer sich selbst liebte … ach ja – noch seine Mutter, der er ganz und gar untertan war.

Nichts für mich!

Freitag, 15. Oktober 1956. Malaxa.

Nie im Leben werde ich diesen Tag vergessen!

Mit sechs anderen Zeichnern und Ingenieuren arbeitete ich in einem großen, hellen Raum mit riesigen Fenstern. Die Aussicht war fantastisch: Aus jedem Fenster hatte ich einen herrlichen Blick auf den zum Greifen nahen Königstein. An diesem Vormittag waren fast alle meine Arbeitskollegen unterwegs. Zu schön schien die Sonne, jeder hatte irgendeine Ausrede erfunden, um hinaus ins Freie zu entwischen, ‚pe teren‘ hieß das (im Arbeitsgebiet). Nur Klaus Wiener, ein außergewöhnlich lieber und treuer Freund, der mir übrigens am Anfang die ersten Schritte auf dem Reißbrett beigebracht hatte, befand sich im Raum. Und so sangen wir zweistimmig munter drauflos, mit gedämpfter Stimme, versteht sich: „Ich tanze mit dir in den Himmel hinein, in den siebenten Himmel der Liebe …“ Plötzlich klopfte es.

„Intra!“, sagten wir gleichzeitig und blickten gar nicht hin. Wie der Erde entstiegen, stand Puiu im Raum! Er stand einfach vor meinem Schreibtisch und sagte: „Buna dimineata!“

Mir blieb die Luft weg, keines Wortes fähig sah ich ihn an. Nach endlosen Sekunden des Schweigens und Schluckens: „Puiu! Puiu!“ Mehr brachte ich nicht heraus. Klaus, ein taktvoller Bursche, legte nach einem Gruß seine Instrumente auf den Schreibtisch und schlich sich davon. Wir waren allein und lagen uns weinend in den Armen.

„Elenchen! Mein Elenchen! Du hast wohl vergessen, was ich dir bei unserem Abschied in Predeal versprochen habe: Ich werde in die Malaxa kommen und wir werden den Königstein unsicher machen! Nun, hier bin ich!“

„Puiu! Ich kann's nicht fassen!“

„Das musst du aber! Daran lässt sich nichts mehr ändern. Ab 20. Oktober stehe ich in den Diensten des Waffen, Möbel und Fahrräder produzierenden, einige Tausend Mann starken Betriebes Malaxa! Wie findest du das?“

„Du bist einfach ein Wahnsinn!“ – ‚Und was ist mit Marietta?‘, hätte ich gerne gewusst, doch ich hielt die Klappe. Nach einer Weile trat auch Mircea Popescu, sein alter Freund, herein und grinste übers ganze Gesicht: „Na, wie haben wir das gemacht?“ Und zu Puiu gewandt: „Hab' ich nicht dichtgehalten?“

„Die Überraschung ist euch bestens gelungen! Und wo wirst du arbeiten?“, fragte ich.

„In meiner Abteilung natürlich, als Projektant“, antwortete Mircea stolz.

„Dann bist ja du Puius Chef.“

„Und zwar ein überaus strenger, unerbittlicher!“

„Wenn du unerträglich wirst, lasse ich mich her zu Elena versetzen.“

„Das könnte dir so passen!“

Mein Chef trat ein und wir wurden förmlich. Auch andere Kollegen kamen herzu und so verabschiedeten sich die beiden.

Puiu kehrte von der Tür noch mal um und flüsterte: „Auf uns wartet ein toller Winter!“ Und weg war er.

Ich brauchte einige Zeit um mich von meinem Freudenschock zu erholen. Tapfer zog ich meine Striche und Kreise auf dem Papier auf und ab und kreuz und quer und ließ mir nichts anmerken. Einmal, als ich zu Klaus hinüber schielte, sah er mich schelmisch an und zwinkerte mir grinsend zu.

„Du hast es ja auch gewusst, du Schuft!“, flüsterte ich hinüber. Er tat sehr beschäftigt und kritzelte konzentriert auf seinem Reißbrett.

„Gewusst hab’ ich nichts – bloß erraten, was nicht allzu schwer war“, zischte er zweideutig durch den Mundwinkel. Und dann summte er vor sich hin: „… in den siebenten Himmel der Lie-ie-iebe.“

In den nächsten Wochen sahen wir uns oft. Hie und da kam Puiu auf einen Sprung zu mir, wünschte mir einen guten Tag und wir quatschten. Dann und wann begegneten wir uns auf dem Betriebsgelände, doch es kam auch vor, dass ich ihn gelegentlich einige Meter vor mir gehend entdeckte; dann sprach ich ihn nicht an, ließ ihn vor mir hergehen und betrachtete liebevoll seine drahtige Gestalt, seinen sportlichen Gang. Ein Fest der Natur!

Puiu war damit beschäftigt, sich in das neue Arbeitsfeld einzuarbeiten, außerdem hatte er von Mircea die Betreuung des Bergsteiger- und Klettererteams als Trainer übernommen, zwölf felsenharte Jungs und ein Mädchen, die im Lande bereits bekannt geworden waren. Ich war schon oft mit ihnen zusammen gewesen, es herrschte ein guter Teamgeist und alle mochten Puiu. Zu den Klettertouren auf den Königstein ging ich zwar mit, doch hängte ich mich nicht in die Felsen, nie hätte ich mit den zähen Kerlen mithalten können. So setzte ich mich mit meiner Gitarre unten vor die Felswände, sang und jodelte und sah ihnen zu. Sie alle mochten das, hielt es sie doch bei bester Laune. Wir verstanden uns prächtig! Wenn sie wieder einmal heil unten angekommen waren, setzte sich Puiu gern zu mir und hörte mir still zu. Automatisch wurden meine Lieder sanft und melancholisch. Erschöpft von der Kletterei streckte er sich ins Gras und sah den weißen Wolken nach.

„Komm, Elenchen, sing mir noch ein Lied!“, flüsterte er, nur für mich hörbar. Dann schloss er die Augen und wir vergaßen alles um uns herum. Mit meinen feinsten Tönen spann ich eine seidene Brücke von Seele zu Seele. Keiner sah sie, keiner konnte sie je zerstören. War das eine schöne Zeit!

Und dann kam der Morgen, an dem Puiu eine weitere Überraschung vom Stapel ließ: Wie ganz selbstverständlich erschien er mit einigen Unterlagen bei meinem Chef, tuschelte eine Weile mit ihm, mein Chef unterschrieb etwas und Puiu entfernte sich sachlich. Der Schuft! Der liebe Schuft! Wie ich nachher erfahren sollte, hatte mein Chef gerade eben den Antrag, mich für zwei Wochen freizugeben, unterschrieben. Wenig später rief mich Mircea im Büro an: „Na, wie hab' ich das gemacht?“

„Was denn?“

„Na, das mit den zwei Wochen bezahlten Skiurlaubs natürlich!“

„Ich verstehe nicht, welcher Skiurlaub?“

„Na ja, es nennt sich Skitraining der KlOettterergruppe – und Puiu hat dich dort mit hineingeschoben, du weißt, er liebt Überraschungen. Ihr werdet zwei Wochen auf dem Butschetsch, im Babele-Gebiet, Ski laufen. Oder ist dir das nicht recht?“

„Mircea! Ist das wahr?! Ich falle gleich in Ohnmacht! Wie hat Puiu das nur hingekriegt?“

„Da Herr Ganea, dein Chef, ein guter Junge ist und wir zudem näher befreundet sind, war das kein Kunststück.“

„Wie soll ich dir dafür danken? Das werde ich dir nie vergessen! Du kannst dir nicht vorstellen, wie ich mich freue!“

„Doch, das kann ich. Dazu kenne ich dich zu gut. Und noch jemand freut sich sehr …“

„Mircea, darüber, über diesen Jemand, möchte ich gerne mal kurz mit dir sprechen.“

„In zehn Minuten bin ich vor eurem Eingang.“

„Okay. Ich werde draußen sein.“

Als ich hinausging, stand er schon da.

„Na, Elena, was gibt's?"

Ich kam gleich zur Sache:

„Mircea, ist nun Puiu verlobt oder nicht?"

„Leider ja."

Ich stutzte: „Wieso sagst du l e i d e r ?"

„Ich darf darüber nicht sprechen – aber eines musst du wissen, Elena: Du bedeutest ihm sehr viel."

Stille. Ich sah ihn lange an. Mircea wusste also eine ganze Menge über das Mysterium dieser Verlobung und ‚durfte darüber nicht sprechen'. Immer undurchsichtiger wurde die Sache.

„Ich kann das nicht verstehen: Seit fünf Jahren ist er verlobt, heiratet nicht und geht jetzt sogar von Bukarest, von Marietta, fort!"

„Ich habe es ihm gesagt!", meinte Mircea bedeutungsvoll.

„Was hast du ihm gesagt?"

Keine Antwort. Lange Pause.

„Ich habe viel mit ihm darüber gesprochen. Ich kenne ihn so gut! Er macht sich unglücklich, er opfert sich für andere. Im Sommer wird er heiraten."

„Im Sommer heiraten? Ja, wieso um alles in der Welt ist er dann hergekommen?!"

„Er hofft noch immer, Marietta zu überzeugen, von Bukarest fortzuziehen, her in die Berge. Er will sie sozusagen herlotsen." Und nach einer nachdenklichen Pause fügte er hinzu: „Es wird ihm kaum gelingen, ich kenne Marietta, nie wird sie sich von ihrer Familie trennen."

„Ich danke dir, Mircea! Du warst sehr offen zu mir."

„Ich finde, du hast Offenheit verdient, Elena. Nimm es ihm nicht übel, wenn er mitunter zurückhaltend ist. Ich sage es dir noch einmal: Du bedeutest ihm ungeheuer viel! Doch ihm sind die Hände gebunden."

„Er tut mir leid!"

„Ich hab' es ihm gesagt … dass sicher nur du … nur du allein ihn glücklich …"

„Sprich es nicht aus, Mircea! Bitte, sprich dieses große Wort nicht aus! Ich weiß es! Und es tut so weh!"

Ich fühlte, dass ich das Weinen nicht mehr zurückhalten konnte, schnell verabschiedeten wir uns. Vor der Türe wischte ich mir hastig die Tränen ab und ging auf meinen Platz. Tausend Gedanken wirbelten durch meinen Kopf, das Reißbrett schien sich im Kreise zu drehen und meine Zeichnungen schnitten hämische Grimassen. Ich konnte meinen Tränen mit der größten Anstrengung keinen Einhalt mehr gebieten.

Schnell klemmte ich eine Mappe unter meinen Arm und sagte sachlich: „Ich gehe pe teren, in die Maschinenhalle, ich muss etwas abmessen."

Mein Chef, Herr Ganea, ein älterer, väterlicher Mann, sah mich mit großen, verständnisvollen Augen an: „Ist in Ordnung, Fräulein Zerbes."

Ohne Zögern lief ich zu meiner Freundin Otti Truetsch, Mirceas Verlobten. Immer hatte sie mich gut verstanden; wieso eigentlich hatte ich mit ihr noch nie über Puiu gesprochen?

Sie hatte ihr eigenes, kleines Büro, ich setzte mich ihr gegenüber an den Schreibtisch und sie sah mich mit ihren hellen Augen ruhig an, hörte mir zu und nickte: „Ich weiß es schon lange."

„Von Mircea?"

„Ja."

„Also haben die beiden eingehend darüber gesprochen."

„Daraus kannst du schließen, wie wichtig, ja bedrückend das Problem für Puiu ist."

„Bedrückend?"

„Du scheinst nur dich zu verstehen. Versuche einmal, Puiu in seiner äußerst prekären Situation zu verstehen! Wenn er ein Ehrenmann ist, muss er zurückhaltend sein. Und er i s t ein Ehrenmann. Puiu liebt dich! Doch die Lage ist total festgelegt. Was sonst als seine kompromisslose Ehrlichkeit hält ihn davon zurück, Hoffnungen in dir zu erwecken, die er nicht erfüllen darf?"

„Nicht erfüllen d a r f ? Otti! Wie viel weißt du über dies ‚Nicht-erfüllen-darf'?"

„Elena, ich ahne mehr als ich weiß. Doch eines ist sicher: Es geht um Puius Familie. Seine Eltern sind nach den kommunistischen Prinzipien sozial-politisch nicht einwandfrei."

„Du meinst politisch nicht akzeptabel? Als staatsfeindlich eingestuft?“

„Genau. Aus demselben Grund durfte Puiu keine Hochschule besuchen. Das ist alles, was ich weiß. Ich kann nur daraus schließen, dass aus Mariettas Familie jemand, vielleicht ihr Vater, dank einer hohen Position, Puius Familie helfen könnte, den Repressalien ein Ende zu bereiten. Es ist zwar nur eine Vermutung, aber es sieht verdammt danach aus!“

„Ja. Es sieht so aus. Wenn es sich um ihn allein handelte, würde er von einer Zweckheirat mit Sicherheit Abstand nehmen, doch er tut es für seine Familie!“

„In allem, was er tut, ist Puiu ehrlich und gut. Und Marietta gegenüber ist er ebenfalls ehrlich – und treu.“

„Ein wunderbarer Mensch! Genau das fasziniert mich so an ihm, diese Einmaligkeit! Eines möchte ich noch gerne wissen: Liebt sie ihn?“

„Es ist ihrerseits sicher der einzige Grund, ihn heiraten zu wollen.“

„Ja, der einzige Grund! Kunststück, Puiu zu lieben!“

Nach einer langen, nachdenklichen Pause fuhr ich fort: „Warum nur habe ich mit dir nie über Puiu gesprochen?“

„Weil du das alles wie ein Heiligtum für dich bewahren wolltest, und das war gut so.“

„Nein, wie gut du mich verstehst!“

Wer kannte nicht Otti Truetsch? Dieses schlanke, hübsche, überaus intelligente Mädchen mit dem dicken, über dem Kopf gewundenen Zopf, das für jeden ein nettes Wort und ein Lächeln hatte? Ich liebte sie, weil sie etwas Besonderes war. Die Truetschs stammten aus England und die ursprüngliche Schreibweise des Namens war Trueage – true age – bedeutete in Altenglisch so viel wie „getreue Generation“, sicher ein Attribut, das ihren Vorfahren einmal für besondere Treue verliehen worden war. Und so war auch Otti: verständnisvoll, diskret und treu.

„Und im Februar werde ich nun mit Puiu und seiner Truppe zwei Wochen auf dem Butschetsch zusammen sein.“

„Ist ja fantastisch!“

„Wie kann ich mich freuen, wenn ich diesen Mann täglich vor der Nase haben soll und dabei meine Gefühle immer abwürgen muss?“

„Weißt du was? Freue dich einfach! Du denkst viel zu kompliziert. Freue dich ganz einfach! Genieße jeden Tag und denk nicht immer ganze Generationen im Voraus!“

„Otti, du machst deinem Namen nicht unbedingt Ehre, wenn du mir das rätst.“

„Was meinst du damit?“

„True-age, treu deiner Generation, deiner Familie. Ich, Elena, bin nun mal so wie dieser Name. Meine Mutter ist ja auch eine geborene Truetsch. Ich kann aus meiner Haut nicht heraus.“

„Doch! Du kannst dein Denken und Fühlen beeinflussen. Rede dir nur gut zu: ‚Ich freue mich! Ich freue mich! Ich freue mich!‘“

„Du bist ein Schatz, Otti! Ich freue mich! Ich freue mich!“

Noch auf dem Weg zu meinem Büro sagte ich mir ununterbrochen diese Worte vor:

„Ich freue mich! Ich freue mich! Ich freue mich auf dich, Puiu!“ Strahlend trat ich an mein Reißbrett und flüsterte weiter, bis ich es mir glaubte … und vor mich hin lächelte.

Ich fing an, die Tage zu zählen, strich im Kalender täglich einen durch. Am 10. Februar wurden wir auf dem Butschetsch in der Babele-Hütte erwartet, also mussten wir am 9. 2. los. An den dunklen Abenden saß ich an der Nähmaschine und schneiderte mir eine neue, beige Skihose und einen Anorak aus gewöhnlichem Leinen, den ich mit essigsaurer Tonerde „imprägnierte“. Dann fuhr ich nach Kronstadt und kaufte mir ein Paar schwarze, polnische Skier der Marke Zakopane. An meine alten Haselnussstöcke brachte ich neue Teller an. Bereits Mitte Januar war meine ganze Ausrüstung fix und fertig. So! Jetzt konnte es losgehen!

Es war ein Samstag, als der LKW um 5 Uhr morgens vor meiner Haustür hielt. Ich stürmte sofort hinaus in die Dunkelheit, Rucksack und Skier auf dem Rücken. Schon brummte der Motor, da fragte Puiu: „Und die Gitarre?“

„Möchtet ihr, dass ich sie mitnehme?"

Lautes, zwölfstimmiges Brüllen: „Ja-a-a-a!"

Butzi Garner klopfte ans Fahrerfenster: „Anhalten!"

Mit einem Satz sprang ich von der Rampe und rannte ins Haus. Da stand sie beleidigt in ihrer Ecke, meine geliebte Gitarre, als sagte sie: ‚Und du wolltest ohne mich fort?' Mit einem Griff fasste ich sie an ihrem besaiteten Hals: ‚Komm, komm! Mach nicht so ein Gesicht! Du weißt doch, dass ich ohne dich nicht atmen kann!'

Bis zur elektrischen Zentrale am Fuße des Butschetsch waren es nur lächerliche 12 km. Mit einem vorsintflutlichen Vehikel auf der vorgeschichtlichen Schotterstraße artete das jedoch in ein Abenteuer aus. Wir saßen auf der Ladefläche des LKWs auf zwei Holzbänken, seitlich links und rechts. Unbarmherzig wurden wir über die unzähligen, riesengroßen Schlaglöcher, Steine und gefrorenen Pfützen des Schotterwegs dermaßen hin und her geworfen, dass wir mitunter kopfüber in die Mitte auf den Haufen von Rucksäcken und Skiern katapultiert zu werden drohten. Trotz des Holterdiepolters durch Finsternis und Kälte waren wir guter Dinge und lachten. Von der Zentrale ging's dann zu Fuß den steilen Weg bergauf, mit Rucksack, Skiern und Gitarre auf dem Rücken. Die Malaescht-Hütte lag auf 1800 m Höhe, den nötigen Höhenunterschied von 1200 m überwanden wir locker in 2,5 Stunden. Puiu, das permanente Schlusslicht der Kolonne, hielt seine Schäfchen unter freundschaftlicher, aber strenger Kontrolle. Er stapfte hinter mir her, und als ich ziemlich ins Keuchen kam, nahm er wortlos die Bretter von meiner Schulter und lud sie auf seine. Unauffällig waren seine Fürsorge und Wärme immer um mich.

Die Hütte, diesen uralten Holzbau, liebten wir heiß und innig, trotz der Ungepflegtheit, um deutlicher zu sein: trotz der Schlamperei und des Drecks. Beinahe liebevoll akzeptierten wir dieses Chaos, hatten wir uns doch im Laufe der Jahre daran gewöhnt – das war nun mal nicht anders. Idyllisch lag sie in dem riesigen Gletschertal des Malaescht und schien uns freundlich zu begrüßen. Ein einmalig schöner Anblick! Erschöpft ließen wir uns in der geräumigen Küche auf einer Holzbank nieder. Puiu saß neben mir und pfiff. Verdammt noch mal, wie schaffte er das? Nach knappen fünf Minuten sah man diesem jungen Gott überhaupt keine Müdigkeit mehr an. Gemütlich und entspannt saß er da, legte seinen Arm um meine Schultern und sah mir in die Augen. Und dann sang er mit gedämpfter Stimme das Thema der Ouvertüre aus dem Tannhäuser … Dieses Wagner-Thema, das so kraftvoll beginnt, in strahlender Quart nach oben drängt und nur Elan und Sieg ausdrückt, schien es ihm angetan zu haben. Immer wieder sang er diesen Musik gewordenen Aufruf. In jenen Augenblicken brannte sich mir dieses musikalische Thema tief ins Herz und es blieb für uns beide, für immer und ewig, die Melodie unserer Liebe. Heute noch, nach 35 Jahren, während ich diese Zeilen schreibe, quillt sie aus meiner Seele. Unwillkürlich schließe ich die Augen und summe leise Puius Melodie, und dann fühle ich plötzlich, dass Tränen über meine Wangen fließen. Es tut noch immer weh. Ich sehe Puiu neben mir sitzen, ich fühle seine Gegenwart körperlich …

Gegen Abend begann sich draußen ein besorgniserregender Sturm zu entfesseln. Wir krochen frühzeitig auf unsere Pritschen und durchschliefen eine sturmgebeutelte Nacht. Am Morgen ging es weiter. Von Sturm und Wind gepeitscht, kämpften wir uns die steilen Hänge empor, durchkletterten den Grund der vereisten, lebensgefährlichen Schlucht, das „Röhrl“, und strebten unverdrossen dem „Omul“ zu, dem höchstgelegenen Gipfel des Butschetschmassivs. Was sich jedoch hier oben tat, spottete jeder Beschreibung. Es war, als hätten sich alle bösen Elemente der Berge gegen uns verschworen, als wollten sie uns samt und sonders wie Grashüpfer von der glatten Oberfläche wegblasen. Vorsichtig und langsam kamen wir auf dem vereisten Schnee voran. Jetzt führte Puiu die Kolonne an und ich folgte zuversichtlich seinen Spuren. Was konnte mir geschehen? Wenn er nur da war!

Auf diesem Höllengipfel thront obenauf – wie von Götterhand hingeworfen – ein riesiger Felsblock. Durch die Jahrtausende ist er von Sturm und Wind so glatt gescheuert worden, dass er heute eher einer überdimensionalen Kartoffel gleicht. An dieser Monsterkartoffel klebt die Omul-Hütte, angeschweißt mit armdicken Kabeln. Natürlich war sie wieder einmal hoffnungslos eingeschneit und wir krochen durch ein Mansardenfenster ins Innere, froh, dem Wüten draußen für kurze Zeit entrinnen zu können. Doch nach dem Essen hatte uns der Sturm wieder fest im Griff. Ich muss gestehen, dass ich beim seitlichen Überqueren des ersten steilen und unendlich breiten Hanges – trotz des Schutzes der erfahrenen Bergsteiger, in deren Gesellschaft ich mich befand – Todesängste ausstand. Jeden Tritt begleitete ich mit einem Stoßgebet, jeder Zentimeter hätte tödlich sein können. Doch wir schafften es alle!

Erschöpft und ausgelaugt, mit vereisten Augenbrauen, roten Nasen und starren Mündern, die kaum noch verständliche Laute zu formen fähig waren, erreichten wir am späten Nachmittag die Babele. Urplötzlich standen sie vor uns, die „Alten Weiber“; vereinzelte 10–15 m hohe Felsbrocken, deren Form eigentlich gar nicht an alte Weiber sondern vielmehr an riesige Pilze erinnert. Drei davon sehen Steinpilzen gleich und einer sieht – mit viel Fantasie – einem Frauenprofil ähnlich und heißt deshalb „Die Sphinx“. Überglücklich, unser Ziel erreicht zu haben, stapften wir schwerfällig die Treppen hoch auf unser Zimmer; noch ahnten wir ja nicht, was uns diese Nacht beschert hatte.

Unser Schlafzimmer, ein Pritschenraum für 8–10 Personen, hatte in der Zimmerdecke ein Loch, ein durch irgendwelche Gewalt brutal herausgebrochenes Loch. Erst als ich oben auf der Pritsche lag, bemerkte ich es. Genau über meinem Kopf klaffte es, 70 cm lang und 30 cm breit. Ich trug's mit Fassung. Na ja, was soll's? Wenn's weiter nichts ist. Warum sich an einem Loch stoßen? Darüber war ja noch der Dachboden, der mich in jedem Fall vor Schnee und Regen schützen würde. Ich war sowieso schon immer eine Frischluftfanatikerin gewesen. Selig schlief ich ein, aber nicht für lange. Es mag gegen drei Uhr gewesen sein, als ich durch ein neues Geräusch erwachte. Ich sage „neues“, weil sich unsere jungen, strapazierfähigen Ohren an das Pfeifen und Heulen des Sturmes schon gut gewöhnt hatten. Nein, da war ein neuer Ton hinzugekommen. Erst ein einzelnes, zaghaftes Quietschen, wie wenn Balken aneinander reiben, und gleich noch eins und noch eins. Ich horchte auf, lauschte dem Sturmgeheul eine Weile, schlief jedoch gleich wieder ein. Und abermals wurde ich von diesen Tönen geweckt, die nicht zum Sturm gehörten. Ein durchdringender Quietscher – und noch einer! Was sollte das? Durch mein „privates Loch“ konnte ich das deutlich hören. Ich setzte mich auf und sah in die Runde, alles schlief und schnarchte, was das Zeug hielt. Und wieder und wieder, ein Quietscher nach dem andern! Lauter und lauter, zweifelsohne aus dem Gebälk des Daches. Mit einem Satz sprang ich von der Pritsche und schrie: „Hey! Wacht auf! Hört ihr nicht den Krach?“

„Du spinnst wohl! Hast du bis jetzt noch nicht mitbekommen, dass es draußen stürmt?“

Wie als Antwort dröhnte jetzt eine Orgie von Quietschtönen auf uns ein, als hätten sich sämtliche Geister der Hölle auf dem Dachboden ein Stelldichein gegeben; dem folgte ein polterndes Getöse, das alle aufschreckte. Spontan fasste ich nach meinem Rucksack und schrie: „Jetzt aber nichts wie raus!!“ Ich stürmte zur Türe hinaus in den dunklen Flur, stieß mich am Ofen, stolperte, fiel hin, raffte mich wieder auf, rannte zur Treppe – alles, was ich denken konnte, war: ‚Runter und raus!‘ Hinter mir hörte ich Getrampel und Stimmengewirr, die andern folgten mir. Schon bebte und krächzte das Haus ganz fürchterlich aus allen Fugen; der höllische Lärm machte es unmöglich, uns zu verständigen.

In der Finsternis vorwärts stolpernd, erreichten wir die Treppe und tasteten uns hinunter. Endlich ein Lichtstrahl! Puiu und Butzi hatten geistesgegenwärtig die Taschenlampen mitgenommen. In dem kargen Licht konnten wir uns etwas orientieren. Da erreichte der Lärm seinen grausigen Höhepunkt. Das Krachen war so ohrenbetäubend, dass der Sturm gar nicht mehr zu hören war. Aus dem Parterre führte eine weitere Treppe ins Untergeschoss.

Langsam tasteten wir uns hinab und befanden uns gleich in einem riesengroßen Raum voller Gerümpel.

„Sind alle da?“ Puiu hielt die Taschenlampe hoch und zählte die Leute.

„Ihr bleibt alle hier! Verteilt euch in die vier Ecken und kauert euch zusammen, macht euch klein!“

Aus nächster Nähe mischten sich noch durchdringende Quieklaute dazu, wie von Schweinen. Schweinen? Wahrscheinlich fing ich an durchzudrehen. Es war grauenhaft! Das ganze Haus wackelte und schwankte wie ein altes Schiff.

„Erdbeben! Erdbeben!“, schrien alle durcheinander.

„Wo ist der Ausgang? Ich will hinaus!“ Rosi, die Bergsteigerin, hatte die Nerven verloren. Verzweifelt kreischte sie: „Ich will raus! Ich will raus!“

Willi und Bandi, unsere beiden Ungarn, packten sie am Arm und drückten sie in die Ecke. „Du bleibst hier!“

„Nein! Ihr habt mir nichts zu befehlen! Ich will raus! Lasst mich los! Ich will raus!“ Wie verrückt schlug sie um sich, kratzte und biss und schrie wie besessen … Auf einmal … urplötzlich … Stille! Nur Rosis hysterische Schreie drangen durch die Dunkelheit. Plötzlich ging Bandi die Geduld aus, er packte sie bei den Schultern, rüttelte sie und versetzte ihr von links und von rechts zwei schallende Ohrfeigen. Endlich schwieg sie.

Draußen heulte noch der Sturm, doch das Beben und Schwanken hatte aufgehört. In den vier Ecken des riesigen Raumes hockten die Grüppchen mit verschreckten Gesichtern. Drinnen war es still geworden, allmählich erhoben wir uns nacheinander und starrten uns an. Wir waren alle unverletzt. Noch ein lautes Rumpeln von draußen, wie das eines riesigen Gegenstands, der sich überschlägt, und dann noch ein entfernteres Rumpeln. Wieder Stille. Nur noch Sturmgeheule.

Nach einigen Augenblicken quietschte die Ausgangstüre, verschreckt stand der Hüttenwirt im Türrahmen und hielt eine riesige Laterne empor.

„Sind Sie alle wohlauf?“, rief er aufgeregt.

„Ich glaube schon!“, antwortete Puiu.

„Heilige Mutter Gottes! Etwas Furchtbares ist passiert!“ Der Mann bebte am ganzen Körper. „Dass uns doch alle Heiligen beistehen mögen!“ Er schlug hastig ein Kreuz. „Wissen Sie, was passiert ist? Der ganze Dachstuhl des Hauses ist vom Sturm in einem Stück abgerissen und weggefegt worden! Jetzt liegt er auf dem Abhang, doch sicher wird der Sturm ihn noch weiter bergab fegen. Zu guter Letzt wird er unten im Tal landen! Hat man so etwas schon gesehen?! Was mach' ich jetzt bloß mit dem offenen, zerschundenen Haus?! Diesen Sturm hat wohl der Teufel geschickt! Heilige Mutter Gottes!“

„Dachstuhl abgerissen? Weggeblasen? Heilige Mutter Gottes!“ Costica schloss die Augen und schlug ein Kreuz nach dem anderen, alle murmelten und schlugen Kreuze, nur unser Nesthäkchen Werner Putz, der Protestant, stand verschreckt und unbeweglich dabei und schaute aus großen Augen um sich. Jeder reagierte auf eine andere Weise. Willi lachte schallend. Mir war weder nach Kreuze schlagen und noch viel weniger nach Lachen zumute. Erwartungsvoll schaute ich zu Puiu; er wusste immer, was zu tun war.

„Jetzt atmet alle einmal tief durch!“, hörte ich ihn sagen. „Uns ist nichts passiert. Wir gehen jetzt schön nach oben und sehen, was dort noch übrig geblieben ist. Wenn unsere Sachen noch da sind, holen wir sie nach unten. Den Rest der Nacht verbringen wir am besten hier, oben ist es sicher windig und kalt. Los! Kommt!“

Die Taschenlampe hochhaltend ging er voran.

Im Parterre wehte uns bereits ein kühles Lüftchen entgegen, doch oben im ersten Stock wähnte man sich im Freien. Stellenweise waren die Zimmerdecken durchbrochen und der Sturm blies ungehindert durch die Räume. Unsere Sachen waren da, wir ergriffen auch alle Decken, die wir auftreiben konnten, stiegen wieder nach unten und machten uns auf dem verdreckten Fußboden ein notdürftiges Lager. An Schlafen war nicht zu denken. Wir kommentierten und witzelten sogar, bis Puiu gebot, endlich Ruhe zu geben.

Ich hatte meinen Rucksack unter den Kopf gelegt, mich in drei Decken gehüllt und schloss die Augen. Draußen war es still geworden, der Sturm schwieg. Gewiss, er hatte ja sein Meisterwerk vollendet und wollte nun selber Ruhe. Doch – da war was! Vereinzelte, ganz tiefe Töne, aus nächster Nähe. Wie ein geheimnisvolles Tuscheln zweier Personen, von denen eine mit Bestimmtheit ein Bass war. Wieder setzte ich mich kerzengerade auf und horchte angespannt. Plötzlich wurde das Gespräch der Unbekannten lebhafter und deutlicher und umso leichter identifizierbar: „Grunz-grunz-grunz". Endlich kam mir auch meine Nase zu Hilfe: Es roch ohne Zweifel nach Schweinemist! Ich griff nach Puius Taschenlampe und machte mich auf die Suche. Da lagen sie, die lieben Tierchen, jenseits einer Bretterwand, die wir noch nicht wahrgenommen hatten, und blinzelten in das Licht der Lampe. Eine rundliche, schwarz-weiß gefleckte Dame hob den langohrigen Kopf, äugte herüber und grunzte mich freundlich an: „Na, habt ihr's überlebt, ihr Menschenkinder? Selber schuld, wenn ihr kein ordentliches Dach bauen könnt! Grunz-grunz-grunz!" Ich musste lächeln, nickte ihr zu und machte „Pssssst!". Als hätte sie verstanden, schloss sie wieder die Augen, tat einen tiefen Seufzer und schlummerte weiter. Belustigt schlich ich wieder auf mein Lager. Mit Schweinen hatte ich bis dahin noch nicht zusammen übernachtet. Sollte ich es den andern mitteilen? Lieber nicht. In der Kälte und mit dem Schreck in den Knochen war jedoch jeglicher Versuch zu schlafen erfolglos. Gegen acht Uhr erhoben wir uns, packten unsere Sachen zusammen und gingen nach draußen.

„Und wo sollen wir jetzt hin?"

„Wir fahren hinunter zu ‚Piatra Arsa', das ist eine nette, saubere Hütte", lautete Puius Entschluss.

Wir verabschiedeten uns vom Hüttenwirt und glitten den Hang hinab. Da sahen wir unten im Tal unser Dach; in einem Stück lag es da. Mit dem Wipfel nach oben hockte es auf dem vereisten Boden, als habe es sich hier gemütlich gemacht und wolle nun nie mehr von hier fort. Wir blieben stehen und schüttelten entsetzt die Köpfe. Um neun Uhr saßen wir dann endlich auf Piatra Arsa am Frühstückstisch und lachten befreit.

Die letzten Reste des Gewölks waren vom Wind verscheucht, die Sonne hatte sich durchgekämpft und schien uns nach Kräften für die letzte Nacht entschädigen zu wollen. Tiefblau wölbte sich der Himmel über uns und wir sausten gut gelaunt hinunter zu den Skihängen.

Ich weiß nicht, ob mir damals überhaupt bekannt war, dass es auf den Skipisten so etwas wie ein langes Kabel gibt, an dem man sich festhalten durfte und das einen dann freundlicherweise – durch Zauberkraft oder so – den Berg hinaufzieht. Ich glaube nicht, dass unser aller Allgemeinwissen damals bereits auf diesem Stand war. Blauäugig kletterten wir keuchend und schwitzend die Skihänge immer wieder hoch, um uns so einige wenige Abfahrten am Tag leisten zu können. Dafür waren unsere Begeisterung und Wertschätzung riesengroß! Nichts wurde uns leicht gemacht oder gar geschenkt – doch das, was wir uns erkämpft hatten, liebten wir leidenschaftlich!

Nach diesem Bilderbuchtag schwankten wir müde, doch selig in unser Zimmer, wo jeder von uns den Luxus eines eigenen Bettes genoss. Auch die Verpflegung war gut und wir waren rundum zufrieden. Müde kuschelten wir uns unter die sauberen Wolldecken und Puiu blies die Petroleumlampe aus.

Ich lag oben auf einem Stockbett und starrte in die Finsternis. Gedanken und Gefühle quälten mich, mein Herz war schwer, ich war froh und doch unheimlich traurig. Einige Meter von mir entfernt lag der Mann, den ich liebte, doch nichts auf dieser Welt konnte mir helfen! Wie gerne wäre ich zu ihm gegangen! Nein, ich wollte ja nichts anderes als bloß meinen Kopf auf seine Brust legen – und weinen dürfen. Meine Gitarre hing über meinem Bett, ich griff danach und sang mit leiser Stimme Franz Schuberts „Ave Maria".

Kaum vernahm ich Puius Flüstern in der Dunkelheit: „Danke, Elena! Nie werde ich dieses „Ave Maria" vergessen. Bitte sing mir noch eines deiner Lieder! Du hast doch so schöne Lieder komponiert!"

Dann sang ich ihm mein neustes Lied, dessen Melodie ich im letzten Herbst auf Detlev von Liliencrons Gedicht gemacht hatte: „Die Vöglein gingen längst zur Ruh, das Täubchen flog dem Schlage zu und sitzt nun bei den Kleinen. Der Vater schließt das

Gartentor, da guckt auch schon der Mond hervor und tausend Sterne scheinen …" usw.

„Danke, Elena!", hörte ich ihn flüstern. Ich vergrub mein Gesicht in das Kissen und weinte lautlos. Keiner sollte mich hören.

Der nächste Tag, ein Mittwoch, war genauso märchenhaft schön. Nach dem Frühstück sausten wir ausgelassen hinunter ins „Valea lui Butmaloiu", ins Tal des Butmaloiu, nach einem rumänischen Bergsteiger benannt. Und wieder keuchten wir die Hänge hoch, die Sonne schien auf unsere verschwitzten Gesichter und wir scheuten keine Mühe; auf und ab ging's ohne Pausen. Puiu war heute an meiner Seite und ich war selig. Seite an Seite stiegen wir bergauf und schwangen uns in großen Bögen durch die weiße Herrlichkeit wieder ins Tal. Mitunter verharrten wir und redeten über belanglose Dinge.

Es war gegen Mittag, als Puiu beim Aufstieg stehen blieb und mich lange wortlos anblickte: „Elenchen!" Schon lange hatte er nicht mehr „Elenchen" zu mir gesagt, es klang weich und warm, ich spürte, er würde mir etwas Besonderes sagen wollen.

„Ja, Puiu!"

„Elenchen, ich möchte dir heute sagen, dass ich die wunderbare Zeit mit dir auf dem Clabucetul Taurului nicht vergessen habe und nie vergessen werde. Alles, was ich mit dir erlebt habe und erlebe, bleibt tief in meinem Herzen eingekerbt; angefangen mit dem Flugzeugabsturz, als du mir das Leben rettetest."

„Mir geht es genauso. Jede Stunde, die ich mit dir verlebe, ist mir ein Heiligtum."

„Im August … werde ich … heiraten."

Ich war unfähig, irgendetwas zu antworten. Schweigend stiegen wir Seite an Seite den Berg hinan. Wir verstanden uns ohne Worte, wir verstanden die ausweglose Lage, alles lag klar und offen vor uns. Wir spürten jeder des anderen Regung, auch erfühlten wir genau die Stimmung des anderen, wir gehörten zusammen und wurden doch auseinandergerissen.

„Elenchen! Ich will dir heute etwas geben, ein Geschenk, das ich für dich gemacht habe. Es ist von geistiger Beschaffenheit. Es soll dich immer daran erinnern, dass ich dich liebe und wie ich dich liebe."

Durch den Schlitz seines Anoraks zog er einen Briefumschlag hervor und reichte ihn mir. Ich sah ihn nur mit großen Augen an und steckte das Kuvert ebenso durch meinen Anorakschlitz unter meine Bluse.

„Danke, Puiu!“

Beim Mittagstisch saßen wir schweigend nebeneinander. Alle andern waren mit sich beschäftigt, lachten und witzelten um die Wette – keiner ahnte auch nur, was uns beide bedrückte. Noch immer lag der Brief warm an meiner Brust. Erst als ich mich nach dem Essen auf meinem Bett hinstreckte, konnte ich den Umschlag öffnen. Puius großzügige Lettern, die mir so vertraut waren, sprachen mich heute in Versen an:

Für Elena

So wie ein klarer Sommertag,
voll Wärme und voll Licht,
von Stürmen nichts verraten mag,
die seine Glut erbricht,

so liebte ich dich einst …
und ahnte nicht dabei,
dass Sturm und Sonnenglut vereint
der rechte Sommer sei.

Und da durchbrach des Sommers Traum
ein Sturm! Er grollt’ durchs Land,
wollt’ sehen nur, ob Strauch und Baum
ihm halten könne stand.

Der Sturm ergriff uns beide auch,
wollt’ lösen unser Band,
das wir nach treuer Freunde Brauch
geflocht’ mit reiner Hand.

Im Sturm der Liebe standen wir,
er peitschte unser Haupt
mit Macht und List, doch hat er uns
der Reinheit nicht beraubt.

Und als der Sturm vorüber war,
atmete Reinheit nur
aus jedem Strauch, aus jedem Baum,
erquickt lag Wald und Flur.
Jedoch die Bäume, die er brach,
die nicht gehalten stand,
liegen verdorrt. Nun sage mir:
In welchen hast du dich erkannt?

Komm, lass uns ewig Freunde sein,
den stolzen Bäumen gleich,
die nach dem Sturm sind stark und rein!
Wie groß sind wir! Wie reich!
Puiu

Ich legte das Gedicht auf meine Brust und umschloss es mit beiden Händen.

„Mein Puiu! Warum bist du so hart? Mit dir und mit mir?"

Die anderen waren schon draußen. Butzi trat ins Zimmer, hastig ließ ich das Papier unter der Bluse verschwinden.

„Hey! Was ist mit dir los? Faulenzen? Bei dem Wetter? Oder fehlt dir was?"

„Mir fehlt nichts, ich komme gleich nach."

Ich sprang von dem hohen Bett, zog mir den Anorak über und rannte hinaus. Und wieder ging's den Hang hinab. Alles, was ich an diesem herrlichen Tag jedoch wahrnahm, war Puiu, der 100 m vor mir her glitt. ‚Genauso wird es auch im Leben sein: Ich werde gleiten und gleiten und werde ihn nie erreichen.'

Plötzlich, als wollte er meine Gedanken Lügen strafen, bremste er ab, blieb stehen, sah mir lachend entgegen und breitete die Arme aus.

„Vino, Elena!“ (Komm, Elena!) sang er auf Schuberts „Ave Maria“ mit lauter Stimme. Ich stürmte in seine Arme und wir hielten uns mit einer Intensität umfangen, als wollten wir einander für immer festhalten.

„Ich danke dir für das Gedicht! Es ist wunderschön! Es ist großartig! Doch es ist zugleich auch schmerzlich. Puiu, du bist zu hart mit dir und mit mir!“

„Du hast recht, ich bin hart mit uns beiden. Ich weiß, ich verlange viel von dir, armes, liebes Elenchen!“

„Beinahe Unmögliches, Puiu!“ Ich wollte nicht wieder in Tränen ausbrechen und lenkte ab: „Ich bewundere deine Stärke, denn im Grunde deiner Seele bist du ein Gefühlsmensch und kannst trotzdem so stark sein.“

„Bewundere sie lieber nicht! Weißt du, ich neige eher dazu, mich von meinen Gefühlen leiten zu lassen, doch dieses Mal musste mein Verstand entscheiden. Und das, was dir wie Stärke erscheint, ist nur eine äußere Schale. Nur ich weiß, wie es in mir aussieht!“ Er hatte sich auf die Stöcke gestützt und hielt sein Gesicht mit geschlossenen Augen der Sonne entgegen. Leise fuhr er fort: „Die Sonnenstrahlen beruhigen und hellen die Seele auf. Es tut so gut! Hier in den Bergen, in Schnee, Sonne und Sturm bin ich glücklich. Am liebsten wäre ich Hüttenwirt in der ‚Omul-Hütte‘! Ich hasse die Großstadt! Seit ich den Pilotenschein abgeben musste, ist mir die Freude am Leben gänzlich abhanden gekommen.“

„Was sagst du? Du hast den Pilotenschein abgegeben? Wieso um alles in der Welt?“

„Marcela. Meine Schwester.“

„Ich verstehe nicht.“

„Sie ist dabei, in der Politik Karriere zu machen. Dabei kann sie keinen potenziellen Landesflüchtling als Bruder gebrauchen. Deshalb hat sie dafür gesorgt, dass ich meinen Pilotenschein abgeben musste, damit ich nicht etwa in Versuchung käme, mit meiner ‚Karavelle‘ irgendwann einmal über die Grenze zu fliegen, nach Deutschland. Zu gut weiß sie, dass das mein Traum ist. Ihre Karriere als Politikerin wäre in dem Falle natürlich im Eimer.“

„Ich versuche zu erahnen, was es für dich bedeutet, nicht mehr fliegen zu dürfen!“

„Ich bin seelisch amputiert! Täglich, wenn ich mit dem Rad zur Arbeit fahre und wieder zurück, muss ich an dem kleinen Flugplatz vorbei radeln. Meine ‚Karavelle‘ steht noch immer auf demselben Platz und ich habe das Gefühl, sie grüßt mich. Oft bleibe ich stehen, nur um sie eine Weile anzuschauen. Es bricht mir das Herz! Das Fliegen hat man mir also schon genommen, jetzt muss ich auch das Skifahren und die Berge opfern. Außerdem werde ich eine Frau heiraten, die ich nicht liebe. Die Umstände sind leider so, dass eine Heirat mit Marietta unausweichlich ist.“

„Sag mir bitte eins: Liebt sie dich?“

„Ja, Marietta liebt mich.“

„Ich wünsche dir von Herzen, dass sie dich glücklich macht! Ich meine das ehrlich. Weil ich dich liebe, möchte ich, dass du glücklich wirst. Verstehe bitte meinen Verzicht und meine von Herzen kommenden besten Wünsche als den größten Beweis meiner Liebe!“

„Ich danke dir, Elena! Ich glaube dir, weil ich dich gut kenne. Verzicht ist der größte Beweis der Liebe. Weine nicht, Elena! Ich werde immer bei dir sein! Du wirst das spüren. Eine starke seelische Bindung wie unsere kennt weder Zeit noch Raum. Wir sind füreinander geschaffen. Dieses innere Band, das uns verbindet, kann niemand lösen, auch nicht Marietta. Sie würde das auch gar nicht wollen.“

„Wie meinst du das?“

„Sie hat einen guten Charakter. Ich habe ihr schon viel von dir erzählt. Einmal wirst du sie kennenlernen und ihr werdet euch sicher gut verstehen. Sie könnte nie eifersüchtig sein.“

„Das kann ich schwer nachvollziehen, aber ich finde es trotzdem großartig von ihr! Weißt du, wenn es anders wäre, dürften wir uns in Zukunft ja kaum noch begegnen.“

„Siehst du! Komm, Elena, nutzen wir die Zeit! Nutzen wir diese wunderschönen Tage, in denen wir uns so nahe sein dürfen. Komm!“ Er stieß sich ab und sauste davon. Ich sah ihm bewundernd und gedankenvoll nach. Ich weiß nicht, warum ich mich nicht von der Stelle rührte; es war alles zu schön um mich herum: der Schnee blitzte in Millionen Kristallen und der Himmel schien zum Greifen nah. Puiu schwenkte jetzt nach links und winkte mir zu, ihm zu folgen. Er zeigte auf den gegenüberliegenden Hang, von wo aus man traumhafte Abfahrten ins Tal machen konnte. Ich folgte ihm und wenig später stiegen wir gemeinsam den Berg hinauf. Der Anblick von hier oben auf die umliegenden Berge war atemberaubend! Stumm standen wir Seite an Seite und hielten uns bei den Händen, unser Atem ging schnell und unsere Blicke schweiften über die verschneiten Berge und Täler, über die sich ein tiefblauer Himmel spannte.

„Komm, Elenchen!" Es war immer e r , der solche Augenblicke der Zweisamkeit abbrach; für mich damals unverständlich, als gäbe er seinem Herzen nicht nur Stöße, sondern Fußtritte. Abrupt stieß er sich mit den Stöcken ab und glitt durch den Pulverschnee, ich folgte wie immer seinen Spuren. Es sollte unsere letzte gemeinsame Abfahrt sein.

Puiu kannte diese Gegend nicht so genau und das wurde ihm zum Verhängnis. Unten, in der Talsohle, endete der Abhang nämlich auf eine heimtückische Weise. Jeder Skihang der Welt läuft am Ende normalerweise flach aus, so dass man die Abfahrt mit einem schönen Bogen abschließen kann. Hier war es anders: Dieser Abhang wurde – knapp über der Talsohle – durch eine steil abfallende, etwa 4 m hohe Wand beendet: eine tödliche Falle. Von oben war das wegen des Schnees natürlich nicht auszumachen. Ahnungslos glitt Puiu im schönsten Slalom durch den Pulverschnee den Hang hinab. Plötzlich war er verschwunden ... Ich sah nichts anderes mehr als weiße, flimmernde Schneeflächen. Böses ahnend blieb ich stehen und rief seinen Namen. Nichts. Wie vom Erdboden verschluckt! Aufgeregt glitt ich weiter, immer seinen Namen rufend. Keine Antwort.

Unten, in der engen Talsohle, lagen einige Skifahrer faul in der Sonne. Ich konnte sehen, dass Butzi, Rosi, Willi, Bandi, Costica und Werner eben dazukamen und sie begrüßten. Plötzlich rannten alle hastig in eine Richtung. Als ich mein Tempo beschleunigte und auf die Stelle, wo die andern hinströmten, zuschoss, hörte ich Butzi so laut schreien, dass sich seine Stimme überschlug: „Nein, Elena, nicht dahin! Nicht dahin! Fahr rechtsherum! Rechtsherum!“ Wild fuchtelte er mit den Skistöcken. Ich verstand gar nichts, doch glücklicherweise folgte ich seiner Anweisung. Als ich unten ankam, bot sich mir ein Bild des Jammers.

Auf der hart gefrorenen Schneefläche lag Puiu, hinter ihm erhob sich die Felswand, von der er eben abgestürzt war. Sein Gesicht war blutig und übel zugerichtet, das linke Bein unnatürlich angewinkelt, seine Skier lagen zerbrochen herum. Die anderen hatten ihm einen Pulli unter den Kopf gelegt, jemand wischte ihm das Blut vom Gesicht. Eine Frau wollte das Bein in die rechte Lage bringen, doch Puiu schrie vor Schmerzen auf.

Längst hatte ich mich der Skier entledigt und stand wie versteinert da. Alle schienen kopflos. Ausgerechnet unser Nesthäkchen, Werner Putz, bewahrte ruhig Blut. Er bückte sich über das frakturierte Bein und fasste es behutsam an.

„Werner, bitte tu jetzt genau das, was ich dir sage“, bat Puiu, „auch wenn es dir schwer fallen sollte.“

„Ja, Puiu! Was soll ich tun?“

„Es ist ein doppelter Bruch, Schien- und Wadenbein. Fasse das Bein mit beiden Händen und zieh erst einmal ordentlich daran, dann machst du damit eine Drehung nach links – von dir aus gesehen –, bis es sich in der richtigen Lage befindet. Los!“

Und unser kleiner, 16-jähriger Werner befolgte alles mit viel Ruhe und Beherztheit! Puiu gab keinen Laut von sich. Sie waren Menschen der Berge!

Ein junger Mann aus der Gruppe der Fremden trat hinzu.

„Wir müssen notschienen! Ich brauche zwei Skistöcke und Schnüre.“ Er schien Mediziner zu sein. „Ich bitte Sie alle, alles herzugeben, was irgendwie zum Binden verwendet werden kann, Bänder, Schnüre, Gürtel usw.“ Im Nu hielt er eine Menge Langriemen und Gürtel in den Händen. Werner und er legten die Skistöcke zu beiden Seiten des gebrochenen Beines und umbanden es vorsichtig mit den Langriemen und Gürteln, bis es fest eingeschnürt dalag.

Anschließend bemühte sich der Mediziner um Puius Stirnwunde, die vom Haaransatz bis zu den Augenbrauen klaffte. Das Blut floss unaufhörlich über Gesicht und Brust. Unfassbar! Eben noch hatte er neben mir gestanden, eben noch war er im schönsten Slalom durch den Pulverschnee geglitten. Ich fasste mir an den Kopf. ‚Wieso ist da kein Zaun angebracht worden?!' Alles in mir sträubte sich, das Geschehene zu begreifen. Dieser Anblick erinnerte mich plötzlich an ein Bild, das Jahre zurücklag: an Puius Bruder Radu. Genauso hatte er dagelegen. Gott sei Dank waren Puius Verletzungen nicht tödlich!

„Kann mir jemand helfen?", fragte der Mediziner.

„Natürlich!" Ich kniete mich in den Schnee. „Was soll ich tun?"

„Nachdem ich die Wunde desinfiziert habe, will ich sie überkleben. Sie müssen die Wunde von beiden Seiten gut zusammendrücken und ich klebe dann das Pflaster drüber."

„Was für ein Glück wir mit Ihnen haben! Sie sind wohl Arzt?", fragte ich.

„Noch nicht, ich studiere."

Es war nicht einfach, aber wir schafften es. Der angehende Arzt klebte zuerst drei schmale Pflaster quer über die Wunde, um sie vorerst zusammenzuhalten, und dann noch ein breites Pflaster darüber.

„Im Hüftgelenk habe ich noch einen stechenden Schmerz!", wandte sich Puiu an den Fremden, „Tut höllisch weh!"

„Es könnte sein, dass der Oberschenkelhals auch gebrochen ist."

„Eine Bahre brauchen wir!", rief ich.

„Genau! Wer von Ihnen hat so etwas schon gemacht oder wer traut es sich zu?"

„Ich habe noch nie eine Bahre gemacht, doch ich traue es mir zu", sagte ich und wunderte mich selbst über meinen Mut.

„Ich brauche zwei Paar lange Skier! Butzi, gib deine her und du Bandi auch!"

Diese vier Utensilien legte ich schön parallel und verband die Metallbacken der Bindungen miteinander, und zwar den ersten Ski mit dem dritten und den zweiten Ski mit dem vierten. Damit sie die parallele Stellung beibehalten konnten, verflocht ich anschließend mithilfe der Langriemen in Achterform die vier Skier zweimal miteinander: einmal die vorderen Hälften der Bretter und ein zweites Mal die hinteren Hälften. Von einer kleinen Fichte brach ich Zweige ab und band sie auf die Skier, in einen Anorak stopfte ich kurzes Reisig, legte ihn als Polster darüber und band ihn ebenfalls fest. Mit einem Blick auf mein Werk sagte ich: „Die Bahre ist fertig." Keiner hatte mir zugeschaut, keiner hatte mir geholfen, alle waren sie um Puiu versammelt gewesen; jetzt staunten sie nicht schlecht.

„Ob die auch hält!" Butzi beäugte sie skeptisch.

„Darauf kannst du Gift nehmen!", war meine knappe Antwort.

Nachdem er sie genau untersucht hatte, meinte er anerkennend: „Großartig hast du das gemacht! Die Bahre ist in Ordnung."

Ich war nicht wenig stolz.

Keiner von uns hatte gemerkt, dass die Sonne bereits hinter den Bergen verschwunden war. Ich trug eine Bluse mit kurzen Ärmeln; in meinem Eifer hatte ich nicht gespürt, dass es eisig kalt geworden war. Puius Bein war geschient, seine Wunde versorgt; so lag er da, schaute mich lächelnd an und sagte: „Elena, zieh dir bitte sofort etwas an! Bei der Kälte holst du dir noch eine Lungenentzündung!" Das war Puiu! In seinem Zustand war er noch um mich besorgt.

„Mach' ich, Puiu! Doch nur, weil du mich darum bittest."

Er lächelte mich an. „Ich bitte dich!" Als die Jungs ihn auf die Bahre hoben, zwinkerte er mir zu und deutete mit dem Daumen nach oben, das Zeichen des Lebens. Seinen Optimismus hatte er bitter nötig, in der folgenden Zeit würde noch einiges an Strapazen auf ihn zukommen …

Zum Schluss befestigte Willi vier Skistöcke an der Bahre, an denen sie gezogen werden konnte, dann setzten wir uns in Bewegung; zurück blieben nur die roten Blutflecken im Schnee …

Keuchend und schwitzend stapften wir die zwei Kilometer durch den Schnee bergan. Es war bereits finster, als wir vor der Hütte standen und überlegten, auf welche Weise wir die Bahre ins Innere befördern könnten, da sich die Türe als zu schmal erwies. Mit einem Griff hängte ich sie aus, doch auch so ging es nicht. Also schleppten wir Puiu auf die andere Seite des Hauses, brachen die Scheiben der Glasveranda ein und mit Hilfe aller, die zupacken konnten, schoben wir den Unglücksraben mit viel Hauruck durch die entstandene Öffnung ins Innere. Nachdem wir ihn mit größter Vorsicht auf sein Bett gelagert hatten, standen wir schweißgebadet, aber zunächst einmal erleichtert um Puius Bett herum und konnten sogar witzeln. Was dann folgte, war Feinstarbeit an Geschick.

Zuerst galt es Puiu von den seitlich an seinem Bein angebrachten Skistöcken, den Notschienen, zu befreien, ohne dass die Bruchstellen aus ihrer Stellung verschoben wurden. Inzwischen hatte ich zusammen mit dem Hüttenwirt das Haus bis zum Dachboden durchstöbert, um die geeigneten Behelfsuntensilien zum Schienen eines Beines ausfindig zu machen. Zum Schluss erschien der Wirt mit einem Stück Fichtenbaumrinde. Eine junge Fichte war einmal im Stück geschält worden; die Rinde war hart und stabil, hatte die Form eines großen Stiefelschafts, genau das Richtige. Hier wurde Puius gebrochenes Bein mit viel Vorsicht und Feingefühl hineingelegt und fest verschnürt.

Die Nacht war grauenvoll. In Ermangelung von Schmerzmitteln wurden Puiu einige Schnäpse verabreicht, die jedoch nicht viel bewirkten; die ganze Nacht stöhnte er. Aus lauter Sorge um ihn tat ich auch kein Auge zu. Die Nacht schien kein Ende zu nehmen. Als endlich das spärliche Morgenlicht durch das kleine Fenster drang, schnellten wir von den Betten hoch und bereiteten alles Nötige für unsere bevorstehende Talfahrt vor.

Nach dem Frühstück legten die Jungs Puiu wieder auf die Behelfsbahre, wickelten ihn in zwei Decken und banden ihn mit einem Kletterseil, das sie immer rund um Körper und Bahre führten, derart fest, dass er einer riesengroßen ungarischen Salami ähnlich sah. Da lag er nun vor uns, festgebunden aber total hilflos dem Können oder Versagen seiner Freunde ausgeliefert. Und wieder wurden Skistöcke an der Bahre befestigt, sodass seitlich je zwei Jungs das Gleiten der Bahre unter Kontrolle halten konnten, während zusätzlich noch ein Mann am Kopfende und ein anderer am Fußende die Bahre ziehen oder bremsen sollte. Es konnte losgehen!

„Wartet noch einen Augenblick!", bat Puiu. Wortlos faltete er die Hände, schloss die Augen und bewegte seine Lippen – er betete. Zum Abschluss schlug er ein Kreuz und sagte laut: „Doamne ajuta!" (Gott hilf uns!) Mit ernsten Mienen wiederholten die Burschen das „Doamne ajuta!" und folgten seinem Beispiel. Bleich und stumm standen sie um die Bahre herum und bekreuzigten sich. Rucksäcke auf den Rücken, Stöcke in den Händen, wagten sie es nicht, loszugehen. Sie hatten höllische Angst, waren zugleich bemüht, sich diese nicht anmerken zu lassen.

Nur zu berechtigt waren ihre Ängste, galt es doch auf steilstem Wege 1600 m Höhenunterschied auf vereisten Flächen bergab zu überwinden! Wenn auch nur einer der mit der Bahre verbundenen Jungs ausrutschte, zog er die anderen unweigerlich in den Tod; die ganze Gruppe würde einen Felsen hinabstürzen und zerschellen. Diese Vision ließ mich erschauern, und wie es schien, die andern nicht weniger.

„Darf ich euch einen Rat geben? Steckt eure Hände nicht in die Schlaufen der Skistöcke, sodass ihr sie im Notfall sofort loslassen könnt, um die andern nicht mitzureißen!"

„Guter Tipp, Elena!", bestätigte Puiu. „Kommt, Jungs! Jetzt aber nichts wie los!"

Die ersten Kilometer auf dem Plateau ging alles glatt, wir fassten Mut und unser unverwüstlicher Humor nahm wieder einmal von uns Besitz.

Bergrettung? Etwa mit Hubschrauber? Mit Arzt und Bahre? Auch nicht in unseren kühnsten Träumen existierte so etwas … Somit mussten wir mit unserer teuren Fracht auf dem Schnee-

und Eisweg das sehr steile und enge Tal schnurstracks hinuntergleiten, um direkt in der Stadt Sinaia zu landen.

Gerade als wir das Plateau mit dem bequemen Pfad verlassen hatten und uns linker Hand ins steile Ungewisse hinunterließen, kam ein Einzelgänger, ein junger Skifahrer, auf dem Pfad angekeucht.

„Was? Da hinunter wollen Sie? So ohne Weg und Steg? Das ist ja Wahnsinn!“ Kurz entschlossen reichte er mir seinen Rucksack und ich schwang ihn wie selbstverständlich über meinen eigenen.

„Ich komme mit! Ich helfe Ihnen!“

Und diesem Mann verdankte Willi dann sein Leben; sicher hatte ihn ein Engel geschickt!

Es war zentimeterweise Schwerstarbeit! Vor jedem Tritt mussten sich die Jungs mit den Fersen zuerst Löcher in den harten Schnee schlagen, um sich Stabilität zu schaffen. Willi hatte vorne, am Talende der Bahre, natürlich die schwerste Aufgabe. Einige Meter ging es gut, doch dann geschah es: Willi rutschte aus! Alles ging so schnell! Er glitt davon über Schnee und Eis, versuchte vergeblich sich mit den Händen abzubremsen; der liebe, tapfere Willi! Er gab keinen Ton von sich, glitt uns einfach nur davon! Seine Geschwindigkeit wuchs mit jedem Meter, wie ein Spielzeug raste er den steilen Hang hinunter! Längst waren wir stehen geblieben und starrten ihm entsetzt nach. Keiner von uns hatte die Skier an den Füßen, um ihm nachzufahren.

Doch! Der Fremde! Und dieser junge Mann zögerte keinen Augenblick, sondern sauste den vereisten Hang mit waghalsiger Geschwindigkeit hinab, bis er Willi um 15–20 Meter überholt hatte, und zog dann mehrere knappe Schwünge. Ein verwegener Skifahrer! Abrupt blieb er stehen, stieß blitzschnell und mit aller Kraft beide Stöcke in den harten Schnee und stützte sich mit seinem Körpergewicht darauf. Im nächsten Augenblick verfing sich Willi in den Stöcken und blieb stehen. Da soll noch einer sagen, es gäbe keine Schutzengel! Der Fremde schlug nun eine Vertiefung in den Schnee, Willi setzte sich hinein, um sich erst mal vom Schreck zu erholen.

„Ich danke Ihnen! Ich danke Ihnen!“, stammelte er.

„Ist halb so schlimm. Jetzt beruhigen Sie sich. Ich werde nachher Ihren Platz an der Bahre einnehmen, wenn es Ihnen recht ist."

„Ich danke Ihnen!"

Wenig später hatten wir die beiden eingeholt.

„Elena, dein Tipp, die Hände nicht durch die Schlaufen der Skistöcke zu stecken, war gut. Sicher hätte ich euch alle mitgezogen, hätte ich den Stock nicht sofort losgelassen! Nicht auszudenken …"

„Und nicht auszudenken, was passiert wäre, wären Sie nicht dazugekommen!", sagte Puiu und streckte dem Fremden die Hand entgegen.

„Darf ich mich vorstellen: Emil Fomino." Sie reichten sich die Hände.

„Mein Name ist Hans Bergel, aus Kronstadt." Mit seinen hellen Augen, doch besonders mit seiner beherzten Hilfeleistung hatte er schlagartig unsere volle Sympathie gewonnen. Sofort schnallte er seine Bretter ab und nahm Willis Platz am Fußende der Bahre ein. Automatisch übernahm er die Führung der Gruppe und jeder folgte willig seinen Anweisungen. Von da an ging alles mit viel größerer Vorsicht und Sorgfalt vonstatten. Hans Bergel fand die Idee, schnurstracks aufs Geratewohl das enge Tal hinunterzugleiten, überhaupt nicht gut, doch für eine Änderung der Route war es zu spät.

Unter der Führung unseres neuen Freundes, der jedem von uns größte Konzentration abverlangte, schien alles gut zu gehen. Jeder einzelne Tritt musste genauestens erarbeitet werden: Zuerst mit den Fersen die Vertiefung in den Schnee schlagen und dann vorsichtig hineintreten, die nächste Vertiefung schlagen, wieder vorsichtig hineintreten und so weiter; langsam, mit enormer Vorsicht und Geduld ging es Schritt für Schritt bergab.

Zwar hatten wir die Skier der sechs Jungs an der Bahre unter uns verteilt, sodass sie mit einer Hand die Bahre unter Kontrolle hielten und sich mit der anderen auf einen Skistock stützen konnten; trotzdem „balancierten" sie den vereisten Hang hinab. Es war im höchsten Maße gefährlich!

Sehnsüchtig blickten wir dem nahen Fichtenwald entgegen, dessen Konturen immer deutlicher wurden, um die verdammt gefährlichen, steilen Eisflächen endlich hinter uns zu lassen. Die letzten 300–400 m vor dem Wald wähnten sich die Burschen schon außer Gefahr, der Hang war nicht mehr so steil und alle waren zuversichtlich. Und genau das war der Fehler: die Sorglosigkeit!

Schon wurden die Löcher für die Tritte nicht mehr so tief geschlagen, schon beschleunigte sich das Tempo, und ehe man sich's versah, kam die ganze Mannschaft ins Rutschen – einer nach dem anderen fiel hin und ließ den Stock los. Und Puiu?

Die Bahre, auf der er hilflos festgebunden war, glitt mit ihm einfach davon ... 10 m, 20 m, 30 m, 100 m, immer schneller, immer schneller ... Wir alle waren auf der Schneefläche verstreut, jeder war irgendwie zum Stillstand gekommen und blickte mit Entsetzen der dahingleitenden Bahre nach ... Keiner sagte ein Wort, auch von Puiu hörten wir keine Schreckensschreie. Nur Rosi und ich begannen zu schreien: „Puiu! Puiu-u-u-u-u!" Es waren instinktive Schreie, die ihm nicht helfen konnten. Ich schlug die Hände vors Gesicht. ‚Nein! Das ist sein Ende!'

Aber dann überlegte ich nicht mehr, in Windeseile schnallte ich meine Skier an und fuhr ihm nach. Ich sah noch, wie die Bahre umkippte und unentwegt weiterfegte ... Schrecklich! Nicht auszudenken, was passieren konnte, wenn Puiu nun mit dem Gesicht über den harschigen Schnee glitt! Unaufhaltsam sauste die Bahre dem Wald entgegen, mit dem wehrlosen Puiu auf der Unterseite! Immer noch schreiend fuhr ich hinterher. Wo war er plötzlich? Ich sah ihn nicht mehr. Sicher war er im Wald verschwunden. Ich folgte der Spur.

„Puiu! Puiu-u-u-u! Wo bist du? Puiu! Antworte! Puiu!" Ich schrie ununterbrochen. Die anderen hatten mich eingeholt, wir schrien alle verzweifelt. Hier im Wald konnte die Bahre nicht mehr weit gleiten, irgendwo musste sie sich doch verfangen! Immer der Spur nach, näherte ich mich einer Gruppe junger Fichten; dort im Dickicht musste er wohl sein!

Und ich fand ihn! In den niedrigen Fichten und Tannen war die Unglücksbahre stecken geblieben. Hilflos – immer noch mit dem Gesicht nach unten – lag Puiu im Schnee zwischen dem Gehölz.

„Puiu! Um Gottes willen, Puiu!“ Ich bückte mich und versuchte ihn umzudrehen, schon waren Bandi und Willi an meiner Seite. Gemeinsam drehten wir Puiu auf den Rücken. Er hielt beide Arme schützend vor das Gesicht, hielt sie immer noch unbeweglich und verkrampft, als wollte er nie mehr diese Stellung verändern.

„Puiu, sag etwas! Bitte sag, hast du Schmerzen? Puiu, hörst du mich? Sag etwas!“ Ich wollte seine Arme lösen, doch ich stieß auf Widerstand. Sachte streichelte ich ihn und flüsterte: „Puiu, ich bin ja bei dir! Es ist vorbei! Alles ist in Ordnung! Puiu, mein Puiu, so hör mich doch! Puiu – ich liebe dich! Sag etwas! Nur ein Wort, bitte!“ Es war mir egal, was die Jungs neben mir dachten. Sanft streichelte ich seine Arme, strich zärtlich über seine Haare und redete beruhigend auf ihn ein. Endlich löste er die Arme und schaute mich aus großen Augen an. Ich erschrak – sein Gesicht war völlig blutig, die Mütze hatte er verloren, die Ärmel seines Anoraks hatten unzählige Risse, doch er lächelte mich an: „Elena!“ Ich riss mich zusammen, nur keine Erschütterung zeigen! In dem Augenblick begriff ich, dass diese furchtbare Situation, egal, wie schrecklich sie ausgefallen sein mochte, am besten mit Humor gemeistert werden konnte, somit sagte ich scherzhaft: „Uns so davonzufegen! Mit einer solchen Geschwindigkeit! Und noch dazu in Bauchlage! Du hast uns einen gehörigen Schrecken eingejagt! Tut dir etwas weh?“

„Ich weiß nicht! Im Moment nicht. Mein Gott, das war eine Rutschpartie!“

„Zum Glück hat dich das Seil zusammengehalten …“

„… sonst läge ich wohl stückchenweise auf dem Hang verstreut …“ Oh, er hatte seinen Humor wieder gefunden! Meine Idee, den Humor zu Hilfe zu holen, war goldrichtig gewesen.

Inzwischen waren auch alle anderen herangekommen und umringten aufgeregt den Unglücksraben. Erschrocken starrten sie ihn zuerst an, doch bei seinen Worten lachten sie erleichtert. Ich wandte mich an Butzi: „Du hast doch ein Fläschchen mit Schnaps dabei! Sei so gut, gib mir das mal schnell her!“

Bereitwillig reichte er es mir. Ich holte ein sauberes Taschentuch hervor, goss Schnaps darüber und sagte zu Puiu: „Das wird wohl brennen, aber es muss sein!“ Behutsam reinigte ich die Kratzer an Kinn und Nase sowie die Schürfwunden an den Wangen, holte Pflaster hervor, überklebte fast sein ganzes Gesicht. Oh, er sah bedauernswert aus! Dann hob ich seinen Kopf ein wenig an und ließ Puiu einige kräftige Schlucke trinken.

Und so kam es, dass wir anschließend alle auf einem Baumstamm saßen und die Schnapsflasche von einem zum anderen weiterreichten. Wer hätte das gedacht? Mithilfe des Alkohols waren wir nach einigen Minuten guter Dinge und fingen an zu flachsen.

Hans Bergel blieb ernst; nachdenklich sagte er: „Wenn ich die Herrschaften daran erinnern darf, dass Schnaps die Knie weich macht! Ich schlage vor, wir gehen weiter.“ Wie Recht er hatte! Wir durften nicht schlapp werden. Nur Bandi protestierte: „Noch nicht! Ich habe Hunger!“ Er holte einen etwas trockenen Kuchen hervor, brach ihn in mehrere Stücke und verteilte ihn. „Hat meine Mutter gebacken.“

Und weiter ging's! Zuerst schafften wir es mühelos zwischen den Baumstämmen hindurch, doch dann erwarteten uns neue Schwierigkeiten. Unzählige umgefallene Bäume! Mal zwängten wir uns am Boden kriechend unter den Stämmen hindurch und schoben und zogen Puiu nach, mal hoben wir den Ärmsten über die quer liegenden Stämme hinweg. Ein Balanceakt folgte dem anderen und trieb uns den Schweiß aus allen Poren; es wollte kein Ende nehmen! Ich sah Puiu an, dass er große Schmerzen litt, sicher hatten sich die Bruchstellen der Knochen während der Rutschpartie verschoben. Hie und da rieb er sich die linke Schulter und verzog das Gesicht, doch weiter ließ er sich nichts anmerken. Ruhig und voller Vertrauen ließ er alle Prozeduren über sich ergehen.

Gustav Freytag hat in seinem Werk „Die Ahnen“ eine ähnliche Situation – als die geschlagenen Goten ihren König auf der Bahre gen Norden trugen – mit den Worten beschrieben:

„Gebt Raum, ihr Völker, unserem Schritt,
wir tragen keinen König mit,
wir sind die letzten Goten! wir tragen einen Toten."

Ach, was soll's? Puiu lebte! Und sein Bein würde auch wieder zusammenwachsen, wenn er nur einigermaßen wohlbehalten im Krankenhaus ankam! Erschöpft und zerschunden erreichten wir um 14 Uhr Sinaia; sechs Stunden hatte der Abstieg gedauert. Zuversichtlich standen wir vor dem großen Eingangstor des Krankenhauses und zogen energisch die Glocke. Hans Bergel nahm seine Bretter und den Rucksack.

„Ich möchte mich von Ihnen verabschieden. Es war mir eine Freude, Sie alle kennenzulernen!" Er reichte Puiu die Hand.

„Herzlichen Dank für Ihre Hilfe! Es war großartig, uns zu helfen!", sagte Puiu. Sie drückten sich die Hände. „Und wohin gehen Sie jetzt?"

„Ich gehe wieder hinauf, den Weg, den wir eben gekommen sind."

„Wieder hinauf?", fragte Butzi entsetzt.

„Ja. Ich muss unbedingt heute noch in der Babele-Hütte sein."

„Da werden Sie vergebens hingehen, die Hütte wurde vor drei Tagen vom Sturm so schwer beschädigt, dass sie wohl eine Zeit lang unbewohnbar sein wird", klärte ihn Butzi auf.

„Unbewohnbar?! Trotzdem muss ich unbedingt dorthin. Mein Freund wartet dort heute Abend auf mich. Er kommt von Rosenau über den Malaescht und den Omul. Wir sollen uns bei Babele treffen. Georg wartet mit größter Sicherheit dort auf mich, und wenn er auch in der Dunkelheit vor der Hütte im Schnee sitzen sollte, bis ich komme", sagte Hans voller Überzeugung. Verwundert standen wir im Halbkreis vor ihm und sahen ihn sprachlos an. Er reichte jedem die Hand, wir wünschten ihm alles Gute und er wandte sich schon zum Gehen, als ich ihn fragte: „Wer ist denn Ihr Freund aus Rosenau?"

„Georg Truetsch, mein bester Freund."

Ob Hans seinen Freund Georg wohl gefunden hat? Ich weiß es nicht. Wir haben ihn nie wieder gesehen, ein großartiger Bergkamerad, der bekannte Siebenbürger Schriftsteller Hans Bergel.

Wenig später befand ich mich mit Puiu allein im Empfangsraum des Krankenhauses. Die Jungs hatten die Formalitäten erledigt und verzogen sich mit knurrenden Mägen in ein Restaurant. Bis man Puiu abholte, blieben uns nur wenige Minuten, uns zu verabschieden. Noch immer lag er auf meiner Bahre und ich sah, wie er vor Schmerzen die Zähne zusammenbiss. Ohne ein Wort zu sagen, streckte er mir beide Hände entgegen und sah mich unendlich traurig an.

„Ja, mein lieber Puiu, ich weiß, was du gerne sagen möchtest …"

„Nein, mein liebes Elenchen, du weißt es nicht. Es ist viel mehr, als du ahnst …"

„So sehr liebst du mich?"

„Mehr als ich es sagen kann …"

Ich wollte tapfer sein, gab mir einen Ruck: „Ich wünsche dir für deine Zukunft von ganzem, ehrlichem Herzen nur das Allerbeste! Vorerst, dass dein Bein schön heilt, und dann … dass du in deiner Ehe glücklich wirst!"

„Ich danke dir! Du bist ein wunderbares Mädchen!" Und dann, nach einer Weile, sagte er kaum hörbar: „Wie du weißt, ist im August die Hochzeit. Ich werde jedoch jede Stunde meines Lebens an dich denken. Ich werde dir immer schreiben. Und wenn du einmal einen Freund brauchst, der für dich durchs Feuer gehen muss, so ist das Puiu! Vergiss das nie!"

Ich bückte mich zu ihm hinab, nahm sein Gesicht in meine Hände und küsste ihn zärtlich. Er schlang seine Arme um mich … In seinen Umarmungen war immer dieselbe Intensität einer maßlosen Verzweiflung. Lange hielten wir uns fest, merkten gar nicht, dass wir längst nicht mehr allein waren. Zwei Pfleger standen vor uns. Sie legten Puiu auf eine Tragbahre und trugen ihn fort. Ich sah ihm nach. Bevor er durch die Doppeltüre verschwand, winkte er mir zu und … lächelte. Es war dasselbe schmerzliche Lächeln … wie auf dem Vorban … und wie in Predeal.

Unaufhaltsam liefen mir die Tränen über die Wangen. Ich wandte mich um und schleppte mich mit müden Schritten durch den endlosen Gang. Schließlich bedeckte ich mein Gesicht mit beiden

Händen, lehnte mich Halt suchend an die geweißelte, kühle Wand und schluchzte laut auf; es war mir egal, was die Vorübergehenden von mir dachten.

Eine junge Krankenschwester blieb vor mir stehen: „Kann ich Ihnen helfen?“

„Mir … kann … keiner helfen …!

Dann fühlte ich eine Hand auf meiner Schulter und hörte eine besorgte Stimme: „Komm, Elena! Komm, du musst etwas essen!“

„Butzi!“

„Bedeutet dir Puiu so viel?“

Ich nickte stumm.

„Armes Elenchen! Und armer Puiu!“

Butzi Garner, Puius bester Freund, trocknete mir die Tränen und führte mich zu den anderen ins Restaurant. In einer großen Runde saßen sie um die zusammengerückten Tische und ließen es sich schmecken. Ich würgte an einem Schnitzel und blickte kaum von meinem Teller auf.

„Butzi!“

„Ja, Elena, was möchtest du?“

„Ich möchte nach Hause.“

„Ich bring dich zum Bahnhof.“

„Wie nett von dir! Danke!“

„Wir übernachten hier in Sinaia und gehen morgen früh wieder hinauf nach Piatra Arsa.“

„Das ist sehr vernünftig. So könnt ihr heute Abend Puiu noch einen Besuch abstatten, nachdem er operiert worden ist. Sagt ihm noch einen schönen Gruß von mir.“

„Das ist ja der Hauptgrund, weshalb wir heute hier bleiben. Nach der Operation braucht Puiu unseren Zuspruch.“

Und dann saß ich wieder allein im Zugabteil. Die alte Eisenbahn schleppte sich keuchend bergauf zum höchstgelegenen Bahnhof des Landes, Predeal. Ich sah die Sonne hinter dem Bukschoi verschwinden, als gingen sie unsere menschlichen Probleme nichts an. Weg war sie! Zurück blieb ein fahles Dämmerlicht, das sich mehr und mehr verdichtete, um schließlich die Gegend in Dunkelheit zu hüllen. Aus dem Abteilfenster konnte ich noch die schemenhaften Umrisse des Clabucetul Taurului erkennen. Dort oben hatten wir damals – vor drei Jahren – gestanden, wie Könige, die von ihrem felsigen Wohnsitz ihr Reich überblicken, in unseren Taschen die Goldmedaillen. Dem war damals auch ein trauriger Abschied gefolgt. Genau wie damals saß ich jetzt im Abteil und ließ meinen Tränen freien Lauf, hörte dem Poltern der Eisenbahn zu, die, nachdem sie Predeal hinter sich gelassen hatte, den Tömöschpass hinunter donnerte. War sie meine Verbündete geworden, die eiserne, alte Dame? Wollte sie mich auch diesmal vom Schauplatz meiner unglücklichen Liebe so schnell wie möglich fortzerren?

Hier in der Dunkelheit des Abteils fasste ich einen Entschluss:

„Wenn ich dem Mann, den ich mit jeder Faser meines Seins liebe, nicht gehören darf, so will ich auch keinem anderen gehören!“

Ich trocknete meine Tränen und sprach mir gut zu: ‚So, Elena, jetzt fängt ein neues Leben an! Jedes Ende ist ein Anfang!‘

Noch glaubte ich meinen Worten nicht so ganz, noch waren die Wunden brennend heiß, noch tropften Blut und Tränen aus meiner geschundenen Seele. Weiß der Himmel, wo ich dann in den folgenden Wochen doch die Kraft hernahm, um eine einschneidende Veränderung in meinem Leben zu schaffen: Ich beantragte einen Transfer nach Kronstadt in das 15.000-Mann-Industrieunternehmen, dem größten LKW-Hersteller des Landes, „Steagul Roschu“, wo ich als technische Zeichnerin sofort engagiert wurde. Dieses war der erste Streich und der zweite folgte sogleich: In der Musikakademie wurde ich, auf meine Bitte, in die Klasse des großen Opernsängers und zugleich besten Gesangspädagogen, Ioan Margineanu, versetzt.

Da sich das Steagul-Roschu-Werk und die Musikakademie in derselben Stadt befanden, musste ich nun nicht mehr täglich hunderte von Kilometern mit der alten Eisenbahn zwischen Zuhause, Arbeitsplatz und Musikakademie pendeln. Beruf und Gesangsstudium ließen sich prima miteinander vereinen, herrschten doch im ganzen Land dieselben Arbeitszeiten: Arbeitsbeginn um sieben Uhr früh, Arbeitsschluss um fünfzehn Uhr. Ich wohnte in Kronstadt bei einer alten Dame, die mich höchst selten zu Gesicht bekam, weil ich der Meinung war, mit solch schönen, langen Nachmittagen ließe sich etwas Vernünftiges anfangen. Na ja, dermaßen ausgefüllt würden meine Tage nicht gerade erholsam ausfallen. Was soll's? Sicher die beste Medizin für ein gebrochenes Herz! Also, nichts wie ran!

Ioan Margineanu, der große Opernbariton, von dem ich schon als Dreizehnjährige geschwärmt hatte, sollte mir nun an fünf Nachmittagen der Woche das Singen beibringen! Seit zwei Jahren sang er am Opernhaus in Kronstadt und unterrichtete nebenbei Gesang an der Musikakademie. Ich konnte es kaum fassen: Bei Ioan Margineanu durfte ich nun Gesang studieren! Wenn das kein Zeichen des Himmels war, dass mir doch noch geholfen werden konnte!

1991, Ende Oktober.

Der neuseeländische Winter war vorüber und die Narzissen verströmten ihren Duft in Johns Garten. Voriges Jahr hatte Elena gelbe Lilien gezüchtet und den Garten an allen Ecken und Enden damit bepflanzt. Erwartungsvoll suchte sie jetzt die Beete ab.

„Here they are, my yellow lilies! Meine gelben Lilien! Siehst du, John, diese winzigen Sprossen? Das sind meine Lilien! Und hier sind auch welche … und dort. Wie ich mich freue!"

Der Mann, der vor dem Haus am Gartentisch saß, hörte sie nicht. Vor ihm lagen eine Menge DIN-A4-Blätter. Die großen, energischen, blauen Buchstaben flossen über die endlosen Seiten. Noch einmal las er Elenas letzte Worte: ‚Ich konnte es kaum fassen: Bei Ioan Margineanu durfte ich nun Gesang studieren! Wenn das kein Zeichen des Himmels war, dass mir doch noch geholfen werden konnte!'

John lehnte sich zurück und blickte gedankenvoll in den blauen Himmel. „Ja, das ist Elena! So ist sie: starker Gefühle fähig und doch kompromisslos ehrlich mit sich selbst und mit den andern! So sehr hat sie Puiu geliebt! Und liebt ihn sicher heute noch … Und dieser Andrew McDiamat hatte so große Ähnlichkeit mit Puiu gehabt, dass sie sich – wen wundert's – zu ihm hingezogen gefühlt hat. Nun liegt er auf einem Friedhof in Christchurch. Und sein älteres Ebenbild lebt auf der anderen Seite der Erdkugel, in Bukarest, und schreibt Elena seit zig Jahren sehnsüchtige Briefe; da soll einer noch die Welt verstehen!"

Ein Windstoß fegte durch den Garten. John merkte gar nicht, dass die weißen Blätter durch die Luft wirbelten und zu Boden fielen, abermals vom Wind hochgeblasen wurden und – in alle Richtungen verstreut – auf Rasen und Sträuchern, auf Beeten und Komposthaufen landeten. Ein Blatt fiel Elena zu Füßen.

„John! Was tust du mit meinen Blättern? Meine mühevolle Arbeit! Alles liegt am Boden herum!"

„Oh! Hab' ich gar nicht mitgekriegt! Tut mir unendlich leid! Das war der Wind. Ich sammle gleich alles wieder auf."

„Mein Gott! Ich habe die Seiten gar nicht nummeriert, wie kriege ich da wieder Ordnung hinein?"

„Entschuldige! Ich werde dir helfen. Weißt du, ich war so fasziniert von deiner Geschichte, dass ich gar nicht mehr anwesend war. Ich habe den Windstoß nicht bemerkt. Tut mir leid, Elena! Aber das kriegen wir schon hin!"

Er war aufgesprungen und sammelte die beschmutzten und zerknitterten Blätter wieder ein.

„Das Ordnen der Seiten überlasse bitte mir! Ansonsten nimmt die Geschichte noch einen total verkehrten Lauf", witzelte Elena.

„Ich werde mich nicht erdreisten, in deinen Lebenslauf einzugreifen, indem ich die Blätter vertausche. Vergangenes lässt sich nicht mehr lenken."

„Wie Recht du hast: ‚Vergangenes lässt sich nicht mehr lenken'!", wiederholte Elena seine Worte, dann fuhr sie nachdenklich fort: „Was sich jedoch lenken lässt, ist das Gegenwärtige!", bemerkte sie bedeutungsvoll. Sie holte aus der Küche eine Erfrischung und setzte sich zu ihm. John trank seinen Orangensaft und sah sie fragend an.

„Wie meinst du das: ‚Was sich jedoch lenken lässt, ist das Gegenwärtige?'"

„Gegenwärtiges lässt sich lenken, doch nur von einem, der den Mut hat, einzugreifen." Stille. Sie hatte seine empfindlichste Stelle berührt! Betroffen saß er da, wusste nicht, was er erwidern sollte.

O ja, er verstand die Anspielung! Sie erwartete etwas von ihm, wozu er noch nicht bereit war. Seit Jahren schob er diese Entscheidung freundlich lächelnd vor sich her, getreu seinem Motto: ‚I don't like making decisions. I use to let other people make them for me.' (Ich mag es nicht, Entschlüsse zu fassen. Ich überlasse es den andern, das für mich zu tun.) O ja! Er wusste nur zu gut, was sie mit ‚eingreifen' meinte!

„Elena, wieso kannst du mich nicht so lieben, wie ich nun mal bin?"

„Ich liebe dich, so wie du nun mal bist! Doch würde ich dich noch viel mehr lieben, wenn du in dein Schicksal mit einer kleinen Korrektur eingreifen würdest."

„Aber wir sind doch auch ohne diese Korrektur sehr glücklich! Wieso hängt dein Glück von einem lächerlichen Papier ab?"

„Für mich ist dieses ‚lächerliche' Papier von großer Wichtigkeit, du Heiratsmuffel, das weißt du genau! Und weil du es weißt, werde ich dich nie mehr daran erinnern. Ich will warten, bis du mich eines Tages bittest, deine Frau zu werden. Nur kann ich jetzt nicht voraussagen, w i e meine Antwort ausfallen wird, wenn du deinen Entschluss allzu lange hinauszögern solltest, nach deinem Motto: I don't like making decisions."

Er hatte seinen Arm um ihre Schultern gelegt und spürte ein leises Beben, eine Spannung in ihrem Körper, für die er keine Erklärung fand.

„Und warum ist dieses Papier von so großer Wichtigkeit für dich, Darling?", flüsterte er.

„Es gibt mehrere Gründe, John: Erstens möchte ich den Namen des Mannes tragen, zu dem ich gehöre. Elena Garner, klingt das nicht schön? Elena Margineanu ist zwar wunderschön, bloß kann das hier keiner aussprechen."

„Ein sehr sachliches Argument! Und zweitens?"

„Zweitens: Ich möchte in deine Familie als Familienmitglied vollkommen integriert werden."

„Aber sie mögen dich doch alle auch so!"

„Ja, sie mögen mich so, wie man einen netten Fremdkörper mag."

„Ich glaube, du bist zu empfindlich. Ganz besonders mag dich meine Mutter, das weißt du doch. Also dieses Argument lasse ich nicht gelten. Und drittens?"

„Und drittens, ja, drittens möchte gerne zu meiner Glaubensgemeinschaft zurückkehren."

„Was hat das mit Heirat zu tun?"

„In unserer Glaubensgemeinschaft gibt es keine unverheirateten Paare, die zusammenleben."

„Ich verstehe nicht. Wir leben doch im 20. Jahrhundert, du bist frei, ich bin frei, was soll das?"

„Das 20. Jahrhundert entschuldigt wohl alles, was Jahrtausende unentschuldbar war? Wir richten uns nun mal nach Gottes Gesetzen aus und diese besagen klar: keine Geschlechtsbeziehungen ohne Trauschein! Jetzt bin ich bereits sechs Jahre aus meiner Gemeinschaft ausgeschlossen, weil ich aus Liebe zu dir dieses Gesetz missachtet habe."

„Und warst du nicht glücklich? Hast du es etwa bereut?"

„Ich war sehr glücklich mit dir!"

Er schloss sie in die Arme: „Du bist doch ein Teil von mir, Elena."

Schweigend nippten sie an den Getränken und knabberten an den Keksen. Nachdenklich nahm Elena das Gespräch nach einer Weile wieder auf.

„Worin liegt eigentlich das Geheimnis des Glücks zweier Menschen: in der Ähnlichkeit der Charaktere oder in deren Unterschiedlichkeit?" Schon oft hatte sie sich diese Frage gestellt.

„Das ist ein unergründliches Geheimnis", erwiderte John leise. „So viele artverwandte Ehepaare verstehen sich nicht und trennen sich, während sich unterschiedliche Temperamente, so wie wir es sind, gut verstehen und zusammenhalten. Ich weiß nicht, woran das liegen mag."

„Ich glaube, es liegt weder an der Ähnlichkeit noch an der Unterschiedlichkeit. Was uns beide glücklich macht, ist die Bereitschaft, den andern anzuhören, ihn zu verstehen und sich auf ihn einzustellen. Wenn das beide Partner in gleichem Maße tun, muss doch alles gut gehen."

„Wenn das beide Partner in gleichem Maße tun …", wiederholte er nachdenklich.

„Meinst du, dass das einer von uns beiden vielleicht nicht in gleichem Maße getan hat?", fragte sie leise, doch mit Nachdruck, „Was meinst du damit, John? Was hätte ich besser tun können?"

„Du hast Hervorragendes geleistet! Keine Frau der Welt hätte diese Umstellung so gut geschafft. Als Frau allein über die halbe Welt von einem Kontinent zum anderen, so entfernten, zu springen! Von einer Sprache zur andern überzuwechseln, wobei dein englischer Wortschatz anfangs aus etwa 80 Wörtern bestand; das soll dir einer nachmachen! Und jetzt sprichst du fließend und korrekt Englisch und wir unterhalten uns stundenlang über Gott und die Welt. Zudem hast du dich von der deutschen Lebensweise zur neuseeländischen umgekrempelt, ohne viel zu fragen und ohne zu meckern. Außerdem

hast du in der Music Society gute Freunde gefunden und das Publikum mag deine Kompositionen und deine Konzerte. Dazu kommt noch dein Deutschunterricht in der Massey University, wo du von Kollegen und Studenten geschätzt wirst. Und das alles im Alleingang: Ist das nicht ganz und gar einmalig?"

„Stimmt nicht: Du warst immer dabei! Dir habe ich doch Löcher in den Bauch gefragt und du hast mich immer verstanden und mir geduldig alles erklärt. Und die Texte zu meinen Liedern? Das waren doch deine schönen Gedichte, die 50 % zu meinen Erfolgen beigetragen haben. Bis jetzt war es eine wunderbare, erfüllte Zeit!"

„Umso mehr betrübt es mich, wenn sich plötzlich nach all der mühevollen, aber schönen Zeit ein unüberwindliches Problem am Horizont abzeichnen will." Er hatte es ausgesprochen, das, was seit einigen Jahren wie ein Damoklesschwert über ihren Häuptern seine Kreise zog. Keiner von beiden hatte es bisher gewagt, es auszusprechen, so wie man ein Krebsgeschwür verschweigt, in der Hoffnung, es würde dadurch zu existieren aufhören. Meinte er jetzt nur das eine der beiden Probleme, die hinausgeschobene Heirat oder war er sich dessen bewusst, dass das zweite – Elenas Zugehörigkeit zur Glaubensgemeinschaft „Die Christliche Weltordnung“ – eigentlich das Hauptproblem darstellte? Mit viel Takt und Geschick hatten sie gelernt, dieses Thema stets zu vermeiden, aus Furcht, die unter dem Teppich schwelende Glut in sprühende Funken zu verwandeln. Aus Furcht vor dem Ende?

Obwohl es nun ausgesprochen war, musste Elena ihren ganzen Mut zusammennehmen, um das Gespräch auf dieser Ebene gezielt weiterzuführen:

„Empfindest du es auch als ein doppelschneidiges Schwert, das uns trennen könnte?“

„Als ein doppelschneidiges, über unseren Köpfen rotierendes Ungeheuer!“

„Ich finde es ja sehr rührend von dir, John, dass du meinen Beitrag zu unserem Glück so wertest, meine mühevolle, aber eifrige Anpassung an dein Land und deine Welt so schätzt.“

„Ja, das ist eine gigantische Leistung!“

„Mein lieber Schatz! Wäre es nicht genauso gigantisch von dir, auch deinen Beitrag auf diesem Gebiet zu leisten? Dein Motto ‚I don’t like making decisions‘ einmal zu vergessen? Endlich auch einmal etwas zum Fortbestand unserer Partnerschaft zu tun?“

„Wie Recht du hast! Natürlich müsste ich das! Das sagt mir mein Kopf!“

„Und?“

„Die Tatsache, dass ich mir über Gott nicht allzu viele Gedanken mache, ist nicht das Hauptproblem … Elena, mir sind die Hände gebunden!“

‚Die Hände gebunden!‘ Klang das nicht wie eine Wiederholung aus vergangenen Jahren? Klang das nicht nach Predeal, nach Puiu? ‚Mir sind die Hände gebunden‘, hatte nicht Puiu dasselbe damals auch gesagt? Und sie musste sich das anhören, um daran beinahe zugrunde zu gehen.

Mit einem Schlag war ihre Geduld am Ende, mit einem Schlag hatte sich die unter dem Teppich ruhende Glut in sprühende Funken verwandelt! Und wie durch einen Blitzschlag hatten die Funken den Teppich zum Explodieren gebracht! Das Licht, das sie versprühten, war so grell, die Explosion so aggressiv, dass alles bisher Verborgene ans Tageslicht geschleudert wurde. Mit einem Satz sprang Elena auf und rief: „Ja, zum Donnerwetter noch einmal, was ist mit euch Männern denn los?! Ihr, das sogenannte ‚starke Geschlecht'? Wo ist eure Stärke? Sind denn immer die Frauen auf allen Ebenen die Stärkeren? Ich wette, in irgendeiner Form steckt wieder einmal eine Frau hinter deinem Problem! Wer ist sie?"

„Meine Mutter", kam es kleinlaut zurück.

„Deine Mutter?" Elena war entsetzt. „Verzeih, ich verstehe gar nichts. Sagtest du nicht eben, dass sie mich mag?"

„Das tut sie. Das Einzige, was sie an dir nicht mag, ist dein Glaube. Seit zig Generationen sind die Mitglieder unserer Familie treue Anhänger der ‚Church of England'. Meine Mutter würde nie eine Andersgläubige in der Familie dulden. Du müsstest zur ‚Church of England' konvertieren."

„Du weißt genau, dass so etwas für mich nie infrage käme. Ich verstehe dich nicht, John, du bist 62 Jahre alt, wie kannst du dich denn von deiner Mutter noch so gängeln lassen?"

„Erstens aus alter Gewohnheit; sie ist nun einmal die Matriarchin unserer Familie."

„Das habe ich festgestellt. Und zweitens?"

„Diese Matriarchin hat mir die Hände gebunden. Verzeih, wenn ich nicht mehr darüber sprechen kann. Versuch bitte, es zu verstehen! Sie hat vor vier Jahren ihr Testament geändert und darin eine Bedingung gestellt, die mich von ihr abhängiger macht denn je."

„Was ist das für eine teuflische Bedingung?"

„Ich darf darüber nicht sprechen."

Oh Gott! Da saß Elena wieder in der Tinte! Und diesmal ganz tief! Nein, dieser Zustand musste beendet werden! Sie, Elena, ließ sich doch nicht ins Bockshorn jagen! Wenn John sie nicht heiraten konnte, nicht durfte, nicht sollte, nicht wollte, war sie sehr schnell weg vom Fenster. Und genau das musste jetzt ausgesprochen werden! Leise, fast zaghaft hörte sie ihn sagen: „Darf ich ganz offen zu dir sein?"

„Von jetzt an n u r noch ganz offen!"

„Ich habe die Heirat deshalb immer hinausgeschoben, weil ich wusste, du würdest hinterher sofort wieder zu deiner Glaubensgemeinschaft zurückkehren; genau das wollte ich verhindern."

„Das war ein Geständnis, du Verbrecher!"

„Nenn mich nicht so! Ich habe es aus Liebe zu dir getan. Ich wusste mir nicht anders zu helfen. Nach einer Heirat hätte ich dich doch mit Sicherheit verloren."

Entsetzt starrte ihn Elena an: „Wie bitte?!" Eine geraume Weile blickte sie ihn noch verständnislos an – doch plötzlich verstand sie. „Du meinst: Wenn wir geheiratet hätten und ich zurück zu meiner Glaubensgemeinschaft gegangen wäre, hätte dich deine Mutter enterbt? Ist es nicht so?"

„Ja."

„Stattdessen hättest du es jedoch vorgezogen, dich von mir zu trennen, um die schönen Häuser nicht zu verlieren! Ist es nicht so?"

Keine Antwort.

„Feine englische Art! Gratuliere! Nur eine englische Lady konnte sich so etwas ausdenken!"

„Was soll ich nur tun, Elena?"

„Das musst d u wissen, was du tun sollst. Ich jedoch weiß jetzt, was ich tun werde, tun muss, auch wenn es mir das Herz bricht. John, schreib dir diesen Tag in dein Tagebuch, das du so peinlich führst: Heute, den 28. Oktober 1991, hat Elena zu mir gesagt: ‚Aus diesem Grunde werde ich dich verlassen!'"

„Aber Darling, wie kannst du nur so etwas sagen? Wir lieben uns doch!"

„Ja, ganz recht, wir lieben uns. Doch unter den gegebenen Umständen kann ich nicht weiter mit dir zusammenleben."

„Meinst du das wirklich ernst? Was soll ich nur tun? Ich kann ohne dich nicht leben und möchte mir doch auch das Erbe erhalten! Ist das so verkehrt?"

Elena war aufgesprungen, hielt sich mit beiden Händen an der Tischkante fest und schrie: „John! Bist du das?! Ist d a s der John, den ich liebe?!“ Im gleichen Augenblick besann sie sich jedoch. ‚Wer schreit, hat Unrecht‘, hieß es bekanntlich. Nein, wenn er sie jetzt verstehen sollte, musste sie leise und eindringlich sprechen. Beherrscht langsam setzte sie sich. Ihre Stimme klang ruhig: „Mein lieber John! Du hättest mich also eines beträchtlichen Erbes wegen verlassen. Gut! Heute komme ich dir zuvor: Ich werde dich eines anderen beträchtlichen Erbes wegen verlassen!“

„Was für ein Erbe?“

Elena ging zum Bücherschrank und holte die Elberfelder Bibel.

„Dieses weise Buch schenkte mir vor Jahren unser Nachbar, Herr Schneider, über den du heute gelesen hast.“ Nachdem sie eine Weile geblättert hatte, las sie: „Das Buch Daniel, 2. Kap. Vers 44: ‚Und in den Tagen dieser Könige wird der Gott des Himmels ein Reich aufrichten, welches ewiglich nicht zerstört und dessen Herrschaft keinem anderen Volke überlassen werden wird; es wird alle jene Königreiche zermalmen und vernichten, selbst aber ewiglich bestehen.‘“

Elena sah ihrem Lebensgefährten ernst in die Augen. „John, das bedeutet ein einziges Weltreich auf der ganzen Erde! Ein friedliches und gerechtes Reich. Das Weltreich des allmächtigen Schöpfers und seines Christus. Nun, lass uns sehen, **wer** die Bürger, d. h. die **Erben**, dieses Weltreiches sind. Die Antwort finden wir in den Psalmen. Im Kap. 37 Vers 9-11, Vers 20, 28, 29 und 34 steht geschrieben:

‚Erzürne dich nicht nur zum Übeltun! Denn die Übeltäter werden ausgerottet werden; aber die auf Jahwe hoffen, diese werden die Erde besitzen. Und noch um ein Kleines, und der Gesetzlose ist nicht mehr; und siehst du dich um nach seiner Stätte, so ist er nicht mehr da. Aber die **S a n f t m ü t i g e n** werden die Erde besitzen und werden sich ergötzen an Fülle von Wohlfahrt! Denn die Gesetzlosen werden umkommen, und die Feinde Jahwes sind wie die Pracht der Auen: sie schwinden, sie schwinden dahin wie Rauch … **d i e G e r e c h t e n** aber werden die Erde besitzen und werden immerdar darin wohnen. Harre auf Jahwe und bewahre seinen Weg, und er wird dich erhöhen, **die Erde zu besitzen**. Wenn die Gesetzlosen ausgerottet werden, wirst du zusehen.'" Elena schlug die Bibel zu und sah John ernst an.

„Das sind klare Worte, John! Alle, aber auch wirklich alle Prophezeiungen der Bibel haben sich erfüllt. Das ist die letzte Prophezeiung, deren Erfüllung noch aussteht. Wie du siehst, sind die **Sanftmütigen** und die **Gerechten** die Bürger der neuen Christlichen Weltordnung!

Es tut mir unendlich leid, John, dass du dich mir nicht anschließen kannst! Es tut mir unendlich leid, dir wehzutun, wenn ich dir mitteile: Die Chance auf dieses Erbe, eine Bürgerin dieses oben beschriebenen Weltreiches, des Königreiches Gottes, des Allmächtigen, zu sein, diese Chance lasse ich mir nicht entgehen! Das ist mein Lebensziel! Und aus diesem Grunde muss ich dich verlassen, auch wenn ich dich liebe."

Elena hatte sich erhoben, sie wandte sich um und schritt aus dem Zimmer. Er sollte ihre Tränen nicht sehen …

7. KAPITEL

Nellu

Nach dem klärenden Gespräch zwischen John und Elena herrschte eine bedrückende Atmosphäre im Hause in der Featherston Street. Die Zeit der unter dem Teppich brodelnden Probleme war nun endgültig vorbei. Die unterdrückte, schwelende Glut war explodiert und hatte die Luft gereinigt; alles lag nun unerbittlich klar vor ihnen. Wohl pflegten sie nach wie vor höflichen Umgang miteinander, sprachen jedoch nicht über die bevorstehende Veränderung und versuchten nach Kräften, im Alltag den gewohnten Rhythmus beizubehalten. Wie an eine unsichtbare Säule klammerten sie sich daran, hofften, wenn ihr Leben in den gewohnten geregelten Bahnen verliefe, würde ihnen das über die Ausweglosigkeit ihrer Beziehung hinweghelfen.

Wie in Trance schlich Elena durch die Räume, die ihr in all den Jahren so sehr ans Herz gewachsen waren, berührte mit ihren Fingern die altrosa Seidentapete, strich zärtlich über das braune Holz der Vertäfelungen und verfolgte träumerisch das Pendel der uralten Standuhr – der grand father clock –, das vor Altersschwäche stotternd und stolpernd manchmal den seitlichen Anschlag nicht mehr schaffte und so den Verdacht aufkommen ließ, eine Geisterhand hielte es zurück. Ihr Biedermeiersofa fügte sich in diese beschauliche Umgebung so wunderbar ein, dass Elena beschlossen hatte, es John zu schenken, es hier in dieser vertrauten Umgebung, neben dem schönen Kamin, zurückzulassen. Mit einem leisen Seufzer ließ sie sich auf ihren Zweisitzer nieder. John war lautlos eingetreten und setzte sich zu ihr. Minutenlang sprachen sie kein Wort. Was hätten sie auch sagen sollen? Zu gut wusste er, dass er sie nicht umstimmen konnte. Zu gut wusste sie, dass er nicht zu ihren Gunsten auf seine Erbschaft verzichten würde.

„Du hast schon dreißig Kisten gepackt“, beendete er plötzlich das Schweigen.

„Ja.“

„Wann werden deine Möbel und Kisten abgeholt? Und wann geht das Schiff?“

„Das Schiff läuft am 25. Januar 1992 – also in zwei Monaten – aus dem Hafen von Wellington, somit werden die Sachen am 15. Januar von der Spedition abgeholt.“

„Und du fliegst am 20. Februar nach Frankfurt, nicht wahr?“

„Ja.“ Bedrückende Stille.

„Elena!“

„Ja, John?“

„Wie fändest du es, wenn ich im Mai auch nach Deutschland käme?“

„Du willst zu mir nach Deutschland kommen?!“

„Ja. Ich möchte dir helfen, die richtige Wohnung zu finden, dir bei der Einrichtung behilflich sein usw. Sechs Monate darf ich von Neuseeland fortbleiben; in der Zeit werde ich bei dir sein und dir zur Seite stehen.“

„Das ist wirklich überaus lieb von dir! Ich danke dir!“

„Das wird dann sozusagen unsere Gnadenfrist.“

„Ja. Ein halbes Jahr, vielleicht eine ganz schöne Gnadenfrist. Am 22. Mai heiraten meine Christina und ihr Willi, dann kannst du bei der Hochzeit dabei sein. Sie werden sich wahnsinnig freuen! Die beiden mögen dich sehr! Als sie vor drei Jahren die zwei Monate hier bei uns waren, habt ihr euch doch glänzend verstanden. Ich werde sie gleich anrufen und ihnen die Neuigkeit mitteilen.“

„Tu das! Du siehst heute so müde aus, Elena!“

„Ich weiß nicht, was mit mir los ist. Irgendetwas stimmt mit mir nicht. Mir ist oft schwindelig und ich bin immerzu müde und schlapp. Dazu kommen die Rückenschmerzen. Vielleicht wäre es gut, mal den Arzt aufzusuchen. Möchtest du mich bitte morgen zu Dr. Johnson bringen?“

„Natürlich! Gleich morgen Vormittag.“

„Hoher Blutdruck? Ich und hoher Blutdruck?! Mein Blutdruck war doch immer ideal, Herr Doktor!“ Ungläubig starrte Elena ihren Hausarzt an.

„Frau Margineanu, Sie haben jetzt 200 zu 120. Das sind schlechte Werte. Daher das Schwindelgefühl und die Abgeschlagenheit. Haben Sie psychische Probleme?“

„Ja, kann man wohl sagen. Glauben Sie, das könnte der Grund sein?“

„Allerdings. Ich werde Sie aber trotzdem genau durchchecken. Auch die Rückenschmerzen könnten von einer massiven inneren Verkrampfung herrühren. Jedenfalls dürfen Sie am 20. Februar in diesem Zustand nicht fliegen.“

„Dann werde ich den Abflug um einen Monat verschieben.“

„Ich würde vorschlagen, um zwei Monate. Ich glaube, Sie brauchen fachmännische Hilfe. Möchten Sie zu einem Kollegen gehen, der Ihnen helfen könnte, Ihr seelisches Gleichgewicht wiederzugewinnen?“

„Seelisches Gleichgewicht? Mir kann kein Fachmann helfen. Mir könnte nur John helfen, doch der kann das nicht …“

„Dann ist es die bevorstehende Trennung, die Sie so kaputtmacht?“

„Ja.“

„Gibt es keinen anderen Weg als die Trennung?“

„Nein.“

„Wie kann ich Ihnen helfen? Wollen Sie sich aussprechen? Ich bin ein guter Zuhörer und ich kann Ihnen Ihren Kummer nachfühlen, weil ich Sie und John gut kenne. Hatten Sie jemals Probleme in Ihrer Partnerschaft?“

„Eigentlich nicht, nicht direkt.“

„Und warum so plötzlich dieser Entschluss?“

„Der Grund ist sehr familiär. Eigentlich war er schon immer vorhanden, nur wollten wir ihn nicht wahrhaben. Erst in allerletzter Zeit ist es zwischen uns zur offenen Aussprache gekommen – und jetzt ist alles zusammengebrochen.“

„Und Sie werden damit nicht fertig.“

„Ich werde nie damit fertig werden!“

„Ist es die alte, ehrwürdige Lady, die sich querstellt?“

„Ja."

„Und Sie geben auf?"

„John gibt auf! Um materieller Werte willen gibt er mich auf."

„Wenn das so ist, Frau Margineanu, dann bleibt Ihnen wohl nichts anderes übrig, als für sich selbst zu kämpfen. Kein Mann der Welt darf Sie kaputtmachen! Kein Mann der Welt! Sagen Sie sich das immer wieder: ‚Ich lasse mich nicht kaputtmachen!' Schreiben Sie sich das auf ein großes Stück Pappe, hängen Sie es sich über das Bett, und wiederholen Sie diesen Satz von morgens bis abends immer wieder!"

Dr. Johnson lehnte sich in seinem Sessel zurück und betrachtete Elena voller Anteilnahme.

„Nicht weinen, Frau Margineanu! Sie sind eine ganz außergewöhnliche Frau. Ich habe jedes Ihrer Konzerte besucht und Ihre Lesungen aus Ihrem neuesten Buch über Neuseeland mit Begeisterung verfolgt. Sie sind ein Multitalent! Sie haben so viel zu geben! Sie haben ein großes Potenzial an inneren Kräften! Jetzt ist es Zeit, diese zu aktivieren. Geben Sie sich nicht selbst auf!"

„Im Moment bin ich nur noch ein kraftloses Gehäuse, das sich fortbewegt, sich fortschleppt, weil es das tun muss, was der Kopf ihm befiehlt. Außer Kopf und leerem Gehäuse ist nichts mehr von mir übrig geblieben."

„Nein! Nein! Nein! Das ist nicht wahr!"

Die letzten Worte hatte er geschrien, sodass Elena zusammenzuckte. Doch dann besann er sich, griff zum Kugelschreiber und stellte stirnrunzelnd einige Rezepte aus.

„So, Frau Margineanu! Ich verschreibe Ihnen ein gut verträgliches blutdrucksenkendes Mittel. Gegen die Rückenschmerzen verpasse ich Ihnen eine Spritze mit einem Voltarenpräparat und gegen die Schlaflosigkeit verordne ich Ihnen ein pflanzliches Beruhigungsmittel. Sie werden sehen, dann sieht die Welt schon anders aus."

„Sie sind ein wunderbarer Arzt! Ich danke Ihnen!" Nach kurzem Zögern fügte Elena hinzu: „Es ist ja nicht der erste Verlust in meinem Leben. Ich habe bereits zwei große Trennungen hinter mir, die mir sehr zugesetzt haben."

„Was uns nicht umbringt, macht uns stark! Außerdem ist ein Rückblick in eine ähnliche Situation der Vergangenheit und die neuerliche Auseinandersetzung damit oft eine gute Heilmethode, um das aktuelle Tief zu überwinden. Sie sind eine gute Autorin, eine exzellente Erzählerin. Schreiben Sie! Das lenkt von der Wirklichkeit ab und aktiviert neue Kräfte."

Elena hatte gespannt zugehört, sah ihrem Gegenüber konzentriert in die Augen. ‚Wie Recht er hat! Noch immer habe ich mich mit Schreiben getröstet und neue Kräfte gesammelt. Genau das werde ich auch jetzt tun. Ich lasse mich nicht kaputtmachen!!'

„Ich danke Ihnen, Herr Doktor! Sie haben mir sehr geholfen. Ich weiß jetzt, was ich tun muss." Sie steckte ihre Rezepte ein und verabschiedete sich.

„Kommen Sie bitte übermorgen zur Kontrolle."

„Ist recht, ich werde gerne kommen. Ich glaube, ich kann Ihr wachsames Auge und Ihren Rat gut gebrauchen."

„Das freut mich zu hören!"

„Wieso hat er dich so angeschrien?" Aufgeregt stand John mitten im Wartezimmer.

„Es war so gut gemeint, dass ich ihm dafür dankbar bin. Er hat mich aufgerichtet und ich weiß jetzt, was ich als Nächstes tun werde: schreiben!"

„Das hätte ich dir auch sagen können. Schreiben war schon immer deine beste Therapie. Erinnerst du dich, nach Andrews Tod gab ich dir denselben Rat. Und es hat geholfen."

„Abschiede und Trennungen haben mein Leben geprägt." Wie zu sich selbst flüsterte sie: „Wieso eigentlich konnte ich annehmen, dass du für mich ein zweiter Hafen der Ruhe sein könntest?"

„Weil du gespürt hast, was du mir bedeutest und dass du der einzige Mensch bist, der für mich zählt."

„Ja, John, dass ich das für dich bin, freut mich." Elena blickte ihn nachdenklich an und fuhr fort: „Doch deine Ruhe, die du ausstrahlst, und dein gütiges, immerwährendes Lächeln, mit dem du jeden überzeugst, haben einen ganz anderen Ursprung." Und dann gab sie sich einen Stoß, um John das zu sagen, was sie mittlerweile von ihm hielt: „Deine Ruhe ist nichts anderes als anerzogenes, britisches äußerliches Verhalten. Und dein Lächeln, das jedermann bezirzt, hat seinen Ursprung in einer Unsicherheit und Unentschlossenheit, so wie ein ängstlicher Hund zum Zeichen seiner Unterwürfigkeit freundlich mit dem Schwanz wedelt. Lächeln – immer und überall – macht sich ja so gut! Wo ist jedoch deine Entscheidungskraft?! Wo ist Initiative? Wo ist dein Mut, für eine gute Sache einzustehen? Etwas zu riskieren? Überhaupt etwas zu wollen? Wo?"

„Ich weiß es, Elena, ich weiß es zu gut: Ich kann nicht wollen! Du bist voller Elan! Wie gerne möchte ich auch so wie du *wollen*! Doch dazu ist es zu spät."

„Es tut mir leid, aber ich kann das nicht nachvollziehen. Du musst doch Wünsche verspüren? Etwas Bestimmtes erreichen und besitzen wollen! Dir Ziele setzen! Träume haben?"

„Genau das ist in der englischen Erziehung nicht gefragt. Das Wollen hat man uns in der Public School gründlich ausgetrieben. Das Ziel jeder britischen Erziehungsanstalt ist es, gute, untertane Bürger zu formen, die keinen anderen Wunsch haben, als England vorbehaltlos und kritiklos zu dienen."

„Das ist ja grauenhaft!"

„Dazu kommt, dass meine Mutter mich ein Leben lang …"

„… deine Mutter, deine Mutter! Sie ist jetzt bald 90 Jahre alt und lässt dich immer noch nicht allein atmen! Du steckst ja noch förmlich in den Windeln!"

„Elena! Werde bitte nicht unfreundlich!"

„Ja, ja! Immer nur gut erzogen und nett sein, das ist alles, was ihr Briten könnt! Dabei fällt ihr mit eurer verkrampft netten Art manchmal ganz und gar unmenschliche Entscheidungen. Das heißt, nicht der Einzelne darf sie fällen, o nein! Der Patriarch oder die Matriarchin fällt sie!" Nach einer Pause, in der John die Chance, etwas zu seiner Verteidigung zu erwidern, natürlich ungenutzt verstreichen ließ, fragte Elena nachdenklich: „Wieso mag mich deine Mutter überhaupt? Mich und meinen Freiheitssinn?"

„Weil sie annahm, dass ich bei einer starken Frau wie dir gut aufgehoben sein könnte."

„Und trotzdem hat sie gehofft, mich manipulieren zu können? Da hat sie sich aber gründlich verrechnet! Es tut mir für dich leid, John! Gerne wäre ich für den Rest meines Lebens bei dir geblieben doch nicht unter den Bedingungen, die mir deine Mutter diktiert."

„Was soll ich nur tun?"

„Du tust mir leid, aber ich kann dir nicht helfen! Einmal, vielleicht in naher Zukunft, wird deine Mutter sterben. Zurück bleibt ein desorientierter John, der mit seinen leeren Häusern nichts anzufangen weiß."

„Vielleicht verkaufe ich sie dann und komme zu dir …"

„Was für ein Kind du bist! So spielt man doch nicht mit dem Leben!"

Er lehnte sich zurück und seufzte: „Die Zeit mit dir war unvergesslich schön, Elena! Du hast mein Leben bereichert! Vielleicht ist die Kombination ‚starke Frau mit kindlichem Mann' gar nicht so übel! Komm, Elena, lass uns die verbliebenen Wochen in Frieden und Eintracht zusammen sein! Du wirst schreiben und ich werde für uns leckere Dinners kochen und mich dabei auf deine neue Geschichte freuen. Was wirst du diesmal zu Papier bringen?"

John bremste seinen gelben Corolla vor dem Garagentor, doch Elena machte keine Anstalten auszusteigen. Kerzengerade saß sie auf ihrem Sitz, warf den Kopf in den Nacken und sagte, jedes Wort betonend: „Es wird die Geschichte eines starken Mannes, der alles für seine große Liebe geopfert hat, sogar sein Leben! Es wird die Geschichte Nellus, meines ersten Mannes, des Vaters meiner Kinder."

Nellu

Der Winter 1957 war bereits weggeschmolzen und die ersten Knospen sprossen allenthalben aus allen Ecken und Enden. Das uralte, ehrwürdige Gebäude, in dem die Musikakademie seit eh und je untergebracht war, stand mitten im Stadtzentrum Kronstadts.

Ein frischer Wind wehte mir um die Nase, als ich in den Innenhof trat. Hier war es still. Einen Augenblick lang blieb ich stehen. Nichts war zu hören, nur mein aufgeregtes Herzklopfen. Die alte Holztreppe zum ersten Stock knarrte und quietschte, als ich – Stufen überspringend – hinaufstürmte. Keuchend stand ich vor der Türe der Unterrichtsklasse von Professor Ioan Margineanu. Warum zögerte ich einzutreten? Ich weiß es nicht. Weil es die erste Stunde mit meinem großen Idol sein sollte? Zaghaft klopfte ich an. Niemand antwortete. Kein Wunder bei der Lautstärke des Tenors, der die Blumenarie des Don José aus der Oper „Carmen" sang.

Ich trat ein. Professor Margineanu saß etwas seitlich vor dem Klavier, neben ihm eine blonde Korrepetitorin; so hatte er den Sänger genau im Auge und konnte ihn bestens verfolgen. Alles, was ich von ihm sah, war sein imposanter Rücken. Er hatte ein Bein über das andere geschlagen, sich zurückgelehnt und dirigierte mit winzigen Bewegungen, mehr unwillkürlich, die Musik.

„Nein! So geht das nicht, lieber Ludi! Du musst am Anfang noch viel zarter singen. Die Leidenschaft erwächst mehr in der zweiten Hälfte. Dadurch ergibt sich eine Steigerung, die die Arie umso interessanter macht, verstehst du?"

„Ist recht, Maestro!" Der Tenor, ein Hüne, ein bildschöner, junger Mann von Anfang zwanzig, lächelte mich an und zwinkerte mir zu. „Darf ich Sie darauf aufmerksam machen, Maestro, dass eine junge Dame an der Türe steht, die Sie wahrscheinlich sprechen möchte."

Schnell wandte sich Professor Margineanu um. Unsere Blicke trafen sich zum ersten Mal. Es waren Blitze aus blauem Himmel! Wie vom Schlag gerührt, keines Wortes fähig, starrte ich in ein Gesicht mit großen, blauen, strahlenden Augen, einer hohen Stirne, einem schön geschwungenen Mund und einem Grübchen am Kinn. Wir standen uns gegenüber und sahen uns an. Er lächelte; Sekunden vergingen, keiner sagte ein Wort. Noch immer lächelte er wie allwissend. Ich war so befangen, dass mir nichts, aber auch gar nichts einfiel, was ich hätte sagen können. Aber wieso sprach er nichts? Nach endlosen Sekunden fand er die Sprache wieder: „Sie sind sicher Fräulein Elena Zerbes, meine neue Schülerin, stimmt's? Willkommen in meiner Klasse! Meine Frau hat mir über Sie nur Gutes erzählt und hat Sie nur ungern abgegeben."

‚Wow! Das ist also seine Sprechstimme! Tief, sonor und warm! Das sind ja keine Worte – das sind Streicheleinheiten!' Seit meiner Kindheit kannte ich seine Singstimme aus dem Rundfunk nur zu gut. Auch hatte ich alle seine Vorstellungen besucht, Rigoletto, Carmen, Don Giovanni, Don Carlos, Der Barbier von Sevilla, Die Macht des Schicksals u. a., doch ihn jetzt aus nächster Nähe sprechen zu hören, war ein Genuss ganz anderer Art. Er hatte mir die Hand gereicht, ich streckte ihm meine entgegen und sagte immer noch kein Wort. Mit beiden Händen umschloss er meine Rechte und hielt sie lange fest; lächelnd sah er mir einige Augenblicke tief in die Augen, als habe er darin etwas ganz Besonderes entdeckt. Endlich ließ er meine Hand los und ich taumelte zur Kleiderablage. Wie eine Traumwandlerin legte ich meinen Mantel ab und stand unbeholfen daneben. ‚So! Da bin ich nun! Da, wo ich mich so sehr hingewünscht habe!' Ein eigenartiges Gefühl befiel mich – so als beginne von jetzt an ein neuer Lebensabschnitt, als wüchsen mir plötzlich Flügel, riesengroße, weiße Flügel, die mich abheben sollten von der Erde, hinweg von allem, was bisher zu meinem Leben gehört hatte …

„Fräulein Zerbes, darf ich Ihnen meinen Lieblingsschüler Ludovic Spies vorstellen? Und Fräulein Gerda Zach, meine Korrepetitorin! Ludi ist der beste Tenor der Musikakademie und Fräulein Zach ist die beste Korrepetitorin weit und breit. Ludi, das ist meine neue Schülerin Fräulein Zerbes. Gute Altstimme!"

Ludi trat strahlend auf mich zu. Ich reichte ihm die Hand.

„Sehr erfreut!", sagte er knapp.

„Ganz meinerseits! Ich habe an der Tür gelauscht und mich an Ihrer Stimme berauscht."

Erwartungsvoll setzte ich mich auf den leeren Stuhl. Während Ludi mit seiner Liebesarie fortfuhr, gab ich mich dem beglückenden Gefühl hin, endlich auf meinem Platz angekommen zu sein, dem Platz, wo ich seit eh und je hingehörte; umgeben von guter

Musik und guten Musikern. Für einen Augenblick schloss ich die Augen und dankte Gott, dass er mich endlich hierher geführt hatte! Auf meinen Platz!

„Wir sehen uns übermorgen wieder, Ludi. Ich möchte, dass du dir einige Schubert-Lieder anschaust. Wir müssen uns mehr auf klassische Lieder konzentrieren. Ja, ja, ich weiß, du singst lieber Arien! Vergiss jedoch nicht: Mit dem klassischen Lied lernt man erst richtig singen!"

„Ist recht, Maestro, ganz wie Sie wollen. Auf Wiedersehen!" Weg war der Hüne. Nun kam ich an die Reihe. Ich erhob mich.

„So, meine liebe Elena! Haben Sie etwas dagegen, wenn ich Sie mit Ihrem Vornamen anspreche?"

„Aber nein, natürlich nicht."

„Ich pflege alle meine Schüler mit Taufnamen anzusprechen, das bringt uns einander automatisch näher. Unsere Atmosphäre ist familiär und jeder fühlt sich bei uns wohl."

Ich stand vor ihm, bereit alles aufzusaugen, was mir dieses Gesangsgenie beibringen wollte.

„Soviel ich weiß, haben Sie mit meiner Frau die ‚Habanera' aus ‚Carmen' gearbeitet und in den letzten Wochen die Arie des Orpheus ‚Ach, ich habe sie verloren' begonnen. Was möchten Sie mir singen?"

„Die Orpheus-Arie."

Ich gab mein Bestes, soweit es mir in meinem aufgewühlten Zustand möglich war, und schloss mit: „Weh, dass ich auf Erden bin! Auf Erden, weh! Auf Erden weh! Auf Erden bin!"

„Ja, da ist schon viel Gutes drin! Wissen Sie jedoch, was Ihnen fehlt? Die Verinnerlichung! Sie müssen Ihre Seele in die Arie legen! Hier, im Gesang, dürfen Sie Ihre Gefühle zeigen. Nur durch tiefste innere Anteilnahme lebt die Kunst. Musik ohne Emotionen? Das wären bloß schwarze Punkte, weiße Punkte. Die Noten korrekt in Töne umzusetzen, ist noch lange keine Musik! Erst die Seele gibt der Musik das Leben! Erst die Seele macht den Gesang zum Gesang! Schauen Sie, in Ihrer Arie ist jemand tot und ein anderer weint um ihn. Stellen Sie sich vor, Ihre Mutter ist eben gestorben. Sie sind ganz verzweifelt. Nun gehen Sie einsam durch den Wald und fassen sich mit beiden Händen beim Kopf, lehnen kraftlos an einer Buche und weinen: ‚Ach, ich habe sie verloren!‘“ Während er das erklärte, machte er mir diese Geste vor. Er hatte seinen Kopf mit den Händen gefasst und lehnte an der Wand mit geschlossenen Augen: „Ach, ich habe sie verloren! All mein Glück ist nun dahin! Wär', o wär' ich nie geboren!“

‚Mein Gott! Das gibt es wirklich noch! Das ist ja genau das, was ich immer gesucht habe! Da ist ja tatsächlich einer, der will, dass man Gefühle zeigt! Die Gefühle, die ich bisher in meiner Umgebung vergeblich suchte, die Gefühle, die ich selbst immer verbergen und abwürgen musste!‘

Dieser Margineanu verlangte von mir genau das, was ich in solchem Übermaß besaß, dass ich es verheimlichen musste, um nicht als gefühlsduselig zu gelten. Und nun durfte ich nicht nur, ich sollte sogar das, was in meinem Inneren war, herausholen. Endlich war ich unter meinesgleichen! So muss wohl „das hässliche Entlein“ empfunden haben, als es zum ersten Mal Schwäne sah, die auf es zuschwammen und es freundlich umringten, die ihm sagten, dass es genau wie sie ein schöner Schwan sei, und es schließlich mitnahmen in die Welt der Schwäne.

‚Das ist doch genau das, wonach ich mich immer gesehnt habe! Das ist doch genau das, was ich immer gesucht habe!‘

„Darf ich Sie bitten, die Arie noch einmal zu singen! Ich bin mir sicher, Sie verfügen über viel Sensibilität. Versuchen Sie, diese Gefühle aus sich heraus fließen zu lassen!“

Wie befreit sang ich meine Arie endlich so, wie ich sie eigentlich immer empfunden hatte. In jedem Wort, in jedem Ton schwang meine Seele mit. Aufmerksam verfolgte Professor Margineanu meinen Gesang und lächelte dann. Ich sah ihm an, dass er zufrieden war.

„Ja! Das war etwas ganz anderes! Genau das habe ich erwartet!“

Ich hatte mich warm gesungen und verspürte Lust auf mehr. Kühn fragte ich ihn: „Darf ich auch die ‚Habanera‘ singen?“

„Klar! Nur zu!"

Ram! Tam-tam! Tam …! Ram! Tam-tam! Tam …! Ram! Tam-tam! Tam! Ram!

„L'amour et un oiseau rebelle que nule ne peut apprivoiser …" Und diesen rebellischen, unzähmbaren Vogel spielte ich ihm nun mit Raffinesse und Leidenschaft vor. Er sollte nicht denken, ich sei ein toter Vogel. Jeden Tropfen meines spanischen Blutes holte ich aus den verstaubten Ecken hervor und verwandelte ihn in Funken. Gott, war das eine Wonne! Sprühen zu dürfen! Licht und Wärme zu verbreiten! Feuer in dem kleinen Raume zu entfachen! Blitze um sich zu werfen, die sich in den Augen des Zuschauers verfingen! Mein neuer Lehrer stand still, sein Mund leicht geöffnet, seine Augen blitzend auf mich gerichtet. Auch als ich die Arie mit Bravour „… et si je t'aime, si je t'aime prend gard a toi!" beendet hatte, starrte er mich immer noch unbeweglich an; erst nach einer Weile sagte er: „Großartig! Einfach phänomenal! Sie sind die geborene Carmen!" Und dann mit etwas mehr Kontrolle, beinahe sachlich: „Wie ich sehe, verstehen wir uns!"

„Ich verstehe Sie sehr gut, Herr Professor! Ich kann Ihnen gar nicht sagen, wie glücklich ich bin, bei Ihnen studieren zu dürfen!"

„Soweit ich informiert bin, haben Sie das angestrebt."

„Ja. Das war mein großer Wunsch, weil ich Sie seit meiner Kindheit verehre. Seit Sie in Kronstadt leben, habe ich keine Ihrer Vorstellungen ausgelassen."

„So, so! Sie sind also mein Fan! Wie schön!" Er trat näher an mich heran, blieb vor mir stehen und schaute mir wortlos ins Gesicht; fast körperlich spürte ich seine Ausstrahlung.

‚Wow! Von ihm gehen ja Blitze aus! Eigenartig! Er wirkt größer als er tatsächlich ist! So wie ein Vulkan durch die emporgeschleuderten Lavamassen höher erscheint, so lässt ihn seine strahlende Aura groß erscheinen, größer als jeden anderen in seiner Nähe. Ansonsten sieht er eigentlich Spencer Tracy ähnlich: dieser Kopf, dieses Profil! Sogar das Grübchen am Kinn! Und die Art, wie er beim Sprechen leicht das Kinn hebt, und der ironische Gesichtsausdruck! Und die Körpergröße, wie Spencer!

Bloß ist dieser Mann viel schöner. Seine Augen sind größer und strahlender und sein Mund schön geschwungen und so sinnlich! Und wie er mich anschaut …!‘

Mit meinen 1,75 m und den hohen Absätzen meiner Schuhe war ich größer als Margineanu. Und was spielte das für eine Rolle? Keine! Noch immer stand er dicht vor mir, sah mir lächelnd in die Augen und betrachtete dann meine Haare. Zu der Zeit trug ich sie offen, obwohl diese Mode noch nicht aufgekommen war. Leicht gewellt fielen sie über meine Schultern, bis über die Taille.

„Darf ich Sie fragen, was Sie eigentlich sind: Rumänin? Ungarin? Russin? Deutsche wohl kaum, mit den schwarzen Haaren und dem Temperament, oder?“

„Doch, ich bin Deutsche. Allerdings mit spanischem Einschlag.“

„Daher also Ihre totale Identifizierung mit der ungezähmten Carmen! Das ist ja eine fabelhafte Mischung! Ist Ihr Vater spanischer Herkunft? Oder Ihre Mutter?“

„Nicht direkt. Mein Ur-Ur-Urgroßvater mütterlicherseits war Spanier; Rittmeister Luis de Cornette kam aus Toledo. Seither zieht sich die schwarze Haarfarbe sehr hartnäckig durch die Generationen unserer Familie.“

„Wohl auch die großen, dunkelbraunen Augen und das spanische Temperament!

In der Tat: eine fabelhafte Mischung!“, wiederholte er.

Margineanu wandte sich um, ging zum Fenster und blickte hinunter auf die Straße, einem großen, freien Platz. Lächelnd winkte er mich heran. Als ich hinzutrat, zeigte er auf eine Gruppe von fünf Zigeunerkindern, die in langen, bunten Röcken nebeneinander über den Platz schlenderten. Jedes von ihnen schleppte irgendetwas Erbetteltes in einem Sack oder in der Schürze mit sich. Alle waren guter Dinge und bissen gierig in ihre Äpfel.

„Ist das nicht ein herrliches Bild? Sind die nicht süß? Ein Bild für Götter! Von ihnen können wir lernen, glücklich zu sein. Mit einem Apfel und ein paar Habseligkeiten sind sie fröhlich.“

„Ich bin mit Zigeunern aufgewachsen und ich verstehe sie so gut, dass in mir manchmal der Verdacht aufkommt, mein spanischer Vorfahre mag vielleicht Zigeuner gewesen sein. Jetzt muss ich aber gehen; um fünf Uhr habe ich Musiktheorie bei Professor Schuteu."

„Ich bin mir sicher, Elena, dass Sie es mit Ihrem Talent und Ihrer Entschlossenheit weit bringen werden. Ich verspreche, Ihnen mit all meinem Wissen nach Kräften zur Seite zu stehen!"

„Ich danke Ihnen! Ich danke Ihnen!"

Er half mir in den Mantel und ich verabschiedete mich.

„Bis Donnerstag! Auf Wiedersehen!"

„Auf Wiedersehen! Salute! Salve!"

Als ich den Korridor entlangschritt, öffnete er noch einmal die Türe und rief mich zurück: „Sie müssen unbedingt auch klassische Lieder studieren. Wie wär's mit Schubert oder Schumann?"

„Ja! Sehr gerne!" Nach kurzer Überlegung schlug ich vor: „Ich möchte das Lied ‚Er, der Herrlichste von allen' singen."

„Am Donnerstag beginnen wir damit."

‚Ju-hui!!' Ich hatte meine Schuhe vor der Treppe ausgezogen und stürmte das knarrende Ungeheuer hinunter, dass die alten Dielen auseinanderzubrechen drohten. Wenn ich beim Kommen jeweils zwei Stufen auf einmal genommen hatte, so waren es jetzt drei Stufen, die ich übersprang. Was konnte mir passieren? Ich hatte ja Flügel!

Lächelnd und mit federndem Gang schritt ich über den freien Platz der Klostergasse zu. Sollte ich mich umdrehen, um zu sehen, ob mir mein Professor aus dem Fenster nachblickte? Sollte ich? Nein! Nur mit Mühe hielt ich mich zurück – doch spürte ich seine Blicke in meinem Rücken. Blicke voller Blitze, den Blitzen, die ich eben in seine Augen gestreut hatte …

Was war nur mit mir los? Wieso schwebte ich wie auf Wolken? Wieso hatte mich dieser Mann so fasziniert? Wieso konnte mich denn überhaupt irgendein Mann faszinieren? Mein Herz war doch längst vergeben. In mein Mantelfutter hatte ich mir extra eine Innentasche genäht, um jeweils Puius letzten Brief an meiner Brust zu tragen. So war der geliebte Mann immer bei mir. Sein Schreiben, das vorgestern angekommen war, hatte mich zu tiefst beunruhigt. Ich griff in die Tasche; ja, es war da. Nur ein halbes Jahr nach seiner Heirat schrieb er mir einen solch verzweifelten Brief: „Elena, ich bin lebensmüde! Wahrscheinlich grüße ich dich bald von einer weißen, flaumigen Wolke. Wenn du einmal auf einer bunten Wiese liegst und den wolligen Riesenknäueln nachblickst, wirst du mich vielleicht auf einer der vorüberziehenden Wolken sehen, auf dem weißesten Wölkchen, wie Watte so weich und flauschig. Sicher ist es viel schöner dort – hoch über der Erde, im Jenseits schwebend – als auf dieser lieblosen Welt!“

Wie unglücklich musste er doch sein! Und ich konnte gar nichts tun …

Puiu war „Der Herrlichste von allen“, für ihn wollte ich dieses Lied singen.

Ioan Margineanu war etwas ganz anderes. Er war ein hervorragender Sänger, der beste Gesangspädagoge, er war ein wunderbarer Mensch, gütig und sensibel und weiß Gott was noch alles – aber an Puiu kam doch keiner heran. Mit einem weltvergessenen Lächeln schritt ich durch die Klostergasse und flüsterte ein ums andere Mal: „Er, der Herrlichste von allen! Er, der Herrlichste! …“ Nein! Beim x-ten Male ertappte ich mich dabei, dass während dieser Worte Margineanus Gesicht vor mir auftauchte. War ich denn total verrückt geworden? Was war nur mit mir los? Plötzlich durchzuckte es mich: die Musiktheorie! Auweia! Auf dem Absatz machte ich kehrt und rannte wieder in das alte Gebäude. Es war schon fünf nach fünf. Möglichst unauffällig schlich ich in den großen Unterrichtsraum und setzte mich auf den einzigen freien Platz in der dritten Bankreihe. Vor mir saß Ludovic Spies und verdeckte mich schön mit seinem breiten Rücken, sodass ich ungestört vor mich hinträumen konnte. Gedankenverloren zeichnete ich Sternchen und Gesichter in mein Heft, wie ein ferner Wasserfall rauschte der Unterricht an meinem Ohr vorüber. ‚Wenn mir bloß jemand sagen könnte, was mit mir los ist!‘

Plötzlich stand Professor Schuteu neben mir und sagte laut und prägnant: „Nun, Genossin Zerbes, nennen Sie mir mal zur Abwechslung die Töne des Septime-Akkords der G-Dur-Tonleiter!“

Ich zuckte zusammen, war so erschrocken, dass ich natürlich nichts antworten konnte. Zu der Zeit war es noch üblich, dass sich die Schüler bei jeder Antwort vom Platz erhoben. Ich stand ziemlich dämlich da.

„Genosse Spies, wissen Sie es?"

Langsam erhob sich Ludi in seiner ganzen Höhe. Bevor er antworten konnte, betrachtete Professor Schuteu seinen Schüler mit sichtlichem Wohlgefallen und fragte: „Dumneata ce esti, neamt?" (Was sind Sie, Deutscher?)

„Mi-s romin!" (Ich bin Rumäne!), kam die Antwort laut und mit betontem Stolz in alt-rumänischer Formulierung.

„Dar strasnic voinice mai esti!" (Welch herrlicher Hüne Sie sind!) In Bewunderung des jungen, schönen Mannes hatte Professor Schuteu Ludis „sol, si, re, fa" überhört. Nachdenklich, wie abwesend, setzte der hochgewachsene, würdige Professor seine Wanderung durch den Klassenraum fort; ihn schien die Antwort gar nicht mehr zu interessieren.

(Ein Jahr später sollte dieser wunderbare, ältere Herr als Folge von Vernachlässigung und Falschmedikation im Krankenhaus ganz unerwartet sterben. War er auch ein Opfer von Ceausescus Tötungsmaschinerie? Zu der Zeit ahnten wir noch nichts von den Methoden des Ceausescu-Regimes, alle unbequemen Personen, die den Mut hatten, sich gegen die kommunistische Ideologie oder gegen die Partei zu äußern, kurzerhand umzubringen ...)

Ich war zu sehr mit meinen Gefühlen beschäftigt, um irgendwelche anderen Überlegungen anzustellen. Lange lag ich am Abend noch wach in meinem Bett und grübelte. Ich versuchte zu ergründen, was mich mit einem Schlag so verändert hatte. Erst am nächsten Tag, vor meinem Reißbrett, fing ich langsam an zu begreifen: Hatte ich nicht immer schon wie eine tiefgekühlte Pflanze unten im Permafrost eingeschlossen gelebt? Körperliche Annäherungen jeder Art waren für mich tabu, folglich versagte ich mir auch jede gefühlsmäßige Äußerung. Alles, was aus mir nach außen drängte, wurde abgewürgt, wollte ich doch Puiu in meinem Herzen treu sein! Er war es ja auch. Und er war es gewesen, der mir das Abwürgen so gut beigebracht hatte.

Nun aber kam mein lange verehrtes Idol, Ioan Margineanu, und brachte mit seiner wohlklingenden Stimme, seinen leuchtenden Augen und seinen Forderungen, Gefühle zu zeigen, diesen Permafrost zum Bersten. Ich glaubte zu hören, wie die Risse auseinander barsten! Ja, er zog das erfrorene Pflänzchen gleichsam ans Licht und an die wärmende Frühlingssonne. Wie hatte er gesagt: ‚Erst die Seele macht den Gesang! Hier sollen Sie Ihre Gefühle zeigen. Nur durch tiefste innere Anteilnahme lebt die Kunst. Musik ohne Gefühle ist tot.'

Von nun an d u r f t e ich nicht nur, ich s o l l t e meine Gefühle in Gesang umsetzen. ‚Ha, welch ein herrliches Ventil!'

Wie aus einem Vulkan brach es mit Urgewalt aus mir heraus, erfüllte die schwarzen und weißen Punkte mit Leben und Gestalt, verlieh ihnen ungeahnte Dimensionen, füllte den Raum mit Leidenschaft, mit Jauchzen, mit Herz und Schmerz. Bald war es zur Gepflogenheit geworden, dass meine Mitschüler, mit denen ich mich schnell angefreundet hatte, nach ihren Unterrichtsstunden im Klassenzimmer sitzen blieben, um mir zuzuhören. Wir waren eine tolle Clique, hielten zusammen, hörten uns gegenseitig beim Singen zu, bewunderten uns, kritisierten uns, unternahmen auch privat vieles gemeinsam und hatten viel Spaß miteinander. Selten waren weniger als drei Leute im Klassenraum, meist waren es fünf bis sieben. Es ging in jeder Beziehung laut zu; wenn man nicht sang, erzählte man die neuesten Witze, und wenn dann sechs, sieben stimmgewaltige, energiegeladene junge Männer und Frauen loslachten, wackelten die Wände. Allen voran beherrschte Ludovic Spies das Terrain. An seine spitze Zunge und sein Arsenal an Witzen kam keiner heran.

Während der Woche verbrachte ich jeden Tag von 16 bis 21 Uhr – oft auch bis 22 Uhr – in der Musikschule. Sie war mein Zuhause geworden. Professor Margineanu war mein täglicher Begleiter in meiner neuen Welt. Er formte mich, so wie man einen feuchten Tonklumpen knetet und dreht, um ihn in eine kunstvolle Vase zu verwandeln. Er gab mir Vertrauen in mich selber, er stärkte mein Selbstbewusstsein, er erhob mich auf einen Sockel, auf dem zu stehen ich nie zu träumen gewagt hatte. Er versicherte mir, dass ich eine großartige Stimme habe und mir eine große Gesangskarriere bevorstehe.

„Heiraten Sie bitte nicht! Überlassen Sie das denen, die nichts anderes können. Sie haben etwas viel Wertvolleres zu bieten: eine göttliche Stimme!“ Und dann fügte er hinzu: „Wir beide werden arbeiten bis zum Umfallen – „vom stoarce camasa“, wie eine rumänische Redensart lautet – aber Sie werden eine große Sängerin!“

Fast etwas zu viel für meine jungen Ohren. Doch wenn es jemand wissen musste, dann er. So vergingen die Wochen und Monate voller Arbeit im Werk und dem Gesangsstudium an den Nachmittagen.

Trotz meines wohlkomprimierten Arbeits- und Studienplans hatte ich Puiu nie vergessen. Seine Briefe stapelten sich schön säuberlich in einem Schuhkarton und der letzte lag jeweils an meiner Brust. Es schmerzte jedoch nicht mehr so sehr wie zu der Zeit, als er mir gleich nach seiner Hochzeit geschrieben hatte: „Ich bin lebensmüde! Wahrscheinlich grüße ich dich bald von einer weißen, flaumigen Wolke.“ Inzwischen hatte er bereits einen Sohn, Rasvan, den er abgöttisch liebte. Wiederholt hatte er mich schon eingeladen, ihn zu besuchen; ich müsse unbedingt Marietta kennenlernen und Rasvan, das Wunderkind. Obwohl ich das liebend gern gewollt hätte, fand ich einfach keine Zeit. Auch hatte ich vor zwei Jahren einen neuen Lebensabschnitt begonnen; die Welt der Musik und ihr ganzes Umfeld erfüllte mich mit Zufriedenheit und Glück.

Es mag wohl nach dem zweiten Unterrichtsjahr gewesen sein, als ich mir der Tatsache bewusst wurde, dass meine intensive Bindung an Margineanu mehr als ein Lehrer-Schüler-Verhältnis war. Ich brauchte ihn schon täglich um mich wie die Luft zum Atmen. Die Wochenenden krochen stinklangweilig dahin. Ohne Margineanu und ohne die Musikschule war die Welt ein Fass voller Lebertran. Oder? Hatte ich mich am Ende in ihn verliebt? In einen Mann, der so viel älter war als ich? Und dazu noch verheiratet? Ja, das hatte ich! Und das war nicht bloß Verliebtheit, das war Liebe! In einer der schlaflosen Nächte wurde mir das schlagartig klar. Na bravo! Da hatten mir meine Gefühle eine schöne Suppe eingebrockt! Wo sollte das hinführen? Nie und nimmer konnte ich das mit meinen Prinzipien vereinbaren. Da blieb mir nur eines übrig: zurück in den Permafrost! Keiner sollte je erfahren, was mit mir los war, am wenigsten er selber. Meine ganze Leidenschaft und Fröhlichkeit, meine sämtlichen spanischen Blutstropfen, die feurigen Gefühle, die ich in den zwei Jahren um mich gesprüht hatte, all das packte ich beim Schopf und bugsierte es in einen luftdichten Sack, schnürte ihn gewaltsam zu und vergrub ihn, na ja, wo denn auch? Unter dem ewigen sibirischen Eis! Sicher und kalt waren sie dort am besten aufgehoben. So kam es, dass ich einen neuen Gesangsstil entwickelte: pragmatisch gediegen …

Mein Gesang klang so, als wäre ich gerade einer britischen Public School entkommen. Einige Zeit hörte sich Professor Margineanu den leblosen Singsang an. Er mag ihn sich mit einer vorübergehenden Stimmungsschwankung oder ähnlichen weiblichen Zuständen erklärt haben. Doch dann kam der Tag, an dem sein Verständnis in tausend Stücke barst. Wieder einmal stand ich „kühl bis ans Herz hinan“ im Klassenzimmer auf meinem Platz – vor der Türe zum Abstellraum – und gab leblose Töne von mir.

„Singen Sie doch bitte sensibel! Sie sind doch ein hochempfindsamer Mensch! So können Sie die Arie der Penelope nicht herunterleiern! Das Ganze noch mal!“

‚Du wirst nicht erfahren, was mit mir los ist, mein Lieber!‘ Erneut begann ich:

„Ich wob dies Gewand mit Tränen am Tage
und löste es weinend zu nächtlicher Zeit.
So schwanden die Wochen, so wuchs meine Klage,
so schwanden die Jahre, so wuchs mein Leid.

Wo weilst du, mein Gatte?
Hat dich die Ceres des Todes bereits zum Hades geraubt?
Oder schweifst du noch auf dem Meere,
zu den Sternen hebend dein leuchtendes Haupt?
Zu Sternen hebend dein leu…“

„Jetzt reicht's mir aber!“, schrie er außer sich. „Was ist nur mit Ihnen los? Ich begreife gar nichts mehr!“

„Ich singe doch so, wie ich immer gesungen habe.“

„Was? Das wagen Sie noch zu behaupten?“

Außer sich vor Wut drehte er sich brüsk um, fasste den vollgestopften Bücherschrank auf halber Höhe mit beiden Händen, hob die ihm zugewandte Seite des Möbelstücks mit ungeahnter Kraft empor, stauchte sie wieder zu Boden und schrie: „Da pentru Dumnezeu, cinta simtit!! Inghit dulapul asta! Cinta simtit!“ (Ja um Gottes willen, sing mit Gefühl!! Ich fresse jetzt diesen Schrank auf! Sing mit Gefühl!)

In seinem Zorn war er zum Du übergegangen, was in meinen Ohren wie Musik klang. Ungerührt lehnte ich an der Kammertür und zuckte mit keiner Wimper. Schwer atmend hatte er mir den Rücken zugekehrt und sagte tonlos: „Sie können nach Hause gehen. Mir ist die Lust vergangen.“

Tja, wie das immer so ist, bemerken stets die andern, wenn einer von einem geliebt wird, bloß der Betreffende selbst davon nichts merkt, dass der andere sich seinetwegen verzehrt. So auch dieses Mal.

Puiu Taranu, der genau so hieß wie mein Freund in Bukarest, und seine Frau Mica, die beide auch der Sangeskunst frönten, waren „die anderen“, denen es schon längst klar war, wer sich da um wen verzehrte. Somit hatten sie beschlossen, hinsichtlich ihrer beiden sich missverstehenden Freunde etwas zu unternehmen. Und sie unternahmen etwas … An einem Freitagabend, als nur noch wir vier in der Musikschule herumgeisterten – sonst Stille nah und fern – lud uns Puiu scheinbar total spontan zum Essen in das feinste Restaurant der Stadt ein. Wer konnte da widerstehen?

So saßen wir uns wenig später im Speisesaal des „Aro-Palace“ an einem weiß gedeckten Tisch gegenüber. Nachdem wir bestellt hatten, kam Puiu über einen kurzen Umweg auf das Thema: „Na, Maestro, wo werden Sie die heutige Nacht verbringen?“

Erstaunt sah ich von einem zu andern, blieb jedoch stumm.

„Seit einigen Nächten schlafe ich in der Musikschule auf dem ausziehbaren Sessel in der Bibliothek.“

Mir verschlug es die Sprache, doch ließ ich's mir nicht anmerken. Mica fragte teilnahmsvoll: „Und wo haben Sie Ihre Kleider und anderen Sachen?“

„Die sind noch zu Hause. Tagsüber, wenn meine Frau in der Schule ist, hole ich mir, was ich brauche. Es ist nicht nur schwer, sondern so gut wie unmöglich, als Alleinstehender in Kronstadt eine Wohnung zu finden.“ Er nippte an seinem Aperitif, blickte sorgenvoll vor sich hin und sagte, ohne aufzuschauen: „Puiu, du als Polizeibeamter hast sicher gute Beziehungen. Könntest du mir nicht helfen, eine kleine Wohnung oder wenigstens ein Zimmer zu finden? Dieser Zustand macht mich krank.“

„Ich will tun, was ich kann, das verspreche ich Ihnen; es ist jedoch ein Riesenproblem. Wenn Sie wollen, können Sie in unserem kleinen Zimmer, das wir kürzlich angebaut haben, übernachten, bis Sie was Besseres finden.“

„Nehme ich gerne an. Danke für das Angebot!“

„Ich werde mich in meinem Bekanntenkreis wegen einer Wohnung umhören. Falls ich etwas erfahre, melde ich mich.“

„Danke, Elena! Das ist sehr nett von Ihnen!“

An diesem Abend erfuhr ich noch so gut wie nichts über die Hintergründe der plötzlichen Trennung des Ehepaares Margineanu. Obwohl ich vor Neugierde platzte, stellte ich selbstverständlich keine Fragen.

Das Tischgespräch drehte sich um Maestros Lieblingstenor, Ludovic Spies, der voriges Jahr die blonde Pianistin Gerda Zach geheiratet hatte und nach Bukarest umgezogen war. Nachdem er eine Spielzeit dort als gefeierter Tenor am Operettentheater gesungen hatte, war er nun an die Bukarester Staatsoper als Heldentenor engagiert worden. Der Junge wusste immer genau, was er wollte und mit seinem Charme erreichte er alles; Gerda, seine Frau, unterstützte ihn wunderbar dabei. Margineanu schäumte über vor Glück wegen des Erfolgs seines Lieblingsschülers. Er saß neben mir und ich spürte, wie seine Ausstrahlung körperlich auf mich überging. Ich las in seinen Augen die kleinste Regung, sein warmer Atem erreichte meine Wange. Während er sprach, berührte mich mitunter seine Hand, streifte mich wie zufällig, ließ in mir jedoch kleine Funken hochgehen.

„Ich bin unsagbar stolz auf Ludi!", sagte er. „iIch wünsche ihm alles Glück der Welt! Er wird unsere Schule berühmt machen. Dass Ludi an einem großen Theater engagiert werden würde, war vorauszusehen. Er besitzt alle Voraussetzungen für einen wirklich großen Sänger."

Wir freuten uns alle mächtig über Ludis Erfolg und Puiu meinte anerkennend: „Er wird nicht nur die Schule, sondern ganz besonders Sie, Maestro, berühmt machen."

Das Essen und der Wein wurden serviert. Wir schlemmten und tranken einen rumänischen „Murfatlar", der meinen Gesangslehrer zusehends fröhlicher und lockerer stimmte; er begann mir Komplimente zu machen.

„Ich mag deine schwarzen spanischen Haare und deine großen dunkelbraunen Augen! Am allermeisten mag ich jedoch deine Stimme!" Er strich mir über die Haare, ließ mit viel Zartheit eine Strähne durch seine Finger gleiten.

„Ich möchte gerne du zu dir sagen, darf ich?"

„Sie tun es ja bereits, ohne zu dürfen."

„Oh, Entschuldigung! Wenn es Ihnen unangenehm ist, mach' ich alles rückgängig."

„Es ist mir nicht unangenehm, Sie brauchen nichts rückgängig zu machen."

„Also darf ich du sagen!"

„Ja."

„Dann musst du zu mir auch du sagen. Nenne mich bei meinem Kürzel: Nellu."

„In der Klasse möchte ich jedoch das Sie beibehalten.“

„Ist recht, wie du willst.“

„Er legte seinen Arm um meine Schulter und wir unterhielten uns angeregt. Bei jedem Wort streifte ein Hauch seines Atems mein Gesicht, unsere Blicke ruhten ineinander und ein Rieseln durchfloss meinen Körper. Ich war unsagbar selig!

„Was ist mit dir in letzter Zeit passiert? Du hast dich verändert. Dein Gesang ist so leblos geworden! Hast du irgendein Problem?“

„Ja, man kann es ‚ein Problem‘ nennen.“

„Kann ich dir helfen? Wenn du Hilfe brauchst, ich bin immer für dich da.“

„Danke! Ich glaube, du könntest mir helfen; im Moment ist es jedoch noch verfrüht darüber zu sprechen.“

„Wie du willst. Vergiss nicht: Nellu ist immer für dich da.“

Mir war nicht entgangen, dass Mica und Puiu sich einige Male vielsagend und zufrieden angelächelt hatten. ‚Aha! Daher wehte also der Wind!‘ Nun sah ich Mica ebenfalls vielsagend an, lächelte und zwinkerte ihr zu. Das war der Anfang einer großen Freundschaft. Sie war eine wunderbare Frau!

Es war bereits nach Mitternacht als Nellu ein Taxi bestellt hatte und mir ritterlich die Wagentüre aufhielt.

„Wo wohnst du eigentlich, Elena?“

„Am Ende der Langgasse, unweit des Barthelmi-Bahnhofs.“

„Also gut zwei Kilometer von hier entfernt. Ich bringe dich nach Hause.“

Im Fond des Autos neben Margineanu, meinem angebeteten Idol, zu sitzen, war für mich mehr als aufregend. In den drei Jahren, in denen wir intensiv zusammengearbeitet und uns beinahe täglich gesehen hatten, waren wir uns noch nie so nahe gekommen. Irgendwo in meinem Hinterkopf fing etwas plötzlich an zu arbeiten: mein tiefgekühltes Hirn! Was, wenn er mehr für mich empfand, als er sich anmerken ließ? Was, wenn er am Ende genauso gegen seine wahren Gefühle ankämpfte wie ich? War ich denn blind gewesen? In meiner Verkrampfung hatte ich möglicherweise nicht nur mir, sondern auch ihm eine Zwangsjacke mit Abwürge-Automatik angelegt! Mir fielen auf einmal die Schuppen tonnenweise von den Augen. Mein zweites Ich meldete sich endlich: ‚Aber Elena! Er war doch die ganze Zeit verheiratet und ist es noch. Also hatte die Zwangsjacke ihren tieferen Sinn. Nun, du Schaf, hör auf zu jammern und stell dich flink auf die neuen Umstände ein! Na? Wird's bald?'

Nach zwei Dritteln der Strecke ließ Nellu das Taxi anhalten und sagte zu mir: „So, den Rest laufen wir. Was dagegen?"

„Im Gegenteil! Eine prima Idee bei der sternklaren Nacht!"

„Ach! Ich liebe die Nächte – wenn man in den Straßen umherstreift und die ganze Stadt schläft." Er war stehen geblieben, hielt die Hände auf dem Rücken, legte den Kopf schief und schaute lächelnd die Straße entlang.

„Nur hier und da sieht man irgendwo ein erleuchtetes Fenster, nichts rührt sich mehr auf den Straßen, kein Mensch weit und breit, nur der Mond guckt herab mit seinem breiten, spöttischen Grinsen: Das alles vermittelt mir ein herrliches Freiheitsempfinden und das Gefühl, die ganze Welt gehöre mir!"

„Ja! Ganz besonders befreiend ist der Gedanke, dass alle – oder fast alle – bösartigen Menschen schlafen und man sie für eine Weile los ist."

„Wie Recht du hast, Elena!" Er zeigte mit dem Finger auf einen Hund.

„Sieh mal den Köter dort! Eine scheußliche Straßenkreuzung! Herrenlos ist er, hergelaufen und ausgehungert, aber stolz! Sieh, wie er hochmütig seinen Schwanz wie einen Blitzableiter durch die Gegend trägt."

„Vielleicht glaubt er genau wie du, diese Welt gehöre ihm."

„Zumindest einer, mit dem ich Gemeinsamkeiten habe. Eine andere Gemeinsamkeit ist nämlich die, dass er – genau wie ich – kein Zuhause hat."

In seiner Stimme klang plötzlich eine tiefe Traurigkeit mit, die er in Humor umzukehren versuchte. Ich ließ ihn nicht merken, dass ich das spürte, und lachte, wenn auch gekünstelt. Er lachte mit und unser Echo hallte von der anderen Straßenseite herüber.

„Elena, du bist ein wunderbares Mädchen! Mit dir kann man ernste Dinge besprechen und philosophieren und kann auch herzerquickend herumalbern. Ich liebe dich!“ Wieder blieb er stehen und sah mir aus nächster Nähe in die Augen:

„Elena! Versteh mich bitte richtig: Ich liebe dich in einer Weise, wie ich meine Mutter liebe, so wie ich diesen prachtvollen Sternenhimmel liebe, so wie ich die Musik und alles Schöne dieser Welt liebe, so liebe ich dich, Elena!“

Stumm schritten wir weiter. Ich war so überrascht von dieser Liebeserklärung, die eigentlich keine sein sollte, dass ich nichts zu erwidern wusste und so hörte ich einfach zu, als er weitersprach.

„Mein größter Wunsch ist es, dich eine Weile auf deinem Lebensweg zu begleiten, dich singen zu lehren, aus dir eine große Künstlerin zu machen und – wenn mir das gelungen ist – dich aus meiner Obhut wieder freizugeben. Stolz und glücklich sollst du dann weiter schreiten und ich bleibe am Wegrand stehen und schaue dir nach. In der Ferne wendest du dich noch mal um, winkst mir zu und ich winke dir wehmütig zurück, noch ein letztes, lächelndes Lebewohl … und dann bist du verschwunden.“

Ich würgte meine Tränen hinunter und entgegnete vorgetäuscht stark: „Nellu, ich danke dir! Ich danke dir für all deine Hilfe, für dein ehrliches Engagement im Studium mit mir und – für deine Liebe! Darf ich dir auch sagen, was du mir bedeutest? Für mich bist du wie ein Juwelier, der einen fremden, total chaotischen Juwelierladen betritt. Die schönsten Juwelen liegen am Boden herum, die wertvollen Ringe und Broschen sind unter die Schränke gerollt, mit einem Wort: ein Sauladen. Nun kommst du, bückst dich und holst die verstaubten Broschen unter dem Schrank hervor, hebst die Goldketten und Diamantringe vom Boden auf, staubst sie ab, reinigst sie, polierst sie, bis sie in ungeahntem Glanz erstrahlen. Dann legst du sie in das Schaufenster und rufst den Vorbeigehenden zu: ‚Schaut, Leute, welch wunderbarer Schmuck! Seht diesen Ring! Und diese Brosche! Sind die nicht wunderschön?‘ Genauso hast du es mit mir gemacht: Du hast in meine Person Ordnung gebracht, du hast tief in meine Seele hineingeschaut und in mir die guten Eigenschaften entdeckt, die bisher keiner beachtet hatte, nicht einmal ich selbst. Diese neu entdeckten Eigenschaften hast du weiterentwickelt und zum Glänzen gebracht, hast sie all deinen Freunden vorgezeigt und gesagt: ‚Elena ist großartig! Elena ist etwas Besonderes!' Doch hast du nie erwähnt, dass ich das alles nur durch deine guten Hände geworden bin. Ich kann mir einfach nicht vorstellen, ohne dich in die Welt hinauszugehen und zu singen. Ich weiß, dass meine Stimmbänder nur dann klingen, wenn ich dich – wie immer – in der ersten Reihe unter den Zuschauern sehe. Hast du nicht bemerkt, wie ich dich bei all unseren Konzerten unentwegt angeschaut habe? Von dir geht ein Lichtschein aus, du strahlst für mich Wärme und Kraft aus, du gibst mir Mut, du schenkst mir Leben! Ich glaube, ich brächte keinen Ton heraus, wenn ich dein strahlendes Gesicht nicht vor mir sähe."

„Elena! Das hast du wunderschön gesagt! Ist das auch wahr? Es hört sich an wie eine verkappte Liebeserklärung!"

„Hast du etwas gegen verkappte Liebeserklärungen?"

„Ich hätte sie gerne unverkappt ..."

„Unverkappt klingt das so: Ich liebe dich! Doch nicht so, wie man eine Mutter liebt oder den Sternenhimmel."

„... sondern?"

„... sondern, sondern! Ich liebe dich, Nellu! Warum willst du mich nicht verstehen?" Erst verwundert und dann traurig sah er mir eine ganze Weile tief in die Augen.

„Elena! Du bist 28 Jahre alt. Ich bin mit meinen 49 Jahren zu alt für dich. Außerdem bin ich noch verheiratet, wenn auch nicht mehr lange, und ich bin Rumäne, worauf ich eigentlich sehr stolz bin, doch kenne ich die massiven Vorurteile der Siebenbürgen-Deutschen gegen uns Rumänen!"

Er hatte seinen Arm um meine Schultern gelegt, stumm und nachdenklich gingen wir eine kurze Strecke, dann sagte er unheimlich traurig: „Ich fürchte mich vor deinen Eltern!"

O ja! Wie Recht er hatte! Gewiss waren meine Eltern ein Grund zum Fürchten! Wie gut er das ahnte, obwohl er sie noch gar nicht gesehen hatte. Ich blieb stehen und nahm ihn in die Arme.

„Fürchte dich, vor wem du willst, aber liebe mich!"

„Ich liebe dich unsagbar, Elena!"

Stürmisch schloss er mich in die Arme, drückte mich verzweifelt an sich … und küsste mich lange. Seine Berührung raubte mir die Sinne! Die Weichheit seiner Lippen ließ mich bis ins Innerste erschauern! Die Welt schien sich um mich im Kreise zu drehen … Mit unendlicher Zartheit streichelte er mein Gesicht, strich mir über die Haare, sah mir in die Augen und flüsterte: „Ich habe dich vom ersten Augenblick an geliebt. Als du das erste Mal meine Klasse betreten hattest und schüchtern vor der Türe standest, als ich zum ersten Mal in deine Augen sah und als du dann die ‚Carmen' sangst, durchzuckte mich ein elektrischer Schlag. So etwas kommt im Leben nur einmal vor."

„Mir ging es genauso!"

Ich lag in seinen Armen und er drückte mich immer wieder an sich. Wir küssten uns mit der Leidenschaft zweier verirrter Wüstenwanderer, die endlich an einer Quelle frischen Wassers angekommen sind und nicht aufhören können, von dem sprudelnden Wasser zu trinken, dem Wasser, an dem sie drei Jahre lang vorbei geirrt waren.

„Elena! Wir zwei gehören zusammen! Was sollen wir bloß tun?"

„Was wir tun sollen, hängt davon ab, wie sicher du dir bist, dass wir zusammengehören!"

„Es gibt in meinem Leben nichts, dessen ich mir so sicher wäre: Elena, wir zwei sind füreinander geschaffen, spürst du das nicht?"

„O ja, wir gehören zusammen! Doch ich ahne, dass wir noch viel Geduld und Kraft brauchen werden!"

Wir waren vor meinem Gartentor angekommen.

„Hier wohne ich."

„Elena, darf ich noch auf einen Kaffee zu dir kommen? Oder auf ein Glas Wein?"

„Bitte, lass es heute dabei bewenden! Es war ein einmaliger Abend! Lass ihn uns jetzt beenden!"

„Wie du willst. Bloß kann ich dich nicht ganz verstehen, du liebst mich doch?"

„Ja! Ja! Ja! Das musst du ja fühlen … Ich … habe jedoch einen Grund … Wie soll ich dir das erklären? Ich fürchte, dass aus dem

Kaffee mehr werden könnte … und … ich … kenne die körperliche Liebe noch gar nicht."

„Was sagst du? Tja! Du bist ja immer schon anders als alle andern Frauen gewesen! Aber das überrascht mich nun doch! Wie sehr dich das ehrt, Elena! Wenn du so wärst wie alle andern Frauen, würdest du mich nicht so reizen. Genauso wie du bist, bist du einmalig! Du bist wunderbar! Ich liebe dich! Ich liebe dich! Ich bin verrückt nach dir!"

„Und ich nach dir, Nellu! Doch jetzt schlaf gut, mein geliebter Professor!"

„Gute Nacht, Elena! Es war der schönste Abend meines Lebens! Ich habe dich gefunden und ich werde dich nie wieder loslassen!"

Mica Taranu war also meine Verbündete. Sehr gut. Da konnte ich ja einiges erfahren. Am nächsten Tag zog ich sie am Ärmel aus dem Klassenraum, wir ließen uns auf einer Bank nieder und ich schoss gleich los: „Sag einmal, Mica, weißt du vielleicht, wieso sich die Margineanus getrennt haben?"

„Jeder weiß es außer dir, wobei es dich doch am meisten angehen sollte."

„Du weißt, ich interessiere mich nicht für Klatsch und so erreichen mich derlei Neuigkeiten ziemlich spät."

„Also, unser Maestro hatte eine Liebesaffaire mit Georgeta Pop; du weißt ja, seine Frau Teodora ist zehn Jahre älter als er, und Georgeta ist 26."

„Was? Mit Georgeta?"

„Natürlich hat das seine Frau sehr gekränkt und sie hat ihn rausgeschmissen. Drei Monate hat er dann bei seiner Geliebten gewohnt, bis das Verhältnis in die Brüche ging. Seit einigen Wochen ist er nun heimatlos. Eine Wohnung zu finden ist unmöglich und zu seiner Frau will er nicht mehr zurück, obwohl sie ihn jetzt gerne wieder haben möchte. Sie hat ihm längst verziehen und leidet unter der Trennung, doch er will unter gar keinen Umständen zu ihr zurück."

„Lieber zieht er es vor auf dem Sessel in der Bibilothek zu schlafen …"

„Ja. Er ist fest entschlossen, sich für immer von ihr zu trennen. Schon vor langer Zeit hatte er Puiu, meinem Mann, verraten, dass er von seiner Frau weg wolle. Sie ist sehr dominant und er hat die Bevormundungen satt. Insoweit ist er Georgeta dankbar, weil sie ihn von ihr weggezogen hat; allzu sehr kann er diese kleine, tschiepsige ‚madam Pop' nicht geliebt haben! Nun hat er die Scheidung eingereicht und möchte ein neues Leben beginnen."

Eigentlich hätte das Engelsmusik in meinen Ohren sein müssen, wenn mich nicht eine Frage gewurmt hätte: Wieso hatte er sich diese Person angelacht? Ich war doch die ganze Zeit da gewesen, vor seiner Nase! Hatte er nicht gestern Abend behauptet, mich seit drei Jahren zu lieben? Und dann hat er diese Georgeta vorgezogen! Eine Frau mit dem Temperament einer Nacktschnecke! Hässlich, nichtssagend, klein, spindeldürr, zimperlich, humorlos, uncharmant, geistlos, fade, dumm! Unverzeihlich! Unverzeihlich! Das musste wurmen! Und es wurmte …

„Ich weiß, was du jetzt denkst, Elena. Doch mach dir darüber, was zurückliegt, keine Gedanken. Der Mann, den du liebst, ist bald frei. Und du hast die Genugtuung, dass nicht du es warst, die seine Ehe zerstört hat."

„Du hast Recht, Mica!"

„Vielleicht ist gerade die Tatsache, dass er sich dir während seiner Ehe nicht genähert hat, sein größter Liebesbeweis. Er kennt dich und schätzt dich nicht nur, sondern er bewundert dich. Sicher wollte er dich einem solchen Gerede nicht aussetzen."

„Wie Recht du hast! Ich danke dir für deine Freundschaft, Mica!" Spontan umarmte ich meine wohl beste Freundin. „Ich mag dich sehr, Mica!"

Jeden Nachmittag, wenn um 15 Uhr die Sirene zum Arbeitsschluss heulte, stand Nellu mit seinem strahlenden Lächeln vor dem großen Eingangstor der Steagul-Roschu-Werke und wartete auf mich. Gemeinsam aßen wir in der Kantine zu Mittag und wanderten anschließend über den „Galgenberg" der Stadtmitte zu. Es war ein schöner sonniger Sommer und wir ließen uns gerne auf der Wiese zu einer kleinen Verschnaufpause nieder und erzählten. An einem der freundlichen Nachmittage, als sich Nellu behaglich ins Gras gestreckt hatte und träumend in die Bläue des Himmels schaute, betrachtete ich ihn nachdenklich; zu gerne hätte ich mehr über diesen Mann gewusst, den ich liebte, jedoch nur als meinen Maestro kannte.

„Weißt du, Nellu, ich möchte furchtbar gerne so viel wie möglich über dich erfahren. Ich kenne dich nur als meinen guten Gesangslehrer und als großartigen Sänger doch mich interessiert auch dein Privatleben. Komm, erzähle mir irgendetwas aus deinem Leben, du erzählst doch so gerne!"

„Aus meinem Leben? Da gäbe es verdammt vieles zum Erzählen! Wo soll ich beginnen?"

„Ach, bloß irgendeine aufregende Begebenheit aus deiner Jugend."

„Aufregende Begebenheit? Tja, am meisten aufregend war wohl der Krieg."

„Krieg? Warst du denn im Krieg?!"

„Da staunst du, was! Jawohl, ich war an der Ostfront."

„Ich bin sprachlos! Du hast gegen die Russen gekämpft?"

„Ja, das habe ich. Aber nur für sehr kurze Zeit."

„Ich könnte mir vorstellen, dass du anstatt zu kämpfen lieber gesungen hast und so hat man dich bald nach Hause geschickt", versuchte ich ihn zu hänseln.

„Weißt du, dass du eben den Nagel auf den Kopf getroffen hast!" Nellu lachte schallend. „Wieso konntest du das erraten?"

„Das war bloß ein kleiner Scherz von mir … Doch wieso sagst du, ich hätte den Nagel auf den Kopf getroffen?"

„Ja, mein Elenchen, da muss ich dir eine feine Begebenheit aus meiner Schützengraben-Zeit erzählen."

„So, so. Können denn in Schützengräben auch feine Begebenheiten stattfinden?"

„Es war auf der Insel Krim", begann Nellu, „also auf dem Vormarsch in die Sowjetunion. Obwohl es bereits Herbst war, zeigte sich die Krim von ihrer angenehmsten Seite. Das Wetter war schön, doch die ständige Lebensgefahr machte es uns schwer, die schöne Insel auch nur wahrzunehmen. Nachts, wenn auf beiden Seiten Ruhe herrschte, schliefen die meisten Soldaten in den Schützengräben und in den Bunkern. Einige hielten Wache mit den schussbereiten Gewehren."

„Sicher kein bequemes Nachtlager im Schützengraben!", unterbrach ich ihn.

„Du sagst es! Und weißt du, was ich in einer der klaren Krim-Nächte einmal getan habe? Ich habe gesungen!"

„Gesungen? Das sieht dir ähnlich! Du hast tatsächlich an der Front gesungen?!"

„Ja, Elenchen, ich habe gesungen! Genau darüber will ich dir ja erzählen: Es war eine der klarsten Nächte, die man sich vorstellen kann. Der Himmel wölbte sich über uns in seiner vollen Pracht, der Mond strahlte in seiner ganzen Größe und erhellte die Gegend beinahe taghell. Weil ich bei Vollmond noch nie schlafen konnte, kroch ich aus dem Bunker, stieg auf die Wiese und betrachtete die nächtliche Natur um mich herum; ich breitete die Arme aus, tat einen befreienden, tiefen Atemzug und blickte wie anbetend zu dem mit Sternen voll beladenen Himmel empor."

„Das war doch purer Leichtsinn! Sagtest du nicht, die Nacht sei fast taghell gewesen?", unterbrach ich ihn.

„Rückblickend muss ich zugeben, dass es leichtsinnig war, doch damals tat ich das spontan, ohne zu überlegen, irgendwie aus dem Gefühl heraus: Die Russen schießen doch nicht auf einen singenden Mann, die singen doch selber gern zu jeder Zeit und überall."

„Du unverbesserlicher Optimist! Ich bin gespannt, was da noch herauskommt …"

„Überwältigt von der Schönheit der nächtlichen Natur begann ich ganz automatisch zu singen. ‚Pe Mures, si pe Tarnave'."

„O Gott, wie soll das werden …?", murmelte ich.

„Dieses alte rumänische Volkslied, das mich als ‚Ardelean' so sehr an meine Heimat, Transsylvanien – dem Ardeal – erinnerte, mochte ich immer gern. Als das Lied zu Ende war, hörte ich eine Stimme aus dem Bunker: ‚Sing uns doch eine Arie aus einer Oper!‘ Und so sang ich die Arie des Valentin aus der Oper „Faust“ von Charles Gounod, bekannt unter „Das Gebet des Valentin“. Du kennst ja die wunderschöne, melodiöse, zu Herzen gehende Arie, in der Valentin, bevor er in die Schlacht zieht, Gott bittet, er möge seine Schwester Margarete behüten! Ich sang voller Inbrunst, voller Wehmut, voller Schmerz; waren wir doch allesamt arme Luder, hüben und drüben! Noch nie zuvor habe ich die Arie so voller aufgewühlter Gefühle gesungen! Meine Kameraden waren alle wach geworden und anstatt sich gestört zu fühlen, klatschten sie und riefen: ‚Bravo!‘“ Nellu hielt inne mit der Erzählung doch spürte ich, dass die Geschichte nicht zu Ende war. Ein Lächeln umspielte seine Lippen, als er fortfuhr: „Aber den bedeutendsten Applaus erhielt ich von der russischen Seite! Als es nämlich in unserem Schützengraben ruhig wurde, hörte ich von der gegenüberliegenden Seite eine laute Männerstimme rufen: „Ioan Margineanu! Ne vedem la Bucuresti!“ (Wir sehen uns in Bukarest!) Stell dir vor: Wir waren auf dem Vormarsch und der Mann rief mir zu, dass wir uns in Bukarest einmal begegnen würden!“

„Nicht zu glauben! Der Russe war also davon überzeugt, dass sie einmal Bukarest einnehmen würden, d. h., dass sie siegen würden! Und außerdem kannte der Mann auch noch deinen Namen! Nicht zu glauben!“, ich war sprachlos. Nellu fuhr fort: „Die Geschichte ist noch nicht zu Ende. In einem der darauf folgenden Tage wurde ich verwundet und wurde in die Heimat transportiert. Als ich in Bukarest in einem deutschen Lazarett operiert werden sollte und man mich entkleidete, hörte ich den deutschen Arzt sagen: ‚Seidenhose! Der Soldat trägt eine Seiden-Unterhose!‘ Als er herausfand, dass ich Opernsänger war, schimpfte er auf die Rumänen; Künstler schicke man doch nicht in den Krieg!“

„Wie Recht er doch hatte! Ein Glück, dass du verwundet wurdest – wer weiß, was sonst noch in dem schrecklichen Krieg mit dir passiert wäre!“

„Noch ist die Geschichte nicht zu Ende, sie hat eine Fortsetzung! Du ahnst nicht, was fünf Jahre später passieren sollte!“, erwartungsvoll blickte ich ihn an. Nellu lächelte versonnen, anscheinend erfreute ihn eine angenehme Erinnerung.

„Als ich 1945 an der Bukarester Staatsoper wieder einmal die Rolle des „Valentin" sang und in einer Pause im Ankleideraum saß, klopft es. Ich sage: ‚Herein!' Die Tür geht auf und vor mir steht ein hochgradiger russischer Offizier, ein Hüne von einem Mann, mit unzähligen glitzernden Orden auf der Brust. Strahlend geht er auf mich zu, reicht mir die Hand und sagt in seiner Muttersprache: ‚Herr Margineanu, habe ich Ihnen nicht vor fünf Jahren auf der Insel Krim zugerufen, dass wir uns in Bukarest sehen werden? Nun, hier bin ich!'

Ich erhob mich, aufs Tiefste überrascht war ich keines Wortes fähig. Wir drückten uns die Hände, mir schossen die Tränen in die Augen, wir umarmten uns stumm, lange hielten wir uns umfangen. Dann bat ich ihn, Platz zu nehmen. Wir saßen uns gegenüber und blickten uns stumm in die Augen. ‚Schade, dass wir uns miteinander nicht unterhalten können', dachte ich. Mit meinen Russisch-Kenntnissen war es nämlich nicht weit her. Da hörte ich ihn schon auf Rumänisch sagen: ‚Nie werde ich die wunderbare Nacht auf der Krim vergessen! Und als Krönung durften wir Ihrem schönen Bariton lauschen. Darf ich Ihnen die damalige Situation schildern? Also, wir standen im Schützengraben herum, als ich von drüben eine Männerstimme singen hörte. Ich hob meinen Kopf über den Grabenrand, nahm mein Fernglas zu Hilfe und schaute hinüber; was seh' ich? Im hellen Mondlicht steht ein Mann aufrecht und singt das Gebet des „Valentin" aus der Oper „Faust". Nun bin ich ja ein großer Opern-Fan! Natürlich war ich so fasziniert, dass ich nicht daran dachte zu schießen. Nicht nur mich hatten Sie fasziniert, meine Wache habenden Soldaten, die alle mit schussbereiten Gewehren auf ihr Gegenüber zielten, starrten wie hypnotisiert auf Sie. Keinem fiel es auch nur im Traume ein, zu schießen. Sie stützten ihre Köpfe in die Handflächen und lauschten. Neben mir stand ein junger Gefreiter, er schaute mich lächelnd an und ich sah, dass ihm Tränen über die Wangen kullerten. Für die Länge einer Arie war himmlischer Frieden eingekehrt! Wir fühlten wieder, dass wir *Menschen* waren. Und dann rief ich Ihnen zu, dass wir uns in Bukarest sehen werden.‘

Bei der Erzählung des Offiziers hatte ich vergessen, wo ich mich befand. Ich fühlte mich um Jahre zurückversetzt, in einem fernen Land unter dem Sternenhimmel …

Doch da wurde ich schon auf die Bühne gerufen. Schnell versprachen wir uns, in Verbindung zu bleiben und umarmten uns; trotz meines fälligen Auftritts hielten wir uns lange umschlungen.“

Nellus Bericht war zu Ende. Wir lagen im Gras und schauten nachdenklich den Wolken nach, keiner sprach mehr. Die Geschichte hatte mich aufs Tiefste beeindruckt. Mir kamen die Tränen, ich fand keine Worte. Schwerfällig erhoben wir uns nach einer Weile, Hand in Hand strebten wir der Stadt zu.

„So ist das Leben! Im Krieg werden Freunde zu Feinden – aber auch Feinde zu Freunden!“, sagte ich nachdenklich.

„Ja, du hast Recht, Elena. Mit Vladimir Orlovski hat mich eine tiefe Freundschaft verbunden, die über Jahre dauerte. Leider haben wir uns seit einiger Zeit aus den Augen verloren.“

„Schade! Den Mann hätte ich gerne kennengelernt! Einen Mann mit einer wahrhaft großen russischen Seele!“

Es war die Zeit, wo sich in unserem Leben einiges zu klären begann. Nellu war mittlerweile geschieden worden und wir schmiedeten Zukunftspläne. Außer Puiu und Mica ahnte keiner der Kollegen oder Gesangsschüler auch nur das Geringste davon. Abends, nach dem Unterricht, aßen wir gemeinsam in einem Restaurant und trennten uns meistens vor meinem Gartentor. Die alte Dame, bei der ich in Untermiete wohnte, hatte mir Herrenbesuche verboten, Nellu wohnte immer noch bei Puiu und Mica, wir waren das bedauernswerteste Liebespaar! Und doch war es eine wunderschöne Zeit! Puius Taranus Rat war, so schnell wie möglich zu heiraten, nur so hätten wir eine Chance vom Wohnungsamt eine Wohnung zugeteilt zu bekommen.

(Anmerkung: In jedem kommunistischen Land sind alle Immobilien Staatseigentum und niemand kann auf irgendeinem privaten Wege eine Wohnung mieten. Ausschließlich über das staatliche Wohnungsamt wurden die Wohnungen zugeteilt und vermietet.)

Die Kriterien, nach denen man die Gunst erwerben konnte, in die engere Wahl für eine Wohnungszuteilung zu gelangen, wurden nach den Prinzipien des politisch-ideologischen Sozialismus, außerdem der marxistisch-leninistischen Weltanschauung eines sozialistischen Staates sowie der wiederbelebten Lebensführung der Urgesellschaft mit totaler Beseitigung des Privateigentums und ganz besonders nach den Prinzipien des dialektischen Materialismus und der Diktatur des Proletariats bestimmt. Um präziser zu sein: Eine Wohnung (36 qm) wurde einem freundlicherweise nur nach den Prinzipien der aus dem junghegelianischen Idealismus sich herleitenden Philosophie der Tat – die durch die radikale Intelligenz des F. Engels beeinflusst war, sich ihrerseits jedoch gegen den Industriekapitalismus richtete – zugeteilt. Dafür sorgte schon der Revisionismus des seinerzeit aus den Vereinigten Staaten von Amerika eingetroffenen Leo Trotzki, alias Leyb Bronstein, mit seinen radikalen reformistischen Praktiken, die darin gipfelten, dass er noch im Exil die 4. Internationale gründete. Erst nach 1956 führte ein Differenzierungs- und Diverstifizierungsprozess zum Polizentrismus, dessen Auswirkungen bis in die siebziger Jahre zu spüren waren.

Da sämtliche kommunistischen Konzeptionen die Auffassung vertreten, das Privateigentum sei die Hauptursache allen Übels, hatte auch die rumänische Wetterfahnenregierung 1944 beschlossen, das Gemeineigentum als Allheilmittel einzusetzen. Leider wurden von diesem unprobaten All-heil-mittel n i c h t alle-heil-gemittelt.

Typische Opfer des oben genannten Mittels waren unzählige arme Luder wie z. B. auch Nellu und ich, die darunter leiden mussten, dass gemäß dem sozialistischen Prinzip nicht in den Produktionseinheiten – wie es u. a. das Rätemodell vorsah – geplant und entschieden wurde, sondern in zentralen Verwaltungen, in diesem Falle in staatlichen Wohnungsämtern.

Nach den Kriterien dieser zentralen Verwaltungsämter entsprach Nellu nicht den Prinzipien des politisch-ideologischen Sozialismus, auch nicht denen der marxistisch-leninistischen Weltanschauung eines sozialistischen Staatsgefüges, viel weniger denen der wieder belebten Lebensführung der Urgesellschaft – sprich Höhlenbehausung mit totaler Beseitigung des Privateigentums – und schon gar nicht den Prinzipien des dialektischen Materialismus und somit überhaupt nicht dem Prinzip der Diktatur des Proletariats.

Eine Wohnung wurde ihm freundlicherweise n i c h t zugeteilt, weil: Eingedenk seiner Beteiligung an den Straßenkämpfen in Bukarest zwischen den Anhängern Codreanus und Horia Simas gegen Antonescu und was noch viel schlimmer war: eingedenk seiner Präsenz an den Kämpfen zwischen den ersten Kommunisten und den Legionären, widersprach er dem Prinzip des junghegelianischen Idealismus, aus dem sich bekannterweise die Philosophie der Tat – beeinflusst durch die radikale Intelligenz eines Herrn Friedrich Engels – herleitete. Diese radikale Intelligenz richtete sich, wie schon erwähnt, gegen den Industriekapitalismus. Leo Trotzki, alias Leyb Bronstein, hatte mit seinen reformistischen Praktiken den Revisionismus heraufbeschworen. Somit war der Polyzentrismus das Ergebnis eines Differenzierungs- und Diversifizierungsprozesses, der den zuständigen Kaderparteimitgliedern – als Vertreter des neuen Herrschaftssystems – verbot, einem Ex-Straßenkämpfer eine Behausung zu genehmigen, und sei es auch nur die einer Urgesellschaft, sprich Höhle. War doch die Kaderpartei höchster und entscheidender Machtträger, Verkörperung der Diktatur des Proletariats, Ordnungshüter und Richter aller menschlichen Probleme, Verwalter der Gütergemeinschaft der geldlosen Ordnung mit zentralistischer Planung aller menschlichen Bedürfnisse, inklusive des … allermenschlichsten Bedürfnisses …, so wie es George Orwell 1948 vorausgesagt hatte.

Noch mehr idiologische Demagogie gefällig?

Um mich wieder einer menschlichen Sprache zu bedienen: Über unseren Köpfen häuften sich die Probleme tonnenweise in den kleinsten und größten Dimensionen. Doch wir waren fest entschlossen, es Romeo und Julia nicht gleichzutun! Abgesehen davon, dass wir keine Bleibe für Nellu finden konnten, mussten wir feststellen, dass sich sowohl die uns bekannte als auch die uns unbekannte Menschenwelt gegen uns verschworen hatte. Jeder, aber auch wirklich jeder, schien irgendeinen Grund zu finden, *gegen* uns zu sein. Meine Mitschülerinnen meinten herablassend: „Du hast wohl einen Knall! Margineanu ist doch viel zu alt für dich!"

Meine sächsischen Freundinnen entsetzten sich: „Was? Einen Rumänen?"

Die Direktorin der Musikakademie, Frau Gitter, ein Mitglied der kommunistischen Partei, tat besonders allwissend und geheimnisvoll: „Haben Sie sich das auch gut überlegt? Er ist so viel älter als Sie und … er ist … politisch … nicht … astrein." (Wohl wusste sie um Nellus anti-kommunistische Vergangenheit …)

Es gab keinen Tag, an dem ich in diesem Sinne nicht angesprochen wurde, aber das Schlimmste sollte noch kommen: meine Eltern! Zwar war ich 28 Jahre alt und verdiente seit sieben Jahren mein eigenes Geld, doch in meiner Heimat – unter den erzkonservativen Siebenbürgen-Sachsen – galt man ein Leben lang als Kind und hatte die elterliche Autorität zu respektieren. Also musste ich nach Rosenau fahren und mich mit den konservativsten aller Eltern auseinandersetzen. Siebenbürgisch konservativ bedeutete: G e g e n jeden Mann einer anderen Nation, der sich erdreisten sollte, ein so „edles sächsisches Mädchen" heiraten zu wollen, und ganz besonders gegen jeden *rumänischen* Mann, der eine solche Absicht auch nur in seinen Träumen hegen sollte! Rumänen und Deutsche lebten in getrennten Stadtteilen und dazwischen stand – in ihren Köpfen – überdimensional, meterdick, eine Mauer. Zwar brachen die temperamentvollen Rumänen mit viel List und Tücke so manche Lücke in die Mauer, um ein viel begehrtes Mädchen von der Gegenseite zu erhaschen, doch war das jedes Mal eine Tragödie. Dieses Mädchen wurde so abgewertet, als sei es ins Rotlichtmilieu abgesunken. Nie mehr hatte es eine Chance, wieder in die „bessere, sächsische" Gesellschaft aufgenommen zu werden.

Das also wartete nun auf mich. In meinem Fall kam noch erschwerend hinzu, dass Nellu 21 Jahre älter war als ich. Ich mochte es jedoch nicht mehr hinausschieben und setzte mich eines Tages in die alte Dampflok-Eisenbahn Richtung Rosenau …

Es war mehr als ein Canossa-Gang!

Ich trat in den Hof. Das alte Häuschen, das meine Eltern nach viel Arbeit und Entbehrung gekauft und renoviert hatten, hatten sie mit dem Garten in den paar Jahren in ein kleines Paradies verwandelt. Jedes Fleckchen Erde des Hofes und des Gartens war von Blumen bedeckt und mit Obstbäumen bepflanzt. Ich stand inmitten der Blumen und rief nach Mutter, wissend, dass sie bei dem schönen Wetter nur im Garten sein konnte. Da kam sie auch schon. Vater war nicht zu Hause. In den letzten Jahren waren meine Besuche rar geworden und so freute sie sich besonders. Doch in meiner Brust lag ein Betonklotz und in meinem Hals steckte ein Kloß. Immer wieder fragte ich mich: ‚Wie sag' ich's meiner Mutter?'

Nach der Begrüßung setzten wir uns in die Küche und ich kam gleich zum Thema: „Mami, ich habe einen netten Mann gefunden und wir wollen heiraten!“

Welche Mutter würde bei diesen Worten ihrer 28 jährigen Tochter nicht in Freudentränen ausbrechen? Auch meine Mutter griff schon nach dem Schürzenzipfel, ihre potenziellen Freudentränen zu trocknen, fragte jedoch vorsichtshalber: „Und wer ist er? Was ist er?“

„Es ist mein Gesangsprofessor, Ioan Margineanu.“

Wenn in jenem Augenblick ein Blitzschlag die alte Sommerküche getroffen hätte und die Zimmerdecke krachend auf unsere Köpfe herabgestürzt wäre, hätte das meine Mutter nicht so umgehauen wie dieser Name. Fassungslos starrte sie mich an, rang die Hände, griff sich an den Kopf und stieß hervor: „Was sagst du da? Dein Professor?!“

„Ja, mein Professor. Er ist etwas ganz Außergewöhnliches! Erstens ist er ein hochgebildeter, warmherziger Mensch und zweitens ein großer Opernsänger, den jeder im Land kennt und verehrt.“

„Das ist mir alles egal! Er ist Rumäne! Um alles in der Welt, was hast du dir nur dabei gedacht?"

„Er ist ein wunderbarer Mann und ich liebe ihn."

„Was ist schon ‚Liebe'? Er ist R u m ä n e ! Und er ist außerdem viel zu alt für dich! Mein Gott, ich habe es gemerkt, als ich neulich in deiner Gesangsstunde war! Die Art, wie er dich verführerisch ansah, war ja nicht zu übersehen. Dieser alte Lustmolch! Dieses alte Luder! Nun hat er dir unerfahrenem Ding den Kopf verdreht! Wie konntest du nur so blöd sein? Natürlich hat er dich auch schon verführt und du bist womöglich schwanger!? Oh, ich möchte sterben! Das ist ja das Schlimmste, was einer Mutter passieren kann!"

Sie hatte ihr tränenüberströmtes Gesicht mit beiden Händen bedeckt und wiegte ihren Oberkörper im Schmerze hin und her …

„Er hat mich *nicht* verführt und ich bin somit auch *nicht* schwanger. Es verhält sich genau umgekehrt: Er war immer zurückhaltend. Ich war diejenige, die sich zuerst in ihn verliebt hat."

„Erzähl mir keine Märchen! Die Rumänen sind allesamt raffinierte Luder und ihr deutschen Mädchen seid ihnen nie gewachsen. Schon einmal hast du dich ja mit einem Rumänen eingelassen. Denkst du, ich weiß das nicht?"

„Eingelassen ist das falsche Wort, wir haben eine schöne Freundschaft. Aber mich würde es interessieren, woher du das weißt?"

„Nun, von deiner Schuhschachtel mit den Briefen. Die sprechen wohl eine deutliche Sprache!"

„Und da bist du in meiner Abwesenheit hinterrücks einfach so rangegangen, ohne Hemmungen?"

„Ich werde nie Hemmungen haben, dir einen Irrweg zu vermasseln."

„Ach so, jetzt kapiere ich, warum ich von Puiu Fomino seit einem Jahr keine Post mehr erhalten habe. Hast du ihm geschrieben?"

„Jawohl! Das habe ich! Dem habe ich ordentlich die Leviten gelesen. Ich habe ihm klipp und klar geschrieben: ‚Entweder Sie lassen die Finger von meiner Tochter oder Sie werden mich kennenlernen! Ich werde vor nichts zurückschrecken, einen

Rumänen von meinem Kind zu verscheuchen.' Und es hat gewirkt!" Sie setzte sich kerzengerade auf und erhob sich dann feierlich von der Bank.

„Und diesen alten Rumänen werde ich dir ganz und gar austreiben! Darauf kannst du dich verlassen! Das ist meine Pflicht als Mutter."

Siegessicher und autoritär stand sie dicht vor mir. Ihre Tränen hatte sie mit der Schürze längst abgewischt, sie schien wieder Herr der Situation und sagte mit klarer, alles beherrschender Stimme: „Hast du mich verstanden? Diese Affäre werde ich dir ganz und gar kaputtmachen! Nie und nimmer wirst du diesen Mann heiraten!"

Das war meine Mutter, so wie ich sie von Kindesbeinen an kannte, so wie sie immer alle Probleme gelöst hatte: Autoritär und mit durchdringender Stimme, mit dem Zeigefinger streng dahin weisend, wo man hinzugehen hatte, so vermochte sie schon immer alles und jeden zu beherrschen. Diese Frau, die ich als Kind so bewundert hatte, die ich immer für stark und gerecht gehalten hatte, stand nun vor mir und drohte mir mit blitzenden Augen und dem gefürchteten erhobenen Zeigefinger.

Bis zu meinem 14. Lebensjahr hatte sie mich täglich für alle möglichen Belanglosigkeiten geohrfeigt; kein Tag verging ohne Ohrfeigen. Vater schlug seltener zu, doch wenn er zuschlug, dann mit brutaler Kraft. Mutter gingen die Ohrfeigen sehr leicht von der Hand; Ohrfeigen auszuteilen gehörte zum normalen Alltag. Sicher war ich diejenige gewesen, an der sie ihren Frust am besten abreagieren konnte, wehrte ich mich doch niemals gegen diese alles beherrschende Übermacht, ließ alles mit mir geschehen. Ihre herrische Art, mit der sie über mich herfiel, vermittelte mir stets das Gefühl, sie habe recht und mit mir sei alles falsch, somit verdiene ich es, geohrfeigt zu werden. Wie oft sperrte ich mich auf der Toilette ein, um mich auszuweinen, um mich schluchzend immer wieder zu fragen: „Warum bin ich denn nur so schlecht? Warum bin ich nur so missraten?" Ich liebte meine Mutter damals, trotz der Ohrfeigen, die ich als wohlverdient betrachtete, ich liebte Mutter und sah zu ihr auf.

Noch als Zwölfjährige – in der Zeit, als Arthur bei uns wohnte – hatte sie mich oft schimpfend und schlagend in die Zimmerecke gedrängt und geschrien: „Hör auf zu weinen, sonst kriegst du noch mehr Schläge! Hör auf zu weinen! Hör auf, sonst kriegst du noch mehr!“ Mit größter Anstrengung hatte ich dann die Tränen hinuntergewürgt, um die Schläge und Ohrfeigen zu beenden. Erst als ich 14 Jahre alt war und genauso groß wie sie, begann ich ihre Ohrfeigen als erniedrigend zu empfinden, konnte ihren Hass, mit dem sie auf mich einschlug, nicht verstehen. Am traurigsten fand ich ihre Prügel eines Abends im Januar 1946. Während ich im elterlichen Schlafzimmer friedlich den Weihnachtsbaum abschmückte, kam sie aus der Küche gestürmt, fiel ohne jegliche Begründung über mich her und verprügelte mich. Erst hielt ich meine Arme schützend vor das Gesicht, doch dann fiel ich ihr weinend um den Hals und bat sie: „Mami, bitte hör auf mich zu schlagen!“ Ein 14-jähriges Mädchen, das seiner prügelnden Mutter weinend in die Arme fällt und sie bittet, es nicht mehr zu schlagen? Gab es das sonst noch irgendwo auf der Welt?

Mutter versetzte mir jedoch schnell ein paar weitere Ohrfeigen, sie konnte weder meinen Jammer noch meine Demut, mit der ich mich schlagen ließ, nachempfinden. Wie schade! Sie war sich dessen überhaupt nicht bewusst, dass sie mich mit jeder Ohrfeige innerlich von sich entfernte …

Während sie nun in der Sommerküche vor mir stand und lautstark auf mich einredete, saß ich still da und betrachtete sie plötzlich mit ganz anderen Augen. Mit einem Male wurde mir klar, dass sie Unrecht hatte! Wie oft mag sie wohl in meiner Kindheit Unrecht gehabt haben, ohne dass ich in der Lage gewesen war, dies zu bemerken? In meiner Unschuld hatte ich nie an ihrer Lauterkeit gezweifelt, hatte immer nur zu ihr aufgeschaut. Endlich fing ich an, erwachsen zu werden!

Ich überlegte: ‚Rumäne! Na und? 21 Jahre älter! Na und? Wo steht denn geschrieben, dass das nicht erlaubt sei? Etwa in der Bibel? Im Koran? Im Talmud? Oder in irgendeiner Verfassung? Moment mal: Mami ist doch gar nicht so arisch wie sie tut!‘ Ganz sachlich fragte ich: „Und wenn er nun Ungar oder Spanier wäre?“

„Ach, hör mir damit auf! Es ist ja dasselbe! Ungarn, Spanier, Rumänen, die sind doch alle die gleichen Halunken!“

„Nein wirklich? Was du nicht sagst! Und was ist mit dir? Du hast doch einen spanischen Urgroßvater und zwei ungarische Tanten in deinem Stammbaum! Du bist doch gar nicht so deutsch wie du tust, also hast du selber auch ‚halunkisches‘ Blut in deinen Adern. Wozu die ganze Aufregung?“

„Du bist frech!“

„Wieso frech? Ich weise bloß auf Tatsachen hin.“

„Du bist frech und undankbar! Haben wir dich deshalb großgezogen, damit du uns nun das antust?“

In diesem Argument fand ich keine Logik. Ihre ganze Einstellung entbehrte jedes Gerechtigkeitssinns, jedes Verständnisses. Am meisten kränkte mich die Plumpheit, anzunehmen, ich könnte schwanger sein. Sie musste mich doch kennen! Und trotzdem behielt sie stur ihr eigenes Denkmuster darüber bei, was sie Heirat und was sie Liebe nannte. Ihre Fantasie und ihr Denken waren meilenweit von mir entfernt. Wenn ich ihr jetzt verraten hätte, dass ich mit meinen 28 Jahren noch Jungfrau war, hätte sie mir nie geglaubt. Wäre nicht jeder, dem ich das anvertraut hätte, in schallendes Gelächter ausgebrochen? Mutter hätte es als eine faustdicke Lüge betrachtet, eine Verlogenheit, die ich wohl von diesem Rumänen angenommen hatte … Wie gut ich das wusste! Deshalb blieb es auch mein ganz persönliches, großes Geheimnis.

Während ich auf der Küchenbank saß und mir diese Aspekte durch den Sinn gehen ließ, hatte sich Mutter wieder auf ihren Stuhl niedergelassen und weinte herzzerreißend. Und ich war noch so abhängig von ihr, dass mir ihr Weinen aufrichtig zu Herzen ging. Ihre ganze Unlogik, ihre Ungerechtigkeit, ihr Unverständnis, sogar ihre Plumpheit vergaß ich angesichts ihrer Tränen. Ich konnte sie meinetwegen nicht weinen sehen. Früher waren es die

Ohrfeigen gewesen, jetzt ihre Tränen, die mir noch immer das Gefühl vermittelten, dass sie im Recht sein könnte …

‚Was soll ich bloß tun? Wie bringe ich diese beiden unterschiedlichen Welten, Nellus Welt und die meiner Eltern, zusammen? Nie und nimmer wird mir das gelingen!‘ Ich trat zu ihr hin: „Weine nicht mehr, Mami! Komm, lass uns etwas essen und nachher reden wir weiter."

Nach dem Essen zeigte sie mir noch stolz ihren Garten und wir sprachen nicht mehr über das leidige Thema. Beim Abschied nahm sie mich jedoch in ihre Arme – was sie höchst selten und nur zu ganz besonderen Anlässen zu tun pflegte – und sagte mit theatralisch bewegter Stimme: „Elenchen, mach bitte Schluss mit deinem Professor! Du musst mit ihm Schluss machen, deinen Eltern zuliebe, versprich mir das!"

Und ich friedfertiges Schaf antwortete brav: „Ja, Mami." In jenem Augenblick meinte ich das auch so. Erwachsen werden geht also doch nicht so mit einem Schlag.

Und wieder saß ich in der Eisenbahn, lehnte meine Wange an die Fensterscheibe und weinte. ‚Ich muss Schluss machen mit Nellu! Es geht einfach nicht. Ihn zu heiraten, bedeutet, eine Familienkatastrophe heraufzubeschwören!

Aber wie sag' ich's meinem Nellu?‘

Um diese schmerzliche Konfrontation so lange wie möglich hinauszuschieben, blieb ich ganz einfach dem Gesangsunterricht fern. Tagsüber saß ich abwesend und todtraurig vor meinem Reißbrett und abends weinte ich mich in den Schlaf. Täglich kam ein Brief von Mutter. Bitten, Ermahnungen und Drohungen wechselten sich ab. Wie gut sie mein Harmoniebedürfnis doch kannte und es ausnutzte! Sie bombardierte mich mit schriftlichen Gefühlsduseleien wie: „Ich bin die bedauernswerteste Mutter dieser Welt!"

„Ich habe den ganzen Garten mit meinen Tränen benetzt."

„Tati ist außer sich. Er will dir eine gute Tracht Prügel verabreichen."

Und noch massiver: „Falls du dein Versprechen nicht hältst und nicht sofort Schluss machst mit dem fürchterlichen Mann, hänge ich mich auf! Und du hast mich auf dem Gewissen!"

Das war zu schweres Geschütz für mich. Als ich am nächsten Tag im Büro still vor mich hin weinte und mir die Arbeit überhaupt nicht von der Hand ging, kam Tutzi, meine liebe Arbeitskollegin, zu mir: „Nun, Elena, was hat dir deine Mutter heute denn wieder Schlimmes geschrieben? Du bist ja nicht wiederzuerkennen!"

Unter Schluchzen brachte ich stockend heraus: „Ach, Tutzi, es ist so schrecklich! Mutter ist total aufgebracht. Ich muss mit Nellu Schluss machen, sonst nimmt sie sich das Leben; sie hat gedroht, sich aufzuhängen."

„Vezi-iti de treaba ca nu se spinzura!", kam es wie aus der Pistole geschossen zurück (Geh, lass dich nicht auslachen, die hängt sich nicht auf!). Es war bloß ein einziger, kurzer Satz gewesen und wog trotzdem Tonnen an Gewicht. Plötzlich sah ich lichte Funken durch den Raum sprühen. Schlagartig wurde meine bis dahin vernebelte Sicht davon hell erleuchtet. Dieser Satz hatte in meinem Unterscheidungsvermögen einen gänzlich neuen Blickwinkel aufgespalten und weit geöffnet. Plötzlich sahen die Dinge für mich ganz anders aus! In mir wurde eine Eigenschaft entfacht, von der ich nie geahnt hätte, dass ich sie besitzen könnte: Durchsetzungsvermögen gegen meine Eltern!

In meinem Inneren bäumte sich plötzlich etwas auf, das bis dahin nur bäuchlings am Boden dahin vegetiert hatte: Durchsetzungskraft gegen Eltern, die eindeutig falsch lagen!

Tutzi erzählte mir von einem mit ihr befreundeten jungen Ehepaar, dessen Eltern gegen die Heirat gewesen waren.

„Und weißt du, was sie gemacht haben? Sie sind durchgebrannt! Eines Tages fanden die Eltern das Zimmer der jungen Frau leer. Auf dem Tisch lag ein Zettel ‚Wir haben geheiratet.' Seither sind die beiden das glücklichste Ehepaar."

Mit riesengroßen Augen hatte ich zugehört. ‚Aha! So also kann man das auch machen!'

Tutzi schlich wieder zu ihrem Reißbrett und ließ eine nachdenkliche Elena zurück. Noch eine Weile stierte ich auf mein Reißbrett doch dann gab ich mir einen Ruck, trocknete mein verheultes Gesicht, schminkte mich etwas nach, puderte meine rote Nase und setzte mich kerzengerade auf. Ich begann sogar vernünftig zu arbeiten, zog dicke und dünne Linien, kleine und große Kreise, die tatsächlich in technisch korrekten Relationen zueinander standen.

Am nächsten Nachmittag putzte ich mich heraus und begab mich federnden Schrittes und leuchtenden Blickes wieder in den Gesangsunterricht. In meinem Kopf war ein Schlachtplan, nächtlicherweise frisch ausgebrütet. Nellu und die andern empfingen mich mit viel Hallo: „Was ist nur mit dir los? Zwei Wochen hast du gefehlt! Das kannst du dir doch nicht erlauben!"

Nellu trat dicht an mich heran und betrachtete mich besorgt: „Sag mir, Elena, was ist passiert?"

„Das werde ich dir heute Abend sagen, falls du mit mir im ‚Aro' speisen möchtest."

„Du tust ja so feierlich! Hast du einen besonderen Grund dafür?"

„Den habe ich gewiss. Du wirst dich wundern."

Und wieder saßen wir uns am weiß gedeckten Tisch gegenüber und strahlten.

„Nun, mein Elenchen? Was für Alibis hast du vorzuweisen?"

„Ich bin die letzten zwei Wochen durch die Hölle gegangen, doch unversengt wieder heraus marschiert. Kein bisschen Rauch, kein bisschen Asche noch Kohlenstaub ist an mir haften geblieben. Ich fühle mich frischer und energiegeladener als je zuvor."

„Versteh' ich nicht ganz, ist ja auch egal."

„Nellu, willst du mich noch heiraten?"

„Was für eine Frage! Diese Absicht schwirrt seit drei Jahren in meinem Kopf herum. Wenn du wüsstest, wie sehr du mir in den letzten zwei Wochen gefehlt hast! Fünfmal war ich vor deinem Gartentor, doch in deinem Zimmer war es immer dunkel. Ich war verzweifelt! Dann habe ich mir geschworen: ‚Wenn ich sie wiederfinde, nehme ich sie bei der Hand und lasse sie nicht mehr los, bis sie mir nicht vor dem Standesbeamten versprochen hat, meine Frau zu werden.'“

Ich reichte ihm die Hand über den Tisch und flüsterte:

„… deine Frau zu werden für gute und schlechte Zeiten!“

„… bis dass der Tod uns scheidet, Elena!“

Nellu hatte meine Hände mit seinen warmen Händen umschlossen und sah mich überglücklich an: „Morgen bringst du mir deine Unterlagen und übermorgen trage ich unsere Papiere zum Standesamt und verlange den frühestmöglichen Trauungstermin.“

„Ja! Genauso machen wir's!“

Nellu bestellte Zanderfilet und eine Flasche Kockeltaler Weißwein, genannt ‚Mädchentraube‘, und wir schlemmten.

„Ich bin in Rosenau gewesen. Ich habe mit Mutter über uns gesprochen.“

Abrupt hörte er zu essen auf, ließ Messer und Gabel fallen und starrte mich an:

„Du hast mit deinen Eltern gesprochen? Über uns?“

„Nur mit Mutter.“

„O Gott! Deshalb bist du also zwei Wochen weggeblieben!“

„Es war schlimm!“

„Und trotzdem willst du mich heiraten?“

„Trotzdem! Oder gerade deshalb! Mir ist klar geworden, wenn auch spät, wie falsch die Ansichten meiner Eltern sind! Ich werde von nun an meinen eigenen Weg gehen.“

„Mit 28 wird es wohl auch Zeit, wenn ich das äußern darf.“ Stumm gabelte er an seinem Zander und nippte am Wein. Ich sah ihm an, dass da noch etwas in seiner Kehle saß, das sich nach oben Bahn brechen wollte …

„Und wenn ich mir noch etwas zu bemerken erlauben darf … etwas, was auch mit deinen 28 Jahren … wie soll ich sagen … zu tun haben dürfte …“

Ich tat so, als verstünde ich nicht.

„Was meinst du?“

„Was ich meine, ist, dass ich dich sehr liebe und dich endlich ganz besitzen möchte. Dass ich der erste Mann sein werde, dem du dich hingibst, ist für mich eine außergewöhnlich große Ehre. Bei deinem Aussehen und deiner Ausstrahlung dürfte es an Anwärtern wohl nicht gemangelt haben?“

„Ich kann nicht klagen, doch hatte ich so meine Taktik, sie gar nicht erst zu nahe an mich heranzulassen. Sie waren mir alle egal. Geliebt habe ich nur einen Einzigen und den durfte ich nicht haben, also wollte ich keinen.“

„So, so! Da gab es also so etwas wie eine große Liebe, oder? Du machst mich neugierig!“

„Ich sagte doch ‚geliebt habe‘, das ist bekanntlich das Perfekt, also Vergangenheit, vorbei.“

„Meine Liebste, die Gegenwart ist die, dass ich dich liebe, so wie du bist samt deinem wunderbaren Körper. Verstehst du mich, wenn ich mich nach dir sehne?“

„Ich liebe dich auch! Und ich schätze es ungemein an dir, dass du mich bis jetzt verstanden und meinen Standpunkt respektiert hast! Dass ich vorläufig noch nicht dein sein möchte, hat weniger mit der Heiratsurkunde zu tun.“

„Sondern?“

„Lass uns zuerst eine Wohnung finden! Ich möchte dieses, unser gemeinsames, großes Ereignis nicht irgendwo im Wald, hinter einem Gartenzaun oder bestenfalls in der Wohnung eines Freundes erleben, sondern in unseren eigenen vier Wänden. Verstehst du, dass ich in meiner Position eben einen anderen Standpunkt habe als du?“

„Im Moment verstehe ich nicht viel … stattdessen fühle ich …“

Verdrossen stocherte er in den Resten des Fisches, fand noch ein paar abgekühlte Kartoffeln auf seinem Teller und tat so, als gäbe es auf der Welt nichts Aufregenderes zu tun, als diesen Überbleibseln den Garaus zu machen. Er tat mir leid. Doch ich konnte nicht anders. Um von dem empfindlichen Thema abzulenken, fragte ich: „Wohnst du noch immer beim Ehepaar Mica und Puiu?“

„Nein.“

„Was sagst du? Du hast also eine Wohnung gefunden?“

„Nein.“

‚O Gott! Wie soll das weitergehen?' Ich räusperte mich umständlich: „Darf ich fragen, wo du des Nachts dein müdes Haupt bettest?"

„Dass du jetzt auch noch ironisch werden könntest, hätte ich dir nicht zugetraut."

„Entschuldige! Wo in aller Welt wohnst du denn?"

„Bei meinem Schüler, dem Ehepaar Mironescu, in der Wohnküche."

„Wie bitte? Du wohnst in einer Küche? Wieso durftest du nicht mehr bei Mica wohnen?"

„Ihre Mutter kommt für einige Wochen auf Besuch."

„Das ist ja schrecklich! Wir müssen unbedingt eine Wohnung für uns finden!"

„Ja. Das müssen wir. Die Frage ist bloß: wie?"

„Kann dir Puiu Taranu als Oberleutnant der Miliz denn nicht helfen?"

„Nein. Er kann gar nichts tun und weißt du warum?" Nellu räusperte sich und schien in Gedanken weit auszuholen. Irgendwie schien er sich nicht sicher zu sein, ob er weiter sprechen sollte. Doch dann fasste er sich, entschlossen fuhr er fort: „Du hast ein Recht es zu erfahren, damit du weißt, wen du heiraten willst: Ich bin politisch auf einer sehr schwarzen Liste. Jemand wie ich kriegt keine Wohnung, da kann mir Puiu Taranu auch nicht helfen."

„Schwarzen Liste? Wieso denn? Aus welchem Grund?"

„Der Grund liegt in meiner Vergangenheit, in meinen Jugendjahren."

„Möchtest du darüber sprechen? Ich höre dir zu und verstehe dich immer, das weißt du!"

„Ja, ich möchte so gerne mit dir darüber sprechen, Elena! Doch fürchte ich, es wird nicht einfach für dich sein, mir auch nur zuzuhören, was ich zum Erzählen habe! Wirst du stark genug sein, mein Elenchen?" Forschend blickte er mich an und umschloss zärtlich meine Hand. Entschlossen sah ich ihm in die Augen und sagte:

„Ich bin stark und ich werde noch stärker werden, wenn du mir alles über dich erzählst! Ich werde daran wachsen."

„Vor 20 Jahren … war ich …“

„Ja? Was warst …“

„… war ich Mitglied der Eisernen Garde.“

„Du … warst … Legionär?“

„So ist es. Und aus diesem Grunde werde ich nie eine Wohnungszuteilung erhalten.“

„Nellu! Das ist ja unmenschlich!“

„Willst du mich jetzt noch heiraten?“

„Jetzt umso mehr! Schon immer hatte ich eine hohe Verehrung für die Eiserne Garde und die Legionäre! Nellu, ich werde mit dir durch dick und dünn gehen! Ich will mit dir unter Brücken und in Höhlen wohnen! Hauptsache wir sind zusammen. Ich will dich trösten und dir Kraft geben! Ich will immer und überall bei dir sein!“

Er stand auf, kam zu mir, umarmte mich und wir küssten uns lange. Uns war es völlig egal, was sich die übrigen Gäste im Lokal dabei dachten oder nicht!

„Ich danke dir, Elena! Und ich danke Gott, der dich mir geschickt hat!“

Mir war schon seit einiger Zeit aufgefallen, dass seine Augen oft rot und geschwollen waren und er sie sich unentwegt rieb. Auch hatte ich an seinem linken Oberarm blaue Flecken entdeckt, doch es nie gewagt ihn zu fragen.

„Was ist mit deinen Augen los? Du kannst in der Küche wohl nicht gut schlafen?“

„Das ist es nicht. Es ist etwas viel Schlimmeres. Ich bin in den letzten Wochen wieder einige Male verhört worden. Obwohl die Zeit der ‚Eisernen Garde‘ so weit zurückliegt, werde ich immer noch verhört … und … mitunter sogar … gefoltert.“

„Gefoltert?!“, entfuhr es mir. Ich war entsetzt.

Unbeirrt fuhr Nellu fort: „Heute weiß ich, dass das ein jugendlicher Wahn war. Und dass ich mich mit meinem Temperament damals in die Straßenkämpfe gegen die Kommunisten verwickeln ließ, war zwar mutig aber total aussichtslos. Und jetzt muss ich dafür büßen.“

„Wer sind die, die dich verhören? Und was tun sie mit dir?"

Nellu sah sich verstohlen um, um sicherzugehen, dass niemand unser Gespräch mithören konnte. Leise fuhr er fort: „Es ist die Securitate, der Staatssicherheitsdienst, zusammen mit Kadermitgliedern. Die Verhöre finden immer nachts statt. Stundenlang werde ich direkt mit Scheinwerferlicht beleuchtet, darf die Augen nicht schließen, und muss die Kerle anschauen, während ich mit gefesselten Händen dastehe. Die Fragen wiederholen sich ständig; das treibt einen zum Wahnsinn! Immer wieder verpasst man mir Ohrfeigen und Hiebe. So vergehen die Stunden. Am Morgen lassen sie mich wieder frei. Ich bin dann physisch und psychisch so erledigt, dass ich kaum noch weiß, wer ich bin."

Nellu krempelte die Ärmel bis zur Schulter hoch. „Schau dir diese blauen Flecken an! Und hier diese Platzwunden!"

Mir liefen die Tränen über die Wangen! Ich war zu sehr entsetzt, um Worte zu finden. Schweigend fasste ich nach seiner Hand und umschloss sie liebevoll mit meinen Händen. Noch nie hatte ich mich so hilflos gefühlt! Nellu beugte sich zu mir über den Tisch und flüsterte: „Wenn wir einmal durch die Stadt gehen, zeige ich dir das Haus auf dem Rossmarkt Nr. 23 und auch das Fenster im zweiten Stockwerk, hinter dem die Verhöre stattfinden."

„Was fragen sie dich denn? Was wollen sie jetzt noch nach so langer Zeit von dir? Ich verstehe das nicht."

Schweigend blickte Nellu auf seinen Teller. Ich ließ ihm Zeit. Wohl spürte ich, dass ich bald eine Antwort erhalten sollte, die schwer wog, die er sich erst abringen musste. Als er seinen Blick zu mir erhob, sah ich in zwei tieftraurige Augen, die sich durchdringend und beschwörend in die meinen bohrten.

„Elena, du hast mir versprochen stark zu sein. Nun, ich will dir heute etwas anvertauen."

„Ja, Nellu, was immer es auch sein mag, ich werde es bestimmt geheim halten."

„Ich weiß das. Und ich habe das größte Vertrauen zu dir."

„Das ehrt mich, ich danke dir!"

Nellu holte tief Luft, räusperte sich und begann leise:

„Weißt du es handelt sich nicht *nur* um meine Vergangenheit."

„Nicht *nur*, sagst du? Was ist es denn noch?"

„Ich tue auch jetzt noch Sachen, die der Partei missfallen würden, wäre sie davon informiert. Es ist sogar möglich, dass sie das ist … warum sonst habe ich diese Schwierigkeiten … Doch das, was ich tue, tue ich nur aus reiner Menschlichkeit." Er hielt inne, nahm einen Schluck Wein, räusperte sich und lehnte sich zurück; mit Bedacht fuhr er fort: „Die meisten überlebenden Legionäre haben in der Nachkriegszeit das Land verlassen können. Viele von ihnen leben in den USA, einige in Deutschland, noch einige wenige in Spanien, ein damaliger guter Freund von mir lebt in Frankreich. Doch ich weiß nicht, ob es dir bekannt ist, dass eine Anzahl von Legionären, die das Land nicht verlassen konnten, heute noch versteckt in den Bergen leben."

„Was du nicht sagst! Wie meinst du das? Sie können doch nicht all die Jahre in Höhlen gewohnt haben?"

„Doch! Genau so ist es. Sie leben in selbst gebauten Hütten, die sie immer wieder abreißen und die Standorte wechseln."

„Das muss ja nervenaufreibend sein! Und womit ernähren sie sich?"

„Das ist das Problem: Sie werden von der Bevölkerung unterstützt. Die tapferen Bauern der Dörfer, die am Fuße der Fogarascher Berge liegen, versorgen sie mit Nahrung und Kleidung. Wenn sie jedoch dabei erwischt werden, bekommen sie die größten Schwierigkeiten, werden eingesperrt, verhört, verprügelt, gefoltert und erpresst, um die armen, gehetzten Menschen zu verraten."

Plötzlich ging mir ein Licht auf. Mit geweiteten Augen starrte ich ihn eine Weile an dann entfuhr es mir: „Du kennst sie! Du hast Verbindung zu ihnen! Ist es nicht so?"

Beschwörend schaute er mich an, dann nickte er: „Ja, so ist es. Ich habe Verbindung zu ihnen. Die Partisanen, wie sie jetzt von der Bevölkerung genannt werden, sind in Gruppen von sieben bis zehn Leuten eingeteilt. Meine Schwester Istina und mein Schwager in meinem Heimatort Stremti und noch viele andere tapfere Menschen aus den Nachbardörfern sammeln ständig Kleidung und Lebensmittel, die sie an bestimmten Standorten hinterlegen, um von den Legionären abgeholt zu werden. An diesen Aktionen beteilige ich mich, indem ich finanziell einen Beitrag leiste. Von Istina weiß ich auch, wo sie sich ungefähr aufhalten."

Mir wurde eins klar: Das übergroße Vertrauen, das Nellu zu mir hatte und dieses große Geheimnis, das wir von nun an teilten, würde mich für immer an diesen Mann binden. Welch eine Bereicherung! Es ehrte mich zutiefst.

„Wie viele sind es denn im Ganzen?"

„Zur Stunde weiß ich es nicht. Es werden immer weniger. Die Militz und die Securitate sind ihnen ständig auf den Fersen. Wenn sie einen erwischen, machen sie entweder sofort kurzen Prozess mit ihm oder sie foltern ihn, um die andern zu verraten."

Ich lehnte mich zurück und sagte langsam: „Jetzt verstehe ich alles! Die Securitate will aus dir herauspressen, wo sie sind. Du sollst diese armen Luder verraten, damit sie alle hingerichtet werden! Nein, wie furchtbar!"

„Ich habe bis jetzt immer standhaft geleugnet, etwas über die Legionäre zu wissen. Alles umsonst. Ich habe keine Ahnung, woher sie wissen, dass ich Verbindung zu ihnen habe."

„Vielleicht vermuten sie das auch nur und wollen nun die Gewissheit aus dir herauspressen. Mein Gott, wird das je ein Ende nehmen?", fragte ich besorgt.

„Wie dem auch sei, das wird kein Ende nehmen; es sei denn, die armen Menschen werden irgendwann einmal alle entdeckt und hingerichtet." Sorgenvoll seufzte Nellu. Eine bedrückende Stille umgab uns. Was ich in der letzten Stunde erfahren hatte, lag nun mit Zentnerlast auf meinen Schultern.

Ich suchte einen Ausweg: „Lieber Nellu, lass uns in eine andere Stadt ziehen! Es ist mir doch egal, wo wir zusammenleben."

„Das würde überhaupt nichts bringen. Man verfolgt mich im ganzen Land, egal, wo ich gerade bin. Schau, ich habe doch jahrelang an der Staatsoper in Bukarest gesungen. Dort wurde ich sehr geschätzt und die ganze musikalische Welt kannte mich, das Publikum liebte mich; ich fühlte mich wie ein König! Dann kam die Sache mit den Straßenkämpfen gegen die Kommunisten.

Heute bin ich weit davon entfernt zu behaupten, die Eiserne Garde – oder die Legion, wie sie später hieß – habe immer richtig gehandelt. Für uns bedeutete sie jedoch damals die einzige Alternative zum Kommunismus. Was uns am meisten am Herzen lag, war die Sicherung Rumäniens gegen die Sowjetunion. Aus diesem Grund waren wir an einem Bündnis mit den Achsenmächten brennend interessiert."

„Erzähle mir bitte mehr Einzelheiten über die Legion!", bat ich Nellu, „Wer war ihr Begründer? Welche Voraussetzungen musste jemand mitbringen, um Mitglied zu werden?"

„Ihre Mitglieder waren fast ausschließlich gebildete junge Männer, Studenten, Ärzte, Hochschulprofessoren, Dichter, Philosophen; sie alle hatten hohe Ideale zum Ziel. Die „Eiserne Garde" sah sich nicht als Partei, sondern vielmehr als eine Schule, aus der eine neue Generation edler Menschen hervorgehen sollte. Das betonte ihr Führer Codreanu immer wieder mit Nachdruck."

„Wer war dieser Codreanu?"

„Er war der Begründer und Führer dieser Organisation, Corneliu Zela Codreanu, ein hochgebildeter junger Mann, der in Frankreich Jura studiert hatte, ein tief religiöser Mensch, der edle Charaktereigenschaften für sich und seine Mitstreiter an erste Stelle setzte. Somit war er bei der Bevölkerung äußerst beliebt, besonders bei der Studentenschaft und dem jungen Klerus; aber auch bei den Bauern fand er eine große Anhängerschaft. Codreanu wollte aus Staat, Religion und Nation ein organisches Ganzes bilden; die kollektiven Ziele stellte er höher als die Individualität des einzelnen Menschen."

„Sicher hatte der Glaube einen hohen Stellenwert in der Legion, wenn ihr Führer tief religiös war."

„Du sagst es! Alle Zusammenkünfte wurden mit Gebet eröffnet und mit Gebet abgeschlossen. Der Glaube an Gott, den Schöpfer, Gehorsam und Disziplin beherrschten die Organisation. Weißt du, es war gar nicht einfach, eine Mitgliedschaft zu erreichen. Die Bewerber mussten eine Bewährungsprobe von eineinhalb bis zwei Jahren bestehen, um als Mitglied der Legion aufgenommen zu werden, um den Titel „Legionär" führen zu dürfen.

„Was du mir bisher über die Legion erzählt hast, ist einfach wunderbar!"

Ich blickte Nellu mit begeisterten Augen an. Gott, war ich stolz einen solchen Mann lieben zu dürfen, einen Mann, der alle diese hehren Eigenschaften besaß, der einmal Mitglied jener ganz außergewöhnlichen Organisation gewesen war, einer Organisation, die nur hohe, wertvolle Ideale erstrebte. Eine Sache war mir dennoch unklar und ich stellte ihm gleich die Frage: „Wieso sagtest du denn am Anfang unseres Gesprächs, dass du heute weit davon entfernst bist zu behaupten, die „Eiserne Garde" habe immer richtig gehandelt?"

„Bei aller Popularität unter der Bevölkerung hatten wir einen Erzfeind: die überaus tyrannische Polizei des Landes. Sie war ja ein Apparat eines tyrannischen Regenten, des Königs Karl II. und seiner verruchten Geliebten Maria Lupescu, die ihn total manipulierte."

„Ihr hattet also schon vor der kommunistischen Ära Schwierigkeiten?"

„Die hatten wir! Ganz besonders nachdem drei unserer Mitglieder den Ministerpräsidenten I. G. Duca ermordet hatten – was sicher ein großer Fehler war. Darauf wurde Codreanu verhaftet und ins Gefängnis gesteckt. Als er mit weiteren 13 Insassen – Anhängern der Legion – von der Haftanstalt Rimnicu-Sarat in die Haftanstalt Jilava überführt werden sollte, wurden unterwegs in der Nähe von Predeal in einem Tal alle 14 Männer kaltblütig erschossen."

Nein! Ich hielt den Atem an ... Nein, das war doch die Erschießung, der mein Großvater einmal vor Jahren ungewollt Zeuge gewesen war!

„Du Nellu! Ich muss Dir in diesem Zusammenhang etwas außerordentlich Aufregendes berichten!"

„Ja, Elena, was denn?"

„Mein Großvater, Georg Truetsch, hat damals diese Erschießung persönlich mitbekommen!"

„Was sagst du da? Wieso das?!"

„Er war gerade unterwegs von Rosenau zu uns in die Berge. Als er im Klein-Weidenbachtal auf seiner Kutsche saß und gemächlich in die ersten Serpentinen einbiegen wollte, hörte er Schüsse. Er stieg ab und lief in die Richtung, woher die Schüsse kamen. Was er zu sehen bekam, traute er seinen Augen nicht: Am helllichten Tag wurde eine Gruppe von Männern mit verbundenen Augen erschossen. Als er wie versteinert stehen blieb, kam auch schon ein bewaffneter Soldat auf ihn zu und brüllte: „Verschwinde sofort, oder willst du auch erschossen werden?" Natürlich rannte Großvater zurück, bestieg seine Kutsche und fuhr unter Schock weiter. Als er nach zwei Stunden bei uns im Vorban-Haus ankam, stand ihm noch das Grauen im Gesicht. Später erfuhren wir, dass Codreanu dort mit 13 seiner Anhänger hingerichtet worden war."

Erschüttert sah mich Nellu an, keines Wortes fähig betrachtete er mich erstaunt und schüttelte nur den Kopf. Nach einer geraumen Weile sagte er tonlos: „Ja, im selben Monat wurden eine ganze Anzahl weiterer Legionäre ohne Gerichtsurteil hingerichtet und im gleichen Jahr wurden 252 Legionäre aus unterschiedlichen Haftanstalten erschossen. Hinter all den Ermordungen stand der König Karl II." Nellu seufzte und blickte nachdenklich vor sich hin – dann fuhr er fort: „Kannst du dir jetzt vorstellen, dass aus der ehemaligen gottesfürchtigen, ehrbaren Legion eine Organisation geworden war, die von Hass und Rachegefühlen beherrscht wurde? Von da an verloren sie irgendwie die Kontrolle; sie wurden brutal."

„… was erklärlich ist!", erwiderte ich erschüttert. „Und wie wirkte sich das auf die Organisation aus? Fiel sie auseinander?"

„Nein. Horia Sima wurde Codreanus Nachfolger. Die schlimmste Zeit begann für uns jedoch im Kommunismus. Wie ich dir bereits erzählte, flohen die meisten in die USA, Spanien oder Deutschland. Viele wurden jedoch in die schlimmsten Gefängnisse gesteckt oder gleich erschossen und ein kleiner Teil hält sich bis zum heutigen Tag in den Bergen der Karpaten versteckt."

„Du sagtest, dass die Legionäre in ihrer Verzweiflung zur Brutalität übergegangen waren. Darf ich dich etwas fragen?"

„Du darfst … Doch kann ich mir denken, was du wissen willst … Ob ich auch brutal wurde, ist es nicht so?"

„Ja, Nellu, das wüsste ich gern …", kam es kleinlaut von mir.

„Bitte glaube mir, Elena: Ich bin ein Mensch, der keiner Fliege etwas zuleide tun könnte. Ich persönlich habe nie eine Waffe geführt, sogar bei den Straßenkämpfen gegen die Kommunisten habe ich nur mit den Fäusten zugeschlagen."

Ich besann mich. Eine Weile war Stille. Meine Gedanken schweiften in die Vergangenheit, sechzehn Jahre zurück, als ich vor dem Vorban-Haus mit Nenea Costache im Gespräch war. Lächelnd und mit leiser Stimme sagte ich: „Ich weiß das!"

„Was weißt du?"

„Ich weiß, dass ihr nur mit euren Fäusten gekämpft habt. Als ich zwölf Jahre alt war, hat mir ein Bukarester, Nenea Costache, genau das über dich erzählt, nämlich, dass ihr die Kommunisten mit Fäusten und Knüppeln in die Flucht geschlagen habt."

„Was sagst du? W e r hat dir das erzählt?"

„Du musst dich doch an den Mann erinnern, er hieß Costache Moraru."

„Aber natürlich! Ein guter Freund von mir. Woher kennst du ihn?"

„Er hat mit seiner Familie im Sommer 1944 in meinem Elternhaus in den Bergen gewohnt und mir von dir erzählt; z. B., dass du eine von Messerstichen verursachte schwere Bauchverletzung davongetragen hast, an der du beinahe gestorben wärst."

„Stimmt genau! Nein, wie klein die Welt doch ist! Kaum zu glauben! Als das passierte, stand Costache neben mir; er wurde auch schlimm zugerichtet."

„Hat er mir ebenfalls erzählt! Damals auf dem Vorban habe ich mir deinen Namen fest eingeprägt. Erstens, weil du Opernsänger warst und ich dich manchmal im Radio singen hörte, zweitens, weil du in meinen Augen ein Held warst, der mutig gegen die Kommunisten gekämpft hatte. So alt ist meine Bewunderung für dich!"

„Meine Elena! Wie ich dich liebe!"

„Damals hätte ich mir nie träumen lassen, dich auch nur einmal kennenzulernen."

„Liebe Elena!“, eindringlich schaute er mich an, „Hör mir jetzt bitte zu und glaube meinen Worten: Heute ist mir klar, dass wir einiges falsch gemacht haben. Doch der Grund meines Beitritts zur Eisernen Garde war einzig und allein der: Wir wollten das Land gegen die Sowjetunion sichern! Und die einzige Möglichkeit war, ein Bündnis mit den Achsenmächten Deutschland, Italien, Japan einzugehen. Was das ideologisch mit einbringen würde, hatten wir nicht gleich kapiert. Wir waren jung und begeisterungsfähig, voller Enthusiasmus und wir waren die Einzigen, die gegen den Kommunismus agierten, und das interessierte mich hauptsächlich.

Damit habe ich mir jedoch für immer alles kaputtgemacht. Als Ex-Legionär bin ich für alle Zeiten gebrandmarkt. Dabei hatte ich noch ein Riesenglück: Ein späterer Freund von mir, Cellist im Orchester, komischerweise Kommunist, hatte als Mitglied der Kommunistischen Partei Zugang zu geheimen Unterlagen, in denen aufgezeichnet war, dass ich gegen die Kommunisten fungierte. Dieser gute Mann hat 1946 meine Unterlagen verschwinden lassen. Ohne diese Beweise konnten sie mich nicht ins Gefängnis stecken. Alle anderen Männer der Legion wurden bei ihrer Entdeckung entweder sofort erschossen oder verhaftet, wobei die meisten in den fürchterlichen Gefängnissen elend zugrunde gegangen sind. Und wie ich schon erwähnte, konnten einige ins Ausland fliehen.“

„Und der Überrest schlägt sich in den Wäldern und Bergen durch“, ergänzte ich.

„Genau! Über meine Person existierten also keine Unterlagen nur einige Zeugenaussagen, sonst säße ich längst auch im Gefängnis.“

„Oder wärst heute gar nicht mehr am Leben.“

„Da hast du recht“, fuhr Nellu fort, „Somit schikanieren sie mich jedoch auf andere Weise bis aufs Blut. Die erste Konsequenz war die, dass ich 1950 von der Bukarester Staatsoper, dem größten Opernhaus Rumäniens, nach Klausenburg in die ungarische Oper versetzt wurde, wobei sie genau wussten, dass ich kein Wort Ungarisch sprach. Ich hab' mich hingesetzt und habe gebüffelt!

Jede Rolle habe ich auswendig gelernt, wie ein Papagei, um ihnen zu beweisen, dass ich Köpfchen habe und mich nicht geschlagen gebe. Sogar einen hübschen ungarischen Künstlernamen hatte ich mir zugelegt. Ich hieß Gjöngjösi Iános. In Klausenburg kannte man mich nur unter diesem Namen."

„Klingt schön: Gjöngjösi Iános! Heute sprichst du doch perfekt Ungarisch, soweit ich das beurteilen kann."

„Ja, kann man wohl sagen. Als die Parteibosse jedoch feststellten, dass ich dort auch Fuß gefasst hatte und beliebt wurde, versetzten sie mich 1956 her nach Kronstadt, in das neu errichtete Opernhaus."

„Haben sie dich während all dieser Jahre immer wieder verhört?"

„In ziemlich regelmäßigen Abständen. Mein liebes Elenchen, es ist Mitternacht. Genug der traurigen Geschichten! Lass uns nach Hause fahren!"

Nellu zahlte und wenig später saßen wir im Taxi.

„Nun weißt du alles über mich. Muss ich dich noch bitten, über das, was ich dir heute erzählt habe, strengstes Stillschweigen zu bewahren?"

„Du kannst dich immer voll und ganz auf mich verlassen! Du hast jetzt jemanden, der zu dir gehört."

Er fasste meine Hand und drückte sie heftig.

„Ja, du gehörst zu mir!"

Nellu hatte unsere Unterlagen beim Standesamt eingereicht und den Termin für die Trauung für den 25. August festgesetzt. Bis dahin waren es noch vier Tage und wir fieberten dem Ereignis entgegen. Wohl hatten die anderen Gesangsschüler schon bemerkt, dass bei uns beiden etwas im Busch war, doch sie ahnten nicht, wie ernst und wie schnell wir die Sache vorantrieben. Wir wollten kein Aufsehen, wir wollten allein sein. Es kam jedoch anders …

Den vorhergehenden Tag, den 24. August, werde ich nie vergessen! Es war ein Tag voller Schmerz und Enttäuschung, voller Peinlichkeit und tiefster Scham!

Ein angenehmer Arbeitstag lag hinter mir. Pünktlich um 15 Uhr heulte die Sirene zum Arbeitsschluss und ich schritt in meinem geblümten Sommerkleid dem riesigen Werkstor entgegen. Es war ein klarer, sonniger Tag und von den Bergen wehte ein kühlendes Lüftchen her. Ich hatte Mühe, meinen weiten, luftigen Rock gegen den vorwitzigen Wind zu bändigen, und meine langen schwarzen Haare wirbelten ungehemmt im Wind. Gut gelaunt summte ich ein Liedchen vor mich hin, bald würde ja Nellu jenseits des Tores erscheinen und wir würden gemeinsam zu Mittag essen. Bereits aus der Ferne versuchte ich ihn zu erspähen – jedoch vergebens. Stattdessen entdeckte ich eine andere Männergestalt, die gleich hinter den Eisenstäben des Tores stand und auf jemanden zu warten schien. Mit einer Hand umfasste der Mann eine Eisenstange, in der anderen hielt er einen Stock. Nein, das war doch … das war doch … mein Vater! Finster blickte er mir entgegen. Hinter ihm standen zwei Frauen, die miteinander sprachen: meine Mutter und Tante Treny, Vaters Schwester. Was um alles in der Welt wollten die denn hier? Ich ahnte Böses. Mir wurde mulmig. ‚Nur nichts anmerken lassen!' Mutig schritt ich aus, doch nur bis in die Nähe des Tores. Dieses zu passieren war für Werkfremde von draußen glücklicherweise unmöglich, da es von zwei strengen ‚Zerberussen' bewacht wurde.

„Einen schönen, guten Tag allerseits! Wie nett von euch mich abzuholen! Was verschafft mir diese Ehre?"

„Diese Ehre wirst du bald kennenlernen! Komm nur heraus!", antwortete Vater.

„Was hat euch veranlasst, die 15 Kilometer mit der Bahn herzufahren? Was ist los? Ist jemand gestorben?"

„Red jetzt nicht mehr um den heißen Brei herum, du weißt genau, was du auf dem Kerbholz hast."

Mami mischte sich ein:

„Du hast mir versprochen, mit Margineanu Schluss zu machen, und du hast das nicht eingehalten. Man hat euch beobachtet. Jetzt kommst du mit uns nach Hause!"

„Und was ist mit dem Stock in deiner Hand, Tati? Zum Gehen benötigst du doch noch keinen Stock."

„Das wirst du bald feststellen, wozu ich ihn brauche."

‚Jetzt nur die Nerven nicht verlieren!'

Die Situation war bereits peinlich. Unzählige Arbeiter und Angestellte strebten dem Tore zu und passierten es. Viele von ihnen kannten mich, sei es vom Arbeitsplatz, sei es aus dem Kulturhaus. Was sie sich wohl dabei dachten? So eine Blamage! Wie sollte ich diese Situation einigermaßen elegant über die Runden bringen? Schnell ging ich bis an das Tor heran. Ich stand nun dicht vor Vater und sagte bestimmt und eindringlich, doch mit leiser Stimme: „Sei so freundlich und wirf den Stock weg!"

„Das werde ich nicht!"

„Doch! Weil ich dich nämlich darum bitte und dir versichere, dass ich mich andernfalls nicht vom Fleck rühren werde."

„Du kommst sofort heraus!"

„Werde bitte nicht unhöflich, Tati, mich kennt man hier sehr gut und es wäre mir peinlich."

„Das ist mir ganz egal!"

„So! Dann werde ich eben hier übernachten. Ich kann das durchaus. Ihr dagegen dürft nicht herein und könntet bestenfalls vor dem Tor diese Nacht oder aber auch mehrere Nächte verbringen."

„Schmeiß den blöden Stock weg!" Das war Mami „Ich hab' dir ja gesagt, du übertreibst wieder in deiner Wut. Du kannst sie doch jetzt hier nicht verprügeln!"

Gegen Tante Treny hatte ich schon immer eine tiefe Aversion gehabt. Sie war dumm, taktlos und plump. Außerdem spielten ihr ihre schmutzigen Fantasien die perversesten Streiche. Dass ich ihr deswegen aus dem Wege zu gehen pflegte und sie ignorierte, machte sie wütend und äußerst boshaft. Nun mischte sie sich auch ein und keifte: „Verdienen würdest du jedoch eine gute Tracht Prügel, du verdorbenes Luder!"

Mit großer Beherrschung sagte ich sachlich: „Wenn ihr noch weiter in dieser Weise mit mir redet, bleibe ich ganz gewiss auf dieser Seite und dagegen könnt ihr nichts tun."

Eine Weile herrschte nachdenkliche Stille. Überraschend fasste Mutter nach dem Stock und warf ihn in hohem Bogen weg.

„So, jetzt komm bitte heraus!“ Sie hatte begriffen.

„Versprecht ihr mir, ruhig zu reden und hier kein Theater mehr zu machen?“

„Wir versprechen es.“

Erhobenen Hauptes passierte ich das Tor. Sofort wurde ich von Vater und Tante Treny mit festem Griff untergehakt und der Trupp setzte sich in Bewegung. Mutter ging als Nachhut hinterher, falls ich nach hinten ausreißen sollte. Es waren entwürdigende Augenblicke! Aber es sollte noch schlimmer kommen.

„Gehen wir doch aus der Menschenmenge hinaus, es ist alles so peinlich!“

„Ich hab’ dir gesagt, dass mir das egal ist. Sollen sie doch sehen, was du für Sachen treibst.“

„Das können sie nicht sehen, dafür können sie dich umso besser sehen und auch wie du dich danebenbenimmst.“

Inzwischen befanden wir uns ungefähr 50 m seitlich des Tores. Wie erwartet hielt keiner von ihnen das Versprechen, ruhig zu reden. Jetzt ging es erst richtig los, jeder schrie und gestikulierte, sie fielen sich ins Wort, sodass ich kaum etwas verstehen konnte, nur soviel, dass ich mit dem Rumänen Schande über die Familie brächte, dass ich meinen Eltern, die mich aufgezogen hätten, so großes Leid zufügte, dass ich egoistisch sei und nur an mich selber dächte und sie dabei todunglücklich machte. Was sollten die Sachsen in Rosenau von uns denken? Und so weiter und so fort …

Ich erklärte ihnen, dass Nellu ein höchst ehrenwerter Mann sei und dass wir nichts getan hätten, was irgendeine Schande über unsere Familie brächte. Auch erinnerte ich sie daran, dass ich bereits 28 Jahre alt war und sie eigentlich keine Gewalt mehr über mich hatten. Das war zu viel für meinen Vater.

„Was? Ich keine Gewalt über dich haben?“

Unvermittelt versetzte er mir zwei schallende Ohrfeigen von links und von rechts, sodass ich hin und her taumelte. Er hatte Gewalt über mich, das musste ich einsehen! Doch ich war mehr denn je entschlossen, mich von dieser Art von Gewalt zu befreien. Jetzt war nicht der Moment dazu, jetzt musste ich mitgehen und untertan sein. Wenn ich jetzt versucht hätte davonzulaufen, wäre das Ganze zu sehr eskaliert; wir hätten den Vorbeigehenden ein Schauspiel primitivster Art geboten. Das wollte ich auf alle Fälle vermeiden. Scheinbar gefasst sagte ich: „Ich hätte nicht gedacht, dass ihr euch derart über mich ärgert. Es tut mir leid. Kommt, lasst uns wieder gut sein!"

„Du kommst mit uns nach Rosenau und bleibst auch dort! Verstanden?"

„Ist euch klar, dass ich auf diese Weise meine Arbeitsstelle verliere?"

„Das interessiert mich nicht."

„Wovon soll ich denn leben?"

„Du wirst dich gefälligst in unseren Haushalt bescheiden einfügen und dich einschränken. Du wirst Kartoffeln essen, bis du den alten, abscheulichen Rumänen vergisst!"

Wie viel Unkenntnis! Wie viel Unverständnis! Wie viel Plumpheit, Dummheit, Intoleranz, Lieblosigkeit, Gefühllosigkeit und Grobheit steckten in dem Mann! Wohl war er mein Erzeuger. Vater? Niemals! Meinen hochgebildeten, feinen, liebevollen Nellu mir so herabzusetzen! Es war unerträglich! Ich sah ein, dass jetzt überhaupt nichts zu machen war. Wieder wurde ich untergehakt und wir stiegen in den Bus in Richtung Bahnhof. Während der Bahnfahrt nach Rosenau verhielt ich mich ruhig und sagte kein einziges Wort mehr. Dafür unterhielten sich die beiden Frauen erregt, besonders die neunmalkluge Tante Treny gab große Töne von sich.

Es hatte schon immer zur Tradition gehört, bei Familienproblemen den Rat dieser „superweisen" Frau einzuholen. Mit ihrer dünnen Stimme, die sich in der Erregung noch mehr verdünnte und sich in Tonsprüngen von Quinten und Sexten – mal rauf, mal runter – überschlug, nahm sie jedem Andersdenkenden die Chance, anders zu denken. Derart „stimmgewaltig" wog ihre Meinung bei ihrem heiß geliebten Bruder Andreas Tonnen an Gewicht; der war sowieso kein Denker und schon gar kein Andersdenker.

Ich hatte mich in eine Ecke gedrückt und hing meinen Gedanken nach.

‚Mit welchem Selbstbewusstsein er doch sagt: „In unseren Haushalt." Was meint er mit „unserem Haushalt"? Er kommt doch als Haushaltsvorstand kaum infrage. Voriges Jahr hat er auf der Kollektiven Landwirtschaft von den 310 im Jahr zur Verfügung stehenden Arbeitstagen gerade mal 123 Tage gearbeitet. Immer wieder findet er Gründe, nicht zur Arbeit zu erscheinen: Mal ist das Wetter schlecht, mal fühlt er sich nicht so wohl, aber ganz besonders bemerkenswert ist seine Schwäche für Feiertage. Wo er nur all die Feiertage sämtlicher Religionen herausfindet? Aus alten Kalendern? Aus vorsintflutlichen Gebetsbüchern? Aus dem Koran? Aus dem Talmud? Die Evangelischen, die Orthodoxen, die Katholischen? Und die Jüdischen? Da ist er bemerkenswert ökumenisch eingestellt … Nicht zu vergessen die vielen Staatsfeiertage. Seine Spitzfindigkeit im Aufstöbern von Feiertagen ist hoch entwickelt. Da läppert sich eine ganze Menge freier Tage zusammen! Wenn das Erscheinen auf der Kollektivwirtschaft nicht Pflicht ist, warum sich dann dorthin bemühen? Ist doch viel schöner, zu Hause herumzuhängen! Mutter arbeitet und verdient ja das Nötigste als Facharbeiterin in der Malaxa. Wie schön, dass sie morgens um 6 Uhr aus dem Hause rennen muss! Somit kriegt sie gar nicht mit, dass ihre bessere Hälfte zu Hause bleibt. Auf diese Weise kann er zwei Drittel des Jahres feiern. Dass der Verdienst dann dementsprechend mickerig ausfällt, stört ihn überhaupt nicht. Wozu hat man eine starke Frau an seiner Seite mit einem regelmäßigen Einkommen? Was soll's? Sein Lebensmotto ist ja bekanntlich: Man muss sich einschränken und bescheiden leben! O, Schande! So ein dickes Fell! Seit sieben Jahren verdiene ich mein eigenes Geld, und kein schlechtes. Woher nimmt er nur die Dreistigkeit, über mich zu herrschen? Damit wird bald Schluss sein! Der wird sich noch wundern!‘

In Rosenau, in der Sprenggasse, wusste ich nichts mit mir anzufangen, saß wie auf Kohlen im Zimmer oder half Mutter im Garten. Nur eines beschäftigte mich die ganze Zeit: Wie konnte ich Nellu verständigen? Er hatte ja keine Ahnung, wo ich war, und morgen war doch unser Trauungstermin! Schlaflos wälzte ich mich auf meinem Bett hin und her. Die Aufregung hatte mir schwer zugesetzt. Mein Herz klopfte rasend, ich zitterte, Schüttelfrost beutelte meinen ganzen Körper. Was waren das nur für Eltern? Wie weit waren wir doch voneinander entfernt! In kosmischer Entfernung saßen wir auf verschiedenen Planeten! Nie würden wir zusammenfinden! Ich musste ausbrechen aus ihrem Bereich! Aber wie? Wohlweislich hatten sie mir mein ganzes Geld abgenommen und zwängten mich wieder in ihre alten Bahnen; sogar meine Haare musste ich zusammenflechten, weil sich das so schickte. Gab es niemanden, der mir helfen konnte?

Doch! Marta Eiwen, meine Nachbarin und gute Freundin, würde mir sicher helfen!

Die alles rettende Idee kam mir, als ich mich daran erinnerte, dass Nellu gestern erwähnt hatte, vom Telefonamt um 18 Uhr mit Constantza ein Gespräch angemeldet zu haben. Das war's! Ich musste nur um dieselbe Zeit beim Amt in Kronstadt anrufen und die Angestellte bitten, Nellu auszurufen. Gesagt, getan! Vater war in der Arbeit und Mutter hatte keine Bedenken, mich ohne Geld fortgehen zu lassen. Marta half mir sofort mit dem nötigen Geld aus und ich konnte auf diese Weise tatsächlich mit Nellu telefonieren. Er war entsetzt.

„Ja, gibt es denn so etwas?!"

„Als Erstes musst du den Trauungstermin um eine Woche verschieben. Ich komme hier raus, Nellu! Und dann gehen wir schnurstracks zum Standesamt!"

„Ja, meine Liebste, so machen wir's. Wann kommst du?"

„Sobald ich kann. Meine Freundin Marta leiht mir das Geld."

Dann entschloss ich mich, doch noch einige Tage bei meinen Eltern zu bleiben. Ich hielt es für vernünftiger, sie in Sicherheit zu wiegen, sonst hätten sie mir noch die Trauung vermasselt. So spielte ich brave Tochter und die Gemüter beruhigten sich tatsächlich. Am 31. August ging ich ganz locker zum Gartentor hinaus und schlenderte die Sprenggasse hinauf. In der Marktstraße stand auch schon der Bus und ich sprang hinein. So, das war's! Ich fuhr direkt zur Musikschule und spazierte in Nellus Klasse. Der arme, gequälte Mann hatte große Mühe, seine Erregung zu verbergen. Aber dann strahlte er übers ganze Gesicht: „Gehen wir anschließend essen?"

„O ja! Ich habe einen Bärenhunger."

Wie erlöst saßen wir uns gegenüber und verspeisten unsere Schnitzel. Ich erfuhr, dass unser Termin für den 1. September, also am nächsten Tag, um 10 Uhr feststand. In allen Einzelheiten schilderte ich Nellu dann meine Entführung und meinen Zwangsaufenthalt in Rosenau. Schweigend hörte er mir zu, schien sehr müde zu sein. Beinahe erweckte er den Eindruck, als interessierte es ihn kaum. Doch dann legte er plötzlich das Besteck nieder und schlug die Hände vors Gesicht; eine ganze Weile saß er so da. Als seine Hände das Gesicht wieder freigaben, sah ich, dass er geweint hatte.

„Elena! Meine geliebte Elena! Willst du wirklich meinetwegen all diese Schwierigkeiten und Widerlichkeiten auf dich nehmen?"

„Diese Widerlichkeiten und vielleicht noch andere! Ab morgen bin ich ein Teil von dir."

Nach dem Essen fuhr er mich sofort nach Hause und wir verabschiedeten uns vor dem Gartentor.

„Morgen gehörst du endlich mir! Mir ganz allein! Ich kann es kaum erwarten! Und bald, in absehbarer Zeit, wird mir auch dein schöner Körper gehören, meine Herzenskönigin!" Er küsste mich mit einer Scheuheit, die – wie mir schien – irgendwie nicht zu seinem Temperament passte. Mal konnte er kraftvoll und sprühend sein wie ein Vulkan, mal war er von einer ungeahnten Zartheit. Leise flüsterte er: „Meine Liebste, du ahnst nicht, wie sehr ich mich danach sehne!"

„Ich auch!"

„Dass du mir gehörst, werde ich erst dann glauben, wenn ich vor dem Standesbeamten stehe und deine Eltern nicht irgendwo am Horizont erscheinen, um alles kaputtzumachen."

„Ich würde mich nicht wundern, wenn sie plötzlich zur Türe herein stürzten, um die Trauung zu verhindern. Was mir außerdem noch massive Sorgen bereitet, ist meine schöne Arbeitsstelle. Ob mir wohl fristlos gekündigt wird?"

„Überlasse das Gott, Elena! Im Moment kannst du sowieso nichts anderes tun als beten. Gott kennt dich und dein wunderbares Herz. Er wird gewiss seine Hand über dich halten. Denk jetzt nur noch an unsere Trauung, mein Schatz! Schlaf gut, Regina mea! Ich liebe dich!"

Wir waren beide übermüdet, die Aufregung und die schlaflosen Nächte hatten uns zugesetzt. Nach einem langen Kuss verschwand ich in mein Zimmer und winkte ihm noch hinter der Fensterscheibe zu.

Am 1. September, einem Mittwoch, sollte endlich unsere lang ersehnte Trauung stattfinden. Ich würde spät aufstehen, mich schön machen und zum Standesamt gehen, niemand und nichts würde mich mehr daran hindern können! Plötzlich, um 6 Uhr in der Früh, wurde ich hellwach. Hatte da nicht jemand meinen Namen gerufen? Oder hatte ich geträumt?

„Elena!" Das war Mutters Stimme … und die war kein Traum! Im Nachthemd stürzte ich hinaus.

„Mami! Was um alles in der Welt tust du hier um diese Zeit?"

„Ich musste herkommen, um zu sehen, wo du bist. Eigentlich wollte Tati kommen, doch ich konnte ihn überreden, es mir zu überlassen. Wieso hast du dich so hinterhältig davongeschlichen?"

Schlagfertig antwortete ich: „Ach Mami, versteh doch: Ich habe eine so gute Arbeitsstelle! Wenn ich nicht spätestens heute zur Arbeit erscheine, verliere ich sie nicht nur, sondern komme noch vor den höchsten Kaderchef. Komm herein! Entschuldige, wenn ich mich jetzt schnell fertig mache! Um 7 Uhr muss ich im Werk sein. Meinst du nicht auch, dass es vernünftig ist, diese Arbeitsstelle zu behalten?"

„Vielleicht hast du recht. Fährst du auch wirklich zur Arbeit?"

„Aber freilich, Mami!"

In Windeseile machte ich mich fertig und stürmte zum Gartentor hinaus.

„Entschuldige, Mami, ich muss fort!"

Sie begleitete mich zum Bus. Ich sah ihr an, dass sie am liebsten mit eingestiegen wäre, um sich davon zu überzeugen, dass ich auch wirklich zum Werk fuhr. Doch dann wandte sie sich dem Bahnhof zu, um nach Rosenau zu fahren. So sehr vertraute sie meinem Wort! Und ich Schaf schämte mich …

Tja! So fuhr ich also zur Steagul-Roschu. Eigentlich hatte ich das nicht vorgehabt, wollte an diesem Vormittag nichts anderes als endlich getraut werden. Nun, weil Mutter am Horizont erschienen war und ich vorgetäuscht hatte, zur Arbeit zu fahren, musste ich es tun. Eingepfercht saß ich im voll besetzten Bus, dessen ächzende Räder mich widerwillig in Richtung Werk beförderten. Punkt 7 Uhr stand ich vor meinem obersten Chef …

„Guten Morgen, Herr Ingenieur Marinescu!"

„Guten Morgen. Ja, was ist denn nur mit Ihnen los? Was fällt Ihnen ein, eine ganze Woche fortzubleiben?"

„Ich wäre Ihnen außerordentlich dankbar, wenn Sie mich anhören wollten!"

„Das muss ich, obwohl ich um diese Zeit sehr wichtige Dinge zu erledigen habe."

„Und darf ich Sie noch bitten, alles, was ich Ihnen erzählen werde, als vertraulich zu betrachten?"

„Wenn Sie das wollen, natürlich."

„Ich bin entführt worden."

„Entführt?"

„Ja, von meinen eigenen Eltern und einer Verwandten wurde ich vorige Woche hier vor dem Werktor gegen meinen Willen mitgenommen. Natürlich hätte ich mich losreißen können, doch ich wollte die Peinlichkeiten nicht zum öffentlichen Drama anschwellen lassen, weil mich hier jeder kennt."

„Möchten Sie sich über die Gründe und näheren Umstände aussprechen? Nehmen Sie Platz! Ich höre."

„Es ist nicht meine Art, Privatangelegenheiten preiszugeben, aber vielleicht werden Sie mich verstehen, wenn Sie die Umstände erfahren, die dazu führten, dass ich unentschuldigt dem Arbeitsplatz fernblieb.

Meine Eltern sind entschieden gegen meine Heirat mit einem Rumänen, der noch dazu 21 Jahre älter ist als ich. Sie holten mich vom Eingangstor ab, sie beschimpften mich, mein Vater schlug mich und sie führten mich wie eine Gefangene fort. In Rosenau nahmen sie mir mein Geld ab, sodass ich mich nicht rühren konnte. Gestern gelang es mir endlich, mich davonzumachen, weil heute unsere Trauung stattfinden soll. Vorher wollte ich mich jedoch bei Ihnen entschuldigen und Sie sehr eindringlich um Ihr Verständnis bitten."

Gegen meinen Willen rollten mir nun die Tränen unaufhaltsam über die Wangen. Alles, was ich in den vergangenen Tagen tapfer hinuntergeschluckt hatte, schien sich plötzlich mit Urgewalt Bahn zu brechen. Unter Schluchzen und Schnäuzen brachte ich heraus: „Bitte, Herr Ingenieur Marinescu, ich bitte Sie von ganzem Herzen: Kündigen Sie mir nicht! Ich bin hier so glücklich! Die Arbeit gefällt mir außerordentlich und mit den Kollegen verstehe ich mich ganz besonders gut."

„Auf sieben Tage Fortbleiben vom Arbeitsplatz steht unweigerlich die fristlose Kündigung."

„Das weiß ich, jedoch liegt es ja bei Ihnen, zu entscheiden, Herr Ingenieur Marinescu. Sie können sicher sein, dass Ähnliches nie wieder vorkommen wird."

„Eigentlich war ich mit Ihrer Arbeit immer sehr zufrieden, auch finde ich Ihre Art, mit den Kollegen zusammenzuarbeiten, sehr wohltuend. Es würde mir leid tun, Ihnen kündigen zu müssen."

Er erhob sich mit einem Seufzer, ging zum Fenster und blickte eine Weile gedankenvoll hinunter auf das Fabriksgelände. Ich hatte mein verheultes Gesicht getrocknet und traute mich kaum zu atmen. Wie ein Häufchen Elend stand ich vor seinem Schreibtisch und harrte der Dinge, die da in den nächsten Sekunden auf mich zukommen sollten. Das, was er dann – noch immer von mir abgewandt – wie im Selbstgespräch sagte, war Engelsmusik in meinen geschundenen Ohren: „Nein! Ich werde Ihnen nicht kündigen. Wie sagten Sie – weshalb sind Ihre Eltern gegen Ihre Heirat?"

„Weil mein zukünftiger Mann Rumäne ist, weil er 21 Jahre älter ist und weil er einen Beruf ausübt, den sie nicht verstehen."

„Was ist er von Beruf?"

„Opernsänger und Gesangslehrer, mein Gesangslehrer."

„Ach, Sie nehmen Gesangsunterricht?"

„Täglich nach Dienstschluss bis 21 Uhr studiere ich an der Musikakademie."

„Dann müsste ich Ihren Verlobten kennen, ich besuche regelmäßig die Opernvorstellungen. Wie ist sein Name?"

„Ioan Margineanu, Bariton."

„Wie bitte? Sie heiraten Margineanu? Ein großartiger Sänger! Der Beste, den wir in Kronstadt haben. Ich bin ein großer Fan von ihm. Schon als er in Bukarest an der Staatsoper sang, bewunderte ich ihn. Unser Opernhaus hier ist eigentlich zu gering für sein Können. Fräulein Zerbes, ich beglückwünsche Sie aufs Herzlichste!"

„Ich danke Ihnen!"

„Sagten Sie, heute findet ihre Trauung statt? Um wie viel Uhr?"

„Um zehn Uhr."

„Haben Sie Trauzeugen?"

„Nein. Daran zu denken hatten wir noch gar keine Zeit. Wir werden wohl den Pförtner und die Putzfrau des Standesamtes darum bitten."

„Das werden Sie nicht! Es wäre mir eine Ehre, Ihnen und dem Sänger Ioan Margineanu Trauzeuge sein zu dürfen. Nehmen Sie an?"

‚Wie? Ich habe mich wohl verhört? Er bietet sich als Trauzeuge an …?'

Eine ganze Weile war ich nicht in der Lage zu antworten. Er sah mich lächelnd an:

„Nun? Sind Sie mit meinem Angebot einverstanden? Was der Pförtner kann, kann ich allemal."

„Ich finde keine Worte! Ihr Angebot ist überwältigend! Natürlich nehme ich es von Herzen gerne an. Ich danke Ihnen!" Wieder fing ich an zu heulen. ‚Da ist ja tatsächlich einer, der für unsere Lage Verständnis hat! Der auf unserer Seite steht! Der uns helfen will!'

„Jetzt weinen Sie nicht mehr! Gehen Sie an Ihren Arbeitsplatz und sagen Sie Ihrem Abteilungsleiter, Herrn Mihaila, dass Sie mit mir gesprochen haben und ich ihn bitte, zu mir zu kommen. Um halb zehn erwarte ich Sie unten am Eingang mit meinem Motorrad. Mein Rücksitz ist für Sie reserviert."

„Das ist außergewöhnlich nett von Ihnen! Wie soll ich Ihnen dafür danken?"

„Indem Sie auch weiterhin eine so gute Mitarbeiterin bleiben. Erinnern Sie sich, vorigen Sommer hatte ich Sie mal eingeladen, mit mir einen Motorradausflug zu unternehmen. Sie hatten abgelehnt; jetzt weiß ich aus welchem Grund. Nun, diesen Grund werde ich heute endlich persönlich kennenlernen und die Spritztour holen wir auf diese Weise auch nach."

„Ich danke Ihnen noch einmal!"

„Pünktlich um halb zehn beim Eingang!"

Ich verschwand an meinen Schreibtisch und an mein verwaistes Reißbrett. Es war 8 Uhr, doch ich begann die Minuten zu zählen. Tutzi musste natürlich jede Einzelheit über die Entwicklungen der letzten Woche erfahren, sodass die Zeit schnell verging.

Schon immer hatte ich ein Faible für Motorräder gehabt, doch als ich hinter meinem Chef auf dem Rücksitz saß und er mich anwies, mich an ihm festzuhalten, glaubte ich zu träumen. Immer wieder musste ich mir sagen. ‚Ich fahre mit meinem Chef auf seinem Motorrad zur Trauung mit Ioan Margineanu!' Als wir angedüst kamen, stand Nellu bereits vor dem Haupteingang des Standesamtes. Stirnrunzelnd sah er uns entgegen. Die Situation kam ihm etwas spanisch vor. Ich hüpfte flott vom Rücksitz und umarmte ihn.

„Wie schön dich zu sehen! Endlich wird es ernst." Und zu meinem Chef gewandt:

„Darf ich Ihnen meinen baldigen Ehemann, Ioan Margineanu, vorstellen." Sie reichten sich die Hände. „Und das ist Herr Ingenieur Marinescu, mein Chef."

Nellu war wie vor den Kopf gestoßen! Was sollte das? Da kam die Frau, die ihm in ein paar Minuten als Ehefrau angetraut werden sollte, auf einem fremden Motorrad mit einem jungen

Mann angerast, den sie wie liebevoll umschlang und der sich als ihr Chef entpuppte. Wenn das kein Grund zur Eifersucht war …

Marinescu strahlte ihn an: „Ich kenne und verehre Sie schon seit Jahren, Herr Margineanu. Ich bin Bukarester und habe seinerzeit Ihre Vorstellungen in der Staatsoper mit Begeisterung besucht. Es ist mir eine Ehre, Ihr Trauzeuge sein zu dürfen."

„Vielen herzlichen Dank! Die Ehre ist ganz meinerseits. Bloß verstehe ich nicht recht", er wandte sich zu mir, „warst du heute schon im Werk? Ich nahm an, du würdest erst morgen hingehen."

„Ich erzähle dir später, wie es dazu kam, und außerdem musste ich mich auf alle Fälle so schnell wie möglich bei Herrn Ingenieur Marinescu für mein Fortbleiben entschuldigen."

Jetzt erst schien Nellu ein Licht aufzugehen, was da auf dem Spiele stand.

„Und? Hat Herr Marinescu die Entschuldigung angenommen oder bist du entlassen?"

Mein Chef begriff, dass es Zeit war, sich einzumischen: „Ich habe Fräulein Zerbes nicht gekündigt. Sie ist eine zu gute Zeichnerin, die wir dringend brauchen. Stattdessen werde ich ihr Trauzeuge sein, wenn es Ihnen recht ist."

Nellu war überwältigt. Stumm reichte er Marinescu die Hand, sah ihn gerührt an und ich merkte, dass ihm die Tränen in die Augen schossen. Er umschloss Marinescus Rechte mit beiden Händen und hielt sie lange fest. Immer noch brachte er kein Wort heraus.

„Ich tue das sehr gerne für Sie, Herr Margineanu und für meine Mitarbeiterin, die ich nicht missen möchte."

„Ich glaube, es wird Zeit hinaufzugehen", sagte ich unruhig.

Wir stiegen die breite Treppe hoch und klopften an die riesige Türe, nicht ahnend, dass dahinter noch eine weitere Überraschung auf Nellu wartete. Der große Trauungssaal mit den hohen Fenstern und den dunkelroten Samtvorhängen wurde von der Morgensonne hell erleuchtet. Ein großer, geschmückter Tisch beherrschte den Raum; sicher hatte Nellu den Riesenstrauß roter Rosen liefern lassen … Daneben, auf einer Säule, stand eine wunderschöne Phönixpalme. Die Sitzgruppe, auf der wir Platz nehmen sollten, war ebenfalls dunkelrot und stand gegenüber.

Ich war als Erste eingetreten, sah mich erstaunt um und war angenehm berührt von der Atmosphäre, die der Raum ausstrahlte. Hinter dem Tisch stand eine mittelgroße, sehr gepflegte Dame in einem aparten, dunkelblauen Kostüm. Wir wurden also von einer Frau getraut. Sie reichte uns freundlich die Hand. Marinescu und ich strebten bereits der Sitzgruppe zu und bekamen nicht mit, dass Nellu die Dame ganz überrascht begrüßte. Als er sie bei ihrem Taufnamen ansprach, wurden wir aufmerksam. Wir hörten Nellu sagen: „Ich bin in der Tat überrascht, liebe Silvia! Ich hatte keine Ahnung, dass Sie als Standesbeamtin tätig sind. Und nun werden Sie uns trauen! Das nenne ich eine Überraschung!"

„Hoffentlich eine angenehme?"

„Ganz und gar!" Und zu uns gewandt: „Frau Bacila ist seit zwei Jahren meine Schülerin, ein wunderbarer Sopran. Ich habe nicht gewusst, dass sie Standesbeamtin ist. Dass ausgerechnet sie mich trauen wird, erfreut mich ganz besonders!"

Erst als wir alle drei in den Plüschsesseln saßen, bemerkte ich, wie unpassend ich gekleidet war. Zu einem braunen, selbst genähten Rock trug ich eine naturweiße, selbst gestrickte Wolljacke und eine weiße Bluse – was man damals eben täglich zur Arbeit anzog. Dieser mit Überraschungen vollgestopfte Vormittag hatte mir keine Zeit gelassen, mich umzuziehen. Auch Nellu war nicht besonders feierlich gekleidet und mein Chef saß lässig und sportlich neben mir, also was soll's? Hauptsache ich hörte bald Nellus „Ja", der Rest war Schweigen …

Frau Bacila hatte die Ansprache für ihren Gesangslehrer sicher sorgfältig vorbereitet, brachte sie jedoch nur stotternd – mit mehr Verlegenheit als Bravour – über die Runden. Das aber machte uns gar nichts aus. Viel wichtiger war, dass diese kleine Gruppe, diese vier Menschen an diesem Vormittag Freunde geworden waren! All jene, die gegen uns waren, befanden sich irgendwo außerhalb dieses Gebäudes. Welch ein Glück! Niemand hatte die Trauung unterbrochen, keiner hatte gewagt, uns zu stören!

Unsere klangvollen Ja-Worte schallten stimmgewaltig durch den großen Raum, wir unterschrieben und verabschiedeten uns gut gelaunt von der Standesbeamtin.

„Darf ich Sie zu einem Imbiss einladen, Herr Ingenieur Marinescu?"

„Vielen Dank! Leider muss ich um 11 Uhr bei einer Besprechung sein. Es tut mir leid, Ihnen absagen zu müssen!"

„Wir danken Ihnen für Ihre Freundlichkeit und für Ihr Verständnis! Ich wünschte, ich könnte irgendwann einmal etwas für Sie tun!"

„Es hat mir großen Spaß gemacht! Es war schön, Ihnen geholfen zu haben."

Wir verabschiedeten uns und schon düste er davon. Gedankenverloren blickten wir ihm nach.

„Ein Bilderbuchchef!", bemerkte Nellu. „Sagte ich dir nicht gestern Abend ‚Überlasse es Gott. Der kennt dein Herz und wird dich führen.' Und es konnte gar nicht besser kommen!"

Ich hatte das ehrliche Bedürfnis mich in einer Kirche bei Gott für diesen Tag zu bedanken.

„Kennst du die kleine katholische Kirche in der Michael-Weiß-Straße?"

„Ja, die kenne ich. Möchtest du mit mir hingehen?"

„Ja, das möchte ich!"

Die kleine Kirche war leer, als hätte sie nur auf uns gewartet. Wir hielten uns bei den Händen, schritten andächtig bis ganz nach vorne und knieten uns nieder. Ergriffen falteten wir die Hände und beteten leise, jeder für sich. Welch ein Symbol für die ganze Welt: Uns interessierte weder Nationalität noch Konfession.

Nellu betete in rumänischer Sprache und ich auf Deutsch, Nellu war griechisch-orthodox, ich war evangelisch und wir beteten in einer katholischen Kirche!

Doch wir beteten mit derselben großen Liebe und Dankbarkeit zu ein und demselben Gott, dem Schöpfer des Himmels und der Erde.

An diesem Vormittag und an diesem Ort festigte sich in uns die Gewissheit, dass dieser allmächtige Gott, zu dem wir gemeinsam beteten, keine Unterschiede zwischen den Nationalitäten macht und noch viel weniger Altersgrenzen für die wahre Liebe setzt … Und diesen liebenden Gott fühlten wir auf unserer Seite!

Was waren wir doch für arme Luder! An uns war aber auch gar nichts, was an ein frisch getrautes Paar hätte erinnern können: weder feierliche Kleidung noch Eheringe, noch irgendwelche lieben Anverwandten oder Freunde, die uns beglückwünscht, die uns Blumen oder Reis zugeworfen hätten. Schon über einen verlaufenen Hund hätten wir uns gefreut, vielleicht unseren nächtlichen vierbeinigen Freund, der uns mit stolz erhobener Rute entgegengelaufen wäre, um uns freundlich mit dem Schwanz zuzuwedeln; aber nichts von alledem … Keine Menschen- oder Hundeseele weit und breit! Wie ausgestorben lag die Michael-Weiß-Straße in der gleißenden Mittagssonne.

„Um 12 Uhr muss ich in der Musikschule sein. Für ein Mittagessen reicht die Zeit nicht, aber für einen Tuica, einen guten rumänischen Zwetschkenschnaps."

Glücklich schlenderten wir durch die kleine, stille Straße. Liebevoll legte Nellu seinen Arm um mich und ich hielt meinen um seine Taille; wir sprachen kein Wort, sahen uns nur verliebt in die Augen, blieben immer wieder stehen, um uns weltvergessen zu küssen. Er führte mich in ein altes, ehrwürdiges Restaurant in der Stadtmitte. Auf den Tischen standen Körbchen mit Grammelpogatscherl; noch ofenfrisch warm erfüllte ihr Duft den Raum. Wir ließen uns an einem Tisch nieder und bissen vergnügt in das duftende Gebäck. Ich trank nur einen Tuica, musste ich doch nachher wieder in die Steagul-Roschu an meinen Arbeitsplatz fahren. Mein Musterchef sollte von nun an auch eine Musterangestellte an mir haben. Sein Verständnis und seine ehrliche Zuneigung für Nellu und mich sollten ihn nicht gereuen; für ihn wollte ich fortan bereit sein, mir ein Bein auszureißen.

Ganz unerwartet brachte der Ober eine Flasche Wein und stellte sie auf unsern Tisch. Erstaunt sahen wir zu ihm auf. Ehe wir fragen konnten, sagte er: „Das ist eine kleine Aufmerksamkeit von dem Herrn an dem Tisch da drüben."

Nellu wandte sich um. An einem kleinen Tisch in der Ecke saß ein einzelner Mann. Gedankenvoll stützte er den Kopf in seine Hand und blickte – wie mir schien – trübsinnig in unsere Richtung. Nellu erhob sich, ging zu ihm hin und reichte ihm die Hand. Der Herr bat ihn, Platz zu nehmen. Eine Weile sprachen sie miteinander. Als Nellu zurückkam, wollte ich wissen, wer das war.

„Ich kann's nicht fassen! Nie würdest du erraten, wer das ist!"

„Komm, mach's nicht so spannend!"

„Das ist – einer meiner Folterknechte!"

„Was sagst du da?!"

„Er ist ein Kadermitglied und war einmal bei einem meiner nächtlichen Verhöre dabei. Er war der Einzige, der eine gewisse Menschlichkeit an den Tag legte. Mit diesem kleinen Geschenk wollte er andeuten, dass er mit mir fühlte." Nellu kamen die Tränen. Ich blickte hinüber und sah, dass der Mann immer noch unentwegt zu uns herüber schaute; auch hatte er mitbekommen, dass Nellu weinte.

„Er hat mir zugeflüstert, ich möge es niemand verraten. So eine verrückte Welt! Die soll einer verstehen! Da soll sich einer noch auskennen!"

Obwohl ich den Mann nicht kannte, nickte ich ihm lächelnd zu und winkte. Er winkte zurück. Nachdenklich sagte Nellu: „Gewiss ist in seinem tiefsten Inneren noch ein Fünkchen Menschlichkeit übrig geblieben, das jetzt mithilfe eines Gläschens Weins ans Tageslicht befördert wurde. ‚In vino veritas'."

„Oder aber er hat heute einen bösen Tag, der ihn als Folge zum Nachdenken veranlasst und zu einer guten Tat bewogen hat. Wer weiß? Ach Nellu, ich bin davon überzeugt, dass es keine Menschen gibt, die nur böse sind! In jedem Bösewicht steckt auch Fünkchen Gutes."

„Genau! Und umgekehrt: Im besten Menschen steckt auch etwas Böses."

„Sind es nicht die Umstände, die dieses bisschen Gute beziehungsweise Böse wie durch einen plötzlichen Riss, nach außen schleudern, sodass sich die Umstehenden keinen Reim auf solche unerwarteten Reaktionen machen können? Vielleicht wusste dieser Mann von unserer Trauung?“

„Das könnte durchaus sein, doch keinesfalls konnte er ahnen, dass wir in diesem Lokal einkehren würden.“

„Tja, die Welt ist voller Rätsel …“

Es war 11 Uhr 45, als wir das Restaurant verließen, um uns unseren Pflichten zuzuwenden. Nellu nahm mich in die Arme und küsste mich. Wir kannten keine Hemmungen, auf den Straßen einander unsere Liebe zu zeigen; waren doch die Straßen unser Zuhause!

„Meine Liebste, nun sind wir endlich Mann und Frau! Keiner kann das mehr ändern. Jeder, aber auch wirklich jeder, muss sich damit abfinden. Allen voran Frau Gitter, meine Direktorin, diese Parteibonzin, diese Giftschlange, die dich vor mir gewarnt hat, dich ‚gütigerweise schützen‘ wollte.“

„Mir kommen die Tränen!“

„Deine edlen sächsischen Freundinnen aus Rosenau, deine neunmalklugen Mitschülerinnen und ganz besonders deine erzkonservativen Eltern: Alle diese Menschen müssen sich damit abfinden. Keiner kann was ändern. So schwach und hilflos sind wir also gar nicht! Diese unsere Macht über den Rest der Welt haben wir heute mit unserer Trauung unter Beweis gestellt!“

„Und unser Hochzeitsschmaus, bestehend aus Grammelpogatscherl und Tuica, in der Gesellschaft deines Folterknechts, war bei Gott nicht zu verachten, oder? Alles, was sich heute abgespielt hat, hat Anspruch auf höchste Originalität!“

„Das kann man wohl sagen! Es war der großartigste Tag meines Lebens!“

„Großartig und vor allem einzigartig!“

Noch einmal küssten wir uns und strebten dann in verschiedene Richtungen. Ich rannte zum Bus, der mich ins Werk bringen sollte und Nellu wandte sich eiligen Schrittes der Musikschule zu.

Als ich nach der Arbeit um 16 Uhr in Nellus Klassenraum erschien, standen eine mir bekannte Weinflasche – fast leer – und einige Gläser auf dem Tisch. Die Stimmung stand auf hoch und es ging laut zu. Mica und Puiu Taranu, Titina Cucui, Silvia Bacila, Ion Muscanu und Ion Sasu stürmten gleichzeitig auf mich zu, umarmten mich und beglückwünschten mich so temperamentvoll, dass ich kein Wort verstehen konnte. Erst dann entdeckte ich den großen, schlanken Mann neben dem Klavier, der sich bis jetzt zurückgehalten hatte: Ludovic Spies. Nun kam er strahlend auf mich zu und beglückwünschte mich.

„Wie konntest du in Bukarest ahnen, dass dein Maestro heute heiratet?", fragte ich.

„Für meinen Maestro habe ich einen ganz speziellen Riecher. Ich habe es einfach gerochen und mich auf den Weg gemacht."

Nachdem ich mit ihnen angestoßen und das Glas geleert hatte, erinnerte uns Nellu daran, dass wir uns trotz alledem in einer Schule befanden und uns nun der Sangeskunst zuwenden sollten.

Noch nie sang ich die Arie der Dalila so innig wie an jenem Tag: „Mon coeur s'ouvre a ta voix, comme s'ouvre les fleures au baises de l'aurore".

Meine Freunde saßen mucksmäuschenstill da, lauschten und sahen mich fasziniert an. Welch wunderbares Gefühl an diesem Tag, echte Freundschaft empfinden zu dürfen! Während ich sang, sah ich ihnen nacheinander in die Augen und dachte mir: ‚Ihr seid unsere einzigen Freunde, die sich mit uns freuen! Wieso ist die Welt mit uns so grausam? Erwarten wir denn Unmögliches? Alles, was wir wollen, sind Liebe und Freundschaft! Ein verständnisvolles Herz und ein unvoreingenommener Sinn!'

Schon wurden meine Augen feucht, nur mit Mühe konnte ich weitersingen. ‚Wo sind die andern, die es angeblich so gut mit mir meinen? Die immer das Beste für mich wollen?'

Urplötzlich durchzuckte mich der Gedanke an meine Eltern … Ein Schauder lief mir über den Rücken und mir wurde übel vor Angst … Trotzdem konnte ich nicht ahnen, was gerade von den

Menschen, die mich gezeugt hatten, noch alles an Grausamkeiten auf mich zukommen sollte. Wohl hätte ich in den folgenden Tagen nach Rosenau fahren müssen, um meinen Eltern persönlich mitzuteilen, dass ich geheiratet hatte, doch ich muss gestehen, ich hatte einfach nicht die Kraft dazu. War es Feigheit? War es berechtigte Schwäche? War es verzeihlich oder unverzeihlich? Ich weiß es nicht. Eines aber weiß ich: Es war blanke Angst! Furchtbare Angst vor dieser andersgearteten Welt meiner Eltern! Intuitiv spürte ich, dass diese beiden Menschen mir noch sehr wehtun würden.

Als drei Tage später mein ehemaliger Sangesgenosse, Hans Elsenfenk, in unserm Nachbardorf Neustadt heiratete und ich auf dessen Hochzeit meine Freundin und Rosenauer Nachbarin, Helga Kraus, traf, bat ich sie, meiner Mutter die Neuigkeit von meiner Heirat zu überbringen. Nie werde ich Helga vergessen, dass sie diese Aufgabe für mich übernahm! Ich war zu feige, es meinen Eltern persönlich zu sagen. Mir graute vor dem Geschrei, dem Affentheater und den Erniedrigungen, die ich zu erwarten hatte! Wer mag mich dafür richten?

Die erste Reaktion meiner Eltern war: Schweigen. Eine ganze Weile hörte ich nichts von ihnen. Dann kam ein sehr, sehr betrüblicher Brief von meiner Mutter, der bedauernswertesten Mutter der Welt, deren Tochter ihr Schande und Schmerz angetan hatte, einen Rumänen zu heiraten! Und wieder tat sie mir leid! Diese Zerrissenheit trieb mich fast zum Wahnsinn!

Überraschenderweise verhielten sich meine Eltern ruhig. ‚Sie kommen weder angestürmt noch unternehmen sie sonst was', dachte ich. Doch der Schein trog. Sie delegierten. Ihre treue Verbündete, meine Tante, schlief nicht, oh nein! Sie agierte im Auftrag!

Für uns war das akuteste Problem natürlich, eine Wohnung zu finden und sei sie noch so klein. Doch nichts fand sich, trotz unserer verzweifelten Suche. Ganz im Gegenteil, es wurde nur noch schlimmer. Allen voran setzte sich mein Prachtexemplar von Tante Treny radikal gegen mich ein, um Nellu und mir das Leben unerträglich zu machen. Schon bei meiner Gefangennahme vor vier Wochen hatte sie sich mit meinen Eltern im Kampfe gegen mich nicht nur verbündet, sondern die Führung übernommen. Dank ihrer hohen Begabung für Ränke und Intrigen entwickelte sie vielerlei teuflische Pläne, die mich engros und en-détail sicher so fertig machen sollten, dass ich aus Verzweiflung von selber reuevoll in den Schoß der lieben Familie zurückkehren würde. Im Hirn dieser perversen Person gediehen geniale Pläne, die an Geschmacklosigkeit und an Grausamkeit nicht zu überbieten waren. Meinen Eltern konnte es nur recht sein, sich diese Talente der lieben Schwester und Schwägerin zunutze zu machen.

Es fing damit an, dass diese Ausgeburt des Bösen meine Vermieterin aufsuchte und mich nicht nur aufs Übelste verleumdete, mich mit Attributen wie „Hure" versah, sondern in der feinen, alten Dame, mit der ich immer super ausgekommen war, die Angst aufkommen ließ, Nellu beabsichtige – durch seine guten Beziehungen, die er zur Partei habe (?) – ihr die ganze Wohnung wegzunehmen. Mit anderen Worten: Dieser höchst gefährliche Kommunist (Nellu) würde die alte Dame mit Bestimmtheit bald vor die Türe setzen, um selbst in die Wohnung einzuziehen … Anfangs glaubte Frau Wagner meiner lieben Tante nur zur Hälfte und gab mir die Gespräche vertrauensvoll wieder. Sie schloss mit der Bemerkung: „Ich verstehe nicht, wieso Ihre Tante Sie so hasst? Sie hat zu mir gesagt: ‚Schmeißen Sie sie doch raus!' Darauf habe ich zu ihr gesagt: ‚Warum sollte ich sie rausschmeißen? Elena hat sich immer hochanständig benommen.'"

Doch wie das bösen Weibern so eigen ist: Sie geben nicht auf! Tante Treny schürte und schürte, belästigte die gequälte alte Dame beinahe täglich mit Besuchen, legte demonstrativ offene, an mich gerichtete Briefe auf den Küchentisch, in denen sie die haarsträubensten Dinge erfand und mir zur Last legte. Das nahm kein Ende und scheute kein Vokabular: Ich verlottertes Ding hätte diese und jene Abscheulichkeit getan und hätte mich dafür zu schämen etc. Natürlich tat sie das in der sicheren Annahme, dass Frau Wagner die Briefe lese, um sich ein Bild davon zu machen, welch verwerfliches Geschöpf sie in ihrer Wohnung beherbergte. Ich glaube, sogar meine Eltern wären mit der brutalen Methode, mich kaputtzumachen, nicht einverstanden gewesen. Doch sie erfuhren es nie ... Das Endergebnis dieser verwandtschaftlichen Beharrlichkeit war, dass mir Frau Wagner – müde ob der gemeinen Belästigungen – im September meinen Schlafplatz in der Wohnküche (mehr war es nämlich leider nicht) kündigte. Das war ein Schlag! Tja, Blut ist eben dicker als Wasser! Das Blut meiner Tante war dick wie Jauche ...

Oh, ich wünschte, es gäbe eine Hölle! Und wenn dieser gefürchtete Flammen züngelnde Aufenthaltsort lang beschwänzter Teufel nur zu dem einen Zweck von Satan erschaffen worden wäre, um meine Tante darin in alle Ewigkeit auf glühenden Spießen zu rösten, so wäre Dasein und Zweck der Hölle gerechtfertigt!

So kam es, dass ich ab 1. Oktober keinen Fuß mehr in meine vertraute Küche setzte. Meine Sachen durfte ich gnädigerweise noch dort lassen; wo hätte ich sie auch hintragen können? War ich ja nun endlich, gemäß dem Herzenswunsch meiner Lieben, ganz und gar auf der Straße, während Nellu sein müdes, gequältes Haupt wenigstens in einer fremden Küche zur Ruhe betten durfte.

Es war eine grauenhafte Zeit! Täglich mussten wir immer wieder neue Übernachtungsmöglichkeiten für mich ausfindig machen. Für Hotels reichte unser Geld einfach nicht aus. Manchmal irrten wir abends um 21 Uhr noch durch die Straßen, verzweifelt und müde, deprimiert und völlig ausgelaugt, ein Bett für mich suchend! Eines Abends, als wir nach langem, vergeblichem Suchen aufgeben mussten, wanderten wir weinend die zwei Kilometer zum Bahnhof, setzten uns im Bahnhofsrestaurant an einen Tisch und bestellten mit dem letzten Geld Bratkartoffeln. Um 23 Uhr, welche Überraschung: Latzi, ein schrulliger Schüler Nellus, erschien zufällig im Lokal, wunderte sich zuerst, setzte sich dann jedoch solidarisch zu uns und bestellte noch eine Runde Bratkartoffeln und eine Flasche Wein. So verging die Nacht mit meinen beiden treuen Freunden, die zu mir hielten! Frühmorgens fuhr ich direkt zur Arbeit, während Nellu in der Küche seines Schülers noch zwei Stunden schlafen durfte.

Am nächsten Abend klopfte ich an die Türe einer bekannten alten Dame. Sie hatte bereits zwei junge Mädchen in Untermiete, d. h., alle drei schliefen in einem großen Zimmer. Sie schickte mich nicht fort; was sie mir anbot, war echte Nächstenliebe: Ich durfte diese Nacht in der Mitte des uralten Doppelbetts, auf den Bettkanten, zwischen zwei Personen übernachten. Da es schon spät war, wollte ich nicht mehr stören, indem ich mich in der Küche (Bad gab es keines!) noch gewaschen hätte. So kroch ich gleich unter die Decke und schlief auch sofort ein. Tagelang hatte ich mich nicht waschen können. Mein Gott, wie mag ich wohl nach Schweiß gestunken haben!

Hatte ich nicht vor einiger Zeit zu Nellu gesagt, dass ich mit ihm auch unter Brücken und in Höhlen wohnen würde, um mit ihm zusammen zu sein? Nun, wir waren eben so weit, diese Möglichkeiten in Erwägung zu ziehen …

Nach drei Wochen, o Wunder, fanden wir für mich eine Schlafstelle in einem riesigen Raum, in dem noch sechs weitere Mädchen ihre Betten stehen hatten. Ich war selig! Hatte ich doch saubere Bettwäsche, konnte mich jeden Abend in der Wohnküche (wer hatte damals in Kronstadt schon ein Bad?) waschen und mir die Zähne putzen! Natürlich durfte mich Nellu nur bis zur Türe begleiten. Somit war auch die Frage unseres Sexuallebens geklärt: Es bewegte sich beharrlich auf dem Stand null …

Vielleicht kamen auch einfach nur deshalb keine Briefe aus Rosenau, weil es mir an einem ständigen Wohnsitz fehlte. Die Zeit in dem Sieben-Mädchen-Raum verging schnell, so schnell, dass ich meine Zimmergenossinnen kaum kennenlernte, verließ ich doch als Erste den Raum und schlüpfte als Letzte unter meine Decke, wenn die andern bereits schliefen.

Und dann brach der Tag an, an dem mich Nellu in der Musikschule strahlenden Auges mit der Nachricht empfing: „Elena! Wir haben eine Bleibe!"

„Ist das möglich?!"

„Es ist möglich! Die Schwester der Frau Mironescu hat ein Zimmer zu vermieten. Sie besitzt ein Häuschen jenseits des Bahnhofes. Das kleine Gebäude besteht nur aus zwei Räumen: ihrem Wohn-Schlafzimmer und einer geräumigen Wohnküche. Wir kriegen die Küche; gekocht wird dann im Untergeschoss, in der Sommerküche, die an den Keller grenzt."

Vor Freude fiel ich Nellu um den Hals und weinte.

„Und wann können wir einziehen?"

„Morgen."

Ich setzte mich erst einmal hin und überlegte eine Weile angestrengt.

„Morgen ist Samstag, da haben wir genügend Zeit. Onkel Michael hat einen Leiterwagen, der von Hand gezogen werden kann. Den leihen wir uns aus und tragen unsere in der Stadt verstreuten Siebensachen zusammen." Ich erhob mich: „Entschuldige, wenn mir jetzt nicht zum Singen zumute ist! Ich werde mich sofort auf die Beine machen." Ich hauchte Nellu einen Kuss auf die Wange und wollte verschwinden.

„Wohin gehst du? Wann und wo sehen wir uns?"

„Ich werde eine Runde durch die Stadt machen, um überall unsere Sachen zu packen. Ich hole dich um 21 Uhr von hier ab."

Erst einmal galt es, unsere Kleider, Bücher, Radios, die Gitarre, meine Skier u. ä. ordentlich in Koffer, Taschen und Kartons zu packen, um morgen beim Transport mit dem Handwagen auf den Straßen keinen allzu unzivilisierten Eindruck zu erwecken. Es waren genau sieben Stellen, wo unsere heimatlosen Siebensachen auf uns warteten: im Siebenmädchenzimmer, in der Küche der Frau Wagner, bei meinem betagten Onkel Michael, in Nellus alter Wohnung, in Micas und Puius Wohnung, in der Küche der Mironescus und schließlich in der Bibliothek der Musikschule.

Den Samstag verbrachten wir also mit dem Zusammentragen unserer Habe. Einträchtig zogen wir nebeneinander am Karren, holterdiepolter, über die alten Pflastersteine der mittelalterlichen Innenstadt und dann die 3 Kilometer durch die Langgasse. Schade, schade, dass wir von dieser Aktion kein Foto geschossen haben! Ein typisches Bild jener Zeit: Ioan Margineanu, der große Opernsänger, zusammen mit seiner frisch angetrauten jungen Frau seine Habseligkeiten im Karren nach sich ziehend, täglich ums Überleben kämpfend! Mit vereinten Kräften zogen wir an der Deichsel wie ein eingefahrenes Ochsengespann, das nicht nur die Lasten miteinander bewältigt, sondern sich in den Verschnaufpausen gegenseitig auch die Wunden leckt … Dieses Bild wurde zum Symbol unserer massiven Schwierigkeiten, aber noch viel mehr zum Symbol unserer Eintracht und der Entschlossenheit, zusammenzuhalten!

Unsere Gegner waren übermächtig, und sie kamen aus zwei unterschiedlichen Richtungen:

1. Die Regierung, die durch die Partei vor nichts zurückschreckte, um Nellu zu vernichten.

2. Meine Eltern und Anverwandten, die mir auf allen Ebenen zusetzten, um mich in die Knie zu zwingen, und denen weder Gemeinheiten noch Grausamkeiten zu groß waren, Nellu kaputtzumachen.

Welch Glück, dass diese beiden Gegner nichts voneinander wussten! Hätten sie das nämlich so hätten sie sich mit Sicherheit miteinander verbündet und ihre Machenschaften wären tödlich gewesen!

Anfangs – bevor meine Verwandtschaft zur Brutalität übergegangen war – hatte meine Familie es mit der sanften Tour versucht, mich von Nellu zu trennen. Mutter hatte eines Tages meinen Hals mit einer schönen Kette behängt, mit den Worten: „Die schenke ich dir, damit du mit Margineanu Schluss machst." Als dann im August, vor meiner Trauung, der Krisenstab unserer

Familie in Rosenau tagte, hatte mein Onkel Rick eine noch glorreichere Idee gehabt: „Elena, wir alle zusammen schenken dir ein Motorrad, das ist ja schon immer dein Wunschtraum gewesen."

„Das ist außerordentlich nett von euch, aber wie kommt ihr dazu?"

„Du gibst uns dafür dein Versprechen, dass du jede Beziehung mit Margineanu endgültig abbrichst!"

Mir schoss das Blut in den Kopf. Langsam erhob ich mich, betrachtete alle Anwesenden mit größter Verachtung und sagte nur einen Satz: „Ihr widert mich an!"

Während ich den Raum verließ, hörte ich Onkel Rick sagen: „Tja, die Jugend verlangt eben ihr Recht auf Sexualität."

Mir wurde speiübel! Typisch Mann! Hatte der eine Ahnung! Hätte ich diesem Mann je beibringen können, dass ich noch unberührt war? Dass ich Nellu als Menschen liebte? Dass wir eine Abmachung getroffen hatten: Bis zu einer gemeinsamen Wohnung keine körperliche Liebe? Der hätte nichts begriffen! Nichts geglaubt!

Das war der Tag, an dem ich mich von meiner ganzen Anverwandtschaft distanzierte. Ich ignorierte sie in großem Stil, tat fortan genau das, was mir mein Gefühl und mein Gewissen vor Gott vorschrieben. Und es war gut so!

Frau Leitschaft, die Besitzerin des Häuschens, schien eine ganz nette Frau zu sein. Als zweiundsechzigjährige Witwe wohnte sie in ihrem Eigentum, das sie sich vor Jahren zusammen mit ihrem Mann geschaffen hatte. Freundlich empfing sie uns, als wir mit dem Leiterwägelchen angerattert kamen. Eine Holztreppe führte ins Haus bzw. in die Wohnküche, den Raum, der unser Zuhause werden sollte. Das Mobiliar war alt, doch gepflegt, es bestand aus einem Doppelbett, einem zweitürigen Kleiderschrank, einer Kommode, einem Tisch mit zwei Stühlen und einem alten Küchenherd; nicht zu verachten der Waschschüsselständer, daneben die Kübel für das saubere und das schmutzige Wasser. Was wollten wir mehr? Erschöpft legten wir die Sachen ab.

„So, meine Königin! Das wäre also das Schloss, das ich dir zu bieten habe! Ist es nicht ein Prachtstück an Architektur und Luxus?"

Wir standen mitten im Raum und küssten uns selig. Ich sah auf die Uhr.

„Es ist 18 Uhr“, sagte ich erschrocken. „Ich werde uns etwas Essbares einkaufen, bevor es zu spät ist; gleich bin ich wieder da.“

„Und ich werde Bettwäsche auspacken und viel Wasser zum Waschen auf den Herd stellen.“

Ich verschwand. Zuerst rannte ich jedoch hinüber zu Frau Wagner. Beim Abholen meiner Sachen hatte ich drei Briefe auf dem Küchentisch liegen sehen. Puius große Lettern waren nicht zu übersehen gewesen; um etwaige Eifersucht zu vermeiden, hatte ich die Briefe jedoch nicht angerührt. Nun holte ich mir die Kostbarkeit. Auf der Straße öffnete ich sie. Wieso strahlten meine Augen beim Anblick der vertrauten Schrift? Wieso klopfte mein Herz wieder ungestüm beim Lesen der inhaltsschweren Sätze? Ich verstand mich selbst nicht … Puiu beklagte sich, lange nichts mehr von mir gehört zu haben. Und er schloss mit der Bitte, mich zu melden, andernfalls müsste er annehmen, dass mir etwas zugestoßen sei, und er würde sich somit veranlasst fühlen, sofort nach Kronstadt zu kommen, um nach mir zu sehen.

„Ich werde im Sommer heiraten, doch ich werde jede Stunde meines Lebens an dich denken.“ Fast vier Jahre waren vergangen, seit Puiu mir diese Abschiedsworte gesagt hatte. Und er hielt Wort!

Gedankenvoll wandte ich mich dem Lebensmittelladen zu. ‚Wie ist das nur möglich, dass ich ihn immer noch liebe?‘ Zwischen Schinken und Käse, Butter, Baguettes und Koteletts, Salaten und Sekt, die ich in den Einkaufskorb legte, wanderten meine Gedanken nach Bukarest. Gerade mal zehn Minuten hatte ich Zeit, an meinen alten Freund zu denken. Schnell lief ich meinem neuen Heim zu. Die Türe stand offen. Nellu saß inmitten des Durcheinanders entspannt zurückgelehnt und las in einer Zeitung. Als ich eintrat, sagte er glückstrahlend: „Ma simt ca un rege!“(Ich fühle mich wie ein König!)

Unwillkürlich blieb ich im Türrahmen stehen und betrachtete ihn nachdenklich.

‚So bescheiden kann ein Opernsänger werden, der einmal ganz oben gestanden hat?'

„Ich werde alles versuchen, meinem König eine gute Königin zu sein!"

Ich deckte den Tisch und wir aßen geschwätzig und stießen auf unser erstes Zuhause an.

„Toreador, en garde! Toreador! Toreador!", dröhnte Nellus Bariton durch das Haus. Einem Stripper gleich entblätterte er sich seiner Kleidung und warf sie in großen Bögen Stück für Stück aufs Bett. Ich goss ihm das heiße Nass in die Riesenwaschschüssel und er wusch sich von Kopf bis Fuß, Arien singend und Wasser um sich spritzend, als gelte es, nicht nur seinen Körper zu reinigen, sondern vielmehr die Wohnung mit dem derart geweihten Wasser von bösen Geistern zu befreien. Nachdem er sich umständlich abfrottiert hatte, setzte er sich nackt auf die Bettkante und sagte lachend: „So, jetzt bist du dran."

Ich hatte einige Schwierigkeiten, mich zu entblättern, hatte ich doch meinen völlig nackten Körper noch nie einem Mann vorgeführt. Meine Verlegenheit war groß. Ich tat sachlich und still, obwohl meine Hände leicht zitterten. Umständlich entkleidete ich mich und wusch mich in der vorsintflutlichen Blechschüssel, schön der Reihe nach: erst obenrum, dann untenrum, alle meine wertvollen Bestandteile, schön säuberlich.

Mit großen Augen hatte Nellu mir zugeschaut, dann erhob er sich, ging in die Zimmerecke, griff ein großes, wie mir schien leichtes Paket vom Boden und öffnete es. Ein Riesenstrauß duftender rosa Nelken kam zum Vorschein! Verschmitzt lächelnd und ein Liedchen trällernd legte er sie auf mein Kissen und verteilte sie mit großer Sorgfalt zu einem herrlichen Blumenarrangement auf mein Bett.

„So! Genug der Wascherei!" Er stürmte auf mich zu und umarmte mich, obwohl ich noch tropfnass war. Zum ersten Mal in meinem Leben spürte ich diese unbeschreibliche Wonne der Haut-an-Hautverschmelzung zweier Menschen, spürte die Weichheit seiner Lippen auf meinem Mund, spürte seinen warmen Leib, der sich an meinen presste, hörte die rasenden Schläge seines Herzens. Berauscht schloss ich die Augen, mir schwanden die Sinne … Lange hielten wir einander fest umschlungen und küssten uns immer wieder.

„Du hast einen wunderschönen Körper! Endlich! Endlich wirst du mein! Komm!"

Vorsichtig hob er mich mit beiden Händen vom Boden, fast andächtig trug er mich zum Bett und legte mich behutsam auf das saubere Laken inmitten der Nelken. Wie eine Kostbarkeit betrachtete er mich, als könne er es nicht fassen. Ungelenk, fast scheu strich er über meine Schultern, streichelte zärtlich meine Brüste und küsste sie immer wieder, streichelte meine Schenkel, schloss dann die Augen, umschlang meinen Leib und legte seine Wange auf meine Haut. Wie in Trance lag er eine Weile regungslos da und hielt meinen Unterleib umfangen; ich wagte mich kaum zu rühren, streichelte nur sacht sein Haar. Langsam hob er den Kopf und schaute mich an: „Elena! Ich kann's nicht fassen!" Wild vor Leidenschaft bedeckte er meinen Körper mit Küssen.

„Du bist ein Wunder der Natur! Ich kann's nicht fassen, Elena! Elena! Ich liebe dich bis zum Wahnsinn!"

„Liebster! Ich liebe dich auch, doch … ich habe solche Angst! Ich bitte dich, sei vorsichtig und sanft mit mir! Ja?"

„Ich werde sehr zart sein, Liebste", flüsterte er, „weil ich dir niemals wehtun könnte, dazu liebe ich dich zu sehr!" Und dann hauchte er kaum hörbar, in mein Ohr: „Heute will ich mit dir mein Wunschkind zeugen, Elena! Heute, jetzt und mit dir, meine geliebte Jungfrau! Es wird ein Mädchen werden und es soll Christina heißen!"

Glücklicherweise war der folgende Tag ein Sonntag und ich konnte lange im Bett bleiben. Nellu machte ein schönes Frühstück und bat mich zu Tisch. Mich fröstelte und mir war schwindlig. Nellu eilte mit dem Thermometer herbei.

„Du hast ja Fieber! Wieso denn?"

„Ich nehme an, das ist so etwas wie Wundfieber."

„Du gehst jetzt wieder ins Bett und ich rufe den Arzt." Er griff nach Hut und Mantel und stürmte die Holztreppe hinunter. Eine halbe Stunde später stand ein älterer „Onkel Doktor" vor meinem Bett.

„Sie brauchen sich keine großen Sorgen zu machen. Bleiben Sie heute ganz ruhig und gehen Sie morgen zur Gynäkologin des Werks, Frau Dr. Munteanu. Die Wunde muss behandelt werden. Falls das Fieber heute noch steigen sollte, nehmen Sie ein oder zwei Pyramidon."

„Also habe ich dir doch wehgetan?", fragte Nellu, als wir wieder allein waren.

„Das war wohl unvermeidlich. Wie sagtest du noch? Christina wird sie heißen? Ja, was tue ich nicht alles für unser Christinchen!"

Während dieses Gespräches war das mikroskopisch kleine Wesen wohl gerade dabei, sich im bequemsten Teil meines Körpers wohlig einzunisten. Es muss ihm sehr behagt haben, denn es wuchs und wuchs unaufhaltsam. Im Januar lutschte es bereits am Daumen und im März trat es gegen meine Rippen und boxte mit seinen Fäustchen schon so energisch gegen meinen Bauch, dass sich davon Wölbungen nach außen hervorhoben. Voller Liebe erwarteten wir dieses kleine Geschöpf. Nellu legte täglich sein Ohr auf meinen Bauch, wohl in der Hoffnung, dass ein Kind zweier Sänger auch an diesem Ort bereits Töne von sich gäbe.

Alle unsere Freunde freuten sich riesig auf das Baby ihres Maestros, ebenso nahm unsere Vermieterin, Frau Leitschaft, Teil an unserer Freude; bloß zwei Menschen versetzte meine Schwangerschaft in Schrecken und Zorn: meine Eltern! Wieder bombardierte mich meine Mutter beinahe täglich mit furchtbaren Briefen: „Das Erste, was du jetzt zu tun hast, ist: eine Abtreibung! Auf gar keinen Fall darf dieses Kind zur Welt kommen! Und wenn doch, so rechne ja nicht mit mir! Ich will das Kind gar nicht sehen! Wenn du glaubst ich würde es hüten und pflegen, dann hast du dich sehr getäuscht! Ich schwöre dir: Das werde ich nicht tun! Also komm zur Vernunft und treibe es ab!"

Mutter wiederholte sich in ihren Briefen in den verschiedensten Variationen: mal sentimental-weinerlich, mal drohend, mal beleidigend, mal brutal schimpfend.

Ständig musste ich mich übergeben, mehrmals am Tag. Blass und abgemagert, jede Minute von Übelkeit geplagt, saß ich vor meinem Reißbrett und weinte stundenlang wegen der massiven Beleidigungen und Drohungen meiner Mutter. Ich war als Zeichnerin keinen Pfifferling mehr wert. Die geschmacklosen, nervenaufreibenden Briefe meiner Mutter waren wie ein Fluch. Wenn ich ein Kuvert mit ihrer Schrift nur zu Gesicht bekam, musste ich mich schon übergeben.

Ach, was war ich doch für ein Schaf! Wieso kam ich denn nicht auf die rettende Idee, die Briefe einfach nicht zu öffnen, sie gleich in den Müll zu werfen, wo sie hingehörten? Mehrfach hatte ich Mutter gebeten, diese furchtbaren Briefe einzustellen, da sie mich fertig machten. Vergebens! Sie hatte in mir ein Feindbild aufgebaut, hatte vergessen, dass ich ihre Tochter war … Sie wetterte, schimpfte, verfluchte mich, drohte, beleidigte mich zutiefst oder aber sie jammerte furchtbar, ließ Tränen auf das Papier tropfen, sandte mir das verschmierte Gekritzel. Ich konnte die Welt nicht mehr verstehen: Wie konnte meine Mutter, die ich immer noch liebte, mir so erniedrigende, feindselige Worte schreiben, mir so unheimlich weh tun? Mich so kaputtmachen? Verzweifelt flehte ich sie in einem Brief an:

„Liebe Mami, bitte tu mir nicht mehr weh! Hab doch Mitleid mit mir, ich bin ja dein Kind!“ Welche Mutter wäre da nicht zur Besinnung gekommen? Doch nichts half. Alles vergebens! Ein einziges Mal erlaubte ich mir, einen ihrer Briefe in kleine Stücke zu zerreißen und ihn zurückzusenden. War das ein Theater! Es wurde noch schlimmer als vorher. Das war die Zeit, wo sich Mutter selber von mir immer mehr entfernte. Mit jedem Brief, mit jeder Beleidigung rückte sie ein Stück weiter weg von meinem Herzen, bis sich eine Schlucht zwischen uns auftat, tief und unüberbrückbar, um nie wieder im Leben geschlossen zu werden.

Auch unser zweiter Gegner, die Partei, schlief nicht, sann nach naheliegenden und fern liegenden Möglichkeiten, Nellu kaputtzumachen. Eines Tages flatterte ein Brief ins Haus mit dem Absender der Musikakademie. Nellu las und wurde kreidebleich: „Da Sie zum wiederholten Male mit Ihren Schülerinnen privat gesichtet wurden, sehen wir uns aus moralischen Gründen gezwungen, Ihnen das Dienstverhältnis mit sofortiger Wirkung zu kündigen. Laut Gesetz sind private Verhältnisse zwischen Lehrer und Schülerinnen nicht gestattet."

Ich musste mich sofort übergeben und Nellu, selbst einer Ohnmacht nahe, stützte mich und führte mich zum Bett, wo ich weinend zusammenbrach.

„Verzweifele nicht, Elena! Von meinen Vorstellungen im Opernhaus kommt noch etwas Geld ins Haus."

„Schon, aber sie haben dich doch voriges Jahr mit der Basisanstellung in die Musikschule versetzt. Wenn du in der Oper nur pro Vorstellung bezahlt wirst, besteht die Gefahr, dass sie dir wenige oder womöglich gar keine Vorstellungen mehr zum Singen zuteilen, und dann bist du ganz erledigt."

„Ja! Dann haben sie ihr Ziel erreicht!"

Wir waren beide wie gelähmt, wie vom Schlag gerührt, unfähig, noch einen klaren Gedanken zu fassen.

In der Steagul-Roschu war für die nächsten 6 Monate der 10-Stundentag angesagt, um irgendwelche wichtigen Aufträge zu erfüllen. Für mich bedeutete das: Aufstehen um 5.45 Uhr, Arbeitsbeginn 7 Uhr, eine Stunde Mittagspause, Arbeitsschluss 18 Uhr, Ankunft zu Hause gegen 19 Uhr, und das in meinem Zustand! Schon in der Früh, auf dem Weg zum Bus, musste ich mich einige Male übergeben. Von Übelkeit gepeinigt, hielt ich mich an den jungen Bäumchen, die am Straßenrand gepflanzt worden waren, fest, um nicht umzufallen. Später, im Bus, floss mir mein Mageninhalt über die Brust, ich übergab mich überall, vier- bis sechsmal am Tag. Auch während der Arbeitszeit musste ich oft zur Toilette stürzen, um meinen geschundenen Magen auszustülpen, um mein letztes Tröpfchen Magensaft aus seinen Falten herauszuschleudern.

Dass ich in dieser schlimmen Zeit der körperlichen und seelischen Misere in der Lage war, ein Vorsingen im Opernhaus zu bewerkstelligen, grenzt an ein Wunder. Nur mit Nellus Unterstützung schaffte ich es.

„Du bist eine Vollblutsängerin! Pack mit beiden Händen zu und lass dir nichts entgehen! Du brauchst nur so zu singen, wie du immer singst! Für dich das Einfachste von der Welt."

„Ob ich wohl durchhalten werde, alle Arien der Carmen nacheinander zu singen?"

„Du wirst durchhalten! Du bist stärker als du denkst und ich bin ja bei dir! Du weißt, sie suchen eine Carmen für die Neuinszenierung der Bizet-Oper; das ist deine Chance!"

Ich stand auf der Bühne, schlank wie eine Gerte – wofür Christina ja schon gesorgt hatte –, und versuchte mit letzter Kraft alle wichtigen Leute mit meinem Charme zu bezirzen. Natürlich trug ich meine schwarzen, langen Haare offen, hatte des Kontrastes wegen ein feuerrotes Kleid gewählt, das meine Figur betonte. Flehentlich blickte ich nach oben, wo ich meinen Schutzengel wähnte, und stieß ein Stoßgebet aus: „Hilf, o guter Geist, dass ich mich jetzt hier nicht übergebe! Wo immer du willst, bloß hier nicht!"

Ich begann mit der „Habanera" aus dem ersten Akt. Und wieder einmal dröhnte das Klavier mit seinem altbekannten: Ramm! Tam-Tam! Taam!! Ramm! Tam-Tam! Taam!! Ram!! Tam-Tam! Taam! Ramm!

„Lamour est un oiseau rebelle …", begann ich ganz insinuant-verführerisch-schmeichlerisch-anspielerisch-siegessicher. Dann folgte „Draußen am Wall von Se-vi-i-i-i-illa …", und so weiter und so fort, bis die glotzenden Augen und die offenen Münder der Glatzköpfe im Zuschauerraum vor meinen Augen verschwammen und sich im Kreise drehten. Meine letzten Töne waren verklungen; mit viel Mühe blieb ich aufrecht stehen und starrte verzweifelt auf Nellu, der mich aus nächster Nähe anhimmelte. Wieder war er meine Sonne, die aus der Finsternis des Zuschauerraumes zu mir emporstrahlte. So, wie er dort mit verschränkten Armen und übergeschlagenen Beinen in der ersten Reihe auf dem Sessel saß und mich anlächelte, schien mir als strahlte er einen hellen Lichtschein aus, den nur ich zu sehen vermochte. Diese nur mir bekannte Lichtaura breitete sich um seine ganze Umgebung aus; der halbe Zuschauerraum schien davon erhellt ... Aus diesem Licht und aus diesen leuchtenden Augen holte ich mir Mut und Sicherheit, die ich zu dieser Stunde so dringend brauchte.

Nellu war meine große Kraftquelle. Dank ihm war ich in der Lage gewesen, die verführerische Zigeunerin zu spielen und zu meinem eigenen Erstaunen gut zu singen. Unentschlossen stand ich immer noch auf der Bühne und wusste nicht, was ich weiter tun sollte. Die fünf Leute der Kommission steckten ihre Glatz- und Lockenköpfe zusammen und tuschelten ... Minuten vergingen ... endlich sagte eine ältere Dame zu mir: „Um uns auch von Ihren schauspielerischen Fähigkeiten ein Bild machen zu können, möchten wir sehr gerne das Duett Carmen – Don José aus dem letzten Akt hören. Spielen Sie es bitte aus! Herr Sasu, würden Sie bitte mit Frau Margineanu das Duett singen und spielen?"

Ion Sasu, Solist des Opernhauses und Schüler Nellus, war aus Loyalität hergekommen, um meinem Vorsingen beizuwohnen. Total überrascht erwiderte er:

„Ich bin nicht eingesungen und gar nicht darauf eingestellt."

„Das spielt keine Rolle. Sie kennen wir doch. Es geht jetzt um Frau Margineanu."

Der große, blonde Sasu erhob sich, schoss auf die Bühne, zog seine Jacke aus, warf sie in eine Ecke, krempelte seine Ärmel hoch und zischte mir zu: „So, Frau Margineanu, jetzt dürfen Sie in meinen Armen sterben. Sterben Sie so schön wie nur möglich! Ich bin ja bei Ihnen!" Er war Nellus Lieblingsschüler, ein phantastischer Tenor, und er weilte auch privat oft und gerne in unserem Zuhause.

Ich hatte begriffen, dass es ums Ganze ging. Noch einmal holte ich aus meinem Inneren jeden versteckten spanischen Blutstropfen ans Tages- (Rampen-) licht. Mit einem Male war ich voller Kraft und Leidenschaft, voller Tatendrang und Sangeslust! In meinem Rausch ähnlichen Zustand fühlte ich mich in eine völlig unrealistische Welt versetzt. Ich spürte förmlich die

Flügelschläge sämtlicher himmlischer Heerscharen über unseren Köpfen im Gestänge der Oberkulissen, ich hörte sie flüstern und ich sah, wie sie sich in Gruppen formierten, um mir notfalls aus jeder Ecke der Bühne zu Hilfe zu eilen … Wie immer elektrisierte mich Nellus Nähe, sein strahlender Blick übertrug mir ungeahnte Kräfte.

Obwohl Sasu und ich noch nie zusammen im Duett gesungen hatten, schmetterten, jammerten, tobten, stritten und zerschmolzen wir wiederum vor Schmerz, gegeneinander, miteinander und ineinander. Als ich dann schließlich dem verschmähten Don José wutentbrannt meinen Ring hinwerfen sollte, mit den Worten: „Den Ring, den du mir einst schenktest, nimm! Hier hast du ihn!“, durchlebte ich die Szene mit meiner ganzen Seele. Im Rausche der Begeisterung riss ich meinen goldenen Ring tatsächlich vom Finger und schleuderte ihn Sasu mit solcher Verachtung entgegen, dass er in den Ritzen der Bühne verschwand, um nie wieder gefunden zu werden. Don José erstach mich ebenso leidenschaftlich und ich sank ächzend zu Boden. Schmerzerfüllt schrie er mir noch seine große, ewig währende Liebe ins Ohr, was mich natürlich nicht wieder zum Leben erweckte. Regungslos, mit geschlossenen Augen lag ich auf dem Bretterboden, und keiner merkte, dass ich tatsächlich ohnmächtig war …

„Komm, Elena, steh auf!“, flüsterte Nellu aus der ersten Reihe. Er sprach mit einer (Schein-)Toten. „Komm, Elena, was hast du denn?“ Endlich kapierte er. Mit einem Satz sprang er auf die Bühne, bat um Wasser und bespritzte mich. Vergeblich. Instinktiv suchte er nach Blutspuren. Entsetzt schrie er Sasu an: „Was hast du mit meiner Frau getan?!“

„Ich habe sie nicht erstochen, Maestro! Ich bin doch nicht wahnsinnig!“

Erst nachdem mir Nellu ein paar Ohrfeigen versetzt hatte, kam ich zu mir.

Als ich die Augen wieder öffnete, war ich bereits Solistin unseres Opernhauses.

Ein heller Lichtstrahl in der Finsternis jener Tage.

Noch am selben Tag unterschrieb ich den Vertrag, am 1. März 1961 sollte ich mein erstes Engagement antreten. Es war Januar und ich kündigte mein Arbeitsverhältnis in der Steagul-Roschu zum 28. Februar. Mein Chef, Herr Marinescu, war keineswegs überrascht, sondern meinte, er habe so etwas kommen sehen. Wir trennten uns in bestem Einvernehmen und später sollte er auch mein großer Fan werden.

Zwei Monate waren vergangen, seit Nellu gekündigt worden war; jetzt fand ich, dass es Zeit war, etwas zu tun, um ihm zu helfen. Er selbst war viel zu hart getroffen und verletzt, als dass er die Kraft besessen hätte, irgendetwas zu unternehmen. Er war ein leidenschaftlicher und erfolgreicher Gesangspädagoge; einige seiner Schüler waren bereits an die Staatsoper in Bukarest engagiert worden. Nun hatte man ihn aus fadenscheinigen Gründen über Nacht gekündigt. Von wegen „Schülerinnen"! Er hatte bloß ein einziges Lehrer-Schülerinnen-Verhältnis, und das war sein Eheverhältnis. Genau das musste ich bei der Partei vorbringen. Ich hatte mir einen Tag freigenommen, mich schick gemacht und eilte entschlossenen Schrittes in das Riesengebäude, in dem die Regionalvertretung der Partei residierte. Beim obersten Parteiboss der Region, dem Genossen Crischan, hatte ich mir einen Termin geben lassen. Erhobenen Hauptes trug ich ihm vor, dass die Kündigung völlig unbegründet sei, da man meinen Mann nur mit einer einzigen Schülerin gesehen habe, und diese Schülerin sei ich, seine Gattin. Ich schloss mit der Bemerkung: „Es wäre sicher wichtig für Sie und für die Bürger der Volksrepublik, wenn Ihre Informanten verlässlicher wären und präzisere Arbeit leisteten!"

Die Reaktion des vor mir Sitzenden war nicht gerade umwerfend. Er stierte mich aus seinen Schweinsäuglein zwar aufmerksam an, lächelte schmierig und versprach mir, der Sache nachzugehen, doch hatte ich das Gefühl, dass sein Interesse eher mir persönlich galt. Angesichts meines forschen Auftretens ging er jedoch zu keinen Annäherungsversuchen über. Hätte er das getan und hätte ich positiv reagiert, wäre das Problem meines Ehemannes sofort vom Tisch gewesen; gemäß diesen üblichen Verfahrensweisen wurden die meisten Probleme über die Ehefrauen aus der Welt geschafft. Meine eiskalten Blicke waren offensichtlich nicht dazu geschaffen gewesen, ihn in dieser Richtung zu ermutigen; viel Hoffnung sah ich demnach nicht am Horizont des Parteihimmels flimmern. Herr Crischan rührte natürlich keinen Finger um uns zu helfen …

Rettende Hilfe kam aus einer ganz anderen Richtung, von einer Person, von der ich es am wenigsten erwartet hatte: von Frau Teodora Stroescu, Nellus geschiedener Gattin. Diese wunderbare Frau ging eines Tages aus freien Stücken ebenfalls zu dem Genossen Crischan und trug ihm das Problem in offener Weise vor: Sie sagte, dass sie gekommen sei, um ihn auf eine grobe Fehlentscheidung hinzuweisen, dass sie sich für die Lauterkeit ihres geschiedenen Gatten verbürge und dass die Schülerin, mit der er gesehen worden sei, seit einem halben Jahr mit ihm verheiratet sei. Damit seien die Bedingungen für eine Korrektur dieser Fehlentscheidung gegeben und eine solche Korrektur sei dringend erforderlich. Sie fügte sogar hinzu, dass nicht ich der Grund ihrer Ehescheidung gewesen sei. Frau Stroescu war von Geburt Russin, war selbst ein wichtiges Parteimitglied, eine Frau mit Einfluss, jedoch durch und durch ein ehrlicher Mensch.

Ich betrachte es heute noch als meine größte Unterlassungssünde, diese wunderbare Frau nicht aufgesucht zu haben, um mich bei ihr herzlich zu bedanken! Dank ihrer Fürsprache konnte Nellu am 1.März seinen Unterricht an der Musikakademie wieder aufnehmen. Er bedankte sich bei ihr und zollte ihr immer großen Respekt. Von ihr erfuhr er auch, dass die alte Giftschlange, Frau Gitter, die Direktorin der Musikschule, dahinter gesteckt hatte. Diesmal war sie nicht durchgekommen, dafür sollte sie uns in den folgenden Jahren das Leben verbittern.

Herrlich! Herrlich! Ich schwebte wie auf Wolken! Vorbei waren die Zeiten des frühen Aufstehens! Vorbei die Zeiten des morgendlichen Erbrechens, angelehnt an die jungen Bäume am Straßenrand!

Vorbei der Kampf gegen den ewigen Schwangerschafts-Schlafzwang und die ewige Übelkeit vor dem total vernachlässigten Reißbrett! Vorbei das allabendliche Nachhausewanken in ohnmächtigem Zustand um 19 Uhr! Seit ich mich erst gegen 8 Uhr aus dem Bett zu erheben brauchte, um dann um 10 Uhr im Theater zu sein, ging es mir besser. Auch Nellu war guter Dinge, befand er sich doch wieder in seinem Element. Ich hatte mein Gesangsstudium wieder aufgenommen und wollte im Juni die Abschlussprüfung an der Musikakademie machen, ganz schnell, bevor Christina zur Welt käme.

Tja, es waren wieder einmal hohe Ziele, die ich mir gesteckt hatte: Beruf, Baby und Studium, alles zugleich! Und es war wieder einmal Nellu, der mich dazu ermunterte: „Wenn du nur willst, kannst du alles!" Mein geliebter Nellu! Meine große Kraftquelle!

Sechs Wochen, bevor Christina das Licht der Welt erblickte, stand ich mit dünnen Ärmchen, doch dafür mit einem runden, überdimensionalen Bauch vor der Prüfungskommission der Musikakademie und sang frisch drauflos die Arie von Gluck „Ach, ich habe sie verloren! All mein Glück ist nun dahin!" und anschließend die Lieder „Lass, o Welt, o lass mich sein!" von Hugo Wolf sowie „Es war, als hätt' der Himmel die Erde still geküsst!" von Robert Schumann. Nellu saß ja dicht vor mir und himmelte mich an, also musste es doch gut gehen! Obwohl diesmal sein strahlender Blick weniger auf meinem Gesicht als auf meinem Bauch ruhte, ging alles prima und ich bestand mit Bravour.

Nun hatte ich meinen Traumberuf, hatte den Abschluss der Musikakademie, hatte ein temperamentvoll strampelndes Mädchen in meinem Bauch, hatte einen liebenden Ehemann und hatte immerhin vier – wenn auch höchst bescheidene – Wände um all dieses Glück herum! Auch hoffte ich sehr, die Partei würde, angesichts der Tatsache, dass ich bald Mutter werden sollte, nun endlich ein Einsehen haben und uns eine Wohnung zuteilen. Unermüdlich schleppte ich meinen dicken Bauch in unzählige Audienzen, zu mannigfaltigen Größen der Politik und Verwaltung, trug ihnen vor, dass wir nur in einer Küche wohnten, deren Türe direkt zum Hof führte, dass wir das Wasser zum Trinken und Waschen im Hof aus dem Brunnen pumpen mussten, wobei das aus dem Erdreich ausgehobene Plumpsklo nur fünf Meter davon entfernt war, dass in unserer Straße, vor unserem Fenster, der Abwasserkanal der Stadt *unüberdeckt* vorbeifloss, gräulich stinkend und voller mordsmäßig großer Ratten.

Alles umsonst! Es schien niemanden zu beeindrucken. Christina drängte schon dem Tageslicht entgegen. Sollte das Kind des großen Sängers Margineanu in dieser Bude zur Welt kommen? Sollte hier sein Kinderbettchen stehen, wo es bei jedem Öffnen der Türe ein kalter Luftzug treffen, wo es mit seiner Nahrung von Fäkalien verseuchtes Wasser aufnehmen würde? Unvorstellbar!

Und dann trug ich mein Kind, das am 30. Juli 1961 zur Welt gekommen war, doch, verängstigt und sorgsam auf dem schmalen Steg balancierend, über den Schmutzwasserkanal in unsere jämmerlichen vier Wände, verfolgt von der Horrorvision, es könnte in die Dreckbrühe fallen …

„Komm, mein süßer Schatz! Lass dir nicht bange werden wegen der braunen, stinkenden Brühe! Und die fetten Ratten bleiben mit Sicherheit bei ihrer Nahrungsquelle, der Drecksoße, die tun dir kein Leid an. Weine nicht! Papa und Mama sind ja bei dir! Irgendwann einmal werden Papa und Mama eine schöne Wohnung erhalten, mit großen Fenstern und wunderschönen Spitzengardinen dran, mit einem schönen Bad und mit einem Riesenbalkon voller Blumen, und dann wirst du sehr glücklich sein, mein süßer Schatz! Und wenn der Storch dann eines Tages auch noch mit einem Schwesterchen angeschleppt kommt, sind wir vier die glücklichsten Menschen der Welt! Aber sicher!"

Die schwarze Liste, auf der Nellus Name unbarmherzig eingekerbt war, machte jedoch alle Bemühungen, eine Wohnung zugeteilt zu bekommen, zunichte. Jede Hoffnung wurde im Keime erstickt. Vier Jahre sollten noch ins Land gehen, bis sich dieser bescheidene Traum erfüllte.

April 1992. In Neuseeland herbstelte es gewaltig. Zwar fielen die dicken, widerstandsfähigen Blätter der einheimischen Bäume im Herbst nicht ab, wie sich das für Laubbäume in anderen Ländern ziemt, trotzdem nahm die Landschaft einen tristen Charakter an. Hie und da reckten sogar einige aus Europa eingeführte Pappeln und Birken ihre kahlen Äste gen Himmel und beugten sich nur widerwillig dem stürmischen Seewind. Die Äpfel des alten Apfelbaumes im Garten in der Featherston Street hatten schon rötliche Wangen, brauchten jedoch noch einige Zeit bis zur Reife. Grapefruit- und Orangenbaum, Feijoasträucher und Marackujabäumchen schienen sich nach Kräften zu bemühen, Elena vor ihrer Abreise noch einige ihrer reifen Früchte anzubieten, während ihr der Pflaumenbaum im Zwischengarten wie eh und je seinen voll beladenen Arm zum Fenster entgegenstreckte. „Wer wird mir wohl dieses Jahr meine Früchte abpflücken? Oder werden sie gar an den Ästen verfaulen?“, schien er zu fragen. „Mein lieber, alter Freund! Es tut mir unsagbar leid, doch die schönen Zeiten der Ernten und des Einkochens sind vorbei!“

Fünf Monate waren nun vergangen, seit Elena sich entschlossen hatte, nach Deutschland zurückzukehren. Sie hatte den Rat ihres Arztes, nicht vor Mitte April zu fliegen, befolgt. Nun, da der Tag des Abflugs in naher Zukunft lag, befiel sie eine tiefe Melancholie. Mit John verstand sie sich immer besser, je näher dieser Tag heranrückte. Jetzt wurde es ernst! Hoher Blutdruck und Rückenschmerzen waren immer präsent, da half kein Hinausschieben der Abreise. Sie musste einfach stark sein, um ihr Vorhaben in jedem Zustand auszuführen. Für heute Abend hatte sie einige Freunde zum Abschiedsdinner eingeladen: Dr. Johnson mit Gattin, Uni-Kollege Professor Harry Singer mit Gattin und das deutsche Ehepaar Hanna und Bernd Stueder.

John werkelte im Garten. Eben war er dabei, Kartoffeln auszubuddeln.

„Aber John, das sind doch nur Kartoffelbabys! Lass sie doch noch einige Wochen wachsen!“

„Ich weiß das, Elena. Aber ich möchte unsern Gästen heute Abend unbedingt frische Kartoffeln zum Steak anbieten.“

„Wie lieb von dir, dich um mein Abschiedsdinner zu sorgen! Übrigens habe ich frische Bratwurst nach rumänischer Art gemacht.“

„Hm, mit Knoblauch, lecker! Das wird was werden!“

„Ich kann nur hoffen, dass alle unsere Gäste Knoblauch mögen.“

„Stueders und Singers mögen ihn mit Gewissheit; bei Johnsons bin ich mir nicht so sicher.“

Zwei Stunden später saßen alle erklärten und unerklärten Knoblauchfans um den großen Tisch im Speisezimmer versammelt. Noch erfüllte Rosenduft den Raum, doch war es zu erwarten, dass sich diesbezüglich bald etwas ändern würde. Nach dem Aperitif und der Vorspeise trug Elena eine brutzelnde Pfanne der selbst gemachten Würste auf den Tisch; Rosendüfte und Parfumwolken hatten da keine Chance mehr. Dementsprechend lebhaft wurde die Stimmung. Nach dem Dessert bat Elena die Gäste zum Kaffee ins Wohnzimmer. Ungezwungen verteilten sich die Paare im großen, gemütlichen Raum. Genüsslich tranken sie ihren Kaffee und blickten versonnen in die züngelnden Flammen des Kaminfeuers. Dr. Johnson unterbrach das Schweigen: „Frau Margineanu, ich glaube im Sinne aller hier Versammelten zu sprechen, wenn ich sage: Wir werden Sie sehr vermissen!“

„Sie nehmen mir das Wort aus dem Munde, Doktor!“ Professor Singer hatte die Worte ohne aufzublicken gesagt. Er stierte in seine Tasse, rührte umständlich und trank weiter.

Mary Johnson, eine kleine, lebhafte Frau, lächelte Elena an: „Ich werde Ihre Musikabende vermissen! Sie haben uns nach Palmerston viel Abwechslung gebracht.“

„Ich habe Ihre Lesungen sehr genossen.“ Johnson stellte seine Tasse auf das Tischchen und fuhr fort: „Was mich an Ihren Geschichten so fasziniert, ist das ganz und gar Ungewöhnliche.

Ich glaube, nicht nur für uns Neuseeländer, sondern auch für Europäer sind Ihre Themen erfrischend originell. Ich meine, schon die Geschichte von dem Absturz der 300 Schafe, den ein kleines Mädchen verursacht haben soll, oder die von den versteckten deutschen Soldaten, deren innerer Umwandlung und ihrer Metamorphose in der Abgeschiedenheit der Berge, sowie die Erzählung von der Treue des alten Zigeuners: Das sind ganz originelle Themen!“

„Ein Beweis mehr dafür, dass das Leben die besten Themen bietet.“ Wieso sagte ausgerechnet Hanna Stueder das? Hatte sie doch unlängst nach Elenas Erzählung von dem Morgen, als das zwölfjährige Elenchen mit dem Hund auf den Vorban-Berg lief, geäußert: „Das glaubt Ihnen kein Mensch! Keine Zwölfjährige wird von einem Sonnenaufgang so ergriffen, dass sie in die Knie sinkt.“ Vergebens hatte Elena ihr Wort gegeben, dass die Geschichte ganz und gar der Wahrheit entsprach. Hanna hatte nur mitleidig gelächelt.

„Und was werden Sie in Deutschland tun? Ich meine, wie wird Ihr Alltag aussehen? Werden Sie sich weiter literarisch betätigen? Werden Sie Clubs beitreten? Künstlerischer oder sportlicher Natur?“, wollte Stueder wissen.

Elenas Blick ruhte lange auf John. Es war ihr anzumerken, dass ihr die Antwort schwer fiel.

„Ich weiß es nicht. Das werden die Umstände mitbestimmen“, kam es ausweichend, traurig.

Johnson war der Einzige der Runde, der die wahren Hintergründe dieser Trennung kannte. Er hatte Elenas traurigen Blick aufgefangen und half ihr nun aus der Verlegenheit, weiter über dieses Thema sprechen zu müssen.

„Und wieder glaube ich im Sinne aller zu sprechen, wenn ich Sie bitte, noch etwas aus Ihrem Leben im Rumänien des Ceausescu zu erzählen. Ihre Lesung vorgestern im Goethe-Institut endete mit den jüngsten Aufzeichnungen aus Ihrem Leben, das gerade um einen kleinen Neuankömmling weiblicher Natur mit dem schönen Namen Christina bereichert worden war. Die katastrophalen Zustände, in denen Sie wohnen mussten, waren offensichtlich gleichzustellen mit denen der Dritten Welt."

„Schlimmer noch! Rumänien wurde des Öfteren sogar als vierte Welt bezeichnet", gab Elena zu. „Stellen Sie sich mal vor: ein einziges Zimmer, durch das die Hausbesitzerin durchgehen durfte, wann immer sie wollte, um in ihr eigenes zu gelangen, gleich vor dem Fenster der offene Abwasserkanal, durch die Fäkalien des Plumpsklos verseuchtes Wasser, das heraufgepumpt und dann mit Kübeln herbeigeschleppt werden musste, kein Kühlschrank, Telefon und Fernsehen utopisch. Ist das nicht vierte Welt?"

„Wie lange mussten Sie dort wohnen?" Harry Singer sprach heute nur in kurzen Sätzen, war seltsam nachdenklich. Oder war er missmutig, weil er heute nicht der Mittelpunkt der Gesellschaft sein konnte? Jeder kannte seine Schwäche, den weisen Gelehrten zu spielen. Um dieses auch optisch zu unterstreichen, hatte er sich einen Bart wachsen lassen, der allerdings durch den geraden, borstigen Haarwuchs seinen Zweck total verfehlte. Der wilde Borstenkranz an Kopf und Wangen verlieh ihm eher das Aussehen eines Höhlenbewohners der Neuzeit, dem wohl sein Rasiermesser in den Felsenspalten seiner Höhle abhandengekommen war …

„Wie lange wir dort gewohnt haben? Es waren genau siebzehn Monate."

„Erzählen Sie bitte weiter!", bat Dr. Johnson. „Sie erwähnten doch, dass Sie erst nach vier Jahren eine Wohnung erhielten. Wo haben Sie in der Zwischenzeit gewohnt? Ihre zweite Tochter kam ja in dieser Zeit zur Welt."

Alle hatten sich bereits bequem in ihre Sessel zurückgelehnt, zu gut kannten sie Elenas Bereitschaft, zu schreiben, vorzulesen oder zu erzählen.

Leise und verträumt begann Elena von dieser Zeit ihrer großen Liebe zu ihrem Ehemann und ihrem blonden, blauäugigen Baby zu berichten. Es war still im Raum, nur Michel-Angelo streifte buckelnd und schnurrend um Elenas Beine und bat um Streicheleinheiten. Ein fernes Wettergrollen drang erst zaghaft, dann näher und lauter werdend aus der dunklen Nacht, verdichtete sich immer mehr, bis die Blitze und die Donnereinschläge über den Köpfen der Gesellschaft zu einer Orgie anschwollen, als beabsichtigten sie das Haus und alles, was drin war samt und sonders zu vernichten. Wild prasselte der Regen gegen die Scheiben, als wollte er die Erzählerin zum Schweigen bringen.

Unbeirrt folgte Elena ihren Erinnerungen und breitete die Vergangenheit in farbigen Bildern vor den Zuhörern aus. Noch wussten diese nicht, dass sie hier fast die ganze Nacht in ihren Sesseln zubringen sollten …

8. KAPITEL

Die Helden des antikommunistischen Kampfes

Draußen heulte der Sturm, grollte der Donner und zuckten die Blitze in rascher Folge. In der Featherston Street hatte sich die kleine Abendgesellschaft gemütlich um den Kamin geschart, wo die aufgetürmten Holzscheite in hellen Flammen loderten. Der holzgetäfelte Raum mit der altrosa Seidentapete, den stilvollen Möbeln, der alten Standuhr, den schönen Bildern, den Tiffany-Lampen und dem imposanten Kamin vermittelte den Menschen im Wohnzimmer ein Gefühl der Geborgenheit inmitten der tosenden Elemente. Versonnen blickten sie in das muntere Feuer, wo es züngelte, knackte und prasselte, dass die Funken zuweilen bis in den Raum stoben. John hatte den Gästen einen guten Rotwein eingeschenkt, hatte sich entspannt im Sessel zurückgelehnt und nippte genüsslich an seinem Glas. Elena zog es an seine Seite. Nach ihrer Entscheidung, John und sein Land zu verlassen, war die Stimmung sehr bedrückt gewesen, doch hatten sie nach einiger Zeit wieder zu ihrem alten, freundlichen Umgang zurückgefunden, und wer es nicht wusste, wäre nie auf die Idee gekommen, dass diese beiden Menschen beschlossen hatten, sich zu trennen. Ein kleiner Unterschied bestand lediglich darin, dass sie nie mehr über das Thema Glauben an Gott oder Religion sprachen, dem Hauptfaktor, der zu diesem Entschluss geführt hatte.

Elena saß in einem ihrer geliebten schwarzen Ledersessel, ihre Hand lag auf der Lehne und Johns Hand ruhte auf der ihren. Letzten Winter hatte sie ihre Haare bis auf Schulterlänge schneiden lassen, was ihr gut stand. So wirkte sie mit ihren 60 Jahren noch jugendlich, zumal sich nur vereinzelte graue Härchen in die schwarze Haarpracht mischten.

Die kleine Zuhörerschaft blickte gespannt auf die Erzählerin. Frei und ohne Vorbehalt schilderte Elena die schlimmsten Jahre ihres Lebens, die Zeit, als sie und Nellu in Rumänien von der Securitate, von der Partei und den Verwaltungsbehörden schikaniert, erniedrigt und bis jenseits der äußersten Grenzen der Verträglichkeit getrieben worden waren, um zum Schluss vernichtet zu werden.

„Mit der Geburt meines Babys, der Ankunft Christinas in unser bescheidenes Dasein, begann für mich ein mordsmäßiges Arbeitspensum. Zu der Zeit und in dem Land gab es noch keine Wegwerfwindeln, keine fertige Babynahrung, keine fertige Babykleidung. Die von mir handgenähten Textilwindeln mussten täglich gewaschen werden. Zwar hatte ich von meinen Rosenauer Freundinnen eine halb automatische Waschmaschine geschenkt bekommen, doch diese wurde von meiner Mutter in Rosenau für den Fall, dass ich – ihrem Wunschtraum gemäß – Nellu einmal Hals über Kopf verlassen sollte, zurückbehalten. Welch bodenloser Unsinn! So viel Macht übte Mutter auf ihre Familie aus, dass ich mich nicht durchsetzen konnte, meine Waschmaschine nach Kronstadt zu holen! So wusch ich auf dem vorsintflutlichen Waschbrett täglich sowohl sämtliche Windeln als auch die übrige Wäsche.

Da es in Rumänien nach der Entbindung nur sechs Wochen Mutterschaftsurlaub gab, stand ich ab Mitte September wieder voll im Berufsleben. Das sah so aus: Täglich hatte ich von zehn Uhr früh bis halb zwei im Theater eine Vormittagsprobe, abends von halb sieben an entweder eine Abendvorstellung, der eine Stunde Schminken und Ankleiden vorausging, oder aber eine zweite Probe, diesmal auf der Bühne, die bis abends um halb elf dauerte. Ich wette, dass mir keiner glaubt, wenn ich Ihnen den Ablauf meines damaligen Tagesprogramms beschreibe."

„Frau Margineanu, es ist müßig, so etwas von uns anzunehmen! Seien Sie versichert, dass wir Ihnen jedes Wort glauben." Es war Hanna Stueder, die das sagte, also hatte sie ihre alte Skepsis vollständig abgelegt.

„Und warum sollten wir Ihnen nicht glauben?", fragte Harry Singer wie abwesend.

„So sonderbar sich das anhören mag", erwiderte Elena, „doch mir selbst fällt es heute schwer, meinen eigenen Erinnerungen zu glauben. Es war alles so grausam, so furchtbar unmenschlich!

Mein Tagesprogramm lief folgendermaßen ab: Um 5 Uhr aufstehen, um die Kleine zu stillen, Windeln wechseln etc., frühstücken, alles fertig machen, um 8 Uhr musste ich Christina – erneut frisch gewickelt – im Kinderwagen zwei Kilometer zu Fuß schieben, um sie in der Kinderkrippe, die in der Nähe des Theaters war, abzugeben."

„Warum zu Fuß?", wollte Stueder wissen.

„Weil in Rumänien in den Bussen keine Kinderwagen gestattet waren, da die Busse uralt und nicht dementsprechend gebaut waren. In der Mitte, zwischen den Sitzreihen, war nur ein schmaler Gang, sonst nichts, also kein Platz für Babywagen. In der Kinderkrippe zog ich Christina die hauseigenen Sachen aus, wickelte sie frisch, stillte sie noch einmal und übergab sie den Schwestern. Um 10 Uhr begann meine Probe. In der Pause, um halb zwölf, rannte ich schnell hinüber, um mein Kind noch mal zu stillen. Nach der Probe, um halb zwei, holte ich Christina ab, wobei ich ihr vorher wieder ihre eigenen Klamotten anziehen musste. Dann schob ich sie die 2 Kilometer nach Hause, an die Gestade der Abwässer, jenseits der Bartholomäer Bahnhofs. Nellu war inzwischen auch da, ich machte uns schnell etwas zu essen, wir aßen, und anstatt mich wenigstens 15 Minuten auszuruhen, musste ich Windeln waschen. Das Wasser musste ich in Kübeln ins Haus schleppen, auf der gusseisernen Platte des uralten Kochherds heiß werden lassen, auf dem Waschbrett die Windeln schrubben, spülen, aufhängen usw. Um pünktlich um halb sieben im Theater zu sein, musste ich mich mit Christina spätestens um fünf Uhr nachmittags auf die Beine machen. Da meine Hausbesitzerin es abgelehnt hatte, am Abend Babysitter zu machen, brachte ich das bedauernswerte Kindchen für die Zeit meiner abendlichen Abwesenheiten bei einer Frau in der entfernteren Nachbarschaft unter, denn Nellu war ja an den Abenden ebenfalls beruflich beschäftigt. Mit dem Bus fuhr ich dann zum Theater. Wenn ich spät am Abend – manchmal sogar um halb zwölf Uhr nachts – mein Baby abholte, schlief es natürlich und ich musste es wecken und in der kalten Abendluft nach Hause schieben. Zu Hause stillte ich es noch einmal, wechselte die Windeln, aß selbst etwas und ging gegen 1 Uhr zu Bett, um morgens um 5 Uhr wieder aufzustehen und das Ganze von vorne zu beginnen …"

Elena hielt inne. Sie konnte nicht mehr weitersprechen. Als sie in die Runde blickte, bemerkte sie, dass die sensible Mary Johnson feuchte Augen hatte. Alle drei Frauen waren Mütter, hatten das Erzählte genau verfolgt, und obwohl es eine Kurzfassung gewesen war, hatten sie alles nachempfunden und spürten tiefes Mitgefühl.

„Liebe Frau Margineanu, ich kann mir gut vorstellen, dass Sie bei dem Stress nicht allzu lange stillen konnten."

„Nicht länger als zwei Monate. Das Füttern wurde dadurch jedoch viel, viel komplizierter. Wie ich schon sagte, war Fertignahrung für Babys unbekannt. Zudem war Kuhmilch ein Problem. Nellu stand täglich frühmorgens 5.30 Uhr Schlange, um einen Liter der kostbaren Flüssigkeit zu beschaffen; in Ermangelung eines Kühlschranks (welch ein Luxus!), musste täglich frische Milch her.In der Apotheke kaufte ich Zitronensäure; mit Schneebesen und Pipette wurde die Milch allmählich gesäuert. Inzwischen kochte ich Reis, seihte ihn ab und mischte das dickliche Reiswasser mit der angesäuerten Milch im Verhältnis 1:2. Dies war die Nahrung eines zwei Monate alten Babys! Die erforderliche Menge für den halben Tag musste ich in Fläschchen mit in die Kinderkrippe nehmen."

„Entschuldigen Sie, Frau Margineanu, wenn ich mir die Frage erlaube: Warum in aller Welt gingen Sie denn noch dem Beruf nach?" Das war Singer. Obgleich Elena dieser Einwand irritierte, musste sie einsehen, dass in den westlichen Kulturen, wo humane Vorsorgen aller Art selbstverständlich waren, diese Frage ihre Berechtigung hatte. Wie ganz anders war hingegen der Kommunismus strukturiert! Sachlich, doch mit einem traurigen Unterton antwortete sie: „Erstens einmal waren die Gehälter in einem kommunistischen Land so gering, dass eine Familie von einem Gehalt nicht leben konnte. Zweitens gab es für eine nicht berufstätige Frau keinerlei Versorgung, falls sie verwitwete oder ins Rentenalter trat. Der Begriff ‚Witwenrente' existierte nicht in Rumänien, noch viel weniger der Begriff ‚Sozialhilfe'. Folglich hatte eine Frau, die keinen Beruf ausgeübt hatte, im Alter überhaupt keine Versorgung. Gezwungenermaßen waren somit alle Frauen berufstätig, und zwar ganztägig, so etwas wie Halbtagsjob gab es nicht. Außerdem hofften ja Nellu und ich fest auf eine Wohnungszuteilung, wobei wir dann ein Kindermädchen hätten einstellen können und das Problem wäre gelöst gewesen. Trotz aller Bemühungen vergingen leider die Wochen und Monate des bangen Wartens, jedoch hinsichtlich einer Wohnung tat sich nichts.

Besonders bedrückend war der Umstand, dass wir bei all dem unmenschlichen Stress keine Zeit hatten, mal mit dem Baby zu spielen, uns an ihm zu freuen, eine gefühlsmäßige Bindung aufzubauen … Das Kind wurde sozusagen hin und her geschoben … und das mit Hektik und einer erklärlichen Nervosität … Es war schrecklich!

Der einzige Lichtblick in jenen Tagen war ein Besuch aus Bukarest: Völlig überraschend kam Puiu mit dem Motorrad angefahren. Freudestrahlend balancierte er über die halb vermoderte Holztreppe in unser Zimmer. Nellu war Puiu aus meinen Erzählungen bereits ein Begriff und so umarmten wir uns alle stürmisch wie gute Freunde. In den vier Jahren, die wir uns nicht gesehen hatten, war Puiu, wie mir schien, sehr gealtert. Sofort ging er zum Kinderwagen und bewunderte mein Christinchen, hob sie hoch, wiegte sie im Arm, lachte sie an und sprach mit ihr. Mit strahlenden Augen blickte sie ihn an, als wollte sie diesen Mann bis auf den Grund seiner Seele durchschauen.

Wir tranken Kaffee, aßen Kekse und plauderten. Trotz des Überschwangs bei unserer Begrüßung lag eine gewisse Verlegenheit in der Luft; steif, beinahe unbeholfen, saßen wir am Tisch. Puiu erzählte von Rasvan und Marietta, wir beklagten uns über unsere unmöglichen Wohnverhältnisse, ich bedauerte, schon so lange nicht mehr in den Bergen gewesen zu sein, erzählte ihm von meinem Beruf als Sängerin. Nach zwei Stunden brach er wieder auf. Erst nach seinem Weggang wurde mir bewusst, wie sehr ich seelisch an diesen Mann gebunden war. Trotz meiner Liebe zu Nellu empfand ich für Puiu eine andere, eine tiefe Zuneigung. Intuitiv spürte ich, dass diese Zuneigung nie vergehen würde."

John, der leidenschaftliche Teetrinker, hatte eine Kanne Tee aufgebrüht, brachte das Tablett mit den Tassen und schenkte ein. Elena trank ihre Tasse leer und fuhr fort: „Christina war gerade drei Monate alt, als der erste Schnee fiel. Als Skifahrerin habe ich mich immer über die ersten Schneeflocken im Herbst gefreut, diesmal jedoch brachte uns der Einbruch der Kälte großen Kummer. Der Stress und die ganze Schinderei waren für das Kind einfach zu viel gewesen, dazu kam die schlechte Wohnung, in der bei jedem Öffnen der Türe ein kalter Luftzug von draußen auf das Baby fiel; dabei müssen Sie wissen, dass winterliche Temperaturen in Rumänien stets –10° bis –25° normal sind. Christina wurde sterbenskrank."

John ergriff Elenas Hand, drückte sie und hielt sie fest. Elena sah ihn dankbar an.

„Christina erkrankte an einer schweren Bronchitis. Sie hatte hohes Fieber, jeder Atemzug wurde von einem Geräusch begleitet, das sich wie das einer hin und her schneidenden Säge anhörte. Mir wurde angst und bange. Am Morgen verpackte ich mein Kind und brachte es zum Kinderarzt. Er war entsetzt, als ich ihm die Zustände, in denen wir wohnten, schilderte.

‚Eines müssen Sie wissen', sagte er eindringlich, ‚wenn das Kind weiter dort bleibt, verlieren Sie es!'

Ich war vor Schreck wie gelähmt.

‚Ja, was soll ich tun?'

‚Haben Sie denn keine Mutter?'

‚Ja, schon!', begann ich stockend, ‚Meine Mutter hat mir jedoch geschworen, unter keinen Umständen für das Kind in irgendeiner Weise zu sorgen!' Vor Verzweiflung brach ich in Tränen aus.

‚Frau Margineanu! Ich sage Ihnen noch einmal: Sie verlieren Ihr Kind! Fahren Sie es doch einfach zu Ihrer Mutter! Wenn sie begreift, dass ihr Enkelchen in Lebensgefahr ist, kann sie unmöglich so unmenschlich sein, sich zu weigern, für die Kleine zu sorgen! Sie haben keine andere Wahl. Retten Sie Ihr Kind!‘

‚Meine Mutter hat das Baby bis jetzt nur zweimal kurz gesehen und dabei wenig Interesse gezeigt.‘

‚Egal! Bringen Sie Ihr Kind zu Ihrer Mutter!‘

Dieser wunderbare Arzt rettete mein Christinchen! Auf seinen Rat hin wagte ich es: Aus der Arztpraxis schob ich schnurstracks klein Christinchen zum Bus, der nach Rosenau fuhr. Da in den Bussen zu der Zeit kein Platz für Kinderwägen war, war es somit auch nicht erlaubt, mit einem solchen einzusteigen. Ich bat und bettelte, bis der Fahrer es mir dennoch erlaubte.

Mutter machte tellergroße Augen, als ich unangemeldet mit dem Baby in ihrer Küche erschien. Ich grüßte knapp und sagte sofort zu ihr: ‚Christinchen ist sterbenskrank! Rette sie mir!‘

Mutter schlug theatralisch die Hände über dem Kopf zusammen: ‚Ja, um Gottes willen, wie stellst du dir das vor? Wie soll ich sie pflegen? Womit soll ich sie füttern? Ich habe ja keine Ahnung!‘

‚Ich werde Erna bitten, dir beizustehen. Begreife, Mami – mein Kind hat nur bei dir eine Überlebenschance!‘

Unverzüglich rannte ich zu meiner Schwester. Erna hatte ihren Sohn Marius ganz ohne Muttermilch aufgezogen und kannte sich mit der Nahrungszubereitung bestens aus. Auch hatte sie noch Windeln und Babykleidung übrig. Erna begriff sofort den Ernst der Lage, nahm Windeln, Milch und Babyklamotten und wir liefen zurück zu Mutter. So schwierig Erna manchmal sein konnte, war sie jetzt doch ganz Mutter! Sie nahm sich sofort des Kindes an, wickelte es, fütterte es und half unserer Mutter sehr gewissenhaft. Ich rannte indes zu Dr. Szigety, einem guten Arzt und Freund Nellus, und erklärte ihm die Sachlage. Augenblicklich kam er mit mir. Er hatte die Antibiotika bereits bei sich und verabreichte Christina sofort die erste Spritze.

Und ich … ich musste … am selben Abend unbedingt im Theater sein, ich hatte eine Vorstellung und es gab keine Ersatzsängerin … ich ließ mein Kind dort … in der grauenvollen Ungewissheit …, rannte wieder zum Bus … und lief direkt ins Theater. Ich habe keine Ahnung, wie gut oder wie schlecht ich diese Vorstellung gesungen habe. Es war mir egal. Erst spät am Abend erfuhr Nellu, dass ich Christina nach Rosenau gebracht hatte. Zu allem Überfluss begriff er gar nichts. Er schimpfte mit mir … schrie mich an … was ich denn für eine Mutter sei … ob ich den Verstand verloren hätte … wieso ich mich nicht erst mit ihm beraten hätte usw. Das war zu viel für mich! Verzweifelt drückte ich mein Gesicht in ein Kissen und schrie! Und schrie! Ich schlug mit Händen und Füßen um mich, ließ Nellu gar nicht an mich heran … ‚Ich hasse dich! Ich hasse dich!', schrie ich. Noch nie in meinem Leben habe ich die Nerven so verloren wie an jenem Abend … Aber ich hatte mein Kind gerettet!"

Elena hielt inne und wischte sich die Tränen … Nicht nur die Frauen in der Runde weinten, sogar Johnson und Stueder hatten feuchte Augen. Nachdenklich sagte Mary: „Wie ist das nur möglich, dass die Männer in solchen prekären Situationen dem raschen Denken und Handeln der Frauen oft nicht folgen können, oft die Dinge falsch einschätzen?"

„Männer denken vielleicht langsamer, aber umso logischer", bemerkte Harry souverän, ohne sich dessen bewusst zu sein, wie unlogisch sein Kommentar war. Hanna ereiferte sich: „Logisch?! War etwa Nellu logisch? Wo ist da die Logik? Wenn Elena ihr Kind nicht sofort zu Ihrer Mutter gebracht hätte, wäre es mit Sicherheit gestorben. Das ist Logik!" Sie hatte es erfasst. Dem war nichts mehr hinzuzufügen.

Elena fuhr fort: „Mutter lernte, Gott sei Dank, mit der Situation fertig zu werden. In ihr vollzog sich eine Wandlung. Als ich nach zwei Tagen mit Nellu nach Rosenau fuhr, ging es Christina schon besser. Dr. Szigety kam täglich vorbei, sah nach dem Kind und verabreichte ihm Spritzen. Da die Zubereitung der Babynahrung das größte Problem darstellte, schaute Erna ebenfalls täglich nach dem Rechten. Schön langsam ging es bergauf, wir konnten aufatmen. Jeder von uns Beteiligten befürwortete die Idee, Christina bis zum Erhalt einer Wohnung in der Obhut meiner Eltern zu lassen. Mutter machte ihre Sache gut und dem Kind ging es immer besser.

Mitte Februar blinkte ein neuer Hoffnungsschimmer am Horizont unseres gepeinigten Daseins: Nellus geschiedene Frau, Teodora Stroescu, sollte einem Engagement als Gesangslehrerin der Musikakademie in Iasi, an der russischen Grenze, folgen. Wie groß mag das Herz dieser Frau gewesen sein und wie ehrlich ihr Mitgefühl: Sie überließ uns ihre Wohnung, die sie früher mit Nellu geteilt hatte! Und weil sie keinen großen Umzug machen wollte, ließ sie auch fast alle Möbel zurück. Wir waren gerettet. So dachten wir …

Natürlich kündigten wir unsere Wohnküche, luden unsere Siebensachen wieder auf Onkel Michaels Leiterwagen und ratterten durch die Stadt; diesmal mit strahlenden Gesichtern und voller Hoffnung im Herzen. Wir richteten uns ein und holten sofort Christina aus Rosenau. Glücklicherweise lag die Wohnung nur vier Minuten vom Theater entfernt. Vorbei waren die Strapazen endloser Läufe mit dem bedauernswertesten Kind durch die Straßen der Stadt! Vorbei war die schmerzvolle Trennung von unserem Kindchen! Mein Gott, waren wir selig! Mit einem vielfach verkürzten Arbeitspensum und mithilfe eines Babysitters schafften wir Arbeitsakrobaten unsere Pflichten. Alles lief gut … bis … ja … bis … eines Tages ein Brief vom Wohnungsamt ins Haus flatterte: Wir seien nicht berechtigt, die Wohnung zu bewohnen, weil sie uns nicht vom Wohnungsamt zugeteilt worden sei. Ob wir denn nicht wüssten, dass in einem sozialistischen Staat alle Wohnungen Staatseigentum seien und somit auch nur der Staat die Wohnungen zuteile etc., etc. Folglich müssten wir die Wohnung in zwei Wochen räumen.

Naiverweise klang uns das alles zu unmenschlich, um wahr zu sein! Wir glaubten an einen Irrtum und hofften auf einen Rest von Menschlichkeit, welche die Behörden zurückhalten würde, uns mit dem Kind aus einer Küche-Wohnzimmer-Wohnung hinauszuwerfen. Voller Optimismus gingen wir zum Wohnungsamt, um die Angelegenheit zu klären. Wir wurden sehr ernüchtert! Ein Wettlauf mit der Zeit begann, im wahrsten Sinne des Wortes. Wir rannten von Behörde zu Behörde, weinten, baten und bettelten bis zum Kniefall. Alles umsonst! Im Gegenteil: Uns wurde angedroht, falls wir die Wohnung nicht freiwillig räumten, würde sie vom Wohnungsamt zwangsgeräumt.

Die beiden Wochen Gnadenfrist vergingen schnell. Ende Februar kam Mutter zu Besuch. Ich kannte sie als die tapferste Frau der Welt und hatte irgendwie das Gefühl, wenn sie nur bei uns war, würde sie sich wieder so durchsetzen, wie ich das bei ihr von früher kannte. Welch kindlicher Irrglaube!

Es war der 3. März. Ich befand mich mit Nellu in der Musikschule, als ein Anruf von unserem freundlichen Nachbarn kam, dass die Männer vom Wohnungsamt in Begleitung der Miliz eben dabei seien, die Wohnung aufzubrechen. Wie verrückt rannten wir durch die Straßen zur Wohnung. Zu spät! Alles vergebens! Alles vorbei!

Beim Eintreten durch das große Tor bot sich uns das traurigste Bild, das wir uns je im Leben hätten vorstellen können: Im Innenhof standen alle unsere Möbel und übrigen Sachen in chaotischem Durcheinander, alles auf einen Haufen geworfen. Mittendrin, vor dem leeren Kinderbettchen, stand Mutter mit Christinchen auf dem Arm. Entsetzt schrie ich, ohne zu überlegen: ‚Ja, schämen Sie sich denn nicht, eine Familie mit einem Baby einfach auf die Straße zu werfen?!'

Ein Milizmann ergriff mich unsanft beim Arm und wies mich barsch darauf hin, dass das eine Amtsbeleidigung sei, wofür ich verhaftet werden könnte. Ich riss mich los.

‚Fassen Sie mich nicht an! Ich beleidige niemanden, ich stelle bloß eine Tatsache fest: dass nämlich die Staatsgewalt zusieht, wie ein Einbrecher meine Wohnung aufbricht, und anstatt mich zu schützen, den Einbrecher schützt! Was ist das für ein Staat?'

‚Das reicht für eine Verhaftung: Im Namen des Gesetzes sind Sie wegen Staatsbeleidigung verhaftet!' Der Milizmann legte mir Handschellen an.

‚Wie kommen Sie dazu mich zu verhaften?‘, schrie ich. ‚Ich habe nichts Falsches getan!‘

Nellu protestierte laut: ‚Sie können doch die Mutter eines Babys nicht wegen einer solchen Lappalie verhaften! Sie hat den Staat mit gar nichts beleidigt, sie hat bloß eine Frage gestellt.‘

Nichts half! Ich wurde ins Auto gestoßen und zur Milizwache gefahren. In einem kleinen Zimmer musste ich erst einmal drei Stunden warten. Könnt ihr euch vorstellen, was das für mich bedeutete?! Unsere Sachen und Möbel im Hof auf einen Haufen geworfen, meine Mutter und das Baby mitten in dem Durcheinander unter freiem Himmel, Nellu verzweifelt dabeistehend und ich verhaftet! Ich setzte mich auf eine Holzbank und heulte. Dann überlegte ich, dass etwas getan werden musste. Also trommelte ich mit den Fäusten an die Tür und schrie, dass ich den Obersten sprechen wolle. So lange setzte ich das mit meinem lauten Stimmorgan fort, bis endlich ein genervter Sergeant eintrat. Er packte mich am Arm und stieß mich in ein Büro. Der Oberst saß am Schreibtisch und hieß mich Platz nehmen.

‚Frau Margineanu, Sie sind wegen Staatsbeleidigung verhaftet. Ich mache es kurz: Entweder Sie zahlen ein Bußgeld von 3000 Lei oder Sie sitzen eine Haftstrafe von einer Woche ab.‘

‚Ich wollte keineswegs irgendjemand beleidigen und es tut mir unsagbar leid!‘

Ich riss mich zusammen und tat ruhig und freundlich. Ich hatte weder das Geld – immerhin waren das beinahe drei Monatsgehälter – noch konnte ich es mir leisten, eine Woche dem Theater fernzubleiben; aber noch viel weniger meine Familie in dem totalen Chaos zurückzulassen. Ich war ratlos!

‚Ich bitte Sie sehr freundlich um Entschuldigung, Herr Oberst! Ziehen Sie doch in Betracht, dass ich unter Schock gestanden habe! Es tut mir aufrichtig leid! Ich bitte Sie, drücken Sie ein Auge zu!‘

‚Wir können die Sache unmöglich auf sich beruhen lassen, das kann ich mir nicht leisten. Mein Entschluss steht fest: entweder das Geld oder die Haftstrafe!‘

Ich heulte laut los, was hätte ich sonst auch tun können?

Endlich kam Nellu herbei. Er war bereits unterrichtet und bestürmte den Oberst:

‚Ich bitte Sie von Herzen: Lassen Sie meine Frau doch nach Hause! Die Möbel und alle Sachen liegen im Hof, das Baby ist unter freiem Himmel! Es braucht unbedingt die Mutter! Ich bitte Sie, meine Frau freizulassen!‘

‚Das kommt nicht infrage! Entweder 3000 Lei oder die Haft! Das ist mein letztes Wort!‘

‚Ich werde das Geld auftreiben, doch lassen Sie bitte meine Frau jetzt nach Hause gehen!‘

‚Sobald Sie das Geld bringen, kann Ihre Frau gehen. Keine Stunde früher. Basta!‘

Nellu verschwand und rannte in der Stadt umher – Straße auf, Straße ab –, bat und bettelte bei all unseren Freunden. Erst am nächsten Tag hatte er das Geld zusammen und konnte mich befreien. Es war der schrecklichste Albtraum!“

Elena weinte. Sie war von guten Freunden umgeben, und einige weinten mit ihr.

„Mich würde interessieren, wer in Ihre Wohnung eingezogen ist. Es kann doch weder Zufriedenheit noch Glück bringen, auf diese Weise eine Wohnung zu ergattern!“, argumentierte Mary.

„Der neue Mieter war ein Nachbar, der gegenüber im ersten Stock mit seiner Ehefrau in einem einzigen Zimmer gewohnt hatte. Er war es gewesen, der unsere Tür mit einem Stemmeisen aufgebrochen hatte, während die Miliz dabeigestanden hatte, um ‚Recht und Ordnung zu wahren‘ und mich, das Opfer, zu verhaften. Was war das und was ist das heute noch für ein Staat, der so etwas als Recht betrachtet?! Was ist das für eine Welt, wo an allen Ecken und Enden unseres Planeten Millionen von Menschen bitteres Unrecht geschah und geschieht? Mit Sicherheit noch viel größeres Unrecht, als das unsere war!

Das Ehepaar trug seine Sachen in unsere Wohnung und überließ uns sein 15 qm kleines Zimmer – ohne Wasseranschluss, ohne Abfluss, ohne irgendeine Kochmöglichkeit, ohne einen Abstellraum oder irgendwelche Ausweichmöglichkeiten. Das Zimmer war total verdreckt, der Bretterfußboden verrottet, das Holz vermodert, ein Paradies für Tausende von Kakerlaken, deren gräuliche Bekanntschaft uns noch bevorstand …

Mutter war mit Christina sofort wieder nach Rosenau gefahren, während Nellu und ich unsere Sachen und einen Teil der Möbel in das kleine Zimmer schleppten. Abends saßen wir uns gegenüber und weinten vor Verbitterung und Verzweiflung. Innerlich zerrissen, desolat und völlig ausgebrannt, keines klaren Gedankens mehr fähig, verstanden wir die Welt nicht mehr! Damals stellte ich mir zum ersten Mal die Frage: ‚Wie kann Gott so etwas zulassen?! Gott ist doch Liebe! Oder gibt es noch eine zweite Macht? Einen Gott des Bösen? Es muss ihn geben!‘, dachte ich. ‚Woher käme sonst das Böse in die Welt? Und wenn diese zweite Macht für das Böse verantwortlich ist, wieso lässt Gott, der doch allmächtig ist, das zu?‘

Mir sah es danach aus, als ob zwischen den beiden Mächten eine Auseinandersetzung stattfinde, ein Tauziehen!“

„Ein Tauziehen?“, warf Stueder ein, „Ein allmächtiger, gerechter Gott lässt sich doch nicht mit einem Schwächeren auf ein Tauziehen ein! Das muss irgendeine andere Bewandtnis haben!“

„Da muss ich Ihnen recht geben! Doch ist es für uns Menschen gewiss unmöglich herauszukriegen, womit sich die beiden ‚Super-Supermächte‘ auseinandersetzen! Und das über unseren Köpfen im – für uns unvorstellbaren, gänzlich unerreichbaren Bereich!“ Johnson sprach leise, er war sehr nachdenklich geworden. „Auf alle Fälle ist die Frage ‚Warum lässt Gott das Leiden der Menschen zu‘ berechtigt und – angesichts der Weltverhältnisse – hochaktuell. Es muss jedoch eine höhere Bewandtnis haben, der wir Menschen nicht so leicht folgen können …“

Elena nahm ihre Erzählung wieder auf: „Nellu und ich klammerten uns aneinander und verbrachten eine furchtbare, schlaflose Nacht. Ratlos fragten wir uns immer wieder: ‚Was sollen wir tun?‘ Am Morgen beschlossen wir, nach Bukarest zu fahren, um bei den allerhöchsten Stellen der Regierung, der

Partei und der Verwaltung vorzusprechen. Irgendwo musste uns doch schnellstens Recht geschehen!

Unser Denken und unser Hoffen waren zu menschlich, um wahr zu werden …

Wir nahmen uns beide eine Woche unbezahlten Urlaub. Um 2 Uhr nachts standen wir auf, um 2.30 Uhr rannten wir los, um die zwei Kilometer bis zum Bahnhof und das Lösen der Fahrkarten bis 3.30 Uhr zu schaffen. Da wir kein Telefon hatten, hatten wir auch keine Möglichkeit ein Taxi zu rufen. Aufatmend saßen wir schließlich im Abteil, machten Pläne für die Tage in Bukarest. Wen sollten wir um Hilfe bitten? Welche Behörden? Welche Freunde aus Nellus altem Bekanntenkreis könnten uns helfen? Gab es überhaupt Hoffnung? Oder war diese Fahrt ein sinnloses Unterfangen? Oh, sinnlos war sie nicht! Bewahrte sie uns doch vor dem sicheren Wahnsinn …

In Bukarest wollten wir Nellus alte Freunde aufsuchen. Ein Wiedersehen mit Ludovic Spies wäre sicher der Höhepunkt der Reise gewesen. Leider weilte er gerade im Ausland! Ludi war die Karriereleiter ganz schön hochgeschnellt: An der Bukarester Staatsoper hatte er seit zwei Jahren ein festes Engagement, in Toulouse war er bei einem internationalen Gesangswettbewerb als Weltbester hervorgegangen und sang seither an den größten Opernhäusern der Welt; er war ein weltberühmter Heldentenor. Gerade sang er an der Mailänder Scala den Herzog in „Rigoletto".

‚Bevor wir zu irgendeiner Behörde gehen, werde ich mich mit meinen alten Freunden beraten. Meine Studienkollegen Ioan Stefanescu-Goanga und Octav Enigarescu, mit denen ich später zusammen in der Staatsoper sang, haben beide wichtige Funktionen im Bukarester Kulturleben', sagte Nellu. ‚Genauso Zenaida Pali, ein Opernstar von internationalem Rang. Goanga ist heute Direktor der Musikhochschule und Enigarescu ist Intendant des Opernhauses, beide sind hohe Parteimitglieder. Sicher haben sie die besten Beziehungen und setzen sich gerne für mich ein; wir waren doch gute Freunde!'

Was war Nellu doch für ein blauäugiger Optimist! Immer beurteilte er die Menschen nach seinen eigenen Maßstäben. Er hätte natürlich mit der größten Selbstverständlichkeit seinem alten Freund aus der Not geholfen, darüber gab es keinen Zweifel. Sein Geld und seine Zeit hätte er eingesetzt, um einem Bedrängten zu helfen! Nicht so seine alten ‚Freunde'.

Aber natürlich erinnerte sich Goanga an die gemeinsam verbrachten Jahre! Jovial sprach er mit Nellu über ihre Jugendstreiche der Studienzeit. Als sie jedoch in ihren Erinnerungen auf die Straßenkämpfe zu sprechen kamen, machte es bei Goanga plötzlich klick! Sein Gesicht verfinsterte sich, mit einem Male wurde er kühl und reserviert.

‚Ach, du hättest gerne meine Unterstützung? Es tut mir unsagbar leid, die kann ich dir aus verständlichen Gründen beim besten Willen nicht geben! Tut mir leid!'

Nellu war selbstverständlich so verständig, diese verständlichen Gründe zu verstehen … und zog sich zurück. Die nächste Tür, an die wir klopften, war die von Enigarescus.

‚Oh! Ah! Welche Freude dich zu sehen, Margineanu, altes Haus! Wer hätte gedacht, dass du heute über meine Schwelle treten würdest? Ja, wie geht es dir denn? Du singst ja jetzt in der Klausenburger Oper! Wie hast du das nur geschafft, in so kurzer Zeit Ungarisch zu lernen?' Er sprach wie ein Wasserfall, gab Nellu gar keine Chance, mich, seine Frau, vorzustellen. Endlich, in einer Atempause, belehrte ihn Nellu darüber, dass er längst nicht mehr in Klausenburg lebte und dass diese junge Frau an seiner Seite seine Gattin war.

‚Oh! Ah! Das freut mich ungemein!'

Nellu kam zum Thema und erklärte ihm kurz, weshalb wir nach Bukarest gekommen waren und dass er seine Hilfe dringend benötige.

‚Oh! Ich verstehe. Du möchtest gerne eine tolle Wohnung. Wer möchte die nicht? Ich bewohne auch eine schöne Wohnung im Nobelviertel, war gar nicht so einfach, die Hand auf so eine Superbehausung zu legen! Das Haus musste vorher erst einmal zwangsgeräumt werden; die Leute geben nicht so leicht auf!'

‚Zwangsgeräumt? Sagtest du zwangsgeräumt?'

‚Ja, der vorherige Mieter wollte die Wohnung nicht räumen und so musste die Miliz eingreifen.'

‚Irgendwie kommt mir das bekannt vor … nur mit umgekehrten Vorzeichen.'

Nellu hielt sich an der Stuhllehne fest.

‚Du erlaubst wohl, dass ich mich setze?'

‚Aber bitte!'

Bleich und zitternd setzte sich Nellu auf einen Sessel.

‚Weißt du, Oktav, ich möchte keine Nobelwohnung, bloß eine ganz gewöhnl…'

‚Ah! Verstehe! Tja! Was soll ich da nur machen?' Enigarescu griff zum Telefon und sprach ziemlich lange mit irgendjemand. Als er den Hörer auflegte, war sein Gesicht genauso lang wie das seines Nobelvorgängers Goanga. Ernst und finster sprach es eine deutliche Sprache: ‚Eine so heiße Kartoffel wie dich fasse ich gar nicht an. Und nun sieh zu, wie du wieder elegant aus meinem Hause hinauskommst! An dir verbrenne ich mir doch nicht meine Nobelfinger!'

Nellu hatte die Mienensprache seines alten ‚Freundes' verstanden. Er erhob sich, stand aufrecht, ging noch einen Schritt näher, sodass er dicht vor Enigarescu zu stehen kam, und sagte mit fester Stimme: ‚Vor zwei Tagen habe ich ebenfalls der Zwangsräumung einer Wohnung beigewohnt: *Ich* wurde mit Frau und Kind auf die Straße geworfen, damit ein anderer, genauso wie du, sich in meine Wohnung hineinsetzt. Das ist das gemeinste Spiel, das ihr Parteimitglieder mit uns gewöhnlichen Sterblichen treibt! Nein! Von *dir* will ich keine Hilfe! Entschuldige die Störung!'

‚Das war Schuft und Feigling Nummer zwei. Mal sehen, wie viele ich von dieser Sorte noch zu meiner Sammlung hinzufüge!' Wieder auf der Straße, versuchte Nellu zu scherzen, was ihm aber ganz und gar misslang. Ich ergriff seine Hand und drückte sie ganz fest. Hand in Hand gingen wir langsam durch die Innenstadt Bukarests.

‚Schade, dass wir aus einem traurigen Anlass hier sind! Gerne hätte ich dir mein Bukarest gezeigt! Ich liebe diese Stadt! Hier habe ich die schönsten Jahre meines Lebens verbracht!', sagte Nellu mit verklärtem Blick. ‚Bukarest ist eine der schönsten Städte Europas. So viel schöne Architektur, so viel Kunst in herrlichen Museen, so gute Theater und fantastische Konzertsäle findest du nicht so schnell wieder! Weißt du, dass Bukarest auch ‚Klein Paris' genannt wird? Ach, ich liebe jeden Stein dieser Stadt! Wie ich dir schon einmal sagte: Wenn ich am Nord-Bahnhof aus dem Zug steige, möchte ich am liebsten niederknien und den Bukarester Boden küssen.'

Wir aßen im berühmten ‚Carul cu Bere' zu Mittag.

‚Und jetzt gehen wir zu meinem Freund Traian Demetrescu, einem Griechen. Ich kann mir schwer vorstellen, dass der auch abweisend reagieren könnte.'

Demetrescus alte Mutter empfing uns freudig. Traian und seine langjährige Freundin seien verreist, sagte sie, wie jammerschade! Natürlich hätte er sich riesig gefreut, Nellu wiederzusehen! Da sein Zimmer frei sei, könnten wir selbstverständlich darin wohnen, solange wir in Bukarest weilten. Frau Demetrescu war außerordentlich liebenswürdig; jeden Abend empfing sie uns mit einem kleinen Happen und einem erfrischenden oder wärmenden Getränk. So bewohnten wir fünf Tage Traians Zimmer und ich gewann die alte Dame lieb.

Zenaida Pali, die große Altistin, weilte im Ausland. Schade! Sie war von jeher mein Vorbild gewesen und Nellu behauptete immer, unsere Stimmen seien sich zum Verwechseln ähnlich. Zu gerne hätte ich sie persönlich kennengelernt!

So! Das waren also die ‚Freunde'! Noch gaben wir nicht auf. Unangemeldet versuchten wir zu den Größten und Mächtigsten unseres Landes vorzudringen, was uns in einigen Fällen auch gelang. So befanden wir uns eines Tages im Vorzimmer des Staatschefs Gheorghe Gheorghiu-Dej. Dieser Mann war der erste Staatschef Rumäniens nach dem Putsch von 1944 gewesen. Von diesem Vorgänger des wahnwitzigen Tyrannen Ceausescu hatte das Ausland wenig oder nichts gehört, vielleicht weil er in negativem Sinne nicht von sich reden machte. Bei der rumänischen Bevölkerung war er nicht unbeliebt. Auf ihn setzten wir unsere Hoffnung!

Ihn persönlich zu sprechen, sagte man uns, sei erst in drei Wochen möglich, doch wir könnten unser Anliegen schriftlich festhalten und hier abgeben. Mit Sicherheit würde es begutachtet und uns Hilfe gewährt werden. Wir verfassten also ein Schreiben und legten ein Foto unseres Babys Christina bei. Ich hatte das Bildchen auf den Brief geklebt und darunter geschrieben: ‚Dieses Kind bittet Sie um Hilfe!' Mit viel Optimismus gaben wir das Schreiben ab. Am nächsten Tag, einem Samstag, machten wir uns auf den Heimweg. Im Zugabteil mussten wir uns eingestehen, dass unsere Reise so gut wie nichts eingebracht hatte. Gheorghe Gheorghiu-Dej war eigentlich unsere einzige Hoffnung. Die Art und Weise, in der dann nach zwei Wochen auch diese Hoffnung zerstört wurde, war ganz typisch für das durch und durch korrupte System Rumäniens.

Ich erhielt eine Vorladung zum höchsten Parteisekretär der Region. ‚O Gott! Jetzt haben wir es geschafft!', dachte ich. Freudestrahlend fand ich mich pünktlich beim Genossen Crischan ein. Sein missmutiger Blick verhieß jedoch nichts viel Gutes … Vor ihm auf dem Schreibtisch lag mein Brief mit Christinchens Foto, das Schreiben, das ich in Bukarest abgegeben hatte. Unsicher nahm ich Platz und harrte der Dinge, die da kommen sollten. Erst einmal schwieg er eine Weile und starrte verbissen vor sich hin. Als er seinen Blick auf mich richtete, sah ich in ein vor Wut entstelltes Gesicht; zwischen den Zähnen presste er hervor: ‚Was haben Sie da unserem Staatschef geschrieben?! Wie können Sie sich unterstehen, ihm solche Lügen aufzutischen? Lauter Lügen!' Zu meinem größten Entsetzen zeigte er mit dem Finger auf das Foto meines Kindes und sagte: ‚Auch das ist Lüge! Lauter Lügen! Und jetzt schauen Sie, dass Sie weiterkommen!' Er schoss vom Sessel empor und schrie mich an: ‚Raus hier! Ich will Sie nie mehr sehen! Haben Sie verstanden? Nie mehr!'

Ich brach in Weinen aus und verließ ohne Gruß diesen grässlichen Menschen! Am meisten hatte mich erschüttert, dass er auf mein Kind gezeigt und gesagt hatte, es sei Lüge! Ja, war denn dieser fleischgewordene Satan wahnsinnig?! Wie sollte mein Kind eine Lüge sein?! Das alles war zu viel für mich!"

Dr. Johnson unterbrach Elena: „Die Tatsache, dass dieser Crischan Ihre Darlegungen im Schreiben an den höchsten Staatschef als Lügen bezeichnete, besagt klar, dass es für ihn kein anderes Argument gab, sich vor seinem obersten Chef zu rechtfertigen, als Sie zur schamlosen Lügnerin zu erklären."

„Genau das ging mir eben durch den Kopf", mischte sich Stueder ein, „also war die ganze Handlungsweise, Sie aus der Wohnung zu werfen, ein lokaler Übergriff, wofür Crischan höchstwahrscheinlich verantwortlich gewesen war. Natürlich hatte er vor seinem höchsten Chef keine Rechtfertigung dafür."

„Ich könnte mir vorstellen, dass er Ihretwegen sogar Ärger bekommen hatte."

„Hanna, Sie mögen recht haben, ihr mögt alle vollkommen recht haben, doch wäre es nicht besser, wenn ihr Elena nicht mehr unterbrechen würdet? Erzählen Sie doch bitte weiter, Elena!", bat Mary.

„Schluchzend lief ich durch die Straßen, ich wollte nur noch zu meinem geliebten Nellu, dem einzigen Menschen, bei dem ich Kraft und Ruhe fand. Wie ein Schiff, das vom Sturm hin und her gebeutelt wird und sich dann endlich in den Hafen flüchtet, so fand ich immer wieder Ruhe in Nellus Armen. ‚Du bist der Hafen meiner Ruhe!', sagte ich oft zu ihm. ‚Wenn ich dich bloß anfasse, wenn ich dich berühre, spüre ich eine unsagbare Ruhe, die von dir auf mich überströmt. Diese Ruhe gibt mir die Kraft, weiter zu kämpfen.'

In dem von Kakerlaken verseuchten Zimmer lagen wir uns in den Armen und weinten. Wir hatten begriffen, dass es für Nellu in diesem Lande ein für alle Mal keine Hilfe geben würde. Zutiefst verbittert meinte er: „Das einzige Ziel, das in unserem Land für erstrebenswert erachtet werden kann, ist: hinaus!' Und wenn man zu mir sagen sollte: ‚Du darfst nach Deutschland aber du musst bis dorthin auf allen Vieren kraulen' würde ich es tun! Und wenn ich drei Monate bräuchte, um auf diese Weise dem satanischen System zu entkommen! Ich würde es tun!"

Wir waren gänzlich isoliert. Außer Nellus Schülern war keiner auf unserer Seite. Wenn meine Eltern in dieser schweren Zeit zu mir gestanden und mich wenigstens gefühlsmäßig gestützt hätten, wäre ich nicht so am Boden zerstört gewesen. Doch das Gegenteil traf zu. Zwei Tage später kam Vater zu uns. Ich war allein zu Hause. Fremd, wie er mir schon immer gewesen war, setzte er sich mir gegenüber.

‚Ich will mit dir reden.'

‚Ja, Tati.'

‚Was habt ihr euch gedacht, wie viel wollt ihr uns für das Kind zahlen?'

‚Nun, ich habe an 150 Lei gedacht. Für Christinas Nahrung dürfte das reichen, denk' ich. Kleidung und Wäsche hat das Baby genügend, auch meine Waschmaschine ist ja bei euch. Mutter braucht also nicht auf dem Waschbrett die Windeln zu waschen.'

‚Wie? Und für die Arbeit rechnest du nichts? Mami ist doch mit dem Kind viel beschäftigt, ziehst du das nicht in Betracht? Das Kind ist wenigstens 300 Lei wert!'

‚Wie ihr wollt. Natürlich geben wir euch so viel, wie ihr verlangt. Darf ich dich jedoch darauf aufmerksam machen, dass 300 Lei genau ein Drittel meines Monatsgehalts sind und dass Christinchen ja immerhin euer Enkelkind ist! Sich die Arbeit mit dem eigenen Enkelkind bezahlen zu lassen, finde ich schon etwas befremdend!'

‚Werde nicht unverschämt! Entweder 300 Lei oder ihr könnt euch das Kind gleich abholen.'

‚Ist in Ordnung, Tati.' Ende! Nun war auch das letzte Fünkchen Liebe erloschen, das ich bisher noch für meine Eltern gehegt hatte. Ende! Fortan war ich ihnen total ausgeliefert! Ich hatte für mein Kind keine andere Wahl und sie genossen es, mich dreieinhalb Jahre lang nach ihrer Pfeife tanzen zu lassen."

Zum ersten Mal unterbrach die schweigsame Eleanor Elenas Erzählung: „Dass sich Großeltern für die Pflege der Enkel bezahlen lassen? Nein, so etwas ist mir bis heute noch nicht zu Ohren gekommen! Zumal Ihre Eltern genau wussten, dass Ihre missliche Lage es unmöglich machte, das Baby zu pflegen." Keiner ermahnte sie, Elena nicht zu unterbrechen, es folgte eine betretene Stille. Sie alle waren Mütter und Väter und konnten sich offensichtlich eine solche befremdende Haltung der eigenen Eltern nicht vorstellen.

John hatte einige Tassen Tee nachgegossen und setzte sich wieder an Elenas Seite. Solidarisch, fast verschwörerisch griff er nach ihrer Hand, drückte sie und flüsterte: „Erzähle weiter!"

„Mit viel praktischem Sinn und Geschmack richteten wir unser kleines Zimmer ein, trennten es mit einem Schrank in Koch- und Wohnbereich, begannen einen erbitterten Kampf gegen unsere Mitbewohner und Mitfresser, die Kakerlaken. Wenn man nachts mal das Licht anmachte, kreuchten die Hundertschaften umher, schwarz und dick, kreuz und quer, flink und hastig. Heute wird mir bei der Erinnerung daran noch übel!

Das gesamte Wasser – zum Kochen und Waschen – mussten wir in Kübeln von der Straße in den ersten Stock hinaufschleppen; ungefähr 70 Schritte um die Ecke war ein öffentlicher Wasserhahn. Das Schmutzwasser musste dann in Kübeln wieder hinunter in den Hof getragen werden, wo wir es in den Kanal ausleeren durften. Die Toilette war ebenfalls unten im Hof, natürlich ungeheizt. Bei den strengen Wintern in Rumänien, –15° bis –25°, bedeutete das, dass man sich bei dem menschlichsten aller menschlichen Bedürfnisse keine Verstopfung leisten durfte, ohne Gefahr zu laufen, seinen Hintern durch Erfrieren einzubüßen. Ja, lacht nur! Damals war uns jedoch nicht zum Lachen zumute!

Unser Baby besuchten wir einmal wöchentlich. Mutter fühlte sich immer mehr zu dem Kinde hingezogen und Christina entwickelte sich prächtig; besonders als es Frühling wurde. Mutters Garten ergrünte und erblühte in allen Farben; mitten drin saß die Kleine in ihrem Wagen, schaute Mutter beim Säen, Pflanzen, Gießen und Jäten zu und quäkte ihr die Ohren voll. Täglich bekam sie frische Milch von einer benachbarten Kuh und wir sorgten dafür, dass immer Orangen und Äpfel vorrätig waren. Tja, dem Kind ging es gut. Trotzdem erfüllte mich dieser Zustand mit einem unsagbaren Schmerz, der mich allenthalben begleitete. Ich konnte mich des Lebens nicht mehr freuen. Die wenigen Stunden, die ich mit meinem Baby verbringen durfte, waren einfach zu wenig, um eine Mutter-Kind-Bindung aufzubauen; Christinas Bezugsperson wurde somit meine Mutter …

Diese Frau, die vor eineinhalb Jahren, als Nellu und ich – bereits verheiratet – sie zum ersten Mal in Rosenau besucht und dort übernachtet hatten, war damals morgens um 7 Uhr durch die unverschlossene Tür geplatzt, um dann im Stechschritt und mit drohend rollenden Augen in unser Zimmer zu marschieren und sich ohne Morgengruß vor unser Bett aufzupflanzen, sie hatte die Hände in die Hüften gestemmt und befehlerisch gesagt: ‚Aufstehen! Oder wollt ihr jetzt schon ein Kind fabrizieren?!' Diese Frau, die mich dann während der ganzen Zeit meiner Schwangerschaft mit ihren Briefen so terrorisiert hatte, dass ich mich schon beim Anblick des Briefumschlags mit ihrer Handschrift übergeben musste, diese Mutter, die mir zuerst sogar befohlen hatte, abzutreiben, dann geschworen hatte, auf gar keinen Fall in irgendeiner Weise für mein Kind zu sorgen, sie wurde nun die Bezugsperson meines Kindes! Und diese hartherzige Mutter, die mich, ihr eigenes Kind, mit ihrer feindseligen Haltung so gepeinigt hatte, dass ich während der neun Monate meiner Schwangerschaft an einer unerträglichen Übelkeit mit ständigem Erbrechen gelitten hatte, um bis zum Skelett abzumagern, diese Großmutter, die den Tod ihres Enkelchens dringend befohlen hatte, bevor es zur Welt kam, sie gewann die Zuneigung dieses Babys.

Jeder weiß, dass in den ersten Lebensjahren die Mutter-Kind-Liebe sich in beider Herzen so entwickelt, dass sie prägend für das ganze Leben wird. Diese wertvolle Zuneigung aufzubauen hatte ich nicht die Möglichkeit, weil ich über keine Wohnung verfügte. Das war in höchstem Maße eine Ironie des Schicksals! Die Umstände jenes satanischen Systems brachten es mit sich, dass mir meine Mutter die Liebe dieses, von ihr ungewollten Kindes, entzog. Und ich war völlig machtlos! Ich spürte, wie mein Kind mir von Tag zu Tag mehr entglitt …

Ihr könntet nun annehmen, dass sich die Beziehung zwischen meinen Eltern und mir über das Baby endlich zum Guten gewendet hätte. Weit gefehlt! Meine Eltern waren sich der Wichtigkeit und der äußersten Dringlichkeit ihrer Rolle voll bewusst und nützten die Situation aus. Der äußere Umgang zwischen uns war normal, manchmal sogar nett, aber nur weil Nellu und ich uns alles, wirklich alles von ihnen gefallen lassen mussten. Mutters tiefe Abneigung gegen Nellu war immer präsent und nahm die mannigfaltigsten Formen an. Mal waren es Bemerkungen hinter seinem Rücken, mal Sticheleien oder sogar Unverschämtheiten, die sie ihm unverhohlen ins Gesicht sagte. Nellu schwieg zu alledem. Mich schmerzte das alles zutiefst! Automatisch übertrug sie ihre Abneigung auch auf mich; sie lehnte mich mit allem, was ich tat oder sagte, ab. Alles an mir war falsch und verachtungswürdig, sogar meine Kleidung und Schuhe, mein Hut oder mein Schmuck, ebenso das von mir gekochte Essen, meine Gesten, meine Stimme: Alles war falsch und geschmacklos!

Am schlimmsten aber war, dass mich Nellu in ihrer Gegenwart kaum berühren durfte, geschweige denn lieb zu mir sein, mich streicheln durfte oder Ähnliches; sofort fuhr sie wie eine Furie dazwischen, maßregelte uns oder verdrehte zumindest verächtlich die Augen, mit der Bemerkung, was das nun wieder solle? Und ich? Ich schluckte und schluckte und schluckte, bis zur Übelkeit … um meines Kindes willen! Damals hatte Mutter sich selbst endgültig aus meinem Herzen ausgeschlossen; dabei hatte ich sie doch einmal geliebt! Aber diese Wunden, die sie mir so hartherzig schlug, blieben. Aufgrund meines guten Gedächtnisses schmerzen sie ein Leben lang.

Nellu ertrug seine unmögliche Schwiegermutter mit bewundernswerter Würde. Bei jedem unserer Besuche brachte er ihr ein Geschenk und behandelte sie mit viel Respekt. ‚Weil sie mein Kind liebt', pflegte er zu sagen. Für ihn war es das Wichtigste, dass es seinem über alles geliebten Kind gut ging.

Ach, Christina war ja auch ein wunderschönes Kind geworden! Ihre blauen Augen hatten einen ganz eigenen Glanz; es war schon selbstverständlich, dass auf den Straßen jeder, der in diese großen, warmen, strahlenden Augen sah, stehen blieb, um sie zu bewundern.

Am 31. Juli besuchten wir Christina zu ihrem ersten Geburtstag. Ich hatte ihr zwei Kleidchen genäht und einen Sonnenhut gekauft. Als ich ihr die Sachen zeigte, hielt sie sich am Stuhl fest, hüpfte und sagte ein ums andere Mal: ‚Schö… schö… schö…!' Da wusste ich, dass sie etwas ganz Besonderes war! Noch nie hatte ein einjähriges Kind diese Intelligenz und diesen Geschmack bewiesen, sich an seinem bunten Kleidchen zu freuen und das in Worte auszudrücken!

Wir übernachteten in Rosenau … in dem Zimmer und in demselben Bett, wo uns Mutter vor zwei Jahren mit den Worten: ‚Aufstehen! Oder wollt ihr jetzt schon ein Kind fabrizieren?' aufgescheucht hatte. Nun, in dieser Nacht entstand Christinas Schwesterchen, Eleonora!

Eigentlich war Eleonora noch nicht geplant. Wir lebten ja noch in dem Kakerlaken-Zimmer, doch wie es schien, scherte sich das neue Leben wenig um Planung oder Nichtplanung, es meldete seine Anwesenheit einfach an, indem es mir mit Übelkeit zusetzte. Ich bekam zunächst einen mordsmäßigen Schreck! Was um alles in der Welt sollten wir tun? Nächtelang debattierten wir. Ironie des Schicksals: Das einzige Ergebnis, zu dem wir beide nun gelangten, war – Abtreibung! Traurigen Herzens entschieden wir uns für diesen Schritt.

Zu jener Zeit gab es in Rumänien keinerlei Verhütungsmöglichkeiten – weder Pille noch Kondom – somit waren Abtreibungen in unbegrenzter Zahl erlaubt; es gab Frauen, die 10 bis 12 Abtreibungen hinter sich hatten. Ich ließ mir zu dem Zweck in der Klinik einen Termin geben. Am nächsten Tag kam ich jedoch so richtig ins Grübeln, um irgendwie mit mir ins Reine zu kommen. Unmöglich! Es war ein sehr harter Entschluss! Am Vorabend des Termins war ich allein zu Hause und saß weinend auf der Couch. Ich war ratlos! Und dann tat ich das, was ich immer tat, wenn ich weder ein noch aus wusste: Ich fragte Gott um Rat. Schnell nahm ich sein Buch, die Bibel, zur Hand mit dem Wunsch, ER möge mir zeigen, was ich zu tun habe. Im Laufe der Zeit hatte ich in dieses dicke, ehrwürdige Buch eine kleine Sammlung von fliegenden Blättern und Ausschnitten, die mir einmal etwas bedeutet hatten, hineingelegt. Andächtig legte ich die Bibel auf meinen Schoß und betete. Dann öffnete ich sie irgendwo, so, wie es sich zufällig ergab. Ein Blättchen lag auf der aufgeschlagenen Seite, ein Ausschnitt aus der Zeitschrift ‚Das Missionsglöcklein' des Jahres 1937. Mein Blick fiel auf ein Gedicht einer deutschen Missionarin, die damals in China gelebt hatte:

Bereite ein Bettlein weich und fein,
zum Empfang für dein süßes Kindelein!
Mach es auch recht weich und warm,
dass der raue Winter ihm tu keinen Harm.

Ich war sprachlos! Ich weinte und lachte zugleich. In dem Augenblick erschien Nellu im Türrahmen und sah mich verwundert an: ‚Was ist los mit dir?'

Vor Freude benahm ich mich wie eine Verrückte. Nellu setzte sich neben mich. Er glaubte wohl, ich sei wegen der Belastung im Zusammenhang mit dem Schwangerschaftsabbruch durchgedreht.

‚Komm, Elena! Ich bin ja bei dir! Und ich werde auch morgen bei dir sein. Komm, es wird sicher nicht so schlimm werden! Du bekommst ja eine starke Spritze und wirst keine Schmerzen haben!'

‚Aber nein! Das ist es doch gar nicht! Nellu, ich habe mich entschlossen, mein Baby zur Welt zu bringen!'

‚Elena! Ist das dein Ernst?! Bist du dir auch bewusst, was du da auf dich nimmst?'

‚Ich bin mir dessen *nicht* bewusst und im Augenblick habe ich keine Ahnung, wie wir es schaffen werden. Aber eins steht fest: Gott, der Allmächtige, will dieses Kind!'

Dann zeigte ich ihm das Gedicht und übersetzte es ihm ins Rumänische. Er sagte kein Wort, fing nur an zu weinen und nahm mich in die Arme. Stumm hielten wir einander lange umfangen. Von nun an war ich gelöst und glücklich, obwohl mein Entschluss vom klaren Menschenverstand her gesehen, ein Wahnsinn war. Was kümmerte es mich? Ich war überzeugt, der Allmächtige würde mir helfen, dieses Kind gesund zur Welt zu bringen und es würdig aufzuziehen. Wie er das machen wollte? Ich wusste es nicht, aber es würde mit Sicherheit ein Kind Gottes werden!

Tja, alles schön und gut, nur: Wie sag ich's meiner Mutter? Ihr fehlte jeder Sinn für derlei Romantik, nie würde sie mich verstehen. Mit Mica Taranu, meiner besten Freundin, beriet ich mich diesbezüglich. Sie sah das sehr locker: ‚Ach was! Mach dir doch keine unnötigen Grillen in deinem Kopf! Wenn du im fünften Monat bist, sagst du einfach, du hättest die Schwangerschaft zu spät wahrgenommen und dann sei es für eine Abtreibung eben zu spät gewesen. Ich freue mich für dich! Du wirst sehen, dieses Kind bringt euch Glück! Jetzt werdet ihr endlich eine Wohnungszuteilung erhalten!'

Micas Rat war gut. Genauso machte ich es. Mutter fiel natürlich beinahe in Ohnmacht. Dann schimpfte sie, ich hätte mit Sicherheit den Verstand verloren etc. Ich versuchte auf Durchzug zu schalten und freute mich weiter auf mein ‚süßes Kindelein', das Ende April kommen sollte, nämlich auf den Tag genau neun Monate nach Christinchens Geburtstag …

Und wieder ging ich mit meinem dicken Bauch zu allen nur erdenklichen Behörden, um eine Wohnungszuteilung zu erbitten. Jeden Dienstag und jeden Freitag musste ich mich um 5 Uhr früh im Hof des Wohnungsamtes einfinden, um in eine zahlenmäßig begrenzte Warteliste eingetragen zu werden, ansonsten bestand keine Chance überhaupt vorgelassen zu werden; um 7 Uhr begannen dann die Audienzen. Somit trug ich ein- bis zweimal in der Woche den Beamten mein Anliegen vor. Diese kannten mich bereits gut und kannten auch den Inhalt meiner Ansprachen, kannten genauestens die Umstände – Nellus politisches Handicap – ebenso kannten sie die Zustände, in denen wir wohnten und wo unser zweites Kind nun zur Welt kommen sollte. Doch nichts half. Es war bereits April und alle meine Bemühungen waren vergeblich gewesen.

Nur Eleonora hielt Wort: Am 27. April 1963 beehrte sie uns mit ihrer kleinen Anwesenheit. Klein? Sie wog 4 kg, genauso viel wie ihre Schwester bei ihrer Ankunft gewogen hatte. Behutsam trug ich sie die Treppe hoch in unser Zimmer; wenigstens war hier der Schmutzwasserkanal im Hof abgedeckt. Mein Mutterschaftsurlaub von sechs Wochen wurde eine wunderschöne Zeit, die ich mit dem Baby und Nellu allein verbringen durfte. An die Wasserschlepperei und all die Unannehmlichkeiten hatten wir uns inzwischen einigermaßen gewöhnt, ausgenommen unsere krabbelnde Mitbewohnerschaft …

Diese Sechsfüßler waren von einer unbeschreiblichen Überlebenskraft. Allen ausgestreuten Pulvern und Giften zum Trotz krochen ihre Kinder und Kindeskinder grinsend aus allen Ecken und Enden hervor, hatten sie doch unter den verrotteten Dielen ein Paradies vom Teufel zugeteilt bekommen. Dort begatteten sie sich freudig und ungehemmt und gebahren munter drauflos, unsere genoziden Bemühungen verhöhnend …

Trotz alledem versuchten wir, dem Leben nur die schönsten Seiten abzugewinnen. Christinchen kam mit ihrer Oma auf Besuch und bestaunte ihr Schwesterchen; wir versprachen, sie bald alle drei in Rosenau zu besuchen.

Wenn ich jedoch gehofft hatte, mich in der herrlichen Rosenauer Bergluft zu erholen und mit meiner vierköpfigen Familie eine schöne Zeit zu verbringen, musste ich bald einsehen, dass das ein Wunschdenken war.

Mutter vereitelte jeden Ansatz von Freude; sie machte mir mit ihrer Herzlosigkeit das Leben schwer. Ständig fand sie an Nellu oder an mir etwas auszusetzen, schimpfte die ganze Zeit wegen irgendwelcher Bagatellen im Hof und im Garten herum und machte mir den ganzen Tag große und kleine, alte und neue Vorhaltungen. Vater folgte natürlich getreu ihren Spuren. Die Art und Weise, wie sie Nellu behandelten, war für mich nicht nur äußerst peinlich, da ich mich für meine Eltern schämte, sondern sie war für Nellu sehr kränkend. Meine Eltern waren geistig – vom Intellekt her – nicht in der Lage, ihn als das zu begreifen, was er in Wirklichkeit war: ein gebildeter Akademiker, ein großer Künstler, der landesweit bekannt war, ein herzensguter Mensch, äußerst sensibel, immer strahlend und gütig zu jedermann. Dass wir uns liebten und bestens verstanden, fiel überhaupt nicht ins Gewicht. In den Augen meiner Eltern war er ein fremder Mann, der viel zu alt für mich und dazu Rumäne war, Grund genug, auf ihm herumzutrampeln und ihn wie den letzten Dreck zu behandeln. Doch dieser wunderbare Mann besaß den Edelmut, das alles mit einem Lächeln über sich ergehen zu lassen; zu sehr liebte er seine Frau und seine Kinder. Den Höhepunkt der Herzlosigkeit erreichte Mutter eines Abends mit einer Bemerkung, die so schlimm war, dass ich sie ihr nie und nimmer verzeihen werde.

Zum Schlafen stand uns Vieren die große Winterküche zur Verfügung, etwas knapp, aber was soll's? Es musste halt gehen. Hier badete ich eines Abends meine kleine Eleonora in einer Babywanne. Mit ihren sechs Wochen wog sie 4 ½ kg, war rundlich und knackig, eben das schönste Baby, das sich eine Mutter wünschen kann. Bis jetzt hatte meine Mutter noch nicht das Interesse aufgebracht, sich ihr neugeborenes Enkelkind einmal nackt anzuschauen. Während ich an jenem Abend das Baby badete, ging die Tür einen Spalt auf und Mutters Kopf erschien. Sie trat nicht näher, sondern blieb im Türrahmen stehen und blickte schweigend – aus ungefähr drei Meter Entfernung – auf das Baby, drei, vier

Sekunden lang. Ich bespülte Eleonoras Körperchen liebevoll und sie strampelte vergnügt. Da hörte ich meine Mutter folgenden Satz sagen, nur diesen einen Satz: ‚Ekelst du dich nicht?'

Ich war entsetzt! Geschockt! Ich fand keine Antwort! Was hätte ich auch sagen können …? Auch heute weiß ich nicht, was ich auf eine so abscheuliche, perverse Frage hätte antworten können. Doch mein Körper reagierte. Ich bekam Fieber, es stieg bis 40°. Nellu verschwieg ich die Ursache. Mutter ignorierte meinen Zustand, kümmerte sich überhaupt nicht um mich. Erschrocken holte Nellu den Arzt herbei, ich erhielt Antibiotika, doch das alles beeindruckte Mutter nicht im Geringsten. Sobald das Fieber etwas gesunken war, machten wir uns auf den Heimweg. Benommen torkelte ich die Sprenggasse entlang bis zum Bus; Nellu konnte mich nicht stützen, weil er das Baby trug. In unserer kleinen, 15 qm großen Welt angekommen, fühlten wir uns wie erlöst. Die Trennung von Christinchen war natürlich bedrückend, aber wir drei fanden in der winzigen Behausung wenigstens unseren Frieden. Wie bescheiden waren wir doch geworden!

Drei Tage, bevor ich wieder meinen Dienst im Theater antreten musste, trat Wilma in unser Leben; eine kleine, 14-jährige Ungarin aus Nordsiebenbürgen, eine Szeklerin. Sie hatte zwei dunkelblonde Rattenschwänze und zwei strahlende, braune Augen. Ihre Bestimmung war, unser Norchen zu betreuen, wenn ich nicht zu Hause war. Die beiden mochten sich auf Anhieb und alles lief gut. Wilma kochte am Vormittag sogar einen Eintopf oder ein Süppchen, wusch die Windeln und ging am Nachmittag mit Norchen an die frische Luft. Da sie weit weg von zu Hause wohnte, musste sie bei uns schlafen, was bedeutete, in dem kleinen, bereits überfüllten Raum für die Nacht noch ein Klappbett aufzustellen. Die Frage war bloß: wo? Die einzige Möglichkeit ergab sich quer vor der Türe. Da die schlafende Wilma den Ausgang somit blockierte, konnte man nachts nicht hinaus zur Toilette gehen. Na ja, wozu gab es denn die geniale Erfindung des Nachttopfs? Ein solches zeitloses Utensil löste das Problem. Glücklicherweise verfügten wir alle über einen guten Schlaf, sodass diese nächtlichen Tätigkeiten uns gegenseitig nicht allzu sehr störten … Wilma akzeptierte diese prä-archaischen Zustände, weil wir sie wie unser Kind behandelten. Außerdem sollte es ja sowieso nur ein Übergang sein. Wie ich anfangs schon erwähnte, dauerte dieser ‚Übergang' jedoch im Ganzen fünf Jahre.

Hatte ich meine Babys zuvor in meinem Bauch zu den Behörden geschleppt, um die dortigen Bürokraten um Wohnung anzuflehen, so trug ich jetzt mein Kind auf dem Arm, um die sturen Beamten immer wieder daran zu erinnern, dass ich mit Mann und Kindern auf 15 qm ohne Wasseranschluss noch Kanalisation, zusammen mit Wilma und Hunderten von krabbelnden, hartnäckigen Überlebenskünstlern, den wohlgenährten Kakerlaken, wohnte."

„Es ist beinahe unglaublich!", warf Johnson ein. „Wenn ich Sie nicht kennen würde, Frau Margineanu, würde ich das alles für unmöglich halten."

Seine Frau Mary stimmte ihm zu: „Dieser Verdacht läge nahe, wenn ich Sie nicht für absolut zuverlässig halten würde, Frau Margineanu. Doch wenn wir etwas in der Geschichte zurückdenken und mit dem Finger in Richtung Osten über den halben Globus fahren, finden wir ein Land, das ähnliche Zustände über die Jahrhunderte hinaus erdulden musste: China!"

Stueder wandte sich an Elena: „Ich finde Ihre damaligen Zustände noch schlimmer als im alten China!"

„Ja, die Zustände sind zumindest vergleichbar", bestätigte Elena, „wenn auch unsere Misere darauf zurückzuführen war, dass Nellu auf diese Weise politisch verfolgt wurde."

Johnson wollte darüber Näheres wissen: „Ja, war Ihr Gatte denn zu dem Zeitpunkt auch tatsächlich als Regimegegner aktiv oder geschahen seine Repressalien nur aufgrund seiner früheren Zugehörigkeit zur Eisernen Garde?"

Erst zögerte Elena, doch dann besann sie sich, holte tief Luft und antwortete auf die Frage: „Wenn man das, was mein Mann damals tat, als ‚Aktivität gegen das Regime' bezeichnen sollte, dann war er es wohl. In den Fogarascher Bergen lebten zu der Zeit viele Ex-Legionäre, die nicht ins Ausland geflohen waren, versteckt in Bunkern und Höhlen. Nellu hatte Verbindung zu seinen früheren Kameraden, doch er handelte nur als *Mensch*, indem er für die armen, verfolgten Männer, die wie Steinzeitmenschen in den Wäldern des Hochgebirges lebten, seinen Beitrag dazu leistete, ihnen Nahrung und das Lebensnotwendige zu beschaffen. Noch nie habe ich über diese Sache, die ich ihnen nun zu erzählen im Begriff bin, gesprochen. In Rumänien gehörte das sowieso zu den strengsten Tabus, in Deutschland hat mich noch keiner danach befragt und so sind Sie die Ersten, denen ich davon erzähle, und ich muss gestehen, es tut mir gut.

Nellus jüngere Schwester, Istina, und andere Anverwandte lebten noch in seinem Geburtsort, Stremti, am Fuße der Fogarascher Berge. Die Einwohner der Dörfer, die an den Ausläufern der Berge liegen, darunter auch Istina, waren in den vergangenen Jahren der Nachkriegszeit ständig mit den Gruppen der Legionäre in Kontakt. Ihre Beihilfe bestand nicht nur in der Beschaffung des Lebensnotwendigen, sie trugen ihnen auch wichtige Informationen über die politischen Geschehnisse zu. Durch seine Schwester wurde mein Mann darüber informiert, wie es den Männern ging, wie viele noch übrig waren und auch wo sie sich aufhielten. Manchmal kam Istina mit der Bahn nach Kronstadt, um dort ganze Säcke voll Brot und andere Lebensmittel für die Legionäre einzukaufen. Zu Hause wäre sie damit verdächtig aufgefallen. Nellu half ihr beim Einkauf, bezahlte die Brote und die anderen Lebensmittel und brachte seine Schwester anschließend mit der Ladung zum Bahnhof. Das ging einige Male gut. Irgendwem muss das verdächtig aufgefallen sein, weiß der Himmel, man war ja damals ständig unter Beobachtung.

Als Nellu wieder einmal in einer Droschkenkutsche mit einer Ladung Lebensmittel zum Bahnhof fuhr, wo ihn seine Schwester und sein Schwager erwarteten, wurde die Kutsche plötzlich von drei Männern in Zivil angehalten. Es waren Männer der Securitate. Die Lebensmittel wurden kurzerhand beschlagnahmt und Nellu wurde abgeführt. Im Keller des Polizeipräsidiums wurde er anschließend eine ganze Nacht lang verhört und krankenhausreif geschlagen. Doch sie hatten aus ihm nichts, aber auch gar nichts herausprügeln können. Eine Woche lang musste er danach im Krankenhaus das Bett hüten. Das war im Jahre 1956 gewesen, bevor wir einander kannten. Dieses war das Jahr, in dem die Suche nach den versteckten Legionären mit einem enormen Aufgebot intensiviert wurde."

Verwundert fragte Mary: „Wie? So lange haben sich die Männer durchschlagen können?"

„Ja. Wenn sie im Laufe der Jahre, von 1948 bis 1957, auch immer weniger wurden; einer nach dem andern wurde gefasst, viele wurden schon bei ihrer Entdeckung erschossen, andere zu schweren Kerkerstrafen verurteilt. Die Letzten wurden 1957 in Jilava, dem am meisten gefürchteten Gefängnis bei Bukarest, hingerichtet. Von den vielen braven Partisanen, die in den Fogarascher Bergen gelebt hatten, kam ein einziger lebend davon, Ion Gavrila-Ogoranu, ein guter Freund Nellus. Dieser war zu der Zeit, als ich in Rumänien wohnte, noch am Leben."

„Woher wussten Sie das? Bestanden damals noch Verbindungen zwischen den Legionären und Ihrem Mann?", wollte Hanna wissen.

„Ja. Über Istina erfuhr mein Mann, dass sich Herr Gavril-Ogoranu nach den schrecklichen Jahren des Umherirrens und Versteckens in den Fogarascher Bergen 1956 zu der Witwe seines Freundes, des Arztes Petre Sabadus, der im Gefängnis zu Tode geprügelt worden war, geflüchtet hatte. Ana Sabadus versteckte Ion so gut, dass er Jahre lang unentdeckt in seinem Versteck lebte. Hier, beim spärlichen Schein einer Petroleumlampe, strickte er Jahre lang mit einer Strickmaschine Pullover, die Ana verkaufte. Im Jahre 1962 heirateten sie dann ganz geheim.

1963 erhielt Nellu den letzten Brief von seinem alten Freund Ion Gavrila-Ogoranu. Gavrila war der Führer der Partisanengruppe gewesen, die sich Jahre lang am Nordhang der Fogarascher Berge durchgeschlagen hatte."

„Wieso war es der letzte Brief?", fragte Hanna.

Elena fiel es sichtlich schwer, mit der Erzählung fortzufahren.

„Eines Tages kam ein fremder Mann zu uns, er sprach nicht viel, reichte meinem Mann bloß einen Brief und ging wieder. Der Brief war ohne Absender, doch Nellu erkannte natürlich sofort Ions Handschrift. Erfreut setzte er sich, um den Brief zu lesen. In dem Augenblick drangen zwei Zivilisten ohne anzuklopfen in das Zimmer und entrissen ihm den Brief. Es ist mir bis heute schleierhaft, woher sie den Tipp erhalten hatten. Wieso nur konnte die Securitate wissen, woher der Brief kam?"

„Wahrscheinlich war der Fremde unter strenger Beobachtung und sein Tun und Lassen wurde genauestens verfolgt", räumte Singer ein.

„Sie könnten recht haben", bemerkte Elena. „Die beiden Männer sagten gar nichts und schleppten Nellu gleich mit sich. Ich stand wie versteinert da und verstand die Welt nicht mehr. Noch wusste ich ja gar nicht, was es mit dem Brief auf sich hatte. Beinahe ohnmächtig vor Schreck sah ich den Männern nach und konnte nur noch losweinen. Was hatte das wieder zu bedeuten? Ich war wie gelähmt."

Nach einer größeren Pause, in der sich keiner getraut hatte, ein Wort zu sagen, fuhr Elena fort: „Ich verbrachte die furchtbarste Nacht meines Lebens. Die ganze Zeit tat ich kein Auge zu, horchte nur angespannt nach draußen. Endlich, um acht Uhr morgens hörte ich Schritte im Treppenhaus, Männer rissen die Türe auf und stießen Nellu ins Zimmer, sodass er zu Boden sackte. Sie hatten ihn die Treppe heraufgetragen und nun verschwanden sie wortlos. Nellu war nicht wiederzuerkennen. Sein Gesicht war blau und verschwollen und er konnte sich nicht auf den Beinen halten. Mit großer Anstrengung schleppte ich ihn aufs Bett und zog ihn aus. Nellu ließ alles wortlos mit sich geschehen, wohl fehlte ihm die Kraft zum Sprechen. Sein Körper war übersät mit Wunden und blauen Flecken, der linke Oberarm war sehr angeschwollen, er konnte ihn gar nicht bewegen.

Sie hatten ihn wieder einmal beinahe zu Tode geprügelt. Ich wusch den ganzen Körper, reinigte ihn vom Blut und desinfizierte die vielen Wunden, klebte Pflaster drauf, machte am linken Oberarm eine feuchte Kompresse und legte auch auf seine

Stirn ein nasses Tuch. Um ihn nicht mit meinen Fragen auch noch anzustrengen, sagte ich nicht viel und versuchte nur, ihm Kraft und Ruhe zu übertragen. Endlich sprach er: ‚Ich habe Stand gehalten, Elena. Sie haben nichts aus mir herausprügeln können!‘

Plötzlich verstand ich: ‚War der Brief von Ion Gavrila?‘ Nellu hatte die Augen geschlossen und nickte müde. ‚Und da wollten die Kerle aus dir herausquetschen, wo er sich aufhält!‘ Er nickte wieder, ohne seine Augen zu öffnen. ‚Und jetzt hast du dich für deinen Freund wieder einmal fast umbringen lassen! Ach Nellu!‘ Ich weinte los. Sein geschundener Körper lag kraftlos vor mir, notdürftig hatte ich ihn ja versorgt, doch das genügte nicht. Nellu hatte schreckliche Kopfschmerzen und seine Brust schmerzte bei jedem Atemzug. Er brauchte sofort einen Arzt.

Da wir keinen Telefonanschluss hatten, überlegte ich nicht lange, zog mich an und rannte zu Dr. Nigrim, dem Gatten von Nellus Schülerin, Lucia, und zugleich ein Freund unserer Familie, dem einzigen Arzt, der in dieser Situation ganz und gar zuverlässig war. Dr. Nigrim verließ gerade die Wohnung, um ins Krankenhaus, in dem er als Gynäkologe arbeitete, zu fahren. Er begriff sofort den Ernst der Lage und was er tat, war goldrichtig. Er rief im Krankenhaus seinen Kollegen, den Orthopäden Dr. Hermann, an und bat ihn, Nellu sofort in seine Abteilung aufzunehmen, da mehrere Knochenbrüche vorlägen. Dann beorderte er den Rettungswagen auf unsere Anschrift und rief schließlich ein Taxi herbei. Als wir zu Hause ankamen, traf auch schon der Rettungswagen ein. Auf einer Bahre verfrachteten sie Nellu in den Wagen, Dr. Nigrim und ich stiegen ebenfalls ein und wir fuhren los.

Nellu hatte eine schwere Gehirnerschütterung, drei Rippenbrüche und der linke Oberarm war gebrochen. Der Rücken war besonders schlimm zugerichtet, lauter offene Striemen, die Spuren der Schläge auf die nackte Haut. Nachdem er gründlich verarztet worden war, einen Gipsverband mit Stütze sowie Schmerztabletten und eine Beruhigungsspritze erhalten hatte, lag er total erschöpft im Bett. Ich blieb die ganze Nacht bei ihm. Wir sprachen nicht viel, ich hielt bloß seine Hand und streichelte ihn tröstend. Von Dr. Hermann wurde mein Mann vorzüglich behandelt; er behielt ihn für drei Wochen im Krankenhaus, wobei Nellu die ersten zwei Wochen gar nicht in der Lage war, aufzustehen. Es waren ganz schreckliche drei Wochen!

Als Nellu wieder zu Hause war, galt seine Sorge trotz all der Qualen, die er durchgestanden hatte, seinem Freund Ion Gavrila-Ogoranu. Langsam kam er wieder zu Kräften. Eines Abends öffnete er sich mir zum ersten Mal ausführlich über seine Zeit bei der „Eisernen Garde"; bisher hatte er darüber nur sehr wenig gesprochen. Langsam und mit Bedacht hielt er mir nun eine lange Rede, in der er mir über seine früheren Kampfgenossen erzählte:

‚Schade, dass ich Ions Brief nicht lesen konnte!', begann er. ‚Doch habe ich jetzt zumindest die Gewissheit, dass mein Freund noch am Leben ist. Diese Folterknechte, die Schweinehunde von der Securitate, haben nichts aus mir heraus geprügelt! Offensichtlich haben sie keine Ahnung, wo er sich aufhält. Wie mich das freut! Das war die Prügel wert!' Er hielt inne und lächelte.

„Ion Gavrila-Ogoranu ist der letzte Überlebende von der Gruppe der Partisanen vom Nordhang der Fogarascher Berge. War das eine starke, tapfere Gruppe! Lauter Akademiker, Ärzte, Studenten der Medizin und der Agronomie, intelligente und tiefgläubige Jungs, so wie wir alle in der Kreuzbruderschaft erzogen worden sind. Alle sind sie tot! Und was wollten diese jungen Männer? Ihr Ziel war lauter und edel: Sie wollten das Land vom Kommunismus befreien! In den Jahren, als sie noch mit dem Ausland in Verbindung standen, haben sie großartige Arbeit geleistet! Die in die USA geflüchteten Legionäre unterstützten sie hervorragend! Bis 1953 sind regelmäßig Fallschirmsendungen mit Munition, Radios und Funkgeräten über die Fogarascher Bergen abgeworfen worden. Nicht nur Geräte, sondern auch unzählige Fallschirmspringer sprangen über den Bergen ab. Durch diese gut ausgebildeten Männer – Landsleute aus den USA – wurde das Ausland genauestens über die Zustände und die politischen Entwicklungen und Ereignisse in Rumänien informiert. Kannst du dich noch erinnern, Elena? In diesen Jahren hofften wir doch alle, die USA würde militärisch eingreifen, würde das Land vom Kommunismus befreien. Allenthalben wurde hinter vorgehaltener Hand davon gesprochen: ‚Vin Americanii! Vin Americanii!', hieß es. Wir glaubten es aufs Wort und machten uns große Hoffnungen. Von diesen in den Fogarascher Bergen lebenden Partisanen wurde gute Vorarbeit für ein militärisches Eingreifen vonseiten des Auslands geleistet. Mit den Fallschirmspringern erhielten die Legionäre eine tüchtige Verstärkung und wir glaubten alle fest an dieses Eingreifen der USA. Das Sprechen strengte Nellu an, er machte eine Pause und schloss die Augen. Ich verhielt mich ruhig, doch als ich schon annahm, er würde schlafen, fuhr er mit geschlossenen Augen mit seiner Erzählung fort."

Elena hielt inne, offensichtlich wühlten sie Nellus Ausführungen, die sie hier wörtlich wiedergab, auf. Dr. Johnson bemerkte in ernstem Ton:

„Großartig! Die in der Freiheit lebenden Landsleute, die ausgewanderten Legionäre, opferten ihre Freiheit und begaben sich in größte Gefahren, um die Partisanen zu unterstützen, um ihr Land zu befreien! Großartig!", Johnson hatte Tränen in den Augen, als er das sagte.

„Ja", fuhr Elena fort, „es waren bei Gott Helden! Echte Helden, auf die Rumänien für immer stolz sein kann!"

„Großartige Helden!", betonte Johnson, „doch bedenken Sie, Elena, was ein Eingriff vonseiten der USA bedeutet hätte …"

„… er hätte einen dritten Weltkrieg wie eine Lawine losgetreten!", unterbrach ihn Singer.

„Mit Sicherheit!", stimmte Stueder zu. „Es liegt auf der Hand, dass die USA genau das auf gar keinen Fall riskieren durfte."

„Und genau aus dem Grund kam keine entscheidende Hilfe, sozusagen keine ‚Einmischung' vonseiten der USA", ergänzte Johnson.

„War es nicht irgendwie naiv von den Partisanen auf ein Eingreifen der USA zu hoffen?", stellte Mary die Frage.

„So dürfen wir es nicht nennen! Jene Helden waren große Optimisten, waren bereit ihr Leben für ihr Vaterland zu opfern und hofften blauäugig auf einen ebenso ehrlichen Einsatz vonseiten der Weltmacht USA, Rumänien vom Kommunismus zu befreien." Dr. Johnson hatte die Sachlage richtig erfasst.

„Im Jahre 1953 passierte ein großes Unglück!", fuhr Elena mit der Erzählung fort. „Wie Nellu mir an diesem Tag erzählte, musste das Partisanentum in diesem Winter einen schweren Schlag hinnehmen. Es war inzwischen Mittag geworden, als Nellu mir das erzählte. Nun hielt er inne, wohl hatte ihn der Tatsachenbericht angestrengt doch er war noch nicht zu Ende. Wir aßen zu Mittag und anschließend legte er sich hin, um ein wenig zu schlafen. Mit gerunzelter Stirn lag er jedoch wach, seine hellen Augen starrten nachdenklich die Zimmerdecke an, ich spürte, dass er mir noch viel zu eröffnen hatte, und bat ihn, weiter zu erzählen.

‚Ja, Elena', fuhr er fort, ‚diese Legionäre waren wahre Helden! Im Winter 1953 geschah jedoch etwas Furchtbares: 13 Fallschirmspringer wurden gefasst; ihre Schneespuren hatten sie verraten. Nachdem sie zuerst im Fogarascher Gefängnis beinahe zu Tode geprügelt worden waren, wurden später in Bukarest alle 13 zum Tode verurteilt und hingerichtet. Diese mutigen Männer hatten ihre Liebe zum Vaterland und ihren todesmutigen Einsatz mit dem Leben bezahlt!

Das war ein harter Schlag für das Partisanentum! Von da an waren Fallschirmsendungen unmöglich geworden und die damit verknüpften Hoffnungen, vom Kommunismus je befreit zu werden, für immer zunichtegemacht. Diese hartnäckige Minderheit, an die Rumänien seine Hoffnung geknüpft hatte, war niedergewalzt worden. Jahre lang hatten sie einen wahren heroischen Kampf um die Befreiung Rumäniens vom Kommunismus geführt, zum Schluss war es jedoch bloß noch ein erbitterter Überlebenskampf, den sie führten. So lange Zeit wurden sie gehetzt und verfolgt! In gleicher Weise wurde auch die Landbevölkerung am Fuße der Berge schikaniert, verhört und verprügelt, weil sie den Partisanen Hilfe leistete.‘ Nach einer langen Schweigepause fuhr er fort: ‚Elena du kennst ja die Stadt Fogarasch; jeder weiß, dass sich mitten im Stadtzentrum das Gefängnis befindet. Es ist schon äußerlich ein furchterregender, quadratischer Bau, wie eine Festung von einer Mauer umgeben und mit Wachttürmen versehen. Im Mittelalter war er einmal als Schloss im Besitze eines ungarischen Grafen gewesen. Trotz der dicken Mauern dringen aus dem Inneren die fürchterlichsten Schreie der gequälten und verprügelten Menschen. Unzählige Wachtposten sorgen dafür, dass sich kein Mensch den Mauern auch nur nähern kann. Und hier, in diesem furchtbaren Gefängnis wurden die Legionäre auf die grausamste Weise misshandelt, gefoltert und zu Tode geprügelt. Täglich drangen die Schreie durch das dicke Gemäuer, wovon die Einwohner Fogaraschs Jahre lang Ohrenzeugen sein mussten … Jedem Vorübergehenden lief der kalte Schauer über den Rücken, wenn er sich der hohen Mauer näherte. Nicht nur die Partisanen, sondern auch die Bauern der Dörfer vom Fuße der Berge wurden dort verprügelt und gefoltert, weil sie sich der Kollektivierung vehement widersetzten. Ein tapferer Menschenschlag, diese Nachkommen der Daken! Du weißt ja sicher, Elena, dass die Ur-Ur-Ureinwohner Rumäniens die am Fuße der Südkarpaten lebenden Daken waren, oder?‘

‚Ja, Nellu, ich weiß sehr wohl, dass diese Daken Nachfahren der Indogermanen waren, die in dunkler Vorzeit aus dem Fernen Osten her auswanderten; ein hellhäutiger Menschenschlag mit blonden Haaren und blauen Augen, genauso wie du. Auch waren sie zu stolz, sich mit den zugewanderten dunkelhaarigen Römern zu vermischen.‘

Nellu lächelte. ‚Du sagst es!‘ Mit verklärtem Blick fuhr er fort: ‚Diese Kindeskinder der Daken waren die einzigen Bauern Rumäniens, die den Mut und die zähe Ausdauer hatten, sich Jahre lang der Kollektivierung so zu widersetzen, dass sie gefoltert und misshandelt wurden. Vergiss bitte nicht, Elena: Ich stamme auch von dort, bin auch ein solcher Nachkomme der Daken, ich bin ein

Ardelean!‘ Mit Stolz hatte Nellu den letzten Satz gesagt und ich erkannte sogar ein Leuchten in seinen hellen, blauen Augen. Er lächelte versonnen und hielt eine Weile inne. Nach einem tiefen Seufzer wurde er erneut ernst und fuhr fort: ‚Schließlich, nach so vielen Jahren, gelang es der Securitate, den Schweinehunden, und das nur mit einem Großaufgebot von mehreren Hundertschaften, die armen, gehetzten und geschunden Legionäre einen nach dem andern aufzuspüren. Alle bezahlten ihren Mut und ihren selbstlosen Einsatz für ihr Land mit dem Leben. Alle sind sie tot!

Oh, es waren so großartige Männer! Ihre Namen werde ich nie vergessen, sie sind in meinem Herzen für ewig eingebrannt: Sabin Marea, Ioan Golea, Ion Samoila, Laurean Hasu, Mihai Maga, Ion Chiusdea, Gilu Radas, Gheorghe Sovaila, Ioan Novac, Silviu Socolea, die Brüder Andrei und Ghita Hasu, Ion Ilioiu, Remus Sofonea, Gelu Novac, Marcel Cornea, Toma Pirau, Victor Meteanu und noch viele andere, alle sind sie tot. An der Südseite der Berge hatte sich noch eine andere Gruppe versteckt und hielt jedoch nicht so lange durch; diese Männer wurden früher einer nach dem anderen entdeckt und hingerichtet. Zu ihnen gehörten Petre und Toma Arnautu, die 1959 in Jilava hingerichtet wurden und Oberst Gheorghe Arsenescu, der 1961 ebenfalls in Jilava erschossen wurde. Alle starben sie! Entweder wurden sie zu Tode geprügelt oder sie kamen in das furchtbare Gefängnis in Jilava; manche erschoss man sofort nach der Entdeckung. In dem furchtbaren Gefängnis Jilava wurden in den Jahren 1952 bis 1962 dann alle hingerichtet. Sogar eine Frau gehörte zur Gruppe des Südens, Elena Pop. Aus Loyalität war sie mit ihrem Mann mitgegangen und machte alle grausamen Strapazen an seiner Seite durch. Dort in den Bergen schenkte sie 1956 einem Mädchen das Leben. Doch später wurde sie verhaftet und starb im Gefängnis, ihr 6-jähriges Töchterchen blieb alleine und verlassen zurück.‘

Nellu hielt inne, schloss die Augen und holte tief Luft. Nach einer Weile erzählte er mit bewegter Stimme: ‚Toma Pirau, ein besonders guter Junge, erschoss sich vor den Augen seiner Mutter.

Man hatte herausgefunden, dass er sich im Hause seiner Mutter auf dem Dachboden befand. Nun zwang man seine Mutter, zu ihm hinaufzusteigen und ihn zu überreden, er solle sich ergeben. Toma fiel jedoch auf die Knie, sprach mit tiefer Inbrunst ein letztes Gebet, sah seine verzweifelte Mutter traurig an, legte die Pistile an seinen Kopf und schoss. Man stelle sich nur einmal vor, was in der Seele dieser Frau vorgegangen sein mag! Einfach unvorstellbar! Ein anderer tapferer Junge, Andrei Hasu, wurde von einem Freund monatelang versteckt, doch im Winter 1952 wurde er entdeckt und in seinem Heimatort erschossen. Sein Leichnam wurde an einem Brett befestigt und im Hof der Schule aufgestellt, der Mann, der ihn versteckt hatte, daneben angebunden. Ein Offizier hielt der versammelten Schülerschaft, Kindern zwischen 7–14 Jahren, eine Rede, nannte Andrei Hasu einen Volksfeind und erklärte mit scharfer Stimme, dass es allen „Feinden des Volkes" wie diesen genau so ergehe.'

Nellu wischte sich die hervorquellenden Tränen. Ich war so erschüttert, dass ich nicht sprechen konnte. Wie beschwörend setzte er seinen Bericht fort: ‚Elena, merke dir bitte alles, was ich dir erzähle, sehr gut! Du musst auch die Namen auswendig lernen denn niederschreiben dürfen wir nichts. Wer weiß, wie lange ich noch lebe … Und wenn irgendwann einmal das kommunistische Regime doch nur zerschlagen werden sollte, dann bitte schreibe alles auf, was ich dir während unserer gemeinsamen Jahre erzählt habe, damit das rumänische Volk davon erfährt!'

Ich trocknete meine Tränen und versprach ihm: ‚Ja, Nellu, das werde ich gewiss tun!' Nach einer kurzen Überlegung sagte ich fest entschlossen: ‚Weißt du, wie ich die Namen dieser Helden des antikommunistischen Kampfes vor dem Vergessen schützen werde? Ich werde sie alle mit Kuli auf eine 4 cm breite Seidenschleife aufschreiben und diese Schleife werde ich in den Rocksaum meines Rockes einführen, dort sind die Namen sicher.'

‚Das ist eine großartige Idee! Tu das! Und wenn es dir irgendeinmal gelingen sollte, dieses Land zu verlassen, ziehst du den Rock an!'

Beide schwiegen wir eine ganze Weile. So sicher war sich Nellu, dass *er* Rumänien nie verlassen würde können – diese

Möglichkeit räumte er nur mir ein … Ich sah ihm an, dass er mir noch etwas sehr Wichtiges zu sagen hatte; leise fuhr er fort: ‚In einem Brief, den ich vor zwei Jahren von Ion Gavrila erhielt, schrieb er folgende Worte, die ich auswendig lernte:

Ich, Ion Gavrila-Ogoranu, möchte bezeugen, dass angesichts der hohen Ideale, für die wir gekämpft haben, der Strategien und der Methoden, denen wir uns bedienten, der Kämpfe, die wir geführt haben, der Opfer, die wir gebracht haben und angesichts der gewaltigen Übermacht, die gegen uns eingesetzt wurde aber auch angesichts des Einflusses, den wir auf die Bevölkerung im Süden Siebenbürgens genossen, unsere Gruppe einen **Ehrenplatz im antikommunistischen Widerstand in Rumänien** einnimmt.

Unsere Kämpfer haben ihre Jugend, ihre Freiheit und letztendlich auch ihr Leben geopfert, ohne irgendeine Gegenleistung zu erhoffen. Alle starben sie! Und sie hinterließen dem Vaterland ein Vermächtnis mit den Worten:

MUTTER HEIMAT, VERGIB UNS, DASS WIR DEN MUT HATTEN, FÜR DICH ZU KÄMPFEN UND FÜR DICH ZU STERBEN!

Ich bitte dich, Elena, lerne du diese Worte ebenfalls auswendig!‘

‚Ja, das werde ich!‘

Leidenschaftlich und mit lauter Stimme hatte Nellu die letzten Worte gesprochen, nun schaute er mich mit seinen großen, blauen Augen schweigend an und ließ seinen Tränen freien Lauf. Ich fiel ihm in die Arme, wir hielten uns ganz fest und weinten.“

Elena schien sichtlich erschöpft. Keiner der Anwesenden sprach ein Wort; zu sehr hatte sie die Erzählung erschüttert. Dort an diesem anderen, besseren Ende der Welt hatte anscheinend noch niemand etwas von den rumänischen Partisanen, den letzten Legionären Rumäniens, je gehört. Für diese friedlichen Menschen war es Neuland, dem sie jedoch tiefen Respekt zollten.

Dr. Johnson brach das Schweigen: „Ja, heute hatten wir die Gelegenheit, einen beeindruckenden Bericht über den antikommunistischen Kampf der Rumänen zu hören! Ich muss gestehen, dass ich bis jetzt davon keine Ahnung hatte. Wie groß muss die Liebe dieser Legionäre zu ihrem Vaterland gewesen sein, um sich als kleine Minderheit mit so übermenschlichem Mut gegen das totalitäre Regime des Kommunismus' zur Wehr zu setzen! Wahrlich ein Heldentum!

Jetzt verstehe ich auch besser, warum man Ihnen, Frau Margineanu, in dem Land keine Wohnungszuteilung geben wollte. Ihr Gatte galt offensichtlich als ein Staatsfeind, weil er – selber einmal Legionär gewesen – später die Partisanen unterstützt hatte. Er sollte zugrunde gerichtet werden … Welch eine Sinnesverwirrung!"

Mary, ergriffen von Elenas Erzählung, sagte leise: „Es hat mich zutiefst erschüttert, zu erfahren, was Sie und Ihre Familie, besonders Ihr Mann, durchstehen mussten! Wir Neuseeländer leben hier in paradiesischen Verhältnissen und können uns etwas anderes gar nicht vorstellen."

„So ist es", bestätigte Stueder.

Es war die sanfte Eleanor, die das Thema der Wohnungsnot wieder aufgriff: „Zu gerne möchte ich jedoch erfahren, w e r Ihnen dann zum Schluss doch noch geholfen hat, eine Wohnung zu bekommen; ich wette, es war eine Frau! Habe ich recht?"

Elena war erstaunt.

„Wie haben Sie das erraten?"

„Ganz leicht: Nur eine Frau konnte mit Ihnen mitfühlen. Und da es außer einem menschlichen Mitgefühl keinen anderen Grund gab, Ihnen eine Wohnung zuzuteilen, konnte es eben nur diese schönste der menschlichen Regungen sein: das weibliche Mitgefühl!"

„Ja! Genauso war es! Eine großartige Frau, die 1965 den Posten des Regionalchefs Crischan übernommen hatte, empfand endlich Mitleid mit uns! Sie hieß Nilka, war eine stattliche, schlanke, gut aussehende Frau um die vierzig, mit einer starken Persönlichkeit und einem gerechten Herzen; auch das gab es! Jeder kannte Frau Nilka als eine wohltuende Ausnahme unter all den Parteibossen. Schon bei meiner ersten Audienz versprach sie uns eine Wohnung.

‚Kommen Sie nächsten Donnerstag mit Ihrem Gatten und holen Sie sich die schriftliche Wohnungszuteilung ab!'

Mir kamen die Tränen, ich stotterte einige Dankeschön und verließ mit meinem Norchen auf dem Arm das Büro."

„Gott sei Dank!", entfuhr es Eleanor.

„Nein, meine Liebe! Es war immer noch nicht so weit. Noch einmal hatten wir eine herbe Enttäuschung einzustecken. An besagtem Donnerstag saß ich mit Nellu und Christinchen im Warteraum vor dem Büro der Frau Nilka. Wir strahlten und drückten uns vor lauter Glück die Hände, sollten wir doch in einigen Minuten das lang ersehnte Papier in den Händen halten! Schon war die Reihe an uns. Plötzlich ging die Außentüre auf und herein trat zu unserem Schreck die Direktorin der Musikschule, die alte Giftschlange, Frau Gitter! Sie war außer Atem und trug einen Aktenordner unter dem Arm. Wie hysterisch stürzte sie ohne Gruß an uns vorbei in Frau Nilkas Büro. Nellu wurde bleich und flüsterte: ‚Jetzt ist's aus! Aus und vorbei! Die macht mir jetzt alles kaputt! Diese Hexe! Diese Giftschlange! Soll sie doch endlich der Teufel holen! Dieses Miststück! Ich bring' sie noch um!' Nie hatte ich Nellu so schimpfen hören. Und er sollte recht haben! Nach einer halben Stunde trat die Gitteroaie, wie sie Nellu zynisch nannte, heraus und rauschte erhobenen Hauptes an uns vorbei. Es war vollbracht!

Frau Nilka hatte nämlich in der Schule angerufen, um einige Daten über Nellu zu erfragen, da die Wohnung auf seinen Namen laufen sollte. Besagte Giftschlange war sofort von ihrem Stuhl aufgeschossen, hatte sich Nellus Unterlagen über seine politische Vergangenheit als Mitglied der Eisernen Garde – und weiß Gott was noch alles – geschnappt und war im Galopp zur Regionalverwaltung, zu Frau Nilka, gerannt, um sie im letzten Moment daran zu hindern, uns eine Wohnung zuzuteilen. Dieses abscheuliche, alte Gestell, die Gitteroaie, war hechelnd durch die

Straßen gerannt, um uns Böses anzutun … Schade und noch mal schade, dass es keine Hölle gibt! Wieso gibt es diesen wunderbaren Ort denn nicht?!

Wir traten ein. Als Frau Nilka uns sah, erhob sie sich, empfing uns mit einem Händedruck. Wortlos standen wir uns vor ihrem Schreibtisch gegenüber. Aus ihren Augen sprach Respekt, gemischt mit einem tiefen Bedauern. Es dauerte eine Weile, bis Frau Nilka uns endlich ansprach.

‚Frau Margineanu! Herr Margineanu! Ich kann Ihnen gar nicht sagen, wie leid es mir tut! Ich kann Ihnen die Wohnung nicht zuteilen! Es tut mir so leid! Glauben Sie mir, bitte!‘

‚Wir sind maßlos enttäuscht!‘ Mehr brachte Nellu nicht heraus. Ich war buchstäblich sprachlos und wischte mir die Tränen aus den Augen. Aber da war noch jemand mit uns, ein kleiner Jemand, der die Situation erfasst hatte und sie unmöglich fand: Christinchen! Plötzlich ließ sie meine Hand los, trat einen Schritt vorwärts, pflanzte sich vor der Frau auf, stampfte zornig mit dem Fuß auf den Boden und schrie sie an: ‚Tu! Tu reauo! Tu reauo!‘ Zu deutsch: Du! Du Böse! Du Böse!

Verlegen zog ich mein Kind zurück und entschuldigte mich.

‚Ich kann dich gut verstehen‘, hörte ich Frau Nilka zu Christina sagen, und nach einer verlegenen Pause fügte sie hinzu: ‚Ich verspreche dir: Mama und Tata werden sehr bald eine Wohnung erhalten!‘

‚Mit einem Balkon und mit großen Fenstern?‘

‚Ganz bestimmt!‘

‚Jetzt haben wir nur ein Zimmer mit vielen Kakerlaken. Hast du auch Kakerlaken?‘

Errötend antwortete Frau Nilka: ‚Nein.‘

‚Das sind so dunkelbraune Käfer, die am Boden herumkrabbeln. Tata sagt, sie können die Wände nicht hochkriechen, weil sie zu dick sind.‘ Meinem Kind war es tatsächlich gelungen, diese starke Frau in größte Verlegenheit zu versetzen.

‚Wir haben auch keinen Balkon. Hast du einen Balkon?‘

‚Ja‘, kam es verlegen zurück.

‚Nicht einmal eine Küche haben wir und auch kein Bad und Pipi machen wir unten im Hof, dort ist ein ganz kaltes Klo, und deshalb muss ich bei Didi und Otata wohnen, weil für mich kein Platz ist. Ich will aber mit Mama und Tata und mit Norchen wohnen!‘

‚Das wird nun bald möglich werden, mein Kind, das verspreche ich dir!‘ Täuschte ich mich oder hatte diese Frau wirklich feuchte Augen?

‚Wer … wer … sind denn Didi und Otata?‘, fragte sie.

‚Meine Großeltern, die wohnen ganz weit weg in Rosenau.‘

Unaufgefordert ging Christinchen auf die andere Seite des Schreibtischs zu Frau Nilka und reichte ihr die Hand.

‚Danke, Tante Nilka!‘

Nellu und ich waren mächtig stolz auf unsere Tochter, die so viel Persönlichkeit besaß; sie war ja erst viereinhalb Jahre alt, aber oho!

Ab sofort setzte sich diese Frau wie eine Löwin für uns ein. Allen Parteigrößen, die sich ihr zu widersetzen versuchten, trotzte sie. Zwei Wochen später, am 25. Dezember 1965, hielten wir die Zuteilung und die Wohnungsschlüssel in den Händen! War das nicht das Verdienst unseres Christinchens? Doch! Das war es!“

Elena hielt inne, auch ihre Zuhörer waren still. John erhob sich und schürte das Feuer, legte noch einige Holzscheite auf. Nach einer Weile fuhr die Erzählerin fort: „Nach der Doktrin der kommunistischen Staatsgewalt hatte kein Gott zu existieren und genauso wenig sein Sohn, Jesus, der an oben genanntem Datum Geburtstag hätte gehabt haben sollen … Für uns war dieser erste Weihnachtstag jedoch der schönste Feiertag aller Zeiten! Der Allmächtige hatte uns an diesem Tag ein wunderbares Geschenk beschert: eine Wohnung im Plattenbau!

Zögernd trat ich mit Nellu in die funkelnagelneue Wohnung ein. Es roch nach Farbe und Leim. Ich ging gleich ins Wohnzimmer: ein heller Raum von 22 qm, Parkettfußboden, großes Fenster, Balkontüre, mittelgroßer Balkon. Die Wände mit einer hellgrünen, matt glänzenden Tapete überzogen, alles sauber, neu und hell. Ich sah mich kurz um und konnte es nicht fassen! Wie in Trance legte ich meine Wange an die kühle Tapete, schloss die Augen und weinte, und küsste die Wände …

Es waren bloß 36 qm Wohnfläche, dazu Bad, Küche und Balkon, doch wir waren selig! Mit den vereinten Kräften von Nellus Schülerschaft zogen wir am 27. Dezember um. Nach fünf Jahren unsagbarer Schikanen und Torturen besaßen wir endlich eine kleine, hübsche Wohnung! Niemand – sofern er nicht ähnliche Schwierigkeiten durchgemacht hat – kann auch nur annähernd nachempfinden, wie überwältigend unsere Freude war! Wenn es in unserer Macht gestanden hätte, hätten wir Frau Nilka heilig gesprochen, so aber begnügten wir uns damit, jedem zu erzählen, was für eine wunderbare Frau sie war. Ihr Gegenstück, die Gitteroaie, fiel dafür bei der Kronstädter Bevölkerung in totale Ungnade, was ihre Position in der Partei keineswegs beeinflusste. Ihr nicht existierendes Gewissen war natürlich ihr sanftes Ruhekissen. Mit dem ihr eigenen Papier gewordenen Gesichtsausdruck und der stoischen Gemütsruhe einer Schildkröte pflegte sie normalerweise ihre vorderen und hinteren Gliedmaßen im Zeitlupen-Tempo zu bewegen; es sei denn, sie war im Begriff, Böses zu tun! Dann konnte sie plötzlich einen Zahn zulegen und hechelnd durch die Straßen galoppieren."

Schallendes Gelächter am Kamin.

„Köstlich, köstlich! In Ihrer Beschreibung dieser Frau Gitter liegen ja so viel Abscheu und abgrundtiefer Hass", meinte Johnson, noch immer kichernd, „doch die Art und Weise, in der Sie das beschreiben, ist einfach köstlich! Alle negativen Momente und Situationen mit so viel Humor auszustatten, mit so viel triefender Ironie, gelingt Ihnen vortrefflich, gratuliere! Einen ähnlichen sarkastischen Humor legen Sie auch in Ihrer Lebensbeschreibung an den Tag, und zwar an der Stelle, wo Sie die fiktive Begegnung Hitlers mit Stalin so darstellen, dass die beiden in der Fantasie des Lesers zu Kabarett-Interpreten werden."

„Stimmt genau!", sagte Stueder. „Mir gefällt die schiefe Schnittlinie, die der betrunkene Hitler durch Osteuropa von oben nach unten zieht und somit das Baltikum und die Hälfte

Polens Stalin überlässt, während er sich die andere Hälfte sowie Ungarn, Rumänien und Bulgarien unter den Nagel reißt."

„Ebenso amüsiert mich die Beschreibung der letzten Tage Hitlers." Bis jetzt hatte sich John zurückgehalten, nun mischte er sich auch ins Gespräch.

„Noch nie habe ich die Darstellung dieses Monsters mit so viel zynischem Humor gespickt gefunden! Einmalig die beißende Ironie, mit der du die Bischöfe und Kardinäle – Hitlers stumme Befürworter – auf die Schippe nimmst! Du verstehst es, die tragischsten Momente, in Humor zu verpacken!"

„Neu daran ist für mich allerdings die Eröffnung, dass in Hitlers Adern jüdisches Blut floss. Makaber! Und auch das beschreiben Sie in humorvoller Weise", bemerkte Singer. „Und dass sich das deutsche Volk eigentlich mit ‚Heil Schicklgruber' hätte grüßen sollen!" Schallendes Gelächter.

„Ich habe einen, wie ich glaube, berechtigten Verdacht." Mary, die doch gegen Unterbrechungen der Erzählerin gewesen war, fand nun Gefallen an der Diskussion. „Ich glaube, dass gerade diese humorvolle Verpackung der schweren Momente – zumindest retrospektiv – das Unerträgliche erträglich erscheinen lässt."

„Stimmt genau!", bemerkte Singer trocken.

„Wo war ich nur stehen geblieben?", Elena besann sich.

„Beim Umzug in Ihre neue Wohnung", half ihr Mary auf die Sprünge.

„Genau! Mit der Diskussion über die Notwendigkeit der humorvollen Tragik verlor ich den Faden. Ich will meine Erzählung etwas komprimieren, da ich Ihre Zuhörkapazität nicht über Gebühr strapazieren möchte. Außerdem ist der Abschnitt von 1968 bis 1984 so ereignisreich, dass ich mich hauptsächlich darauf konzentrieren möchte.

Ende Dezember holte ich Christina aus Rosenau ab. Es war bereits dunkel, als wir aus dem Bus stiegen und dem Plattenbau zustrebten. Vom Bus bis zu unserer Neubauwohnung gab es noch weder Weg noch Steg, dafür aber einen endlosen Morast; ebenso zwischen den Bauten: Morast, nichts als Morast! Ich lud mein Christinchen huckepack, in der Hand trug ich die Tasche mit ihren Sachen und arbeitete mich so – im Dreck bis an die Knöchel – mühsam vorwärts. Für eine Strecke von ungefähr 300 m brauchte ich 20 Minuten. Es war ein aufregender Einzug meines Kindes, das sich maßlos freute und vergnügt in die Hände klatschte.

Ob Sie es glauben oder nicht: In dieser Wohnung wohnten wir nur sieben Monate."

„Ja, wieso denn, um alles in der Welt?", entsetzte sich Mary.

„Zum Ende der Spielsaison hatte ich im Theater gekündigt."

„Kann ich nicht verstehen!", warf Eleanor ein.

„Ein grandioser Plan hatte in meinem Kopf gespukt und sich festgebissen: ein deutscher Privatkindergarten. Eine Gruppe von 10–12, später sogar 18 rumänischer Kinder, die Deutsch lernen sollten."

„Genial! Wirklich genial!", begeisterte sich Stueder.

„Es lief auch alles ganz fantastisch, bis auf eins: Unsere Nachbarn, die unter uns wohnten, fühlten sich durch die Kinder gestört. Folglich bemühte ich mich um einen Wohnungstausch – mit Erfolg. Im August zogen wir in eine Parterrewohnung um. Das war ein Glücksgriff! Die Gegend, die Nachbarn, alles war ideal. Der Kindergarten boomte, das Geld floss, meine Kinder befanden sich in meiner Obhut; was wollten wir mehr? Hier verbrachten wir drei glückliche Jahre. Die Nachbarfamilien waren alle kinderreich. Mit der großen Kinderschar freundeten sich Christina und Eleonora schnell an, so wie auch ich mich mit deren Eltern anfreundete. Hundert süße und tolle Geschichten könnte ich Ihnen über meine heranwachsenden Kinder erzählen, wie sie z. B. eines Tages spurlos verschwunden waren und dreißig Kinder der Umgebung sich in Gruppen aufteilten und die Gegend absuchten. All die verzweifelte Sucherei blieb jedoch ergebnislos. Plötzlich waren sie einfach wieder da, händchenhaltend kamen sie auf mich zu. Jemand hatte ihnen ein paar Lei geschenkt und dafür hatten sie im Supermarkt Süßigkeiten gekauft. Nach zwei Stunden voller Ängste schloss ich sie selig in meine Arme.

Wir nannten unsere Mädchen mit Kosenamen Tine und Nuschi. Beide waren zu unserer Freude hochmusikalisch und schmetterten im Duett unzählige Lieder, was die Nachbarn leider nicht sehr lustig fanden. An regnerischen Tagen hingen sie an den Türen und schaukelten vergnügt hin und her oder sprangen in weiten Bögen von den Schränken. Während Nellu das nicht nur sportlich, sondern vor allem sehr lustig fand, waren unsere Freunde über so viel schlechte Erziehung entsetzt. Das störte uns jedoch wenig."

Von den Gesichtern ihrer Zuhörer konnte Elena leicht ablesen, dass diese ein solches Maß an erzieherischer Freiheit ebenfalls infrage stellten.

Sicher suchte Mary einen Ausweg aus dem verlegenen Schweigen, ablenkend fragte sie: „Wurde Ihr Mann während dieser Zeit noch zu Verhören zitiert?"

„Ja", antwortete Elena. „In den Jahren, die wir im Stadtteil „Steagul Roschu" wohnten, d. h. bis 1965, wurde er im Ganzen neunmal zu Verhören zitiert. Er wurde dabei die ganze Zeit mit Scheinwerfern direkt angestrahlt und Stunden lang mit Fragen zermürbt. Auch Hiebe verpassten sie ihm, doch so schlimm wie damals nach dem Brief von Ion Gavrila-Ogoranu fiel es nicht mehr aus. Es war eine jahrelange Quälerei, die seine Nerven kaputt machte. Im Januar 1965 wurde er zum letzten Mal verhört. Es war gerade am 24., an seinem Geburtstag, als drei Männer von der Securitate ihn gegen Mitternacht abholten und ihn vier Stunden verhörten. Er musste anschließend einige Papiere unterschreiben und früh am Morgen kam er total erschöpft nach Hause. Er war nicht mehr geschlagen worden; irgendwie schien er erleichtert zu sein, hatte den Eindruck, dass es das letzte Mal war. Und so war es auch, es folgten Jahre der Ruhe und des Familienglücks.

Nellu war der liebevollste Ehemann und der beste Vater der Welt! Er hatte die Gabe, alles zu einem Fest werden zu lassen. Selbst eine kleine Busfahrt in die Stadtmitte wurde aufregend. Schwungvoll hob er seine Töchter in den Bus mit den Worten: ‚Opus eins! Opus zwei!‘ Dann setzten sich die beiden Rangen vorne auf die Kinderplätze und fingen automatisch an zu singen, schallend laut. Nie wäre es Nellu eingefallen, sie zu ermahnen, leise zu sein. Warum auch? Der ganze Bus hörte amüsiert zu und der glücklichste aller Väter platzte vor Stolz. Während dieser Jahre hatte ich manchmal das Gefühl, er selber könne sein Glück nicht fassen. Jedes Mal, bevor er sein Zuhause verließ, bekreuzigte er sich, dankte Gott und bat ihn um Beistand. ‚Doamne ajuta!‘ Das mag Sie sonderbar anmuten, doch bei den Rumänen ist es ganz normal, sich hin und wieder zu bekreuzigen und sich an die Existenz Gottes zu erinnern, Gott in das tägliche Leben einzubauen.

An meinem Kindergarten hatte ich meine helle Freude, und mit Wilmas Hilfe meisterte ich auch alle Probleme des Haushalts. Selbst Mutter konnte uns in dieser glücklichen Zeit mit ihren hartnäckig betriebenen Sticheleien, Beleidigungen und dem ewigen Misstrauen nicht mehr sonderlich wehtun; es war dafür einfach kein Platz.

Mein Jugendfreund Puiu besuchte uns einige Male mit seiner Familie, die sich um ein Mitglied vergrößert hatte: Ioana, ein allerliebstes, blondes Mädchen, das Puiu wie aus dem Gesicht geschnitten war. Im Winter ging’s dann im Doppelpack in die ‚Poiana Brasov‘, die Schulerau, zum Skilaufen, im Sommer zum Wandern. Manchmal ließ Puiu Rasvan für ein oder zwei Wochen bei uns, und der Junge wuchs mir ans Herz wie ein eigener Sohn. Er war ein schöner Junge, war außergewöhnlich intelligent, äußerst sensibel und gutmütig. Auch Tine und Nuschi verstanden sich prächtig mit ihm, wie mit einem Bruder.

Wie stolz war ich, meine ‚drei‘ Musik-interessierten Kinder in die Ballettvorstellung „Giselle“ zu entführen! Und als ich später einmal in Bukarest war und mit Rasvan die Oper ‚La Bohème‘ besuchte, war er so beeindruckt, dass er diese Vorstellung nie vergaß. So unterhielten unsere beiden Familien eine ehrliche Freundschaft. Marietta schien in Ordnung zu sein, ich mochte sie und wir verstanden uns bestens. Nie und nimmer hätte ich ihr gegenüber unredlich gehandelt! Ebenso wenig hätte ich Nellu hinsichtlich Puiu in irgendeiner Weise je wehtun können! Jeder von uns wusste das und jeder vertraute dem andern mit der größten Selbstverständlichkeit.

In fünf schweren Jahren hatten wir uns unser bescheidenes Glück erkämpft und man möchte meinen, dass jeder es uns hätte gönnen sollen. Weil Nellu in letzter Zeit auch nicht mehr verhört worden war, nahm ich an, der Spuk sei nun endgültig vorbei. Irgendjemand oder sogar mehrere Jemands muss unser Glück jedoch geärgert haben …

Tja, die Partei und der Kader schliefen nicht, sie hatten sich bloß eine Verschnaufpause gegönnt. Und Nellu, ihr leichtes Opfer, wusste das! Um mich damit nicht zu belasten, hielt er dieses Wissen vor mir geheim. Doch mein geliebter Mann veränderte sich! Wenn er sich früher nur mit leuchtenden Augen seinem Zuhause genähert hatte, sodass mir sein Lächeln schon von Ferne entgegenstrahlte, so wirkte dieses Lächeln seit einiger Zeit gequält. Nellu wurde depressiv, litt an Angstzuständen, deren Herkunft ich mir nicht erklären konnte. Seit Herbst 1967 spürte ich diese Veränderung. Etwas verheimlichte er mir, etwas bedrückte ihn maßlos, doch wehrte er ab, wenn ich ihn danach befragte. Hatte er mir doch bereits so viel über seine Verbindungen zu den Partisanen erzählt, hatte mir das größte Vertrauen entgegengebracht, nun blockte er plötzlich ab. Ich konnte nicht mehr zu ihm durchdringen, irgendwie entglitt er meinen Händen und ich konnte nichts tun! Ich war machtlos.

Eine andere Frau? Nein! Zu sehr liebte er mich, zu sehr vergötterte er seine beiden Mädchen! Außerdem hätte eine neue Liebe wenigstens zeitweise sein Gemüt aufgehellt, davon war jedoch keine Spur. Er stürzte aus einem seelischen Tief in das nächste, litt unter Schlaflosigkeit – auch klagte er über einen undefinierbaren Druck in der Herzgegend; sein Gesicht wurde fahl, seine Haut faltig, er schien zusehends zu altern – und ich stand hilflos da. Alles hätte ich dafür gegeben, ihm helfen zu können! Wenn ich ihn von der Bushaltestelle auf uns zukommen sah, fiel mir auf, dass sein Gang schon lange nicht mehr energiegeladen und fröhlich wirkte; müde und kraftlos kam er näher. Wo war sein Lächeln? Sein strahlender Blick? Alles weg! Warum? Ich begriff es nicht. Und er blieb stumm.

Zudem erschreckten mich einige seiner Aussagen wie z. B.: ‚Werde ich diesen Winter wohl überleben?' Eines späten Abends, als ich in seinen Armen lag, fragte er mich unvermittelt: ‚Was wirst du tun, wenn ich sterben werde?'

Spontan antwortete ich: ‚Ich würde nie mehr heiraten!'

Er streichelte mich zärtlich und sagte ernst: ‚Doch, du sollst wieder heiraten, du bist noch so jung!' Zwar war mir aufgefallen, dass er den Indikativ ‚wenn ich sterben *werde*' und nicht den Konjunktiv ‚wenn ich sterben *würde*' benutzt hatte, doch in dem Augenblick maß ich dem keine weitere Bedeutung bei. Und wie oft sprach er davon, dass er beim Überqueren einer Straße siebenmal nach rechts und siebenmal nach links blicke!

‚Ich habe zwei wunderbare Kinder, die ich noch aufziehen will … Vreau sa vid fetitele mele cu maturitatea in buzunar si apoi pot sa mor.' (Wenn ich nur meine Mädchen mit dem Abitur in der Tasche weiß, dann kann ich sterben). Und wieder einmal: ‚Sint sigur ca vei da fetitelor educatie buna, pot sa mor linistit.' (Ich bin mir sicher, dass du den Mädchen eine gute Erziehung geben wirst, ich kann ruhig sterben).

Ich glaube, es war im Juli 1968, als wir eines Tages alle beim Mittagstisch saßen und er ganz spontan sagte: ‚Am presimtirea ca o sa mor.' (Ich habe die Ahnung, dass ich sterben werde.) Natürlich erschrak ich, hielt es jedoch für das Ergebnis von Überarbeitung und Stress. Verzweifelt versuchte ich ihn zu beruhigen: ‚Bedenke einmal: Aus welchem Grund solltest du sterben? Du bist ein gesunder, energiegeladener Mensch; es besteht überhaupt kein Grund zur Sorge! Du bist bloß gestresst und überarbeitet. Wir müssten mal richtig Urlaub machen.' Er gab keine Antwort, blickte nur stumm auf seinen Teller.

Nellu war immer ein kerngesunder Mann gewesen. Ich kann mich nicht entsinnen, ihn einmal krank gesehen zu haben; immer voller Elan und ständig aktiv. Mit seinem Temperament, mit seiner jugendlichen Frische und seiner Ausstrahlung wirkte er jünger als mancher Fünfundzwanzigjährige. Oft und gerne sagte ich ihm das und es ging ihm ‚hinunter wie Öl'. Derart ermuntert vervielfachte er seinen Charme und seine Ausstrahlung … Wie waren wir doch so glücklich gewesen!

Und nun? Ab und zu hörte ich ihn sagen: ‚Sint atit de singur!' (Ich bin so allein.) Ich konnte ihn nicht verstehen. Ich war doch so loyal! Er war mein bester Freund! Stundenlang konnten wir die interessantesten Gespräche führen. Es gab nichts, was wir uns gegenseitig vorenthalten hätten. Wir verstanden uns in jeder Hinsicht und wir liebten uns wie verrückt! Nun kam plötzlich dieser Satz, der mir wehtat: ‚Ich bin so allein.' Ich wusste nicht, wie ich reagieren sollte. Ich war verletzt und kam auf den wahnwitzigen Gedanken, er könne mit mir vielleicht unglücklich sein … Einmal sagte er ganz unvermittelt, ohne vorhergehende Diskussion, geschweige denn einen Streit: ‚Ich glaube, es wäre gut, wenn wir uns scheiden ließen.'

Fassungslos erhob ich mich vom Stuhl und starrte ihn an: ‚Nellu! Was hast du denn nur? Sag es mir bitte! Egal, was es ist, ich werde dich ganz bestimmt verstehen! Ich habe dich noch immer verstanden. Bitte! Sprich dich aus!' Keine Antwort. Damals zweifelte ich an seinem Verstand.

9. KAPITEL

Tod eines Legionärs

Der Sommer des Jahres 1968 meinte es ganz besonders gut mit uns, dort in der Nasenspitze der Siebenbürgischen Karpaten. Freundlich und warm schien die Sonne auf uns herab und lockte uns in die Berge. Ich hatte festgestellt, dass es Nellu draußen in der Natur bedeutend besser ging und so drängte ich immer wieder hinaus. Der schönste aller Ausflüge war am 24. August – ein Sonntag in Rosenau. Meinen Mädchen hatte ich himmelblaue Dirndlkleidchen genäht, die ihnen ausgezeichnet standen. Tine war nun schon sieben Jahre alt und trug ihre blonden Haare in einem beachtlichen Pferdeschwanz. Nuschi war fünf und blickte mit ihren übergroßen Augen unter einem dichten, braunen Pony hervor. Immer und überall war sie Tines getreuer Schatten. ‚Ce face Christina, pentru Eleonora este biblie!‘, sagte Nellu oft. (Was Christina tut, ist für Eleonora heilige Schrift.)

In Rosenau fand ein Sommerfest statt, die ganze Einwohnerschaft war auf den Beinen und erfüllte die Wiesen und Wälder mit Gesang, mit Lachen und Kindergeschrei. Ich freute mich mächtig, meine alten Freunde und Freundinnen wieder zu sehen. Spontan nahmen wir an dem Kinderfest auf der Promenade teil. Zu unserm größten Stolz gewann Tine beim Wettrennen den ersten Preis, wenn sie dabei auch den linken Schuh verloren hatte. Die fünfjährige, weniger sportliche Nuschi erreichte immerhin mit beiden Schuhen das Ziel – allerdings als Letzte. Hinter der Rosenauer Burg, im Burggrund, hielten wir dann – begleitet von den Klängen der Rosenauer Blaskapelle – ausgiebig Picknick und mich beschlich das wunderbare Gefühl, dass alles doch noch in Ordnung kommen könnte.

Drei Tage später waren wir bei schönstem Wetter wieder draußen in der Natur. Auf einer Wiese in der Schulerau machten wir ein Feuerchen und brieten an Holzspießchen Würste und Speck. Auch einige Nachbarkinder hatten sich uns angeschlossen und erfüllten – bei Fang- und Versteckspielen – die Gegend mit Gequietsche und Geschrei. Ich hütete die Sachen; Nellu tobte ausgelassen mit den Kindern, ließ sich von ihnen fangen und versteckte sich so einfallsreich, dass sie ihn kaum finden konnten.

Seine gute Laune war jedoch nicht echt ... sie war gespielt gewesen ... Warum nur war er an diesem Abend zu seinem Lieblingsschüler, Ion Nojogan, der in einer ganz anderen Gegend wohnte, gegangen? Hatte mit Steinchen an das Fenster geworfen? Sein anderer Schüler, Ion Sasu, war gerade zu Besuch bei Nojogan, die beiden erschienen hinter den Fensterscheiben, öffneten und baten ihn hineinzukommen. Nellu lehnte ab, blieb eine Weile draußen stehen und sagte dann mit seltsam trauriger Stimme: ‚Ich wollte euch noch einmal sehen. Behüt euch Gott!'

Am nächsten Tag hatte er einen Termin beim Urologen. Dr. Saghin war ein sympathischer Arzt, Nellu gab seiner Tochter Gesangsunterricht und die beiden hatten sich angefreundet. Eine Verengung der Harnröhre zwang Nellu zwei- bis dreimal im Jahr, eine unangenehme Prozedur über sich ergehen zu lassen, um diese zu erweitern. Niemals hatte ich diesem kleinen Handicap irgendwelche Bedeutung beigemessen. Ambulant, mit nachträglichen Sulfonamidpräparaten, ging das problemlos vonstatten. Jahrelang war es immer gut gegangen. An diesem Mittwochvormittag legte Nellu die drei Kilometer bis in Dr. Saghins Wohnung auf dem Rossmarkt wie gewöhnlich zu Fuß zurück. Er hatte sich in den letzten Jahren als überzeugter Fußgänger etabliert. ‚Te sarut! In drei Stunden bin ich zurück. Ion Sasu kommt um 12 Uhr zum Unterricht. Servus, Elena, Liebste!' Mit diesen Worten hatte Nellu die Wohnung verlassen und hatte mir von draußen noch einmal zugewinkt.

Die Kinder spielten auf dem Rasen vor dem Haus und ich saß in dem kleinen Wohnzimmer und nähte irgendetwas. Gewohnheitsmäßig blickte ich alle paar Minuten zum Fenster hinaus, um meine Mädchen ständig im Auge zu behalten. Warum tat ich das jedoch nach einiger Zeit nicht mehr? Warum blickte ich nur noch voller Spannung auf die Straße und zur Bushaltestelle? Langsam, wie heimtückisch schleichend, nahm ein sonderbares Gefühl von mir Besitz, schien mich und meine Umgebung wie ein riesiges, schwarzes Tuch zu bedecken, nahm mir die Luft zum Atmen. Ein unbeschreibliches Gefühl der Öde erfasste mich und ließ mich die folgenden Stunden nicht mehr los. Zusehends verwandelte sich diese anfängliche Leere in eine große innere Unruhe, die sich bis zur Panik steigerte. Meine Augen hingen nur noch an der Straße und der Bushaltestelle, doch Nellu kam und kam nicht.

‚Ach was, du bist einfach zu nervös!', redete ich mir ein. ‚Es ist ja noch gar nicht 12 Uhr!'

Plötzlich läutete es an der Haustür. ‚Endlich!', dachte ich, doch es war Sasu. Merkwürdig! Auch er war beunruhigt! Wir saßen wie auf Kohlen und ließen die Straße und die Bushaltestelle nicht aus den Augen. Wenn ich jetzt zurückdenke, muss ich zugeben, dass das eine Ahnung war. Dieses unerklärliche dunkle Gefühl einer Öde in mir war der Anfang einer Trauer, die nie enden sollte, meiner Verlassenheit, die begonnen hatte, noch bevor die Ursache dafür geschaffen worden war.

Nellu kam um 12.30 Uhr. ‚Gott sei Dank bist du da!!' Ich empfing ihn mit großer Erleichterung.

‚Entschuldige die Verspätung! Ich bin zu Fuß gekommen.' Müde ging er ins Wohnzimmer und setzte sich ans Klavier.

‚Wie geht es dir?'

‚Ich fühle mich nicht besonders gut. Heute war die Behandlung schmerzhaft. Um schneller zu Hause zu sein, habe ich mir das Sulfonamid gar nicht mehr gekauft. Ich war zwar in der Apotheke, doch es waren zu viele Menschen in der Schlange und ich wollte nicht warten.'

‚Das war falsch! Das Sulfonamid ist doch sehr wichtig! An wie viel anderen Apotheken bist du noch vorbeigegangen? Sicher hättest du es woanders kaufen können!‘

‚Schon, aber ich kann es mir auch am Nachmittag besorgen.‘

Ich schaute schnell nach den Kindern und begann das Mittagessen vorzubereiten. Es mochten zehn Minuten vergangen sein, als Sasu in die Küche stürzte: ‚Kommen Sie schnell! Dem Maestro geht es schlecht.‘

Als wir ins Wohnzimmer traten, war Nellu total benommen.

‚Elena, es dreht sich alles um mich, mir geht es schl…‘

Er schloss die Augen und fiel zur Seite. Wir hoben ihn auf die Couch. Ich rannte in die benachbarte Arztpraxis. Die Ärztin ließ alles stehen und liegen und kam sofort mit uns.

‚Dr. Saghin hat mich bereits telefonisch informiert und mich angewiesen, was ich zu tun habe, falls es Herrn Margineanu schlecht geht.‘ Sie untersuchte ihn gar nicht lange, sondern verpasste ihm sofort eine Quecksilberspritze.“

Dr. Johnson erschrak: „Was sagen Sie da? Quecksilber? Wieso Quecksilber?!“ Vor Entsetzen hatte er die Worte geschrien.

„Das habe ich die Ärztin damals auch gefragt; Quecksilber ist doch hochgiftig. Sie sagte, es sei ein Quecksilber-Chlorid, ein Sublimat, das bakterizid und fungizid wirke.“

„Ja schon, doch es kommt auf die Konzentration an; 0,1 % darf nicht überschritten werden. Diese Behandlung ist längst überholt, das Sublimat wurde durch andere Desinfektionsmittel ersetzt. In so einem Falle Quecksilber-Chlorid injizieren? Nie gehört! Unverantwortlich, was die Ärztin da gemacht hat!“

Stueder mischte sich ein: „Sie sagten doch, die Ärztin habe die Spritze auf Anweisung des Urologen verabreicht, oder?“

„Ja, genau.“

„Entweder sind die Ärzte in Rumänien bescheuert“, wetterte Stueder, „oder aber es steckte viel mehr dahinter …“

„Das sieht – verdammt noch mal – nach einem Komplott aus!“, schimpfte Mary. „Erzählen Sie bitte weiter, Elena!“, bat Eleanor ungeduldig.

„Nellus Zustand besserte sich keineswegs, ganz im Gegenteil: Er wurde von Übelkeit und Erbrechen geplagt, hatte Leibschmerzen und verlor zeitweise das Bewusstsein. Natürlich wollte ich ihn ins Krankenhaus bringen, doch er wehrte sich vehement dagegen: ‚Nu! Nu! Nu la Spital! In nici-un caz! Sa nu ma duci la Spital!' (Nein! Nein! Nicht ins Krankenhaus! Bring mich auf gar keinen Fall in ein Krankenhaus!) Ich war sehr verwundert darüber doch ich schrieb es einer Art Furcht vor dem Krankenhaus zu. Um 15.30 verlor er wieder das Bewusstsein. Ich rief nun doch den Krankenwagen herbei.

Der Empfang im Krankenhaus war unter aller Kritik: Nellu lag auf der Bahre, mit der man ihn hineingetragen hatte, im Warteraum, ohne dass sich jemand um ihn kümmerte. Ich rannte die Gänge auf und ab und beschwor die Ärzte, sich seiner anzunehmen. Keiner fühlte sich zuständig. Der Leiter der urologischen Abteilung, in die Nellu gehört hätte, war Dr. Toma Georgescu, der abscheulichste Mensch, der mir je begegnet ist! Als ich ihn endlich ausfindig gemacht hatte, kam er ins Wartezimmer, schaute ganz verächtlich auf den bewusstlosen Nellu herab und fragte vulgär: ‚Se pische?' (Pisst er?)

‚Zum letzten Mal hat er vor vier Stunden Wasser gelassen', antwortete ich. ‚Pai daca se pische e bine.' (Wenn er pisst, ist ja alles in Ordnung.) Sprach's und verließ den Warteraum. Ich war schockiert und ratlos. Auf den Gängen sprach ich jeden, der wie ein Arzt aussah, an und bat weinend um Hilfe. Endlich, endlich um 19 Uhr kam eine junge Ärztin daher. Sie hörte mich an, warf einen Blick auf Nellu und sagte entsetzt: ‚Er muss sofort behandelt werden! Was tut sich denn hier? Wo ist Dr. Toma Georgescu? Was ist hier los?! Ich nehme den Patienten auf eigene Verantwortung in meine Abteilung. Ich bin Internistin, Dr. Roth.'

Sie war Deutsche und ich hatte sofort Vertrauen zu ihr. Eine wunderbare Frau!

‚Ich muss Sie darauf aufmerksam machen, dass mein Mann gegen Penizillin resistent ist. Geben Sie ihm bitte Erythromyzin! Nur das hilft noch bei ihm.'

‚Das Erythromyzin hat eine zu lange Anlaufzeit. Ich gebe ihm Penizillin in großen Dosen.'

Sofort schloss sie Nellu an unzählige Schläuche an. Sein Blutdruck war praktisch nicht mehr vorhanden, bleich und bewusstlos lag er da. Ich rührte mich nicht von seiner Seite, kauerte vor seinem Bett und sprach ihn ständig an. Frau Dr. Roth sah alle zehn Minuten nach ihm. Meine Augen ruhten ununterbrochen auf seinem Gesicht, gespannt horchte ich auf seine Atemzüge. Bedrückend langsam krochen die Stunden dahin. Um 2 Uhr nachts öffnete er plötzlich die Augen, sah mich an und lächelte; ich redete zu ihm und drückte ihm die Hand. Wieder schloss er die Augen. Trotzdem war die Ärztin hocherfreut.

Um 4 Uhr war Nellu endlich bei vollem Bewusstsein, er lächelte mich an und sagte: „Esti o femeie minunata!“ (Du bist eine wunderbare Frau!) Wir konnten uns ganz normal unterhalten. Der Blutdruck war zwar noch auf niedrigen 60, doch Nellu hatte keine Bewusstseinsschwierigkeiten mehr. Frau Dr. Roth stellte erfreut fest: ‚Wir sind über den Berg! Wir haben es geschafft!'

Drei Tage vorher hatte Wilma uns verlassen und ich hatte eine neue Kraft eingestellt. Leider war sie nicht sehr vertrauenerweckend und stellte sich außerdem ziemlich ungeschickt an. Ich war in Sorge um die Kinder und drängte nach Hause.

‚Nellu, mein Liebster, ich muss unbedingt kurz nach Hause. Außerdem muss ich Mami ein Telegramm senden, damit sie sofort kommt, um nach den Kindern zu sehen. Ich schätze, dass ich das in drei Stunden schaffe. Ich bin bald zurück!'

Ich rannte los, gab das Telegramm auf, sah zu Hause nach dem Rechten und lief wieder ins Krankenhaus. Doch dort ließ man mich nicht mehr hinein.“

„Wieso das?“, fragte Singer.

„In Rumänien gab es überall dieselbe Krankenhausordnung: bloß zwei Tage in der Woche waren Besuchstage, Montag und Donnerstag. An den übrigen Tagen durfte keiner hinein. Ich bat und bettelte an der Pforte, vergeblich! Wie eine Löwin irrte ich verzweifelt um das Krankenhaus herum; es musste doch ein Schlupfloch geben, eine Schwachstelle! Und ich fand sie …

Rundherum um das Riesengebäude erhob sich eine hohe Mauer, die oben mit Stacheldraht versehen war. Keine Chance! Doch ich gab nicht auf. Die Rückseite des Geländes grenzte unmittelbar an die steile, felsige ‚Warte', einen Berg. Hier war die Mauer nicht so hoch: die Schwachstelle! Ich suchte mir einen Knüppel, kletterte den Felsen hoch und zerrte mit dem Stock am Stacheldraht, bis ich ihn an einer Stelle weggebogen hatte. Dann überstieg ich die Mauer und sprang in den Hof des Krankenhauses. Kein Mensch weit und breit. Beherzt klopfte ich an ein Kellerfenster. Ein älterer Mann, der Heizer, öffnete.

‚Ich muss unbedingt hinein zu meinem Mann, helfen Sie mir bitte!' Dieser herzensgute Mann brachte eine Leiter und ich stieg ins Innere; er wies sogar das Trinkgeld zurück.

Wie irre übersprang ich die Stufen der Treppe bis zum zweiten Stock. Als ich ins Zimmer trat, starrte ich auf Nellus leeres Bett. Eine Krankenschwester teilte mir mit, dass er seit einer Stunde auf der Intensivstation liege.

‚Wieso Intensivstation? Es ging ihm doch bedeutend besser!'

‚Über den Zustand darf ich keine Auskunft geben.'

Ich rannte in den dritten Stock. Doch in den Raum der Intensivstation durfte ich schon gar nicht hinein. Weinend stand ich vor der Türe und bettelte jeden an, der hineinging, mich auch hineinzulassen. Nichts half. Ich ballte die Fäuste und schrie vor Verzweiflung. Da sah ich plötzlich ein liebes, bekanntes Gesicht, einen Mann im weißen Kittel: Dr. Murescheanu! Ein Hals-Nasen-Ohren-Arzt, ein Gesangsschüler Nellus, den er besonders mochte.

‚Was ist los, Frau Margineanu? Was tun Sie hier?'

‚Mein Mann liegt da drin!'

‚Das darf doch nicht wahr sein! Wieso denn?'

Ich erklärte es ihm kurz. Er ging hinein. Ich wartete und wartete … Endlich, nach fast einer halben Stunde, trat Dr. Murescheanu heraus, bleich und zitternd, mit Tränen in den

Augen. Dieser sensible Gefühlsmensch faltete die Hände, blickte zum Himmel und sagte die Worte, die ich nie vergessen werde: ‚Doamna Margineanu! Numai minunea lui Dumnezeu il poate salva!' (Frau Margineanu! Nur ein Wunder Gottes kann ihn retten!) Er wischte sich die Tränen und sagte etwas gefasster: ‚Ich werde mit Dr. Georgescu sprechen.' Dann entfernte er sich. Ich begriff nicht, ich konnte es nicht fassen, wie es dazu gekommen war, dass Nellu nun hier lag.

Frau Dr. Roth! Sie musste ich finden! Wieder rannte ich über die Gänge. Vergeblich. Sie käme erst um 14 Uhr, sagte man mir. ‚Und der Arzt, der sie heute früh abgelöst hat, wer ist der? Wo ist er?' Der sei zurzeit nicht zu sprechen. ‚Was muss ich tun, um mir Zutritt zur Intensivstation zu verschaffen?' – ‚Mit dem Chefarzt reden.' – ‚Und wo ist der?' ‚Er operiert gerade …' So ging das! Ich kam überhaupt nicht voran. Wieder stand ich vor der Türe und rang die Hände.

‚Ich muss etwas tun! Und ich werde etwas tun!' Noch immer hatten mir meine Intuitionen weitergeholfen; so auch diesmal: In einem Augenblick, als der Gang menschenleer war, trat ich spontan ins angrenzende Zimmer, ohne genau zu wissen, warum. Es war der Teeraum. Keiner war da. An den Wänden hingen einige weiße Kittel. Ich schnappte mir einen, zog ihn über und schritt gespielt locker über den Gang in die Intensivstation. Doch was ich da fand, erschreckte mich zu Tode! Da lag mein Nellu! Angeschlossen an hundert Schläuche, geräuschvoll atmend, bewusstlos, aufgedunsen, kaum wiederzuerkennen.

‚Nellu! Was haben sie mit dir gemacht? Nellu! Hörst du mich? Nellu, ich bin's, Elena!' Mühsam öffnete er die Augen, versuchte mich anzuschauen und schloss sie wieder. Er hatte mich gehört! Unverdrossen und unerschrocken blieb ich an seiner Seite, mir war egal, wer was sagen würde, wenn man mich hier fände. Ununterbrochen streichelte ich ihn, sprach ihm Mut zu, redete und redete … Immer wieder versuchte er die Augen offen zu halten, was ihm nur für Sekunden gelang. Er war also bei Bewusstsein, konnte sich nicht rühren, jedoch konnte er mich hören und verstehen.

Es war kurz vor 14 Uhr. Plötzlich ging die Türe auf und Frau Dr. Roth trat herein. Sie grüßte mich flüchtig, ging dann zielsicher auf Nellu zu, untersuchte die Schläuche, prüfte den Inhalt der Infusionsflaschen, maß Puls und Körpertemperatur und holte eine Decke herbei, mit der sie ihn zudeckte. Ihre Erregung war nicht zu übersehen, sie schien geradezu außer sich zu sein wegen des Zustandes, in dem sich Nellu befand. Ich stand etwas abseits und verfolgte ihr Tun. Endlich trat sie zu mir und schaute mich besorgt an. Ehe ich eine Frage stellen konnte, sagte sie: ‚Frau Margineanu! Es tut mir unendlich leid, dass es Ihrem Gatten so schlecht geht! Ich kann es einfach nicht verstehen!‘

‚Heute früh sagten Sie doch, er sei über den Berg, und ich war schon beinahe unbesorgt.‘

‚So war es! Er war über den Berg! Dr. Brezeanu, der mich abgelöst hat, muss irgendetwas falsch gemacht haben! Ich weiß nicht, was er gemacht hat, aber der ganze Körper Ihres Gatten ist voller Gift.‘

‚Wie meinen Sie das, ‚voller Gift‘?‘

‚Keine medizinische Substanz, sondern pures Gift!‘

‚Voller Gift?! Wieso voller Gift? Wie kann so etwas passieren?!‘

‚Die Frage ist, ob es ‚passiert‘ ist oder ob es Absicht war. Frau Margineanu, Sie müssen jetzt sehr stark sein! Nicht nur stark im Ertragen, sondern Sie müssen die Vermutungen oder sogar das Wissen, das sie über den Krankheitsfall Ihres Gatten erlangen werden, ganz und gar für sich behalten! Versprechen Sie mir das?‘

Ich verstand gar nichts, doch hatte ich instinktiv das Gefühl, dass ich dieser Frau – und nur ihr alleine – vertrauen konnte. Somit antwortete ich: ‚Das verspreche ich Ihnen, Frau Doktor, weil ich Ihnen uneingeschränkt vertraue.‘

‚Und ich verspreche Ihnen, dass ich dieser Sache auf den Grund gehen werde. Hier geht etwas nicht mit rechten Dingen zu. Es sieht beinahe so aus, als stecke ein Komplott dahinter. Hat Ihr Gatte Feinde?‘

‚Private Feinde mit Sicherheit nicht! Er ist überall sehr beliebt. Politisch allerdings … wie soll ich sagen, da steht er auf einer schwarzen Liste.‘

Frau Dr. Roth sah mich nur groß an, seufzte und wurde sehr nachdenklich. Sie nahm Nellu Blut und eine Gewebeprobe ab und sagte leise, mehr zu sich selber:

‚Sehr bald werde ich darüber Gewissheit haben, was alles in diesem Blut drin ist.' Und zu mir gewandt: ‚Ich will versuchen, die leeren Infusionsflaschen von heute Vormittag zu finden. Anhand der Restflüssigkeit kann ich dann genau feststellen, was Dr. Brezeanu ihm infundiert hat.'

In diesem Augenblick trat Dr. Toma Georgescu herein.

‚Was suchen Sie hier?', schnauzte er mich an. ‚Wer hat Ihnen erlaubt, hereinzukommen? Verschwinden Sie!' Als ich draußen war, hörte ich noch, wie er mit Frau Dr. Roth schimpfte, Nellu sei sein Patient und was sie sich denn erlaube … Schnell entledigte ich mich des Kittels und pflanzte mich wieder vor der Türe auf. Von hier durfte mich keiner verdrängen. ‚Wenn ihr nun dieser miserable Kerl die Blutprobe wegnimmt?', durchfuhr mich ein plötzlicher Verdacht.

Dr. Georgescu trat heraus, schaute mich verächtlich an und sagte barsch: ‚Sie sind ja immer noch hier! Sagte ich Ihnen nicht, Sie sollen verschwinden? Scheren Sie sich endlich zum Teufel!'

‚Tut mir leid. Den Gefallen tue ich Ihnen nicht. Ich bleibe.'

‚Ich werde gegen Sie Maßnahmen ergreifen.'

‚Weil ich vor der Türe stehe? Tun Sie's doch!'

Ich holte mir ein Sandwich und einen Fruchtsaft – meine erste Mahlzeit an dem Tag – und ließ mich erschöpft auf eine Bank nieder. Die Tür zur Intensivstation behielt ich ständig im Auge, auf die nächstmögliche Gelegenheit wartend, hineinzuschlüpfen, was mir auch einige Male gelang. Stundenlang saß ich da und grübelte. Frau Dr. Roths Worte ließen mir keine Ruhe: Die Vermutungen und das Wissen sollte ich geheim halten … Komplott … der Sache auf den Grund gehen … Was bedeutete das alles? Konnten die Partei und die Securitate dahinter stecken? Die hatten doch vor Jahren mit den Schikanen aufgehört. Ich war unendlich müde, keines klaren Gedankens mehr fähig. Frau Dr. Roth kam hastig den Gang entlang.

‚Frau Margineanu, ich habe die Ergebnisse der Blutprobe. Alles in Ordnung! Nichts, was auf eine Vergiftung hinweisen könnte. Trotzdem beruhigt mich das keineswegs. Die Probe von heute Mittag war verheerend, das konnte sich in so kurzer Zeit nicht gereinigt haben; die Nieren arbeiten ja kaum. Außerdem müsste der Zustand Ihres Gatten bei der Reinheit des Blutes bestens in Ordnung sein! Ich stehe vor einem neuen Rätsel.‘

‚Auf jeden Fall muss Quecksilber im Blut vorhanden sein, Frau Doktor.‘

‚Sie haben recht! Gestern haben wir doch unter anderem auch Quecksilber-II-Chlorid im Blut gefunden, heute ist davon keine Spur. Übrigens, wie kommt Ihr Gatte zu Quecksilber im Blut?‘

‚Gestern, vor der Einlieferung, hat ihm die Hausärztin eine Quecksilberspritze verabreicht.‘

‚Wieso kam die Ärztin auf die wahnwitzige, absurde Idee, ihm Quecksilber-Chlorid zu spritzen?‘

‚Dr. Saghin hatte sie telefonisch in diesem Sinne angewiesen, noch bevor es meinem Mann schlecht wurde.‘

Dr. Roth fasste sich an den Kopf, als ginge ihr ein Licht auf.

‚Da haben wir's! Dr. Saghin ist also auch beteiligt! Und die Blutprobe muss vertauscht oder ersetzt worden sein! Das kann nur Dr. Georgescu gemacht haben!‘

‚Das wäre doch strafbar.‘

‚Ach, der ist zu allem fähig! Was glauben Sie, was der sich alles erlauben kann! Die Partei hat überall ihre Handlanger, und er ist mit Sicherheit ein solcher. Diese Ärzte sind ja alle Vampire! Lauter Vampire!‘, schloss sie mit lauter, empörter Stimme.

‚Mir ist aufgefallen, dass Dr. Georgescu in der linken Armbeuge ein Pflästerchen trug.‘

‚Ein Pflaster in der Armbeuge? Sind Sie sich sicher? Wann war das?‘

‚Kurz nachdem Sie die Intensivstation verlassen hatten, ging er hier vorbei, natürlich nicht ohne mich neuerlich anzuschnauzen.‘

‚Das ist es! Der hat sein eigenes Blut für den Schwindel hergegeben!‘

Mir lief es kalt über den Rücken. Was ging hier vor?

‚Und noch eine Frage: Wieso hat mein Mann keinen Katheter?'

‚Keinen Katheter? Ich habe ihn doch selber eingeführt.' Die Ärztin stürzte in die Intensivstation.

‚Wer hat das getan? Jemand hat ihn weggenommen. Das ist ja kriminell!'

Sie schloss den Katheter wieder an und entnahm Nellu eine neue Blutprobe.

‚Ich fürchte, ich bin in diesem Kampf allein gelassen', sagte sie mutlos."

In der Featherston-Street hatte die kleine Abendgesellschaft regungslos Elenas ereignisreicher Erzählung gelauscht. Da es nun um medizinische Probleme ging, konnte es sich Dr. Johnson nicht verkneifen, Elena zu unterbrechen: „Entschuldigen Sie, Elena, wenn ich Ihnen eine Frage stelle: Mich beschäftigt ein Gedanke massiv! Dass die Infektion von dem Urologen ausgegangen war, ist klar. Dieser Arzt, Dr. … wie hieß er nur?"

„Dr. Saghin."

„Dieser Dr. Saghin war doch ein Freund Ihres Gatten, oder?"

„Ja, kann man sagen."

„Wie es aussieht, war er Teil des Komplotts. Ich verstehe nur nicht, wie er bei seinem Freund die Infektion gezielt verursachen konnte?!"

„Die Erklärung hierfür liegt in der unermesslichen Grausamkeit jenes Systems. Ein Beschluss der Regierung über die Partei und über die Securitate (Sicherheitsdienst) musste unweigerlich durchgeführt werden, auch wenn es Freunde oder Anverwandte betraf; sonst wäre derjenige, der den Auftrag nicht durchgeführt hatte, beseitigt worden. Die Regeln sind identisch mit denen der Mafia."

Eleanor Singer bemerkte mit leiser Stimme: „Ich versuche mir vorzustellen, was wohl in Dr. Saghin vorgegangen sein muss, als er seinem Freund wissentlich die Infektion beibrachte. Es ist, bei Gott, schwer vorstellbar!"

„Ich finde es feige und ganz und gar verwerflich!“, ereiferte sich Mary.

„Es mag sein, dass es mit seinen Freundschaftsgefühlen nicht so weit her war“, bemerkte Harry Singer trocken. Seine Frau konterte: „Immerhin kannten sie sich gut und Herr Margineanu war der Gesangslehrer seiner Tochter.“

„Ja, und mein Mann weilte somit oft in Dr. Saghins Haus.“

„Ich stimme Mary zu: Es w a r ganz und gar verwerflich!“ Stueder beendete somit energisch die Kommentare, und Elena fuhr mit ihrer Erzählung fort.

„Es war nicht leicht gewesen, mir Einlass zum Chefarzt zu verschaffen. Endlich stand ich vor ihm und legte ihm alle meine Beobachtungen und meine Rückschlüsse dar, nicht ohne Frau Dr. Roths Ermahnung zu berücksichtigen.

‚Ich bin über den Fall informiert, Frau Margineanu, und Sie können sicher sein, dass von uns aus alles Menschenmögliche getan wird, Ihren Gatten zu retten‘, sagte er.

‚Entschuldigen Sie, wenn ich diesen Eindruck nicht gewinnen kann! Warum ist z. B. der Katheter heute entfernt und die Blutprobe vertauscht worden?‘

‚Das ist eine grobe Unterstellung, die Sie nicht beweisen können! Unsere Ärzte sind tüchtig und zuverlässig.‘

‚Auch Dr. Toma Georgescu …?‘, fragte ich gedehnt.

‚Was erlauben Sie sich? Ihr Gatte ist bei ihm in den besten Händen. Ich muss Sie dringend bitten, solche Verdächtigungen für sich zu behalten. Das Gespräch ist hiermit beendet. Ich habe Wichtigeres zu tun. Auf Wiedersehen!‘

Die Verdächtigungen sollte ich für mich behalten, hatte er gesagt. Im Klartext hieß das: Verdächtigungen wären durchaus die logische Folge der zahlreichen Ungereimtheiten, bloß sollte ich sie für mich behalten, um nicht Schlimmeres heraufzubeschwören … So war das also! Schleppenden Schrittes ging ich noch einmal zu Nellu. Meine Tränen tropften auf seinen nackten Oberkörper. Ich küsste ihn und streichelte ihn. Er atmete schwer mit offenem

Mund, seine Zunge war ganz trocken. Wieder versuchte er mich anzuschauen. Jemand hatte seine Decke fortgelegt. Ich fand sie und deckte ihn zu. Alles, aber auch wirklich alles schien sich gegen ihn verschworen zu haben.

‚Mein Liebster! Mein Alles! Mein Sonnenschein! Ich liebe dich sehr! Es wird alles wieder gut. Du wirst gesund und kommst bald nach Hause. Hab noch ein wenig Geduld!'

Abermals versuchte er mich anzuschauen, dann bewegte er kaum merklich den Kopf; es sollte eine Verneinung sein …

‚Doch! Du wirst gesund! Du musst fest daran glauben, versprich mir das! Ich glaube daran und bete inbrünstig für dich! Ich muss jetzt nach Hause. Morgen bin ich wieder bei dir. Eine gute Nacht, mein Schatz! Ich werde ununterbrochen nur an dich denken und beten. Gott muss uns erhören! Auf Wiedersehen, mein Liebster!'

Mutter war bei uns zu Hause und sorgte für die Kinder. Das neue Mädchen hatte sie kurzerhand entlassen, es tauge nichts und sei unzuverlässig. Ich versuchte meinen Kindern Mut zu machen und betete lange mit ihnen vor dem Schlafengehen. Bevor ich selber zu Bett ging, rief ich Mutter: ‚Komm, ich möchte mit dir für Nellu beten.' Wir knieten beide nieder und ich betete wohl das inbrünstigste Gebet meines Lebens. Ich schrie zu Gott! Ich rief um Hilfe, ER möge doch ein Wunder geschehen lassen! Nur ER konnte noch helfen.

‚Sollen meine Kinder nun Halbwaisen werden …?'

Die Nacht war schrecklich! Morgens um 7 Uhr stand ich schon vor Nellu. Ich war auf demselben Weg wie am Tag zuvor ins Krankenhaus gestiegen. Nellus Zustand war beinahe unverändert. Doch heute gelang es ihm, mich länger anzuschauen. Es war still im Raum, kein Arzt und keine Schwester in der Nähe. Weinend legte ich meinen Kopf auf seine Brust und umarmte ihn.

‚Sag mir etwas, Nellu! Versuch zu sprechen! Du kannst es sicher! Versuch es!'

‚Elena!'

‚Ja, ich höre!‘

‚Ich … werde … ster…ben.‘

‚Nein, du wirst nicht sterben! Du bist stark und gesund! Du wirst für deine Kinder leben! Und für mich! Ich brauche dich so sehr! Du weißt, du bist der Hafen meiner Ruhe, das habe ich dir so oft gesagt! Ich kann ohne dich nicht leben! Wenn mich die Welt wie ein hilfloses Schiff hin und her wirft, komme ich doch immer zu dir, zum Hafen meiner Ruhe, und du gibst mir Kraft.‘

‚Ja, mei…ne … Liebste! Aber … jetzt … werde … ich … ster…ben!‘

‚O nein!‘

‚Sie … brin…gen … mich … um!‘

‚Wer ‚sie‘?‘

‚Partei, Kader, Se…cu…ri…tate. Sie haben es mir … gesagt. Und außerdem hat Puiu … Taranu … er … hat es … mir schon seit Langem verraten. Du weißt, … er hat direkte Verbindungen zur … Securitate …‘

‚Warum hast du mir das nicht gesagt?‘

‚Ich habe Puiu … versprochen, es dir nicht … zu sagen …‘

‚Verstehe. Beide fürchtetet ihr, dass ich nicht dicht halten oder sonst wie dumm reagiere könnte.‘

Nellu nickte. Mit großer Anstrengung fuhr er fort: ‚Puiu hätte die größten … Schwie…rigkeiten bekom…men.‘

‚Und du lässt mich in dem Glauben, die Securitate habe aufgegeben, dich zu schikanieren? Ich dachte wirklich, das sei alles längst vorbei. Und du hast mich das glauben lassen! Deshalb warst du so verändert, so depressiv! Du hättest dich ruhig mit mir aussprechen können! Ich hätte ganz bestimmt dicht gehalten! Ich hätte dich besser verstanden und hätte dich seelisch unterstützt, hätte dir geholfen!‘

Er bewegte den Kopf seitlich, eine Verneinung: ‚Mir kann nie…mand … mehr … helfen. Elena, sorg für … unsere Kinder!‘

‚Ich werde alles für unsere Mädchen tun! Ich werde nur noch für sie leben! Das schwöre ich dir!‘

‚Ich weiß das!‘ Nach einer Pause fügte er hinzu: ‚Elena! Du darfst es dir auf gar kei…nen Fall anmer…ken … lassen, dass du … dass … du … über … die … über die Umstände … Bescheid weißt! Schwöre mir das!‘

‚Ich schwöre es!‘

‚Niemand darf … es wissen, dass du weißt … dass es heim… tückischer Mord ist! Niemand! Schwöre noch ein…mal!‘

‚Ja, mein Liebster, ich schwöre es!‘

‚Sonst brin…gen … sie dich … auch um! Verstehst du? Sonst brin…gen sie dich auch um! Sie haben mir gedroht … falls du etwas erfahren solltest, … wärst du mit Sicherheit auch dran. Du musst … stark sein, unserer Kinder wegen! Meine Liebste! Ich … liebe … dich!‘

‚Nellu, mein Liebster, jetzt verstehe ich endlich, warum du dich von mir scheiden lassen wolltest! Du wolltest deinen schmerzlichen Leidensweg allein durchziehen! Stimmt's?‘

Er nickte. Nach einigen Atemzügen sprach er seine letzten Worte: ‚Du bist eine wun…der…bare Frau, Elena!‘

‚Du wolltest auf alle Fälle vermeiden, dass ich und die Kinder irgendwie hineingezogen werden, stimmt's?‘

Wieder nickte er. Ganz schwer brachte er noch die Worte hervor: ‚Ja, Elena! Genau…so … ist … es! Du musst … jetzt … stark sein!‘

‚Du bist der wunderbarste Mann, den es auf Erden gibt! Mein Liebster, sei ruhig! Rege dich nicht auf! Ich werde bestimmt stark sein! Und ich werde immer bei dir sein, egal, wo du bist. Wir werden immer zusammen sein, ob auf dieser Welt oder in der anderen. Unsere Seelen sind miteinander verschmolzen und wir werden immer zusammen sein!‘

Dr. Toma Georgescu trat ein und schnauzte mich an: ‚Machen Sie, dass Sie hinauskommen!‘

Draußen setzte ich mich auf meine Bank. Geschockt und ausgebrannt starrte ich die gegenüberliegende Wand an, unfähig zu weinen. Ich musste alles einordnen, was mir Nellu eben gesagt hatte. Seit ungefähr einem Jahr musste er es gewusst haben, dass er bei irgendeiner Gelegenheit umgebracht werden sollte. Und er hatte es mir verschwiegen, um mich nicht damit zu belasten; vor allem aber, um mich nicht auch in Gefahr zu bringen. Wie konnte er wissen, wie ich mich verhalten würde? Ich hätte ja irgendwann einmal falsch reagieren, mich verraten können, und dann wäre ich auch dran gewesen! ‚Mein Gott! Was muss er durchgemacht haben, dieses Wissen ganz alleine mit sich herumzuschleppen!', dachte ich. ‚Zu wissen, dass er demnächst umgebracht werden soll, ohne mit jemand darüber sprechen zu dürfen! Wie furchtbar! Deshalb hat er beim Überqueren der Straßen siebenmal nach links und siebenmal nach rechts geblickt, weil Ceausescus Schergen allenthalben auf ihre Opfer lauern', durchfuhr es mich. Mir ging ein Licht nach dem andern auf! Waren gar die Krankenhäuser Teil der Tötungsmaschinerie? Hatte Nellu aus diesem Grund nicht gewollt, dass ich ihn ins Krankenhaus bringe? Großer Gott! So ist es …!'

Jetzt hieß es stark sein! Mund halten! Ich hatte zwei Kinder, die ich aufziehen wollte! Ich musste leben!

Frau Dr. Roth kam. Im Vorbeigehen flüsterte sie mir zu: ‚Folgen Sie mir bitte mit einigem Abstand in mein Zimmer!'

Ich trat ein. Sie bot mir einen Stuhl an.

‚Wir haben nicht lange Zeit. Ich habe die Infusionsflasche identifiziert. Im Restinhalt habe ich ein Alkaloid entdeckt, Papaverin. Wie das bei diesen Stickstoffverbindungen ist, kommt es auf die Konzentration an. Papaverin wirkt bei einer Konzentration von 0,3 % tödlich.'

‚Und waren es 0,3 %?'

‚Es waren 0,3 %! Ich werde die Flasche zum Chefarzt bringen. Wie auch immer, es bestand kein Anlass, Papaverin – auch nicht in kleinerer Konzentration – zu verabreichen. Das ist völlig absurd! Und bei der Kombination von Quecksilber-II-Chlorid und Papaverin hat der Körper … keine Chance. Frau Margineanu, Sie müssen sich auf das Schlimmste gefasst machen!'

Ich konnte und durfte nichts antworten. Selbst dieser ehrlichen Frau musste ich verschweigen, dass ich Bescheid wusste, hatte ich es doch Nellu geschworen.

‚Hier ist meine Telefonnummer. Vielleicht brauchen Sie sie einmal. Bis jetzt habe ich drei Ärzte isolieren können, die an dieser

Aktion beteiligt sind. Die bodenlose Unverfrorenheit ist die, dass sie wie selbstverständlich die Verschwiegenheit der anderen Ärzte voraussetzen.‘ Frau Dr. Roth war entsetzt und völlig aufgewühlt.

‚Trotzdem werde ich dem Chefarzt die Analyse der Infusionsflüssigkeit sowie die falsche Blutanalyse zeigen und ihn auf die Manipulationen hinweisen.‘

Eine Weile war Stille im Raum. Durchdringend – und wie mir schien hoffnungsvoll – blickte mich die Ärztin an und sagte: ‚Wissen Sie, was Ihren Gatten retten könnte? Eine Dialyse! Das Blut müsste schnellstens gewaschen werden!‘

‚Gibt es in diesem Krankenhaus eine Dialyse?‘

‚Leider nein. In ganz Kronstadt gibt es nur eine einzige – im Militärkrankenhaus. Rufen Sie dort an oder gehen Sie gleich persönlich hin. Ich wünsche Ihnen Glück! Und verraten Sie auf gar keinen Fall, dass der Vorschlag von mir kam! Ich muss jetzt auf die Station. Alles Gute, Frau Margineanu! Kopf hoch! Vielleicht wird doch noch alles gut.‘

Sofort bestellte ich ein Taxi und fuhr ins Militärkrankenhaus. Dort erfuhr ich, dass die Dialyse funktionsunfähig war, seit Tagen außer Betrieb. Ich fragte, in welcher am nächsten liegenden Stadt es noch eine Dialyse gebe, und wurde belehrt, dass im ganzen Land bloß vier Dialysen existierten: in Iasi, Kronstadt, Bukarest und Constantza. Mein Entschluss stand sofort fest: Ich musste Nellu nach Bukarest bringen! Aber wie? Wieder kämpfte ich mich zum Chefarzt durch.

‚Ich möchte meinen Mann nach Bukarest bringen, um ihn an die Dialyse anzuschließen.‘

‚Das wird schwer möglich sein, da er sich im Koma befindet.‘

‚Es muss möglich sein! Sie müssen mir helfen! Das Rote Kreuz stellt doch für solche Fälle Flugzeuge zur Verfügung.‘

‚Wenden Sie sich an die Verwaltung. Die Angestellten helfen Ihnen weiter. Aber eines muss ich Ihnen sagen: wenn Sie sich dazu entschließen, dann nur auf Ihre eigene Verantwortung.‘

‚Wenn ich meinen Mann in Ihren Händen lasse, geben Sie mir die Garantie, dass Sie ihn retten? Wenn Sie das täten, würde ich von einer Überführung nach Bukarest absehen. Aber hier stirbt er doch mit Sicherheit! Also bringe ich ihn dahin, wo er eine Chance hat!'

Ich verließ sein Zimmer und ging zur Verwaltung. Dort verband man mich sofort mit dem Roten Kreuz und anschließend mit dem Flugplatz in Weidenbach. Ich bekam einen Flugtermin für den nächsten Morgen um 9 Uhr. War es richtig, was ich zu tun im Begriffe war? Würde Nellu den Transport überleben?! So wie es aussah, hatte er nichts mehr zu verlieren; sterben würde er im Krankenhaus mit größter Sicherheit. Dann lieber im Flugzeug sterben! Frau Dr. Roth – sie musste ich unbedingt sprechen! Doch ich suchte sie vergebens. Keiner hatte sie heute gesehen. Eine junge Schwester aus ihrer Abteilung flüsterte mir zu: ‚Rufen Sie Frau Dr. Roth zu Hause an!'

‚Hätte sie nicht jetzt Dienst?'

‚Doch! Mehr kann ich Ihnen nicht sagen. Rufen Sie sie an!'

Mir schwante nichts Gutes! Ich ging zum nächsten Telefonapparat.

‚Frau Doktor Roth, hier Margineanu. Ich hätte mich gerne mit Ihnen unterhalten.'

‚Worum geht's?'

‚Ich möchte Sie nach Ihrer Meinung fragen: Halten Sie es für möglich, dass mein Mann einen Transport nach Bukarest überlebt? Die Dialyse im Militärkrankenhaus ist außer Betrieb.'

‚Keiner kann das garantieren, doch halte ich es für möglich; Ihr Gatte scheint eine gute Giftresistenz zu haben.'

‚Dann möchte ich mich von Ihnen verabschieden, denn morgen früh fliege ich mit ihm nach Bukarest. Vielen Dank für Ihre Unterstützung und Ihre selbstlose Hilfe! Und alles Gute!'

‚Ihre guten Wünsche kann ich gebrauchen. Seit gestern arbeite ich nämlich nicht mehr im Krankenhaus.'

‚Wieso?! Was ist passiert?'

‚Ich bin gefeuert worden. Gestern war ich mit den drei Blutproben Ihres Gatten – der ersten von seiner Einlieferung, der zweiten, also der falschen, und der von gestern – sowie den Analysen des Restes der Infusionsflüssigkeit beim Chefarzt. Zusätzlich habe ich ihn noch auf einige Missstände aufmerksam gemacht. Als Antwort darauf wurde ich fristlos entlassen … mit dem Hinweis, dass es mir noch schlechter ergehen würde, wenn ich den Mund nicht halten könne. Am besten solle ich die Stadt für immer verlassen.

Und genau das werde ich tun! Ich werde nach Deutschland zu meinem Bruder nach Rosenheim ziehen; er führt dort als Dermatologe eine eigene Praxis. Ich habe die Nase voll von diesem Land!‘

Und dann hörte ich diese wunderbare, starke Frau am Telefon schluchzen; hemmungslos weinte sie. Wie groß muss ihre Enttäuschung gewesen sein!

‚Frau Doktor! Ich kann Ihnen gar nicht sagen, wie leid es mir tut! Und ich fühle mich schuldig als Mitverursacherin, da Sie sich ja in meiner Sache eingesetzt haben.‘

‚Das sollen Sie auf keinen Fall! Ich tue immer nur das, was mir mein Gewissen vorschreibt, und das werde ich auch weiter so halten. Vielleicht war dieser Schock nötig, um mich leichter zu entschließen, dieses Land endlich zu verlassen.

Noch etwas muss ich Ihnen eröffnen, bevor wir uns trennen, Frau Margineanu: Jeder andere menschliche Körper hätte diese Giftmenge höchstens drei Stunden überlebt. Ihr Gatte kämpft bereits vier Tage gegen dieses Gift. Eine einmalig robuste Natur!‘ Ich hörte sie weinen. ‚Es ist so furchtbar, was in den Krankenhäusern vor sich geht!‘ Nach einer Pause fuhr sie fort: ‚Alles Gute, Frau Margineanu! Und vergessen Sie nicht, was ich Ihnen gesagt habe: Ihre Vermutungen und Ihr Wissen im Zusammenhang mit Ihrem Gatten behalten Sie für sich! Wir leben in einem teuflischen System. Nochmals alles Gute!‘

‚Und Ihnen ebenfalls die besten Wünsche, Frau Doktor! Ich hoffe nur, dass insbesondere Ihr Wunsch bezüglich Deutschland in Erfüllung geht!‘

Dr. Toma Georgescu zeigte sich bei meiner Eröffnung, Nellu nach Bukarest bringen zu wollen, sehr überrascht und unsicher.

‚Ich weiß nicht, ob das zu empfehlen wäre, jedenfalls muss ich die Sache mit meinen Kollegen besprechen. Kommen Sie in einer Stunde in mein Zimmer.‘

Er ließ mich stehen und ging davon. Eine Stunde später stand ich vor seinem riesengroßen Schreibtisch.

‚Wollen Sie sich nicht hinsetzen?'

‚Nein danke!'

‚Was ich Ihnen zu sagen habe, wird etwas länger dauern.'

‚Spielt keine Rolle. Alles, was ich von Ihnen brauche, ist der ärztliche Bericht, und darum möchte ich Sie freundlich bitten.'

‚Der Zustand Ihres Gatten ist hoffnungslos, das wissen Sie sicher. Ich verstehe nicht, warum Sie ihn noch dieser Strapaze aussetzen wollen. Glauben Sie mir, es wird nichts bringen. Wir haben das Menschenmögliche getan, mehr können die Ärzte in Bukarest auch nicht tun.'

‚Verzeihen Sie meine Offenheit: Ich bezweifle sehr, dass Sie persönlich Ihr Menschenmögliches getan haben.'

‚Was erlauben Sie sich? Das können Sie doch überhaupt nicht einschätzen.'

‚Für wie dumm halten Sie mich eigentlich? Natürlich kann ich das einschätzen! Ihr Empfang bei der Einlieferung und Ihre vulgäre Fragestellung waren schon unter aller Kritik, eines Arztes unwürdig! Dann die Tatsache, dass Sie meinen Mann dreieinhalb Stunden im Wartezimmer bewusstlos haben liegen lassen! Bezeichnen Sie das etwa als ‚Menschenmögliches'? Und außerdem: Glauben Sie ja nicht, dass ich ohne medizinische Kenntnisse bin!'

‚Das glaube ich auch nicht, um so mehr müssten Sie verstehen, dass ein Transport für Ihren Gatten so gut wie tödlich ist. Ich rate Ihnen dringend davon ab!'

Dieser unverschämte Kerl – groß, schlank, durchtrainiert und braun gebrannt, mit lüsternen, übernächtigen Augen – saß mit einer Ohrfeigen heischenden Arroganz vor mir und funkelte mich an, als wäre ich ein Strichmädchen. Seine Füße ruhten auf der Schreibtischplatte; faul zurückgelehnt sog er an seiner Zigarre. Dieses Bild erregte in mir so viel Abscheu, dass ich schlagartig begriff: ‚Aha! Klar! Weil er eine Menge zu verbergen hat, möchte er verhindern, dass ich Nellu nach Bukarest bringe. Also muss ich von allem, was er vorschlägt, das Gegenteil tun.'

‚Ich brauche nicht Ihren Rat, sondern Ihren ärztlichen Bericht. Ich muss Sie darum dringend bitten! In einer Stunde hole ich ihn ab.'

Ich wollte das Zimmer verlassen.

‚Hey, hey! Nicht so keck, schwarzhaarige Katze!' Er war aufgesprungen und mit einem Satz an der Türe. Rasch drehte er den Schlüssel im Schloss um und zog ihn ab.

‚Lassen Sie doch mit sich reden! Ich will Ihnen ja nur helfen, Sie wilde Katze! Ich kann eine Menge für Sie tun, wenn Sie nur nett zu mir sind.'

Ehe ich wusste, wie mir geschah, hatte er mich gepackt und wollte mich an sich drücken. Mit beiden Fäusten trommelte ich gegen seine Brust und schrie: ‚Lassen Sie mich sofort los und sperren Sie die Türe auf!'

‚Pssst! Nicht so wild! Vom ersten Augenblick an habe ich Appetit auf dich bekommen! Komm, zier dich nicht so, du Wildkatze!'

Schon oft hatte ich gehört, dass die beste Abwehr gegen aufdringliche Männer ein gezielter Tritt zwischen die Beine sein soll. ‚Wie macht man das bloß?', schoss es mir im Bruchteil einer Sekunde durch den Kopf. Viel Zeit hatte ich keinesfalls. Also nichts wie: peng! Mit der Faust versetzte ich ihm einen Kinnhaken, der sich gewaschen hatte, und noch einen von der anderen Seite: peng! Mein Bizeps war nie von schlechten Eltern gewesen. Damit hatte der Lulatsch nicht gerechnet. Da ich für sehr kurze Zeit einen gewissen Abstand von seinem Körper gewonnen hatte, konnte ich mit dem Fuß ausholen und: peng! Genau in seine Drüsen! Meine durch Skilaufen und Bergsteigen trainierten Muskeln hatten mich nicht im Stich gelassen. Vor mir am Boden lag ein Häufchen Elend, ein Bündel Mensch, das sich seine lädierten Weichteile bejammerte. Und diese männlichen Bestandteile, die er sich mit beiden Händen hielt, waren nicht seine Frühstückseier …

Schnell bückte ich mich und hob den am Boden liegenden Schlüssel auf. Bevor ich zur Tür hinausrannte, rief ich ihm noch zu: ‚In einer Stunde bin ich wieder da! Vergessen Sie nicht den ärztlichen Bericht, sonst werden Sie mich noch besser kennenlernen!'

Ich ging schnurstracks zum Chefarzt.

‚Herr Doktor, ich möchte Sie bitten, dafür zu sorgen, dass der ärztliche Bericht in einer Stunde fertig ist. Herr Dr. Georgescu hat auffallend gezögert, ihn mir auszustellen. Den Grund dafür kann ich mir denken, ist er doch für den Zustand meines Mannes hauptsächlich verantwortlich.‘

‚Wie können Sie das behaupten?!‘

‚Erstens besitze ich genügend medizinische Kenntnisse, um das zu beurteilen, und zweitens verfüge ich über eine gute Beobachtungsgabe; ersparen Sie mir nähere Details! Alles, was ich noch von Ihnen will, ist der Bericht. In einer Stunde hole ich ihn mir von Ihnen ab.‘

Die Art, wie sich nun die Ärzte um diesen Bericht drückten, sprach Bände. Einer schob ihn dem andern zu. Zum Schluss musste die arme Frau Dr. Roth herhalten. Eine Unverfrorenheit, sie von zu Hause zu holen, obwohl ihr gekündigt worden war, um ihr den schwarzen Peter zuzuschieben! Als ich ins Chefarztzimmer trat, saß sie auf dem Gästesessel. Sie und nicht der Chefarzt reichte mir den Bericht und sprach mich auf Deutsch an: ‚Frau Margineanu, den Bericht haben wir zwar gemeinsam unterschrieben, doch mein wesentlicher Beitrag war der, dass ich für eine wahrheitsgetreue Wiedergabe des Ablaufes der Erkrankung und der Medikation gesorgt hatte. Genau dieser Teil ist jedoch von den Herren nachträglich leider gestrichen worden. Erwähnen Sie das in Bukarest bitte unbedingt!‘ Und zum Chefarzt gewandt: ‚Entschuldigen Sie, wenn wir in unserer Muttersprache gesprochen haben, ich habe Frau Margineanu bloß alles Gute gewünscht.‘

Ich unterschrieb noch die alleinige Verantwortung für die Transferierung von Kronstadt nach Bukarest und teilte dem Chefarzt mit, dass Nellu in der Früh um 8 Uhr abgeholt werde.

Nellu lag im Koma, war nicht mehr ansprechbar. Trotzdem redete ich noch eine Stunde lang auf ihn ein, streichelte ihn, sprach ihm Mut zu und teilte ihm mit, dass es morgen nach Bukarest gehe. Ich ergriff seine linke Hand.

‚Wenn du mich verstehst, dann bewege diesen Daumen!' Er bewegte dreimal den linken Zeigefinger. Es war eine Antwort! Wie ich nachher herausfand, ist der Reflex des Zeigefingers spontaner als der des Daumens. Ich machte mich auf den Heimweg. Vom Telefonamt rief ich Puiu an.

‚Puiu! Nellu liegt im Sterben! Du musst mir helfen. Einmal, vor Jahren, hast du mir versprochen: ‚Wenn du einmal einen Freund brauchst, der für dich durchs Feuer gehen soll, so bin ich das.' Kannst du mir jetzt helfen?'

‚Ich tue alles für dich!'

‚Nellu muss an die Dialyse angeschlossen werden. Unter deinen Freunden sind einige Ärzte; sicher weißt du, in welchem Krankenhaus sich die einzige Dialyse von Bukarest befindet.'

‚Im Unfallkrankenhaus. Bring Nellu unbedingt dorthin! Der Chefarzt, Dr. Alexandrescu, ist mein guter Freund. Ich rufe ihn sofort an. Geh jetzt zurück ins Krankenhaus. Der dortige Chefarzt muss die Transferierung ins Unfallkrankenhaus unterschreiben.'

‚Mach' ich. Ich rufe dich morgen sofort nach meiner Ankunft vom Flugplatz in Bukarest an.'

‚Ich hole dich aus dem Krankenhaus ab, du wohnst natürlich bei uns.' Das war Puiu!

Die Fahrt im Rettungswagen bis nach Weidenbach zum Flughafen war eine Katastrophe! Die Straße war mit hunderten von Schlaglöchern übersät, was dazu führte, dass der Kranke auf der gefederten Liege gerüttelt und geschüttelt, manchmal richtig hochgeworfen wurde. Ich konnte das nicht mehr mit ansehen. Um die Liege mehr zu beschweren und somit die Federung abzudämpfen, beugte ich mich der Länge nach über Nellu, indem ich mit den Füßen in das Fußende der Liege trat und mich mit den Händen am anderen Ende, zu beiden Seiten seines Kopfes, abstützte. Auf diese Weise war mein Körper über Nellus Körper wie ein Bogen gespannt, ohne dass ich ihn berührte; mein Gesicht schwebte genau über seinem. Tatsächlich gelang es mir, das Rütteln und Schütteln erheblich abzudämpfen. Nellu hatte die Augen geschlossen, ich wusste nicht, ob er irgendetwas mitbekam.

Plötzlich öffnete er die Augen, sah mich erfreut an und lächelte: ‚Elenchen! Servus, Elenchen!', sagte er ganz normal, als wäre es die selbstverständlichste Sache der Welt. Doch sogleich schloss er die Augen wieder und rührte sich nicht. Die ganze Strecke von ungefähr 20 Kilometern verbrachte ich in dieser Stellung, schützend über seinen Körper gespannt. Meinen durchtrainierten Muskeln machte es nichts aus, und ich hätte, weiß Gott, noch viel größere Dinge für Nellu getan, hätte ich ihn nur retten können!

Der Flug nach Bukarest in dem kleinen Rotkreuzflugzeug verlief völlig problemlos. Ich saß neben Nellu, umschlang ihn mit meinen Armen und legte meinen Kopf auf seine Brust. Fast ununterbrochen sprach ich zu ihm, doch er reagierte nicht. Der Pilot, ein überaus freundlicher Mann mittleren Alters, machte mir Mut: ‚Aber ganz bestimmt wird Ihr Gatte wieder gesund! Ich habe noch viel schlimmere Fälle in meinem Flugzeug transportiert und sie alle sind gesund wieder nach Hause gefahren. In vier Tagen wird er zurück in Kronstadt sein und dann trinken wir ein Glas Wein auf sein Wohl!'

‚Ich danke Ihnen für Ihre Ermunterung!', sagte ich und glaubte ihm aufs Wort. Alles würde wieder gut werden!

Als Nellu dann in Bukarest auf der Trage in den Rettungswagen gebracht wurde, beklagte er sich bei den Trägern: ‚Nicht so brutal! Seid doch vorsichtig! Ihr seid so brutal!' Ich war froh, ihn sprechen zu hören, und schöpfte Hoffnung.

Dr. Alexandrescu war sehr freundlich. Nach einer vorläufigen Untersuchung meinte er jedoch mit ernster Miene: ‚Die Chancen stehen eins zu hundert.'

‚Ach, du kannst ja reden, was du willst, ich weiß, dass er überleben wird', dachte ich.

Der Arzt hielt den Bericht in den Händen und sah mich ratlos an: ‚Können Sie mir Näheres über den Verlauf der Krankheit und den Zustand Ihres Gatten mitteilen? Dieser Bericht ist so fadenscheinig, er besagt überhaupt nichts. Ich werde daraus nicht klug.'

‚Das wundert mich gar nicht. Aus mir unerklärlichen Gründen haben die Ärzte aus der Erstfassung des Berichtes die Hauptfaktoren, die zu seiner Vergiftung geführt haben, gestrichen und eine Zweitfassung, nämlich diese, aufgestellt.'

Und dann erzählte ich den Hergang und erklärte meine Beobachtungen und Fakten, so wie Frau Dr. Roth mir geraten hatte.

‚Was sagen Sie da? Quecksilber-II-Chlorid und dann Papaverin? Das ist ja eine tödliche Konstellation! Sind denn die Ärzte in Kronstadt von allen guten Geistern verlassen? Ich muss sie gleich anrufen.' Er eilte davon.

Vor mir lag Nellu noch immer auf der Tragbahre. Ich weiß bis heute nicht mit Sicherheit, warum sie ihn dort vier Stunden liegen ließen, bevor sie ihn auf die Intensivstation brachten. Meine Vermutung heute ist die: Dr. Alexandrescu wurde am Telefon von den Kronstädter Ärzten belehrt, dass Nellu ein Patient der Tötungsliste war. Da er durch eine gezielte Behandlung im Unfallkrankenhaus eventuell noch hätte gerettet werden können, mussten die Ärzte seinen Tod durch Vernachlässigung herbeiführen. Und genau das taten sie. Trotz meines verzweifelten Drängens, ihn endlich an die Dialyse anzuschließen, wurde das nicht getan. Obwohl ich – welch Wunder – auf dem Korridor eine gute Bekannte, Lucia Colac aus Neustadt, unserm Nachbardorf, im weißen Kittel traf und sie mir versprach, ganz besonders gut auf Nellu zu achten, da sie auf der Intensivstation arbeite, half gar nichts. Lucia steckte zwar die Bernsteinkette ein, die ich ihr schenkte, doch wie mir schien, tat sie nicht das Geringste für Nellu. Einmal sagte sie zu mir: ‚E o porcarie ce se intimpla aici! O porcarie!' (Das ist eine Schweinerei, was sich hier tut!)

Im Augenblick konnte ich damit nicht viel anfangen. Später, im Rückblick, gewann diese Bemerkung jedoch an Sinn und passte zum Puzzle. Sicher hatte sie damit das absichtliche Hinauszögern der lebensnotwendigen Dialysebehandlung gemeint, hatte erfasst, dass Nellu ein Patient der Tötungsmaschinerie war …

Am Sonntagnachmittag durfte ich noch einmal zu ihm. Puiu war mit mir gekommen. Die Schwester hatte ihn darauf aufmerksam gemacht, dass es sehr schlimm aussah, und gefragt, ob ich wohl genügend Kraft hätte, den Patienten zu sehen.

Nellu lag mit bloßem Oberkörper da, einige Schläuche an Händen und Füßen führten in seine Venen. Seine Augen waren geschlossen, er atmete geräuschvoll durch den Mund. Ich streichelte ihn und redete auf ihn ein, doch er reagierte nicht mehr. Tagelang war ihm keine Flüssigkeit mehr verabreicht worden, sein Mund war ausgetrocknet, seine Zunge hatte unzählige tiefe Risse. Unendlich hilflos stand ich vor ihm und konnte nur aus schmerzerfülltem, verzweifeltem Herzen weinen. Die Schwester hatte mir verboten, ihm etwas zu trinken zu geben. Wieso? Einem Sterbenden das Wasser zu verweigern?! Ich nahm mein sauberes Taschentuch, ließ es voll Wasser laufen und drückte es über seinem Mund aus. Da! Er reagierte! Er spitzte den Mund und ließ sich gierig das bisschen Wasser auf die zerschundene Zunge träufeln. Das wiederholte ich … einige Male … bis die Schwester kam … und mich … davon abhielt."

Elena brach in Weinen aus. Es war still. Im Kamin war das Feuer am Erlöschen. John erhob sich und legte einige Scheite nach. Keiner traute sich irgendetwas zu sagen. Mary wischte sich die Tränen, ging zu Elena, ließ sich vor ihr in die Hocke und strich ihr über das Haar.

„Elena, Sie sind hier unter Freunden. Wir alle fühlen mit Ihnen. Es muss furchtbar gewesen sein! Weinen Sie nicht mehr! Es ist vorbei und es liegt schon so weit zurück."

„Sie haben Recht, Mary! Doch es gibt Wunden, die auch die Zeit nie heilen kann. Der schlimmste Anblick, der mich seither verfolgt und der nie verblassen wird, ist der Anblick jener vertrockneten Zunge mit den vielen tiefen Rissen. Immer wieder mache ich mir Vorwürfe, dass ich nicht genug für Nellu getan habe."

„Den Eindruck habe ich ganz und gar nicht, Frau Margineanu! Keine Frau der Welt hätte für ihren Gatten mehr tun können; umso weniger, als sein Tod beschlossene Sache war." Stueder hatte recht.

Seine Frau Hanne pflichtete ihm bei: „Elena, Sie sind eine außergewöhnlich tapfere Frau und Sie haben großartig gehandelt."

„Welch ein satanisches System, der Kommunismus!" John, der Brite, hatte Tränen in den Augen. Kopfschüttelnd verließ er den Raum.

Elena fuhr fort: „Ich nahm Abschied von Nellu. Als ich zu ihm sagte: ‚Du gehst jetzt dahin, wo es schön ist, viel schöner als auf dieser furchtbaren Erde', da schüttelte er energisch den Kopf, als wollte er sagen: ‚Nein! Ich will nicht sterben!'

‚Mein Liebster, irgendwann einmal werde ich dir folgen und dann sind wir wieder zusammen.' Wieder schüttelte er einige Male energisch den Kopf. Er verstand alles …

Eine ganze Stunde durfte ich noch bei ihm bleiben; dann musste ich gehen, wohl ahnend, dass ich ihn nicht mehr lebend sehen würde. Kurz vor Mitternacht starb Nellu; es war der 1. September 1968, unser achter Hochzeitstag …

Um 23 Uhr war noch ein Anruf aus dem Krankenhaus gekommen, es ginge Nellu schlecht, er rufe nach mir, wolle mich unbedingt sehen. Sogleich hatte ich mich fertiggemacht und Puiu hatte das Auto aus der Garage geholt. Kaum waren wir jedoch ins Auto gestiegen, hatte das Telefon ein zweites Mal geläutet. Puiu war an den Apparat gestürzt. Es war ein kurzes Gespräch. Puiu trat zu mir, legte mir die Hand auf die Schulter und sah mich wortlos an; da wusste ich es.

‚Ist er gestorben?'

‚Ja.'

Ich starrte ins Leere, unfähig mich zu bewegen, unfähig etwas zu sagen, ganz und gar unfähig, es zu glauben … Marietta kam auf mich zu, legte den Arm um mich, führte mich ins Haus und setzte mich auf die Couch. Sie weinte. Ich konnte nicht weinen, starr blickte ich zu Boden und bekam von ihren tröstenden Worten nicht viel mit. Ich weiß nur noch, dass sie zu mir sagte: ‚Nellu wird in deinen Kindern weiterleben.' Sie hatte es gut gemeint doch es war ein ärmlicher Trost …

Beide, Puiu und Marietta, nahmen sich zwei Tage frei und führten mich buchstäblich an der Hand durch Bukarest. Marietta hatte mir ein starkes Barbiturat gegeben, ich war total benommen, nahm alles wie durch einen Schleier wahr und ging wie eine Traumwandlerin durch die Straßen. Trotz meines Zustandes war mir klar, dass ich Geld brauchte, sehr viel mehr, als ich bei mir hatte. Nur einer konnte mir helfen: Ludovic Spies, Nellus ehemaliger Lieblingsschüler! Ich rief bei ihm an. Gerda, seine Frau, war am Telefon: ‚Was ist los, Elena? Du klingst so verstört!'

‚Gerda, ich habe eine sehr schlechte Nachricht: Nellu ist tot.'

Eine ganze Weile war Stille. Dann sagte sie ungläubig: ‚Das ist doch nicht möglich! Ludi hat erst vorige Woche mit dem Maestro telefoniert, er war doch wohlauf. Was ist passiert?'

Ich beschrieb ihr das ganze Desaster der letzten Tage und schloss: ‚Liebe Gerda! Bitte helft mir mit Geld aus! Könntet Ihr mir 3000 Lei leihen? Ich brauche sie dringend für den Sarg und den Transport nach Kronstadt.'

‚Aber natürlich, Elena! Entschuldige! Ich kann's nicht fassen! Mein Gott, es ist unglaublich! Was wird wohl Ludi dazu sagen? Den haut es ganz und gar um! Der Maestro stand ihm näher als sein eigener Vater.' Ich hörte sie laut schluchzen.

‚Kann ich Ludi sprechen?'

‚Er ist nicht da. Vor drei Tagen ist er nach New York geflogen. Er wird an der Metropolitan-Oper den Don José in Carmen singen, drei Vorstellungen. Schade, dass der Maestro das nicht noch erlebt hat! Nein, ich kann's nicht glauben! Komm gleich zu mir, ich gebe dir das Geld.'

In Begleitung von Marietta und Puiu fuhr ich zu Gerda. Weinend lagen wir uns in den Armen. Nellu hatte ihr nahe gestanden; zehn Jahre war sie seine Korrepetitorin gewesen, hatte täglich mit ihm zusammengearbeitet. Als sie mir das Kuvert mit dem Geld überreichte, sagte sie: ‚Elena, ich bin mir sicher, ganz in Ludis Sinn zu handeln, wenn ich dich bitte, das Geld als ein Geschenk von uns anzunehmen, bitte!'

Ich war tief beeindruckt von so viel Großmut. Immerhin waren es beinahe drei Monatsgehälter.

‚Es tut mir furchtbar leid, dass ich nicht zum Begräbnis kommen kann! Anka ist erst drei Monate alt und ich kann sie niemand überlassen. Ich hätte dem Maestro so gerne die letzte Ehre erwiesen!'

Überwältigt von so viel Liebe bedankte ich mich und wir verabschiedeten uns.

Meine beiden Freunde wichen nicht von meiner Seite, erledigten alle Formalitäten für mich und kauften einen Sarg. Was hätte ich ohne sie getan? Mittwoch früh trat ich die Heimreise an. In einem Wagen des Beerdigungsinstituts saß ich neben dem Fahrer, hinten auf der Ladefläche lag mein Nellu im Sarg. Es war eine traurige, unheimliche Fahrt. Stumm verbrachte ich die dreieinalb Stunden neben dem fremden Mann und starrte auf die Fahrbahn. In so schweren Stunden ist das Alleinsein eine ungeheure Last; irgendwie kommt einem jedoch die Natur zu Hilfe, indem sie einen daran hindert, die Tragik zu begreifen. Noch spürte ich eine lebendige Verbundenheit mit Nellu, der sich ganz nahe bei mir befand, noch war er Nellu, noch war er kein Leichnam.

Mittags erreichten wir Kronstadt. Nellu wurde gleich in der Friedhofskapelle neben dem Opernhaus aufgebahrt und ich fuhr mit dem Bus zu meinen Kindern. Mutter hatte sie bereits vorbereitet. Als ich meine Töchter in die Arme schloss, nahm ich meine ganze Kraft zusammen und sagte freudig: ‚Wie schön euch wieder zu sehen! Habt ihr sehr auf mich gewartet?'

‚Ja! Du warst so lange fort.'

‚Von nun an bleibe ich für immer nur noch bei euch! Tata ist jetzt im Himmel bei den Englein.'

‚Wir wissen es. Didi hat es uns gesagt.'

Im Wohnzimmer saßen zwei Nachbarinnen, die in Weinen ausbrachen. Immer wieder drückte ich meine Kinder an mich; ich spürte, wie eine unbeschreibliche Kraft von ihnen auf mich überströmte!

Es war ein großes Begräbnis. Nellu war in ganz Kronstadt bekannt und sehr beliebt gewesen. Hunderte von Menschen aus der Stadt und der Umgebung erwiesen ihm die letzte Ehre: die Künstler und Angestellten des Opernhauses und der Musikschule, alle seine Schüler, meine Anverwandten, Nellus Geschwister mit Familie und viele andere.

Der Himmel hatte alle Schleusen geöffnet, als wir auf das Friedhofsgelände traten. Unfassbar, meinen Nellu in die Grube hinabsinken zu sehen! Klitschnass kniete ich weinend im strömenden Regen am Grabesrand und wäre am liebsten mit hinabgestiegen, um mich an seine Seite zu legen. Bevor sie ihn mit Erde bedeckten, rief ich ihm zu: ‚Dormi in pace, raza mea de soare! Pentru mine soarele a apus pentru intotdeauna!' (Schlaf in Frieden, mein Sonnenschein! Für mich ist die Sonne für immer untergegangen!) Ich konnte nicht verstehen, warum man mich vom Grabesrand wegzerrte und fortschleifte. Ganz spontan hatte ich die Worte am Grab gerufen, nicht ahnend, dass es prophetische Worte waren, die sich buchstäblich erfüllen sollten. Seit Nellus Tod bin ich meines Lebens nicht mehr froh geworden … oder wenn ja, waren das nur sehr kurze Zeitspannen, die sich wieder in Depressionen auflösten."

Elena hatte leise und tonlos gesprochen. Wie abwesend blickte sie zu Boden. Jäh wurde ihr bewusst, dass sie die Jahre mit John aus diesem Grund nie ungetrübt glücklich hatte empfinden können. Wie gut, dass er ihre letzten Worte nicht mitbekommen hatte! Eben kam er mit einem Tablett voller lecker belegter Brötchen aus der Küche; Schinken und Käse, Lachs mit Oliven, Mayonnaise und mit frischen Kräutern aus dem Garten.

„Möchten die Herrschaften noch einen Wein oder lieber einen erfrischenden Tee?"

„Am liebsten möchte ich eine heiße Suppe oder Brühe!" Alle schlossen sich Hannas Wunsch an.

Elena und Hanna verschwanden in der Küche, um nach kurzer Zeit mit einer Schüssel und Suppentassen zurückzukehren. Sie hatten eine französische Zwiebelsuppe mit Käse zubereitet. Alle tranken genüsslich und langten nach den Brötchen. Es war kurz vor ein Uhr.

„Seit ich Elena begegnet bin, habe ich mich natürlich auch für Rumänien interessiert.“ John schien etwas Wichtiges sagen zu wollen. „Somit habe ich neulich ein hochinteressantes Buch über die Ära Ceausescu gelesen.“

„Oh! Sie sind der rumänischen Sprache mächtig?“, kam es ironisch von Dr. Johnson.

„Ach woher! Das Buch wurde zwar von einem Rumänen geschrieben, Generalleutnant Ion Mihai Pacepa, Ex-Chef der Kommunistischen Spionage Rumäniens“, erklärte John, „erschien jedoch zuerst in englischer Sprache.“

„Wieso das?“, fragte Harry Singer ungläubig. „Klingt ziemlich unwahrscheinlich.“

„Weil es Herrn Pacepa Anfang der achtziger Jahre gelungen war, nach Amerika auszubüxen. Dort hat er 1988 sein Buch ‚Rote Horizonte‘ bei einem New Yorker Verlag in englischer Sprache herausgebracht. Dieses Werk ist ein Bekenntnis des wichtigsten Geheimnisträgers des kommunistischen Rumäniens, mehr noch, Pacepa war jahrelang als engster Vertrauter des Staatschefs in alle Einzelheiten eingeweiht.

Für mich persönlich war dieses Buch eine Bestätigung dessen, was mir Elena über die Tötungsmaschinerie des Ceausescu erzählt hat. Die Art, wie jener Staatschef die Menschen, die ihm nicht passten, einfach durch seine Leute umbringen ließ, beschreibt Pacepa, der Zeitzeuge, genau in derselben Art und Weise, wie Elenas Gatte umgebracht wurde: Der geringfügigste, lächerlichste Anlass genügte Ceausescu, um mit einem knappen Befehl das Leben eines unschuldigen Menschen beenden zu lassen. ‚Curata-l !‘ Das bedeutet so viel wie ‚Putz ihn weg!‘ Der Beseitigungsapparat begann im engsten Kreise des Staatschefs und setzte sich gut durchorganisiert fort. Wie ein tödliches Spinnennetz umspannte er das ganze Land, wobei alle Unternehmen, alle Ämter und Institutionen von Leuten durchsetzt waren, die diesbezügliche Anweisungen durchzuführen hatten. Ganz Mafia: Wer sich weigerte, war selber dran. Den wichtigsten Faktor dieser Tötungsmaschinerie stellten verständlicherweise die Ärzteschaft und die Krankenhäuser dar. Stand nun jemand auf einer Sterbeliste und wurde wegen irgendeiner Erkrankung in ein Krankenhaus eingeliefert, so sorgten in jedem Falle eingeweihte Ärzte dafür, dass dieser Patient ‚weggeputzt' wurde."

„In Ihrem Fall, Elena, war also dieser Dr. Toma Georgescu ein solcher Eingeweihter, der für den Tod Ihres Gatten zuständig war. Sehe ich das richtig?", wandte sich Stueder an Elena.

„Genauso war es! Mit eingeweiht war offensichtlich auch Dr. Saghin gewesen, der Nellu bei der Harnröhrenerweiterung infizierte, und natürlich Dr. Brezeanu, der am ersten Morgen Frau Dr. Roth abgelöst hatte", erläuterte Elena.

„Außerdem wurden noch mehrere andere Tötungsmethoden praktiziert", fuhr John fort, „wie z. B. vorgetäuschte Autounfälle oder vorgetäuschte Arbeitsunfälle am Bau und in den Bergwerken, sowie Vergiftungen bei Dinners etc."

„Schrecklich! Wie glücklich können wir doch sein, in einem freien Land wie Neuseeland leben zu dürfen!" Mit einem tiefen Seufzer hatte Eleanor ihrer Erleichterung Ausdruck gegeben.

„Wären Sie bitte so nett, mit Ihrer Erzählung fortzufahren, Elena!", bat Mary.

Wie abwesend blickte Elena vor sich hin und sagte leise: „Ja, auf ähnliche Art und Weise wurden mehrere Personen aus meinem Bekanntenkreis umgebracht, durch Vernachlässigung und Falschmedikation in den Krankenhäusern. Professor Schuteu, der an der Musikakademie unterrichtet hatte, war einer von ihnen; er starb innerhalb von wenigen Tagen im Krankenhaus. Einige Jahre später starb dann der Gatte meiner Freundin und Nellus Liblingschülerin, der beste Frauenarzt der Stadt, Dr. Nigrim, von dem ich bereits erzählt habe. Sie erinnern sich, dass er mir im Jahr 1962 beistand, als Nellu von der Securitate fast zu Tode geprügelt worden war. Dr. Nigrim war ein junger, kerngesunder Mann, er starb innerhalb von vier Tagen angeblich an Nierenversagen im Krankenhaus. Das war doch offensichtlich auch Mord! Es schreit zum Himmel!" Sekundenlang war es still im Raum, es herrschte nachdenkliches, bedrückendes Schweigen. Endlich fuhr Elena mit dem Erzählen fort: „Ich weiß nicht, warum ich zum Theater zurückwollte, wahrscheinlich war es der

Wunsch, wieder unter meinen alten Freunden zu sein, um zu Hause nicht zu verzweifeln. Ich wurde sofort wieder engagiert. Zugleich wollte ich jedoch meinen Kindergarten nicht aufgeben und stellte eine Frau ein, mit der ich mir diese Arbeit teilte. Wie Sie sich gut vorstellen können, war mein Tagesprogramm zum Bersten voll, und das war gut so. Mutter hatte ich gebeten, bei uns zu bleiben. Vater war davon weniger begeistert, da er allein in Rosenau zurückbleiben musste, um nach dem Garten, den Hühnern und den Kaninchen zu sehen.

Ich stand unter Schock und weinte Tag und Nacht, trotz meiner vielen Ablenkungen. Vom Scheitel bis zur Sohle war ich in Schwarz gehüllt; mein Leben lang wollte ich nur noch Schwarz tragen. Wenn ich an den Schaufenstern vorbeiging und mein Bild für einen Augenblick darin erspähte, erschrak ich vor mir selber. Bleich und abgemagert, todernst und mit leerem Blick lief ich durch die Gegend. Die Straßen waren der einzige Ort, wo ich mit meinen Gedanken allein war, und oft liefen mir dabei die Tränen unaufhaltsam die Wangen hinunter. Ab und zu begegneten mir Bekannte, blieben stehen und sagten mir tröstende Worte. Ganz besonders liebevoll waren meine Kollegen und Kolleginnen im Opernhaus während der Proben und Aufführungen. Jeden Morgen, wenn ich im Theater erschien, fand ich auf meinem Platz eine kleine Aufmerksamkeit: eine Tafel Schokolade, Pralinen, eine Orange. Lange Zeit wollte sich niemand dazu bekennen, bis ich eines Tages Fehér Marika, die hübsche Ungarin, dabei ertappte, wie sie mir Pralinen auf den Stuhl legte. Auch ließ sie mich nie aus den Augen; wenn ich mal traurig in einer finsteren Ecke hinter der Bühne stand und grübelte, war Marika sofort an meiner Seite und tröstete mich. Nie werde ich ihr das vergessen! Alle meine Kollegen und Kolleginnen waren wunderbar, doch Marika war von einer solchen Herzensgüte, wie man sie im Leben selten findet.

Meine Wohnung blieb dagegen gänzlich verwaist. Wenn es früher bei uns wie in einem Taubenschlag zugegangen war, trat jetzt keiner unserer Freunde und Schüler über unsere Schwelle. Darauf angesprochen, sagte jeder dasselbe: ‚Es ist mir unmöglich, in das Heim unseres Maestros zu treten; es würde mich vor Schmerz umhauen.' Dabei brauchte ich so dringend die Unterstützung der Menschen, denen Nellu so viel bedeutet hatte! Ein Wort, ein Lächeln, eine Geste des Mitgefühls hätte mir unendlich viel Kraft gegeben! Doch sie blieben fern. Ich war wieder einmal allein mit meinem Schmerz.

Von meinen Eltern war an seelischer Unterstützung nichts zu erwarten. Mutter war zwar immer noch bei mir, kochte und nahm sich in meiner Abwesenheit ihrer Enkel an, was ich gewiss schätzte, doch für Gespräche war sie ungeeignet; in diesem Sinne war sie ein Fremdkörper. Wie ich schon in meiner Kindheit vor dem Vorban-Haus festgestellt hatte: Wir saßen auf unterschiedlichen Planeten in kosmischer Entfernung voneinander …

Ihre Gefühlskälte tat mir oftmals weh, ihre Worte konnten zutiefst verletzen. Zwei Wochen nach Nellus plötzlichem Tod sagte sie unvermittelt: ‚Ich verstehe nicht, wie man um einen Mann so viel weinen kann! Ein Kind zu beweinen, würde ich noch verstehen – aber einen Mann?!' Das Wort ‚Mann' begleitete sie mit einem abwertenden Naserümpfen. Es war spätabends, Tine und Nuschi lagen bereits in ihren Bettchen, als Mutter das von sich gab. Obwohl ich ihre Kaltschnäuzigkeit zur Genüge kannte, hätte ich ihr eine solche Hartherzigkeit nie zugetraut. Ich war so maßlos entsetzt und verletzt, dass ich nur noch laut losweinen und schreien konnte.

‚Wie kannst du nur so etwas sagen? Wie kannst du nur so herzlos und brutal sein? Es ist unerhört, was du da sagst! Was bist du nur für ein Mensch?!'

‚Schrei mich nicht so an, sonst bin ich gleich weg!'

Ja, sie hatte mich wieder unter ihrer Fuchtel, wusste sie doch, wie dringend ich sie brauchte. Tine und Nuschi waren durch meine Schreie aus dem Schlaf aufgeschreckt worden und standen verstört vor mir.

‚Warum weinst du, Mama?', fragte Tine besorgt. Nuschi schloss sich ihr an:

‚Wer hat dich erschreckt? Oder tut dir etwas weh?'

‚Didi hat mich erschreckt und mir tut das Herz weh, weil Tata nicht mehr bei uns ist.'

Mutter setzte die gekränkteste Miene auf, erhob sich und rauschte theatralisch aus dem Zimmer. Ich schloss meine wunderbaren Kinder in die Arme und wir weinten alle drei. In dem Augenblick wurde mir bewusst, dass ich nie im Leben bessere Freunde haben werde als meine Kinder.

Am 15. September war Schulbeginn. Tine trug ihre neue blau-weiß karierte Uniform mit dem weißen Kragen und der blauen Schleife. Alles an ihr war neu – auch die Schuhe und der Ranzen. Um halb acht nahm ich sie bei der Hand und wir marschierten los. Alle Siebenjährigen fanden es aufregend, waren stolz und erfreut, nicht so meine große Tochter.

‚Ich mag nicht zur Schule gehen. Ich möchte viel lieber mit dir und Nuschi zu Hause bleiben.' Ich ließ mich vor ihr in die Hocke und erklärte ihr, dass sie nun lesen und schreiben und noch mehr lernen sollte und dass ihr Tata so sehr darauf gewartet hatte, sie in ihrer schicken Uniform und mit dem Ranzen in die Schule gehen zu sehen. Gewiss schaut er eben aus dem Himmel auf uns herab und freut sich. Wie wäre es mit einem Test? Erst einmal zur Probe hingehen? Und wenn es dir nach zwei Wochen noch immer nicht gefällt, können wir ja darüber sprechen.'

Leider wiederholte sich dieses Ritual jeden Morgen, wochenlang. Christina mochte die Schule einfach nicht. Nuschi dagegen war der menschlichen Gesellschaft nicht abhold. Sie fand ihre himmelblaue Uniform mit weißem Kragen und blauer Schleife wunderschön, ebenso ihre bunte Kindergartendose. Tagelang hatte sie darauf gewartet, diese herrlichen Sachen endlich tragen zu dürfen und die anderen Kinder kennenzulernen. Um halb neun hüpfte sie an meiner Hand in Richtung Kindergarten. Ihr gefiel es dort gut, Tante und Kinder fand sie prima.

Zu Hause lief noch mein eigener Kindergarten, um den ich mich täglich bis zehn Uhr kümmerte. Anschließend löste mich eine pensionierte Lehrerin ab, ich rannte zum Bus und fuhr ins Theater.

Es war zwar Stress pur, doch es lief gut. Die ‚besseren' rumänischen Familien vertrauten mir ihre Kinder an; ich hatte lange Wartelisten. Hätte nicht in der zweiten Oktoberhälfte eine höhere Gewalt meinem schönen Nebenberuf ein jähes Ende gesetzt, wäre ich damit noch landesweit bekannt geworden.

Ein Kleinstlebewesen hatte sich in unser Haus eingeschlichen und erfreute sich besonderer Fruchtbarkeit … Warum sollten denn die Viren nicht auch gemeinsame Sache mit der Partei machen? Wo sie sich beide doch so ähnlich waren! Bloß in der Körpergröße unterschieden sie sich voneinander; ansonsten glichen sich Ziel und Zweck ihres Daseins aufs Haar: Hinterhältigkeit, Destruktivität, krankmachend bis zum Tode. Die große Ausgabe der todbringenden Viren hatte meinen Mann kaputtgemacht und die mikroskopisch kleine Ausgabe war nun dabei, meinen Kindergarten kaputtzumachen. Und gegen beide war ich wehrlos! Oder hat jemand von Ihnen schon mal gehört, dass man sich gegen einen so unsichtbaren Feind zur Wehr setzen kann, wenn man noch nichts von seiner Anwesenheit weiß? Gegen den epidemischen Hepatitis-Virus?

Als Erste erkrankte mein Christinchen. Es war schrecklich! Ich musste sie ins Epidemie-Krankenhaus am anderen Ende der Stadt einliefern. Wie erklärt man einem kleinen Kind, dass es nun wochenlang im Krankenhaus bei fremden Menschen bleiben muss? Ich versuchte es, doch waren meine Erklärungen bestimmt jämmerlich. Nachdem ich Tine den Schwestern übergeben und sich die Tür hinter ihr geschlossen hatte, hörte ich ihre herzzerreißenden Schreie. Nie im Leben habe ich solche verzweifelten Kinderschreie gehört! Ich werde sie niemals vergessen! Und ich konnte nichts tun als draußen stehen und ebenfalls weinen und die Schreie anhören, bis sie allmählich verstummten. Immer noch weinend saß ich im Bus und fuhr nach Hause. Ich kam mir schrecklich verlassen vor … Doch wie verlassen muss sich wohl mein Kind gefühlt haben?! Den Vater hatte Tine durch den Tod verloren und nun wurde sie zudem auch noch von dem

Menschen, der ihr bisher Halt gegeben hatte, verraten: ihrer Mutter! Wie konnte Mama sie nur so schmählich verraten? So im Stich lassen? Zu wildfremden Menschen in ein mordsmäßig großes Haus stecken? Wie konnte sie nur?! Sicher liebte Mama sie nicht mehr! Nun war keiner mehr da, der sie liebte …

Es war ein massiver Schock, den mein Kind nie verkraftet hat. Während der acht Wochen durfte ich Tine nur durch die Fensterscheiben sehen. Zuerst weinte sie jedes Mal schrecklich, doch nach und nach wurde sie ruhiger. Es war jedoch keine natürliche Ruhe, sondern Apathie. Als ich sie endlich herausholen durfte, war sie ein anderer kleiner Mensch geworden. Wohl lächelte sie und reichte mir die Hand, doch das Lachen hatte sie verlernt. Auch sprach sie kaum und mochte keine Körpernähe mehr. Nie hat sie mir den Verrat verziehen! Ich habe den Weg zu meinem Kinde nie wieder gefunden. Zwischen uns hatte sich eine Glaswand aufgebaut, die nie mehr verschwinden wollte … was immer ich auch tat.

Zwei weitere Hepatitisfälle zwangen mich, den Kindergarten zu schließen. Aus! Vorbei! An eine Wiederbelebung war nicht zu denken, da sich die Eltern der Kinder fürchteten. Sicher war es eine gute Eingebung gewesen, wieder zum Theater zurückzukehren!

Ich glaube, es war Ende November, als mein Vater unerwartet zu uns kam. Ich sah ihm an, dass er sich etwas von der Leber reden wollte. Tierisch ernst, fast drohend setzte er sich zu Tisch und schwieg eine Weile. Dann rückte er endlich mit seinem Anliegen heraus:

‚Mami, ich bin gekommen, um dich nach Hause zu holen.‘

Mir verschlug es die Sprache. Meinte er das im Ernst? Unmöglich! Ich musste mich wohl verhört haben. Mutter reagierte nicht. Oder hatte sie selbst ihm geschrieben, ihn darum gebeten, sie zu holen? Schwer zu beantworten. Eigentlich war sie ja die Herrscherin im Haus und pflegte ihn nicht viel zu befragen. Wenn es nicht ihr eigener Wunsch gewesen wäre, hätte sie sich gewiss widersetzt. Doch sie sagte kein Wort. Wie dem auch sei, Vater war entschlossen: ‚Ohne Mami fahre ich nicht zurück.‘

‚Wie soll ich das mit den beiden Kindern allein schaffen? Ich muss doch zweimal täglich fort. Das sind vormittags 3–4 Stunden und abends 5–6 Stunden.‘

‚Du wirst zurechtkommen. Wie du das machst, ist deine Sache. Ich kann nicht mehr allein in Rosenau leben. Mami kommt morgen mit mir!‘

‚Tati, versuche einmal die beiden Situationen zu vergleichen, deine und meine‘, bat ich. ‚Versuche herauszufinden, welche von beiden schwieriger ist und wer von uns beiden Mami dringender braucht. Du brauchst sie bloß, weil du dich einsam fühlst, irgendwie verständlich. Ich brauche Mami jedoch für zwei vaterlose Kinder, für die ich Geld verdienen muss. Für mich und die Kinder ist Mamis Hilfe lebensnotwendig. Die Kinder können doch in diesem Alter nicht 8–10 Stunden täglich sich selbst überlassen bleiben! Christinchen ist sieben und Norchen ist fünf Jahre alt.‘

‚Das interessiert mich nicht. Ich bin auch ohne Vater aufgewachsen.‘

‚Zu der Zeit hatte deine Mutter nur dich allein und außerdem warst du viel älter; du gingst doch damals ins Realgymnasium in Kronstadt.‘

‚Ich habe dir gesagt, es interessiert mich nicht. Morgen kommt Mami mit mir.‘

‚Nein! Nicht morgen, sondern jetzt sofort! Du bist ein großer Egoist, du hast immer nur an dich gedacht! Mami, bitte pack deine Sachen! Seid so gut und verschwindet! Ich habe euch satt! Worauf wartet ihr noch? Los, verschwindet!‘

Sie fuhren beide mit dem nächsten Bus. Meine Kinder konnten das nicht verstehen; mit großen Augen sahen sie mich an: ‚Warum will Didi nicht mehr bei uns bleiben?‘

Es war später Nachmittag und ich musste bald im Theater sein. Schnell bereitete ich den Kindern das Abendessen vor, machte ihre Betten und legte die Pyjamas bereit.

‚Tinechen, du bist meine große Tochter und kennst bereits die Uhr. Wenn es sieben Uhr ist, esst ihr Abendbrot. Und wenn es dann acht Uhr ist, zieht ihr eure Kleidchen aus, zieht schön die Pyjamas an und legt euch in die Bettchen. Und wenn ihr bereits schön schlaft und träumt, komme ich nach Hause. Glaubst du, dass ihr das könnt?'

‚Ja, Mama, das können wir ganz bestimmt.' Meine Töchter wollten tapfer sein und ließen sich's nicht anmerken, dass sie schon der Gedanke, allein zu sein, in Ängste versetzte.

Um Viertel vor sechs musste ich also zum Bus laufen, um halb sieben zum Schminken und Ankleiden in der Garderobe sein, denn um halb acht begann die Vorstellung. Sie können sich schwer vorstellen, was ich an jenem Abend durchgemacht habe! Mit Tränen in den Augen versuchte ich tapfer meine Partie zu singen, doch hie und da kamen auch klägliche Töne aus meiner Kehle. Der Dirigent, Valentin Luceanu, war ein guter Freund Nellus gewesen, er kannte meine Situation und hatte enormes Verständnis; nie hätte er mir irgendeinen Vorwurf gemacht. Die Vorstellung wollte kein Ende nehmen. Gegen zwölf Uhr war ich dann endlich wieder zu Hause.Tine und Nuschi schliefen fest. Sie lagen beide in einem Bettchen, unter einer Decke und hielten einander im Schlafe immer noch fest umschlungen. Eine ganze Weile stand ich vor dem Bettchen, weinte und betrachtete sie gerührt. Viel zu früh mussten sie die Bitterkeiten des Lebens kennenlernen! Es tat so weh!"

Eleanor war aufgestanden, hatte einen Drink gemixt und reichte ihn Elena.

„Trinken Sie, Elena! Sie haben es nötig. Sie erleben ja die ganze Vergangenheit mit großer Intensität noch einmal; das macht Sie doch fertig!"

„Wenn es Sie zu sehr anstrengt, Elena, machen wir für heute Schluss, es ist bereits Viertel vor zwei." Stueder schien ernstlich besorgt.

„O nein! Ich möchte sehr gerne heute mit meiner Erzählung bis zum Jahre 1984 gelangen, dem Jahr, in dem ich John kennenlernte."

„O ja! Zu gerne möchte ich heute noch erfahren, wie und wo Sie zwei sich kennenlernten. War es Liebe auf den ersten Blick?" Mary vibrierte vor Neugierde.

„Genau das war es", bestätigte Elena.

„Wenn du heute noch beim Jahr 1984 ankommen willst, musst du wohl im Zeitraffer erzählen", bemerkte John.

„Es ist eine schöne Sache, auf Details einzugehen! Die Details verleihen der Erzählung erst Farbe und Dimension. Nur mithilfe der Details lassen sich Situationen und Stimmungen so wiedergeben, dass sich in der Fantasie und in der Seele des Zuhörers etwas tut; er soll ja nachempfinden. Wenn ich im Zeitraffer erzählen würde, wären das trockene Fakten, die Sie nie beeindrucken würden. Einige Details müssen Sie also schon noch über sich ergehen lassen!" Trotz ihrer Müdigkeit war Elena entschlossen, ihren bisherigen Stil beizubehalten.

„Mit dem größten Vergnügen will ich mich von Ihren Details berieseln lassen! Ich verharre hier gerne bis in der Früh, es ist ja bereits Sonntag." Dr. Johnson ließ sich noch tiefer in seinen Ledersessel sinken, nahm einen Schluck Rotwein und setzte eine erwartungsvolle Miene auf.

„Nur zu, Elena! Diese Nacht wird keiner von uns vergessen." Wenn der kritische Singer das sagte, musste an ihren Erzählungen wohl etwas dran sein, folgerte Elena. Derart ermuntert erzählte sie weiter: „Verzweifelt hatte ich nach einer Hausangestellten gesucht. Vergebens. Zwei junge Frauen hatten sogar einige Tage bei mir gearbeitet, sich jedoch als gänzlich ungeeignet erwiesen. So vergingen die Wochen und meine großartigen Töchter hatten gut gelernt, allein zurechtzukommen. Natürlich wich unser Tagesprogramm von dem, was man einen normalen Alltag nennt, ganz erheblich ab. Wenn ich auch vor ein Uhr nie zu Bett ging, musste ich doch sehr früh aufstehen, um die Kinder fertig zu machen; Tine zur Schule bringen, Nuschi in den Kindergarten. Ich darf noch erwähnen, dass die Kindergärten in Rumänien lediglich als Erziehungsanstalt funktionierten; Essen gab es keines, außer der mitgebrachten ‚Jause'.

Tine war sehr zuverlässig. Sie hatte einen Schlüssel und fand den Heimweg allein. Nuschi musste abgeholt werden, d. h., wenn ich um 14 Uhr aus dem Theater kam, holte ich das Kind ab. Zwar war der Kindergarten um 13 Uhr aus, doch die Kindergärtnerin hatte Verständnis. Müde, vereinsamt und hungrig fiel mir Nuschi dann um den Hals. Zu Hause wartete Tine. Ich bereitete schnell ein Mittagessen und legte die Kinder eine Weile schlafen. Beinahe täglich gab es Steaks, die ich roh aus dem Restaurant holte, da ich keine Zeit zum Einkaufen mit Schlange stehen hatte. Wahrscheinlich halten Sie mich für verrückt, wenn ich Ihnen sage, dass ich – zusätzlich zu meinem großen Arbeitspensum – die Kinder wöchentlich an zwei Nachmittagen noch zum Klavierunterricht brachte. An diesen Tagen konnte Tine ihre Schulaufgaben natürlich aus Zeitmangel nicht mehr machen. Das tat ich dann am Morgen, indem ich meine Schrift verstellte. Komisch! Nie ist ihr Lehrer dahintergekommen, und was mich noch mehr wundert: Es hat ihr auch nicht geschadet, sie hatte immer gute Noten und hat ordentlich lesen, schreiben und rechnen gelernt, meine intelligente Tochter!

An den Wochenenden nahm ich die Kinder mit zu den Vorstellungen. Stets saßen sie dann in der ersten Reihe und ich hatte sie die ganze Zeit vor der Nase. Manchmal ein Bild für Götter! Ohne Aufsicht taten sie, was sie wollten und benahmen sich gänzlich ungeniert. Nuschi erhob sich oft vor Begeisterung vom Sessel und starrte mit hervorquellenden Augen und offenem Mund auf die Sänger und Sängerinnen, während Tine ihre Füße auf die Sitzfläche des Stuhls hochgezogen hatte. Die Beine weit auseinander, den Kopf nach der Seite hängend und tief schlafend, das war ihre Normalposition. Es sah lustig aus und meine Kolleginnen amüsierten sich, doch mir brach der Anblick meiner verlassenen Kinder das Herz …

Ich nannte sie ‚meine lieben Tschiepichen', weil sie an fünf Abenden der Woche in der Wohnung eingesperrt waren wie zwei Vöglein im Käfig. Eines Abends, als ich nach Hause kam, konnte ich die Türe nicht aufmachen, da war irgendein Widerstand. Ich steckte den Kopf durch den Türspalt und sah meine Kinder schlafend am Boden liegen. Sie hatten sich im Vorzimmer eine Decke auf den Fußboden ausgebreitet und sich gleich vor die Türe zum Schlafen hingelegt, in dem Gefühl, auf die Art der Mama etwas näher zu sein … Verschlafen erhoben sie sich und ich schloss sie in die Arme: ‚Meine armen, lieben Vöglein! Meine Tschiepichen!‘ Heute noch nenne ich sie so: meine lieben Tschiepichen!“

Entsetzt fragte Mary: „Gibt es denn in einem kommunistischen Staat keinerlei Einrichtungen wie Sozialämter, Wohlfahrtsämter, die Witwen und Waisen finanziell unterstützen, sodass die Mutter bei den Kindern bleiben kann?“ Auch die Übrigen schauten Elena gespannt an.

„Nein. So etwas gibt es nicht. Wohl gibt es die Waisenrenten; Witwenrenten gibt es jedoch keine. Von der Waisenrente meiner Kinder hätten wir drei unmöglich leben können. Um Christina und Eleonora so wenig wie möglich allein in der Wohnung zu lassen, nahm ich sie einfach überallhin mit: auf die Ämter, zum Einkaufen; keinen Schritt tat ich ohne sie. Auch hatte ich es mir zur Gewohnheit gemacht, ihnen alles, was ich bei Behörden und Ämtern tat, auf kindliche Weise zu erklären, sodass meine Töchter es verstanden. Wir hatten immer etwas zum Erzählen, zum Singen oder Spielen. Zweimal in der Woche gingen wir zum Friedhof, legten Blumen aufs Grab, zündeten Kerzen an, unterhielten uns mit unserm Tata, fragten ihn um Rat und horchten vorsichtig auf die Antworten. Er war sowieso immer bei uns.

An meinen freien Tagen fuhren wir mit dem Bus in die Schulerau ins Grüne und machten Picknicks, und als der Winter kam, ging's zum Skilaufen. Alle meine Bekannten bewunderten uns; für uns war das jedoch selbstverständlich. Wir waren voller Elan und wir hatten immer Pläne im Kopf, die wir durchführten. So wuchsen wir zusammen und es schien, als würden wir niemand mehr mit uns oder zwischen uns brauchen. Na ja, im Spätherbst waren wir dann einige Wochen von den unvermeidlichen Kleinstlebewesen beehrt worden: Masern und Ziegenpeter! Nuschi hatte den blöden Ziegenpeter gleich zweimal. Als Tine nämlich dran war, übernahm sie ihn – wohl aus Loyalität gegenüber ihrer Schwester – ein zweites Mal. Wochenlang lief sie mit geschwollenen Backen umher, wir wussten bald nicht mehr, wie sie ohne ihren Ziegenpeter aussah. Zu Neujahr war endlich Schluss mit den Krankheiten. Ich weiß bis heute nicht, wie ich das alles geschafft habe! Während der Krankheiten waren mir meine Nachbarinnen eine große Hilfe. Sie alle waren jung, hatten Kinder und somit auch Verständnis und Hilfsbereitschaft. Mit Schule, Kindergarten, Theaterbesuchen und Skilaufen vergingen die Monate; Langeweile hatte bei uns keine Chance.

Nellus Worte ‚Das einzig erstrebenswerte Ziel in diesem Land ist, es zu verlassen' hatten sich mir tief ins Hirn eingegraben. Hatte ich mir seit beinahe 20 Jahren nichts sehnlicher gewünscht, als nach Deutschland auszuwandern, so hatte dieser Wunsch nach Nellus Tod überdimensionale Proportionen angenommen, war doch die Motivation jetzt umso größer. Als Töchter eines Mannes, der auf einer Sterbeliste gestanden hatte und ‚beseitigt' worden war, hatten Christinchen und Norchen in Rumänien keine Zukunft. Genau das hatte Nellu wohl bedacht, als er die absonderliche Idee entwickelt hatte, sich scheiden zu lassen. Die durch eine Scheidung gewonnene Distanzierung hätte seine Töchter vor Diskriminierung bewahrt. Alles hätte er getan, um seine Kinder und mich zu schützen! Sogar sich in die Einsamkeit zu isolieren und elend zugrunde zu gehen … für uns!

Meine größte Aufgabe bestand demnach darin, meine Kinder aus diesem Land hinauszuführen! Wir mussten fort! Schon seit Jahren hatte ich auf dieses Ziel hingearbeitet, im Sinne von Beziehungen schaffen, der einzigen Möglichkeit, etwas zu erreichen. Nun ging ich das Problem mit größter Energie an. Auswanderung? Ich durfte mich erst gar nicht trauen, einen solchen Antrag zu stellen. Ich musste einen Besuch nach Deutschland vortäuschen und dann dort bleiben. Ein furchtbares Risiko stand im Raume: meine Kinder nie mehr zu sehen, falls die Behörden sauer werden sollten. Den teuersten guten Rat, woher holt man ihn? Aus der eigenen Intuition und einem mordsmäßig starken Gottvertrauen!

Seit zwei Jahren war in Rumänien totaler Ausreisestopp; nicht einmal Antragsformulare wurden herausgegeben. Umso mehr reizte mich das, umso verbissener betrieb ich meine Beziehungssuche. Und dann verriet mir meine Freundin Fehér Marika eines

Tages so von ungefähr, dass der Chef des O. N. T. Reisebüros ihr Geliebter sei. Ha! Prima! Ausgezeichnet! Sie sprach mit ihm und ich erhielt durch die Hintertüre ein Antragsformular. Ausgefüllt nahm er es wieder entgegen und belehrte mich, dass ich bei der Miliz unbedingt Beziehungen bräuchte. Okay! Unser Regieassistent hatte einen Bruder bei der städtischen Miliz. Als ich den guten Mann zögernd ansprach und nach den rechten Worten suchte, schnitt er mir das Wort ab: ‚Ist bereits erledigt, Frau Margineanu! Mein Bruder hat sich neulich bei mir nach Ihnen erkundigt und ich habe ihm gesagt, dass Sie in Ordnung sind, dass Sie zwei kleine Kinder haben und wohl nicht wahnsinnig sind, in Deutschland zu bleiben und ihre Kinder zu verlassen.'

Als die Sache so weit gediehen war, schnappte ich mir meine Töchter und fuhr nach Rosenau. Bis zur Genehmigung des Deutschlandbesuchs würde noch ein halbes Jahr vergehen, also musste ich meine Eltern darauf vorbereiten: ‚Ich brauche eure Hilfe. Voraussichtlich wird es mir gelingen, auf Besuch nach Deutschland zu fahren, und so möchte ich euch bitten, die Kinder für diese Zeit zu betreuen.'

‚Großer Gott! Wie stellst du dir das vor?'

‚Es wird wahrscheinlich im Spätherbst sein. Dann braucht euch der Garten nicht mehr und ihr könnt in Kronstadt wohnen. Das eine sollt ihr wissen: Falls ich in Deutschland die Chance sehe, dass die Kinder und ihr nachkommen könntet, bleibe ich einfach dort. Ich werde kämpfen wie eine Löwin, um euch hier herauszuholen.'

Nun hatte Mutter schon seit Jahren für Deutschland geschwärmt, jedoch nie zu hoffen gewagt, die Erfüllung dieses Traumes könne je in greifbare Nähe rücken. Plötzlich war sie Feuer und Flamme.

‚Ja! Wir machen mit! Daran soll es nicht liegen.'

‚Die Kinder haben eine schöne Waisenrente von 1300 Lei; damit und mit eurer Rente könnt ihr locker auskommen.'

Es war mir klar, dass ich nichts Unüberlegtes wagen durfte, alles musste Hand und Fuß haben, was ich unternahm. Ich musste mir Rat holen, und zwar von jemand, der neutral und absolut verschwiegen war.

Von meiner Tante, der Schwester meiner Mutter, die ich sehr mochte (obwohl sie auch Treny hieß!), erhielt ich Namen und Anschrift eines einflussreichen Mannes, Herrn Gheorghe Schiopea. Er war ein Jagdfreund des damaligen Landespräsidenten, Ion Gheorghe Mauerer, und lebte in Schäßburg. Das Erste, was ich zu Beginn der Schulferien tat, war, Norchen meiner Mutter zu übergeben, Christinchen bei der Hand zu nehmen und: Auf ging's nach Schäßburg! Diesem gütigen, ehrlichen Mann verdanke ich, dass meine Aktion Deutschland bis zum Schluss gut ablief. Er riet mir dringend: ‚Wenn es Ihnen gelingt, nach Deutschland auf Besuch zu fahren, finden Sie dort so schnell wie möglich einen Mann, den Sie – aus welchen Gründen auch immer – heiraten. Nur eine Wiederheirat wäre ein Argument, das Ihnen Partei und Regierung verzeihen würde'.

‚... und damit die Zusammenführung der neuen Familie gelten lassen würde', unterbrach ich ihn aufgeregt.

‚Genauso ist es! Andernfalls würden Sie riskieren, dass man Ihre Kinder nie nachkommen ließe.'

Dieser Rat wog Tonnen! Ich begann sogleich, mir einen Mann für alle Fälle und zu diesem Zwecke zu suchen. Und ich fand ihn! Edmund Steeger! Irgendwie war dieser junge, sympathische Mann einmal als Tourist nach Rosenau gelangt und hatte mit seiner Schwester bei meinen Eltern gewohnt. Ich schrieb ihm, ob er nicht formell als mein Verlobter fungieren möchte. Obwohl jeder wusste, dass die Post zensiert wurde, schrieb ich ihm tollkühn und bat ihn, mir als Verlobter die dringend benötigte Einladung für einen Deutschlandbesuch zu schicken. Und es klappte. Mein Brief war nicht zensiert worden und ich erhielt eine Einladung. Damit fuhr ich nach Bukarest und machte bei der Landespartei großes Palaver, ich sei verlobt mit einem Deutschen aus der BRD und wolle mein Leben wieder aufbauen; sie mögen mir doch erlauben, meinen Verlobten zu besuchen. Was auch immer geholfen haben mag: Mir wurde erlaubt nach Deutschland zu reisen – in einer Zeit, in der nicht einmal eine Maus aus dem Land herausschlüpfen durfte.

Da die Sommer-Schulferien und meine Theaterferien zeitlich so ziemlich zusammenfielen, hatten wir drei ‚Frauen' einen schönen Sommer mit vielen Ausflügen und Wanderungen in der Schulerau und im Schulergebirge verbracht. Im Geiste war Nellu immer bei uns gewesen; wir sprachen sehr viel von unserem Tata.

Ich vergaß zu erwähnen, dass mir während des Sommers ‚zufällig' (es gibt keine Zufälle!) das ‚Jahresbuch der deutschen Opern' in die Hände fiel. Stellen Sie sich vor: Dort unten im finsteren Rumänien hielt ich plötzlich dieses deutsche Jahrbuch in den Händen! Ha!! Da standen tatsächlich die Anschriften sämtlicher Opernhäuser der Bundesrepublik drin! Dreist, wie ich nun mal geworden war, setzte ich mich hin und schrieb an 13 Opernhäuser Bewerbungen – natürlich wieder auf Gedeih und Verderb. Ich muss gestehen, dass ich jeden Brief, den ich in den Briefkasten warf, mit einem Gebet begleitete. Was wäre geschehen, wenn auch nur einer davon zensiert worden wäre? Meine ganze ‚Aktion Deutschland' wäre den Bach runtergegangen und ich hinterher, doch meine Gebete hatten geholfen! Hurra! Ich erhielt einige Angebote. Am meisten interessierte mich das Ulmer Theater, weil sie für Verdis ‚Maskenball' eine Ulrika suchten. Also machten wir ein Vorsingen für den 17. Dezember aus. Das war die Hand Gottes!

Den Tag der Abreise hatte ich für den 10. Dezember 1969 festgesetzt. Kaninchen und Hühner waren geschlachtet und verkauft und meine Eltern wohnten bei mir in Kronstadt. Seit Tagen war bereits alles für die Reise vorbereitet und ich fieberte buchstäblich mit gemischten Gefühlen dem 10. Dezember entgegen. Eisern hatte ich es geschafft, keiner Menschenseele etwas von meinem Deutschlandbesuch zu verraten; außer meinen Eltern wusste es niemand. Am Vorabend meiner Abreise herrschte im Theater eine besonders fröhliche Stimmung und machte mir das Herz doppelt schwer. Bevor ich fortging, guckte ich in jede Garderobe hinein, wünschte meinen Kolleginnen eine gute Nacht, winkte ihnen lächelnd zu und sagte noch: ‚Bleibt gesund und glücklich, meine lieben Kolleginnen!'

Titina schaute mich mit großen Augen an; sie hatte einen wehmütigen Ton in meiner Stimme herausgehört und sagte: ‚Elena! Du bist heute besonders gefühlvoll – was ist los? Oder hast du irgendwelche bösen Ahnungen?‘

‚Auf gar keinen Fall habe ich böse Ahnungen, meine Liebe. Ich habe immer nur gute Ahnungen.‘ Sprach's und verschwand, um nie wieder jenes Gebäude zu betreten. Acht Jahre lang war das Theater mein Zuhause gewesen, ich liebte es mit Leib und Seele. Und ich liebte die Menschen darin, mit denen ich eng verbunden gewesen war. Und nun schlich ich mich davon wie eine Diebin!

Das Schwerste stand mir noch bevor: Wie sag' ich's meinen Kindern?! Zwar hatte ich in den letzten Wochen zur Genüge vom Wunderland Deutschland geschwärmt, um ihnen einen Vorgeschmack zu geben, doch beim Abschied die rechten Worte zu finden, war eine andere Sache … Mein Zug ging um 22.30 Uhr. Ich brachte meine Mädchen zu Bett und erwähnte wie beiläufig, dass ich jetzt mal schnell nach Deutschland führe.

‚Morgen, wenn ihr aufwacht, bin ich zwar nicht mehr hier, aber ich komme bald wieder und hole euch nach Deutschland.‘

‚Was? Du fährst jetzt schon nach Deutschland?!‘ Die Nachricht war für Tine ein Schock.

‚Und wann kommst du zurück?‘ Norchen sah mich mit vor Schreck geweiteten Augen an.

‚Das weiß ich noch nicht so genau, vielleicht in zwei Wochen.‘

‚Das ist sehr lange!‘

‚Ja, für mich ist es auch sehr lange! Doch es muss sein. Wollt ihr versuchen, immer lieb und nett zu sein, damit Didi nicht schimpfen muss?‘

‚Ja, Mama! Wir sind jetzt beide Schulkinder und wir sind schon groß.‘ Nuschi war ganz stolz, dass sie mit ihren 6 Jahren und 4 Monaten schon eingeschult worden war, musste man ja in diesem Falle einen hohen Intelligenzquotienten mitbringen; und den hatte sie.

Nach alter Gewohnheit erzählte ich ihnen eine Geschichte, sang ihnen ein Abendlied und dann beteten wir gemeinsam für die beiden Mädchen, die nun für einige Zeit ohne Mama auskommen mussten. Ebenso baten wir den Allmächtigen, Mama beizustehen, da sie sich von ihrem Liebsten, was sie hatte, losreißen musste, um allein in eine fremde Welt zu reisen. Nach einer innigen Umarmung und einem dicken Kuss schliefen sie bald ein. Lange saß ich noch an den Bettchen meiner schlafenden Kinder und betrachtete sie voller Wehmut. Nicht nur ich, sondern auch sie sahen schweren Zeiten entgegen! Wohl würde Mutter für das leibliche Wohl ihrer Enkel sorgen, dessen war ich gewiss, was mich jedoch unsagbar bedrückte und mich in Ängste versetzte, war die Vorstellung, dass Mutter ihre eigenen Erziehungsmethoden bei Tine und Nuschi anwenden würde. Hatte sie mich doch als Kind und Teenager täglich bei den geringsten Anlässen geohrfeigt oder mir Nackenhiebe versetzt. Bei dem Gedanken, dass sie das mit meinen Kindern genauso tun würde, brach ich in Tränen aus und ich fing an, an der Richtigkeit meines Vorhabens gewaltig zu zweifeln.

In diesem Augenblick erinnerte ich mich an die Zeit, als wir noch keine Wohnung hatten, im Kakerlakenzimmer wohnten und Tinechen in Rosenau bei meinen Eltern lebte. Wenn ich bei meinen Besuchen mit meiner Hand an ihren Kopf rühren wollte, um sie zu streicheln oder ihr ein Strähnchen aus der Stirne wegzustreichen, erhob das Kind mit unglaublicher Schnelligkeit sein Ärmchen, um das Gesicht zu schützen. Die Hand eines Erwachsenen an ihrem Kopf bedeutete für Tine automatisch Schläge. Sie hatte bereits eine schnelle Reflexbewegung dagegen entwickelt. Mir tat das Herz unheimlich weh! Und dieser Mutter war ich ausgeliefert! Auch erinnerte ich mich an einen meiner Besuche in Rosenau in jener Zeit, als ich mit Norchen hochschwanger war. Mutter hatte meine Ankunft nicht mitbekommen, zu sehr weinte Christinchen und sie schimpfte laut mit ihr, sodass sie die Glocke bei meinem Eintritt in den Hof nicht gehört hatte. Entsetzt blieb ich vor der Haustür stehen und konnte sehen, wie Mutter die Kleine an der Hand aus einem Zimmer in das andere zerrte, ihr eine Ohrfeige versetzte und unaufhörlich schimpfte. Ich stürzte ins Haus und entriss ihr das Kind. Ich habe vergessen, was Mutter als Begründung angab, es war mir auch egal, was sie da erzählte. Ich nahm Tinechen in meine Arme, ging mit ihr in den Garten und tröstete sie. Tinechen war erst ein Jahr und neun Monate alt, konnte noch nicht richtig sprechen, doch so viel sagte sie weinend zu mir: ‚Tine Mama lieb hat! Tine Mama lieb hat! Oma böse! Tine Mama mittommen! Tine Mama mittommen!' (mitkommen) Sie schlang ihre Ärmchen um mich, ich drückte sie an mich und wir beide weinten herzzerreißend. Wie hätte das Kind je verstehen können, dass ich es nicht mitnehmen konnte? Mit Sicherheit muss Tine damals angenommen haben, ich liebte sie nicht … In diesem Zustand musste ich mein Kind bei dem Drachen zurücklassen! Nicht nur, dass ich keine Wohnung hatte, ich erwartete schon täglich Norchens Ankunft. Fünf Tage später kam sie zur Welt. Noch weitere drei Jahre musste Tine in Rosenau wohnen, bis wir endlich die Wohnung erhielten.

Dieses alles ging mir durch den Kopf, als ich an den Bettchen meiner Kinder saß, um von ihnen Abschied zu nehmen. Trotz alledem wusste ich eines mit Sicherheit:

Es ging um unsere Zukunft! Wir drei mussten hier durch!

Als es dann so weit war und ich von meinen Kindern fortgehen musste, erlebte ich einen der schmerzlichsten Augenblicke meines Lebens. Um 21.30 Uhr war ich marschbereit, die beiden Koffer standen in der Küche und ich hatte Mantel und Mütze an. Beinahe ohnmächtig vor Schmerz stand ich und betrachtete noch einmal meine schlafenden Kinder, konnte mich von ihnen nicht losreißen. Das Herz drohte mir buchstäblich entzweizubrechen! Mein Vater ermahnte mich, endlich loszugehen, die Zeit drängte. Noch einen Blick auf meine süßen Engel, mein Liebstes, was ich auf der Welt besaß, dann griff ich zum Lichtschalter und knipste das Licht aus. Nicht länger vermochte ich den Anblick zu ertragen! Ich versuchte mir Mut zu machen. ‚So! Jetzt wird nach Deutschland gefahren! Nichts wie weg hier!', sagte ich barsch zu mir selber. Ich musste stark sein. Auf mich warteten harte Zeiten, das wusste ich, doch was mich viel mehr schmerzte, war: Auf meine Kinder warteten genauso schwere Zeiten.

Die Reise dauerte 24 Stunden. Am aufregendsten empfand ich den Augenblick, als der Zug Salzburg verließ. ‚Jetzt rollen die Räder auf deutschem Boden! Diese Räder rollen auf deutschem Boden!‘, sagte ich mir ein ums andere Mal. ‚Keine Macht der Welt kann mich mehr zurückhalten!‘

Die Gewissheit, dem Kommunismus tatsächlich entronnen zu sein, war ein unbeschreibliches Hochgefühl! Die Erfüllung eines zwanzigjährigen Traumes! Ich erfüllte Nellus Traum, ich erfüllte meinen Traum und ich musste auch den Traum meiner Kinder erfüllen: In einem freien Land, in unserem Mutterland, aufzuwachsen! Ich war auf mich allein gestellt, nichts trug ich bei mir als mein Talent und mein Können. Nur damit konnte ich unsere Zukunft in diesem Land aufbauen! Der Allmächtige hatte mir ein großes Geschenk in die Wiege gelegt: meine Stimme! Mit meiner Stimme und mit meinem enormen Gottvertrauen wollte ich Bäume ausreißen …

Auf dem Ulmer Bahnhof empfing mich mein Cousin zweiten Grades, Hans Eiwen, der schon lange in Ulm wohnte und den ich gebeten hatte, mir über die ersten Schwierigkeiten hinwegzuhelfen. Hans' Großmutter und mein Großvater waren Geschwister gewesen und unsere Familien hatten schon immer herzliche Beziehungen zueinander gepflegt. Hans, ein kleiner, rundlicher Mann um die fünfzig, kam in Begleitung eines dunkelhaarigen, zwei Meter großen Lulatschs um die dreißig; Pat und Patachon!

‚Das ist mein Freund Egon und das meine ferne Cousine Elena Margineanu‘, wurden wir einander vorgestellt. Egon reichte mir die Hand und sagte: ‚Grüß Gott, meine Dame! Schweizer ist mein Name.‘ Schwungvoll ergriff er meine Koffer, beförderte sie in weitem Bogen in den Kofferraum seines grauen Käfers und kutschierte uns zu Hans' Wohnung. Diese bestand bloß aus zwei Zimmern, wurde mit Kohle beheizt, hatte weder Küche noch Bad noch Klo. Mein Cousin teilte die Wohnung mit einem 76-jährigen, verrunzelten, zahnlosen Mann. Eine skurrile Symbiose! Hans und ‚Opa‘, beide Kettenraucher, drehten ihre Zigaretten selbst, waren ständig in beinahe undurchsichtige Rauchschwaden eingehüllt, kochten und brieten zweimal täglich ihre dampfenden Speisen auf dem Kohleherd, wuschen ihre Wäsche und trockneten sie: alles in den beiden Räumen … Das Etagenklo im Treppenhaus durften wir zur Not (-durft) benutzen. Dieses ‚stille Örtchen' war für mich außerdem die einzige Möglichkeit, mir allmorgendlich in einer Waschschüssel mit kaltem Wasser meine strengen Zigaretten- und Zwiebelgerüche wenigstens vorübergehend wegzuspülen. In diesem unwirtlichen aber einzigen Raum, der mir einige Intimität bot, war die Beleuchtung kaputt, Heizung gab es keine, obwohl die Außentemperatur –10° bis –15° betrug. Wahrscheinlich war diese unfreiwillige Kneippkur sogar der Grund dafür, dass ich mich bester Gesundheit erfreute. In Europa grassierte nämlich die Hongkong-Grippe, die in jenem Winter 1969 allein in Deutschland 50.000 Tote forderte. Ich war – dank meiner Pferdekuren – auf diese Forderung nicht eingegangen. Erfolgreich hatte ich ihr die Stirne geboten und im wahrsten Sinne des Wortes eine kalte Schulter gezeigt, dieser menschenfressenden Hongkong-Dame! Also kein Grund zur Klage; hatte mir doch Hans gütigerweise das angeboten, was er besaß. Vier Wochen musste ich diese Gastfreundschaft in Anspruch nehmen, bis ich endlich ein nettes Zimmer fand. Hans Eiwens Hilfsbereitschaft schätzte ich jedoch über alle Maßen – keiner meiner übrigen Cousins, die in Deutschland unter unvergleichlich besseren Bedingungen lebten, hätte das für mich getan! Somit beklagte ich mich kein bisschen, galt es doch zu überleben! Ich werde Hans für seine Güte ewig dankbar sein!

Das ‚Ulmer Theater', ein Neubau, der erst kurz zuvor eingeweiht worden war – stand inmitten der Stadt. Ich beschnupperte es von allen Seiten, blieb zuweilen stehen und guckte ehrfurchtsvoll an ihm hoch, nahm es mit all meinen Sinnen in mich auf – seine Formen, seine Farben, seine Gerüche. Auch strich ich mit der Hand über das raue Gemäuer, um mich mit ihm anzufreunden. Freundlich wollte ich mich ihm unterstellen, doch zugleich wollte ich es mir untertan machen. Das ganze Deutschland nahm ich in Gedanken in meine Arme und fühlte mich zugleich von diesem gelobten Land freundlich umarmt. Verträumt lächelnd schlenderte ich durch die Straßen, blickte zu den Gebäuden empor und sagte mir ein ums andere Mal: ‚Ich bin in Deutschland! Ich bin in Deutschland! Ich bin in Deutschland!'

Und dieses liebe Deutschland, das ich 20 Jahre lang wie einen heiligen Gral ersehnt hatte, wofür ich die größten und schmerzlichsten Opfer gebracht hatte, lag nun vor mir und wartete darauf, dass ich mich seiner würdig erwies. Genau das und nichts anderes wollte ich tun!

Mein Vorsingen am Ulmer Theater fand am 17. Dezember statt. Die beiden Hauptarien der Ulrika hintereinander zu singen, ist Schwerstarbeit. Zur Auflockerung bat ich die Prüfungskommission, die ‚Habanera' aus ‚Carmen' singen zu dürfen, gewissermaßen als Zugabe. Aber ja, sehr gerne! Und dann hörte ich das wohl bekannte: Ramm, tam-tam-taam! Ramm, tam-tam-taam! Ganz liederliche Carmen bot ich nun den Herrschaften eine Kostprobe meiner Vielseitigkeit in der Darstellung. An den grinsenden Gesichtern las ich bereits meinen Erfolg ab, noch bevor sie ihre Köpfe zusammensteckten und tuschelten. Strahlend kam dann der Generalmusikdirektor, ein freundlicher, großer, fülliger, doch sehr beweglicher Mann, auf mich zu und beglückwünschte mich zu meinem neuen Engagement.

Ab 1. Januar 1970 war ich Solistin des Ulmer Theaters. Das war ein Meilenstein!

Oh Gott, war ich glücklich! Ich fühlte förmlich Gottes führende Hand über meinem Haupt. Ab Januar mischte ich also schon kräftig mit den Geschehnissen des Theaters mit und es erfüllte mich mit großem Glück. Doch einer der schönsten Momente im Ulmer Theater war ganz privater Natur: Hier traf ich Esther wieder! War es Zufall? War es Schicksal? Tatsache ist, dass wir uns nach über 20 Jahren hier wiedertrafen.

Zehn Jahre hatte ich nichts mehr von Esther gehört. In Heidelberg hatte sich ihre Spur verloren. Dort hatte sie an der Musikhochschule studiert und später im Orchester des Theaters die erste

Geige gespielt. Wohl hatte ich nun vernommen, dass das Ulmer Theater einen weiblichen Konzertmeister hatte, ohne zu ahnen, wer das war. Als wir eines Abends Mitte Januar den ‚Zigeunerbaron' auf der Bühne probten, wollte ich mir diese Frau etwas näher anschauen.

Nein! Entgeistert starrte ich in den Orchestergraben. Das konnte doch nicht wahr sein! Das war meine Esther wie sie leibt und lebt! Da saß sie und führte seelenruhig den Bogen, als spielte sie im Zimmer Nr. 12 des Vorban-Hauses die Serenata von Toselli. In der Pause stürzte ich natürlich zu ihr hinunter.

‚Esther! Esther!' Sie schaute mich groß an. ‚Kennst du mich nicht mehr?'

Ich war in Kostüm und Maske. Sie kniff die Augen zusammen und sah mich durchdringend an, schien Schwierigkeiten zu haben, unter der Maske der ‚Czipra' jemanden zu erkennen.

‚Es tut mir leid, ich kenne Sie nicht.'

‚Esther, erinnere dich doch an Siebenbürgen, an den Spitzberg, das Vorban-Haus, deine kleinere Freundin …'

‚Elena? Elenchen!' Wir lagen uns in den Armen, vergaßen Farbe und Schminke und weinten. Unsere Freude war unbeschreiblich groß und alle Kollegen nahmen an diesem Wiedersehen teil. Ich spendierte eine Flasche Wein, alle prosteten uns zu und freuten sich mit uns.

Von nun an waren wir unzertrennlich. In den Stunden, die wir nun gemeinsam verbrachten, erzählten wir uns gegenseitig unseren Lebenslauf. Ich erfuhr, dass Esther vor drei Jahren geschieden worden war. Ihr Exgatte war Dirigent am Theater in Heidelberg. Kinder hatten sie keine und so hatte sie sich entschlossen, von dort fortzuziehen, um ihn nicht ständig vor sich am Pult sehen zu müssen. Seit zwei Jahren lebte sie in Ulm, wo sie sich recht gut eingelebt hatte. Die Freunde ihrer Eltern, Familie Riemann, waren beide noch wohlauf und liebten sie wie ihre Tochter. Mit ihren 45 Jahren hoffte sie jedoch, noch einen lieben Partner zu finden. Über mein eigenes, unerfreuliches Schicksal war sie erschüttert. Zugleich bewunderte sie meinen Mut, in Deutschland ein neues Leben beginnen zu wollen.

‚Das war eine gute, vielleicht die beste Entscheidung! Du musst jetzt bloß stark sein, bis deine Kinder nachkommen!‘, meinte sie mitfühlend. Nun hatte ich in dem neuen, fremden Land einen Menschen, der mir sehr nahe stand. Ich war nicht mehr allein, Esther gab mir ein wunderbares Heimatgefühl. Ich war selig! Wir unternahmen sehr vieles gemeinsam und verstanden uns aus tiefster Seele in jeder Hinsicht.

In dieser Stadt lief einfach alles, was ich anfasste, bestens! Mitte Januar fand ich bei einer netten Dame auf dem ‚Eselsberg‘ ein schönes, geräumiges Zimmer mit Küchen- und Badbenutzung. Esther besaß einen Opel und so kamen wir ein wenig im Schwabenländle herum. Gerne fuhren wir an den Bodensee oder hinüber nach Tannheim in Tirol und auch oft in die Schweiz. Ich war hingerissen von der Schönheit der Gegend, ganz besonders von den Bergen, von der Ordnung und Sauberkeit der Städte und vor allem von der Unkompliziertheit der Menschen. Und genau dieses schöne Deutschland wollte ich zu meiner zweiten, eigentlichen Heimat machen!

Ich entschied zu bleiben. Auf Gedeih und Verderb musste ich es riskieren. Zu allem entschlossen, stellte ich den Antrag auf Einbürgerung. Als Deutsche kein Problem. Am 1. März wurde ich zum Polizeichef vorgeladen. Sehr ernst setzte er mich über meine neuen Rechte und Pflichten in der Bundesrepublik Deutschland in Kenntnis, erhob sich dann, bat mich, mich ebenfalls zu erheben, und überreichte mir feierlich, mit einem festen Händedruck, die Einbürgerungsurkunde. Nun war ich deutsche Staatsbürgerin! Sollte ich Deutschland da nicht lieben?!“

Die kleine, neuseeländische Runde hatte gespannt zugehört. Dr. Johnson unterbrach Elena: „Das Wiedersehen mit Esther muss für Sie sehr viel bedeutet haben! Außerdem finde ich es erstaunlich und erfrischend, wie liebevoll Sie Ihre ersten Eindrücke von Deutschland schildern! Ich selbst kenne das Land nicht und will mir auch kein Urteil erlauben, bevor ich es nicht mit eigenen Augen gesehen habe. Viele bezeichnen Deutschland jedoch – im Gegensatz zu Ihnen – als schwierig. Die Deutschen sind oft als kalt und arrogant verschrien, was jedem Hinzukommenden das Einleben erschweren soll. Nun höre ich von Ihnen etwas ganz anderes."

„Ich kann nur von meinen persönlichen Eindrücken sprechen. Erstens spielte sich das vor 22 Jahren ab, in einer Zeit, die noch nicht so weit vom Wirtschaftswunder entfernt war. Die Menschen waren noch sorgenfrei und entspannt; Arbeitslosigkeit war noch kein Thema. Zweitens kann man nicht von einem deutschen Charakter schlechthin sprechen, vielmehr liegt es auch an der Gegend und am Land, wie sich die Leute verhalten. Aber ganz besonders entscheidend ist das eigene Verhalten. Zum Großteil liegt es an einem selbst, wie man aufgenommen wird. Viel guter Wille und eine enorme Anpassungsfähigkeit sind die besten Voraussetzungen. Ich persönlich habe gleich in der ersten Zeit im Umgang mit den Deutschen etwas empfunden, was mich mit einem tiefen Glücksgefühl erfüllte: das Arteigene! Ich fühlte, dass ich von derselben Art war. Das kann man schwer erklären, das ist eine reine Gefühlssache, doch ich habe mich unter den Deutschen gleich heimisch gefühlt und sie schienen mich auch voll und ganz zu akzeptieren. Ich spürte sofort in meinem Inneren: Da gehöre ich hin!"

John, der Brite, sprach gerne über seine jüngsten Erfahrungen in Deutschland:

„In den drei Wochen, die ich voriges Jahr in Deutschland verlebte, habe ich nur die besten Eindrücke gewonnen. Zwar habe ich im Zweiten Weltkrieg viel Zeit in den Luftschutzkellern Londons verbracht, während die V-1- und V-2-Raketen auf unsere Köpfe und über unsere Köpfe hinweg schossen, nicht gerade ein Grund, die Deutschen besonders zu mögen. Diese alte Abneigung bin ich jedoch voriges Jahr gründlich losgeworden. Ich persönlich bin der viel erwähnten Arroganz nicht begegnet."

„Welches Land ist zu seinen Touristen schon arrogant?", stellte Harry Singer scharfsinnig fest. „Und wenn Arroganz, dann lässt sich diese durch die Überbevölkerung erklären. Bei dieser Bevölkerungsdichte muss man ja hysterisch werden: 83 Millionen auf einer Fläche, die so groß ist wie Neuseeland. Mich wundert, wie das Land trotzdem so perfekt funktioniert!"

„Das tut es! Bis in die kleinste Zelle alles durchorganisiert! Und wehe dem, der dieses gut gehende Uhrwerk stört!" Stueder sprach es mit Stolz, war er doch Schwabe. Bei Dr. Johnson, dem Iren, war man sich noch nicht im Klaren, wie seine Einstellung bezüglich der Deutschen war. Endlich mischte er sich mit einer merkwürdigen Frage an alle Anwesenden ins Gespräch: „Was meinen Sie, wäre es schade, wenn die Deutschen in einigen Jahrzehnten oder Jahrhunderten aussterben würden?"

„Was für eine Frage? Wie meinen Sie das?" John war erstaunt.

„Nun, bei der niedrigen Geburtenrate und bei dem Ausländerzustrom wäre das eine natürliche Folge. Die Frage ist bloß, ob es schade wäre, wenn sie aussterben würden."

Betretene Stille. Verlegenheit. Keiner wusste so recht, was er erwidern sollte. Die kleine Mary räusperte sich umständlich und sagte nachdenklich und langsam: „Eigentlich wäre es schade! Bedenken Sie Folgendes: In den letzten 45 Jahren haben sich die Deutschen hochanständig benommen."

„Stimmt genau! Als Besiegte haben sie sich in Rekordzeit aus eigener Kraft erholt, was als Wirtschaftswunder in die Geschichte eingegangen ist", bemerkte Eleanor bestimmt.

„Ich muss meiner Frau beipflichten. Außerdem haben sie seit Kriegsende kein anderes Land überfallen, und …"

„… und ein ganz wichtiger Faktor in der Bewertung der Deutschen ist folgender", unterbrach John seinen Freund Harry. „Überall auf der Welt, wo Hilfe nötig ist, helfen die Deutschen. Wenn irgendwo Katastrophen oder Unfälle passieren, sind die Deutschen die Ersten – oder zumindest unter den Ersten – auf dem Schauplatz. Außerdem ist Deutschland das spendenfreudigste Land. Das alles müssen wir zugeben."

„An Ihnen scheint das liebe Germany eine Lobby gefunden zu haben", witzelte Dr. Johnson.

Unbeirrt fuhr John fort: „Und da wäre noch etwas: Welches Land hat je die Fehler der Väter bereut? Deutschland ist das einzige Land der Welt, das sich für die Vergehen seiner Väter entschuldigt und Milliarden an Wiedergutmachung an die Opfer gezahlt hat. Und dieses sagt Ihnen ein Engländer! Ein Engländer, in dem die deutschen Raketengeschosse einst verständlicherweise feindselige Gefühle hinterlassen hatten."

„Ein Gentleman, vom Scheitel bis zur Sohle! Danke für deinen ehrlichen Kommentar, John!", bemerkte Elena beeindruckt.

„Kultur, Kunst und Wissenschaft, Technik, Industrie, Landwirtschaft: Alles hat hohes Niveau. Der langen Rede kurzer Sinn: Es wäre folglich verdammt schade, wenn die Deutschen aussterben würden", schloss Johnson, der Ire, das Gespräch.

Eine ganze Weile herrschte nachdenkliche Stille im Raum. Jeder schien seinen Gedanken über die neu gewonnenen Aspekte nachzuhängen.

„Darf ich Sie bitten, Elena, weiterzuerzählen? Wir haben uns von Ihrer Lebensgeschichte ziemlich weit entfernt", bat Eleanor.

„Tja! Nun folgt ein Kapitel, das ich am liebsten verschweigen möchte." Mit einem Seufzer hatte Elena ihre Erzählung wieder aufgenommen, und schon zögerte sie weiterzusprechen.

Unsicherheit machte sich bei ihren Zuhörern breit. Noch eben hatte sie mit Begeisterung von ihrem Deutschland gesprochen, von ihren damaligen Plänen, alles schien gut zu laufen. Und nun? Hatte sie etwas zu verbergen? War da eine finstere Stelle in ihrem Leben, die nicht erwähnt werden durfte? Oder war sie einfach nur müde? Sollten sie Elena auffordern zu sprechen oder wäre Höflichkeit angebracht, sie verschweigen zu lassen, was sie verschweigen wollte? Zwei heisere Schläge der Standuhr durchbrachen die Stille. John kniete vor dem Kamin und erweckte das erloschene Feuer wieder zum Leben, legte Kleinholz auf die Glut und blies, bis die Flammen wieder munter züngelten. Hanna reichte die Schüssel mit den Keksen herum und Singer füllte die Gläser mit Fruchtsäften. Elena spürte, dass ihr Satz nicht nur ein großes Fragezeichen in den Raum gestellt, sondern sogar Spekulationen freigesetzt hatte, also musste sie weitererzählen.

„Es fällt mir außerordentlich schwer, über die acht Jahre meiner zweiten Ehe zu sprechen. Nicht weil ich etwas zu verschweigen hätte. Nie habe ich irgendetwas getan, dessen ich mich schämen müsste; ich stehe zu allem, was ich tue. Es ist nur, weil mein Leiden mit diesem Mann zu groß war, um darüber sprechen zu können. Mit viel Mühe ist es mir gelungen, die Zeit und die negativen Erlebnisse mit Egon Schweizer vollständig unter den Teppich zu kehren, einen dicken Schlagbaum dahinter niederzulassen, so, als sei es nie gewesen. Die acht Jahre sind mir, Gott sei Dank, so weit entrückt, dass sie gar nicht mehr zu existieren scheinen. Nur so kann ich es ertragen.

Nun, der gut aussehende, hochgewachsene Mann, der mich am Ulmer Bahnhof abgeholt hatte, wurde später mein zweiter Ehemann. Witzig und charmant machte er auf den ersten Blick einen guten Eindruck. In der Zeit, in der ich trotz meines Berufes einsam war und von unsagbarer Sehnsucht nach meinen Kindern geplagt wurde, war ich natürlich ein leichtes Opfer gewesen. Er hatte mich besucht, hatte mich oft ausgeführt, mit mir schöne Autofahrten unternommen und mich peu à peu herumgekriegt. Da ich meiner Kinder wegen niemals unverheiratet mit einem Mann zusammengelebt hätte, heirateten wir am 29. August 1971. Wir mieteten eine hübsche Wohnung und alles hätte gut gehen können, wenn ich nicht gleich nach der Heirat festgestellt hätte, dass er schwerer Alkoholiker war … Während der Zeit vor der Heirat war es ihm gelungen, seine Süchte vor mir zu verbergen. Außer dem Alkohol war er nämlich auch der Spielsucht verfallen und war dazu noch bisexuell! Ich kann sagen, es gab kein Laster, dem er nicht frönte. Er war in der Lage an einem Tag 21 Flaschen Bier und eine halbe bis ganze Flasche eines scharfen Getränks – vorzugsweise Jägermeister – zu trinken und sich noch ans Steuer zu setzen. Als Beifahrerin saß ich nur noch mit gefalteten Händen betend neben ihm. Unfälle waren an der Tagesordnung, einige Autos fuhr er kaputt, noch viel öfter jedoch wurde er am Arbeitsplatz gekündigt und lebte auf meine Kosten. Am Anfang hoffte ich, in ihm so etwas wie ein gut funktionierendes Gewissen durch meine Ehrlichkeit und meine Zuneigung, die ich ihm entgegenbrachte, heranzubilden. Ich zeigte ihm Vertrauen. Wir richteten z. B. ein gemeinsames Konto ein. Das Ergebnis: Er hob eines Tages so – mir nichts, dir nichts – 5000 DM ab, was einen Kontoüberzug von 2000 DM verursachte. Bis heute weiß ich nicht, wofür er das Geld verbrauchte. Sicher nahm er auch Drogen … vor allem an den Tagen, an denen er von zu Hause, ohne jegliche Vorwarnung ausriss. Dies geschah ungefähr ein- bis zweimal im Monat. Drei, vier Tage wusste ich dann nichts von ihm. Einmal waren es sogar zwei Wochen, nach denen er stinkend, verdreckt, verwahrlost und voller Schulden nach Hause kam. Als Konsequenz verlor er natürlich immer wieder seinen Arbeitsplatz.

Wenn er in den Wirtschaften trank, lieh er sich oft einige Hundert DM von irgendeinem Anwesenden, was für ihn kein Problem zu sein schien; mit seinem Charme kriegte er sowieso jeden herum. Mit dem geliehenen Geld ließ er sich volllaufen und spendierte eine Runde nach der andern. Das Verheerende daran war, dass seine Gläubiger später an unserer Türe klingelten, um von mir das Geld zu verlangen. Aus Scham zahlte ich immer wieder seine Schulden. Egon war raffiniert genug, um sich darüber im Klaren zu sein, dass ich ihn nur so lange mitschleppte, wie er mir gegenüber den reuigen Sünder spielte. Nie war er grob zu mir, versprach immer wieder Besserung und bat mich, ihm zu helfen. Er klammerte sich an mich, weinte und bettelte: ‚Hilf mir! Bitte hilf mir!' Jede Frau eines Süchtigen kennt das, jede Frau hofft und duldet, bis zum Gehtnichtmehr.

Meine treue Freundin Esther hatte mich vor ihm gewarnt; er gefiel ihr – trotz seines guten Aussehens – überhaupt nicht. Ich erklärte ihr, dass ich das Gefühl hätte, er bräuchte Hilfe. Ich wollte ihm helfen. Darauf sagte sie mir nur ein rumänisches Sprichwort: ‚Omul, pe care nu il lasi sa moara, nu te lasa sa traiesti.' (Der Mensch, den du nicht sterben lässt, der lässt dich später nicht leben). Wie Recht sie haben sollte! Dieses war jetzt bloß ein Bruchteil dessen, was ich in den acht Jahren mit Egon erlebt habe, um Ihnen einen kleinen Einblick zu verschaffen.

Ein Jahr und neun Monate dauerte die Trennung von meinen Kindern. Die Sehnsucht nach ihnen war wie eine ewig währende, offene Wunde, die ständig blutete. Ich konnte das Wort ‚Mama' nicht mehr hören. Wenn auf der Straße ein Kind nach seiner Mutter rief, gab es mir einen tiefen Stich ins Herz. Keine Woche verging, in der ich nicht irgendein Bittgesuch an die verschiedensten Politiker schrieb oder irgendwohin fuhr, um wegen meines Anliegens vorzusprechen. Um den Wirbel perfekt zu machen, schrieb ich auch an den damaligen Generalsekretär der UNO, Herrn U-Than. Drei Wochen später erhielt ich die Antwort, er wolle sich um die Sache bemühen, mit der rumänischen Regierung Verbindung aufnehmen, ich solle noch etwas Geduld haben. Den Brief besitze ich heute noch. Im September erhielten meine Kinder und meine Eltern die Pässe und damit die Ausreisegenehmigung.

Am 20. Oktober stand ich mit Egon am Frankfurter Flughafen oben auf einer Plattform, um das Flugzeug der TAROM so früh wie möglich zu erspähen. Vor Aufregung hatte ich einen mächtigen Schüttelfrost und konnte kaum sprechen. Als jedoch wenig später unten in der Halle meine beiden Tschiepichen Hand in Hand auf mich zukamen, fiel eine ungeheure Last von mir ab und ich fühlte mich erlöst. Beide waren um einen Kopf größer geworden und trugen lange Zöpfe; streng geflochten und gekämmt kamen sie strahlend auf mich zu und sagten bloß: ‚Mama!' Ich hatte mir vorgenommen, nicht zu weinen, sondern nur zu lachen. Und das tat ich auch. Wir umarmten uns alle drei, hielten uns fest, lachten und freuten uns.

‚Endlich! Endlich seid ihr da, meine lieben Tschiepichen, meine Vögelchen!' Wir kauften gleich was Leckeres zum Essen und Trinken, bissen und kauten, schmatzten und quatschten. Es war, als hätten wir uns erst gestern getrennt!

Inzwischen war ich am Staatstheater Karlsruhe, einem der größten Opernhäuser der Bundesrepublik, engagiert. Wir bewohnten eine nette Dreizimmerwohnung. Meine Eltern bezogen eine Zweizimmerwohnung. Mit übermenschlicher Anstrengung versuchte ich meine Familie zusammenzuhalten. Doch alles ging schief. Meine Eltern erkannten gleich, wes Geistes Kind Egon war, und hackten nicht nur auf ihm herum, sondern beschimpften auch mich. Meine Mädchen standen natürlich auf meiner Seite. Eltern und Ehemann waren schlimmer noch als Katze und Hund. Aus dem Grund konnte ich mich mit den Eltern auch nicht mehr verstehen. Meine Töchter – solidarisch mit mir wie immer – machten Front gegen ihre Großeltern. Egon trank, verursachte Unfälle, verschwand oft spurlos, indem er sich tagelang bei fragwürdigen Männern aufhielt, und verlor einen Job nach dem andern. Mittendrin, zwischen den drei Parteien, stand ich als Vermittlerin und hätte ein Stück von meinem Leben hergegeben, hätte ich meine Familie nur irgendwie in Harmonie bringen können. Das Theater verlangte von mir verständlicherweise einen 100%igen Einsatz. Jeder wollte von mir ganze 100 %: meine Kinder, das Theater, mein Mann, meine Eltern! Das Ergebnis war, dass ich regelmäßig auf der Bühne zusammenbrach. Dem folgte ein totaler Nervenzusammenbruch mit wochenlangem Krankenhausaufenthalt.

Kaum war ich genesen, erdreistete sich Egon, ohne mein Wissen 5000 DM vom gemeinsamen Konto abzuheben, was ich bereits erwähnte, sodass unser Konto arg überzogen war und ich von der Bank kein Geld mehr für den Lebensunterhalt erhielt. Kurz darauf baute mein alkoholisierter Mann – mit mir als Beifahrerin – einen bösen Autounfall, wonach ich wieder drei Wochen im Krankenhaus lag. Ich weiß nicht, wie meine Kinder diese Zeit überlebten, doch sie taten es! Meine Eltern waren weit davon entfernt, ihre Hilfe anzubieten; sie wollten einfach ihre Ruhe. Somit kann ich es der Theaterleitung nicht verdenken, dass sie mich loswerden wollten. Mein Vertrag wurde nicht mehr verlängert.

Nachdem ich mich etwas erholt hatte, ließ ich alles stehen und liegen, fuhr nach Graz und machte am Opernhaus ein gelungenes Vorsingen. Ich erhielt sofort einen Vertrag, nicht ohne meine Bedingung, dass Egon auch einen Arbeitsplatz im Malersaal, bei der Herstellung der Requisiten, erhalte. Das Theater stellte mir eine große Dreizimmerwohnung zur Verfügung; ich war glücklich!

Ich muss unbedingt erwähnen, dass das Grazer Opernhaus eines der schönsten Theater Europas ist. Als ich auf die Bühne trat und der Zuschauerraum hell erleuchtet vor mir lag, verschlug es mir so den Atem, dass ich die ersten Töne nur mit Mühe herausbrachte. Sitze, Ränge und Brüstungen im Rokokostil, goldfarben und rot, die Sessel mit rotem Samt überzogen. Ich war hingerissen und wusste, ich würde dieses Haus immer lieben. Auch herrschte im Opernhaus eine außergewöhnlich nette Atmosphäre, ich lebte mich schnell ein und fühlte mich sehr wohl. Alles hätte so gut laufen können, wenn … ja, wenn …

Schon zweimal hatte Egon versucht vom Alkohol loszukommen, war jedoch immer rückfällig geworden. Und gerade diese Rückfälle waren verheerend! Tragödien! Katastrophen! Vom Theater war ihm schon nach kurzer Zeit gekündigt worden und er lag mir, wie so oft, auf der Tasche. Trotzdem trank er weiter und brachte die fragwürdigsten (schwulen) Freunde nach Hause.

Können Sie sich vorstellen, dass es Tage gab, an denen ich kein Geld mehr besaß, um meinen Kindern etwas Essbares anzubieten? Oder dass ich mir für den Krankenhausaufenthalt wegen meiner Gallenoperation Nachthemd und Morgenrock von meiner Tochter ausleihen musste, weil ich nichts dergleichen mehr besaß? Natürlich waren die Sachen zu klein und ich sah darin lächerlich aus. In Ermangelung von Hausschuhen lieh ich mir Christinas Holzpantinen. Sie passten zwar, machten jedoch einen höllischen Lärm auf den Korridoren des Krankenhauses. Wie mag ich ausgeschaut haben in einem zu engen und zu kurzen Morgenrock und den gelben, klappernden Holzpantinen?"

„Entschuldigen Sie, Elena, wenn ich Ihnen jetzt doch mal hineinrede!" Mary schien ganz aufgeregt, ja empört. „Mit Mühe habe ich mich bisher zurückgehalten, doch die Frage muss endlich auf den Tisch: Wieso um alles in der Welt haben Sie diesen Kerl nicht längst auf die Straße geworfen? Sie mussten doch an Ihre Kinder denken!"

„Sie haben vollkommen Recht, Mary! Wenn ich das jedoch getan hätte, wäre er sofort im nächsten Straßengraben umgekommen, das hätte ich dann wiederum nicht verkraften können. Mit seinem Charme, seinen Versprechungen und Bitten um Hilfe kriegte er mich immer wieder so weit, dass ich nach jeder Katastrophe dachte: ‚Das ist nun das letzte Mal'. Außerdem betrachtete ich es – als gläubiger Mensch – als meine Lebensaufgabe, aus diesem Unmenschen einen Menschen zu machen. In nüchternem Zustand war Egon kein schlechter Kerl, war hilfsbereit und unterhaltsam, kochte gerne und wir unternahmen schöne Ausflüge. An diese wenigen Tage klammerte ich mich wie an einen Strohhalm und flehte zu Gott:

‚Hilf mir, dass ich ihm helfen kann!'

Die meiste Zeit war Egon jedoch wegen des Alkohols so gut wie unansprechbar, ein Halbidiot! In dieser Zeit lernte ich Frau Zemann kennen, eine hochgebildete Frau, ein wandelndes Lexikon. Sie war verwitwet, hatte Zeit und besuchte mich wöchentlich. Stundenlang unterhielten wir uns über Gott und die Welt. Sie riet mir, mich mehr mit dem Buch der Bücher zu befassen, da würde ich auf jede Frage des Lebens Antworten finden. Sie gehörte der ‚Christlichen Weltordnung' an und verfügte über ein enormes biblisches Wissen. Sie war es, die mir beibrachte, dass jeder erwachsene Mensch für sich verantwortlich sei und keinem andern unbegründet zur Last fallen dürfe und dass ich, Elena, keinesfalls irgendwelche Verantwortung oder göttliche Verpflichtung für Egon trüge. Und diese starke, energische Frau, die die Dinge stets sachlich und emotionslos betrachtete, brach eines Tages in Tränen aus: ‚Ich bitte Sie, Frau Schweizer, trennen Sie sich von diesem Mann! Er wird Sie und Ihre Kinder total ruinieren! Sie sind es ja bereits.' Sie trocknete ihre Tränen und betrachtete mich besorgt. Wir saßen beide am Esstisch und weinten. Sie schien untröstlich: ‚Frau Schweizer, ich flehe Sie an: Knien Sie nieder und bitten Sie Gott um Hilfe! Tun Sie etwas! Das geht so nicht mehr weiter! Tun Sie es für Ihre Kinder! Da liegt nämlich Ihre Verantwortung! Nicht bei dem Mistkerl!'

Sie hatte mich wach gerüttelt, mir den Schleier von den Augen entfernt. Doch als ich Egon unterbreitete, dass ich mich von ihm trennen wolle, sagte er kaltschnäuzig: ‚Dann bringe ich dich um! So werden deine Kinder dann auch keine Mutter mehr haben!'

Das war eine neue Sprache! Das offenbarte mir, was er wirklich in seinem Innern für mich und meine Kinder empfand! So sah also der echte Egon aus! Das war eine eiskalte Dusche! Wie Recht meine Freundin doch gehabt hatte! Ihr guter Rat war überaus wertvoll: Ich kniete nieder, um von Gott einen hellen Verstand zu erbitten! Und so wurde mir plötzlich klar, dass ich Egon nur auf ganz raffinierte Weise loswerden konnte, wollte ich am Leben bleiben.

Dass ich allen Grund hatte, seine Drohung ernst zu nehmen, ersah ich aus der Tatsache, dass er bereits kriminelle Delikte verübt hatte. Bei einer Schlägerei hatte er einmal einem Mann schwere Körperverletzung beigebracht. Mit der Kante der flachen Hand hatte Egon dem Unglücklichen so an die Kehle geschlagen, dass seine Stimmbänder für immer zerstört worden waren; dieser Mann kann seither nur noch flüstern und röcheln … Ein zweites, noch schwerwiegendes Delikt, mit tödlichem Ausgang: Auf der Flucht von Rumänien durch Jugoslawien nach Deutschland hatte er einen Mann mit einer Pflugschar totgeschlagen. Egon war nämlich in zwei Wochen Fußmarsch durch ganz Jugoslawien bis an die österreichische Grenze gelaufen, hatte von Rüben, Kohl und rohen Kartoffeln gelebt. Ein serbischer Bauer, dem er verdächtig vorgekommen war, wollte das der Polizei melden, bezahlte es jedoch mit seinem Leben. In einer vertrauten Stunde hatte mir Egon all dieses anvertraut. Der Präzedenzfall war also gegeben. Ich brauchte Egon nur genügend zu reizen, um umgebracht zu werden.

Eines Tages, während eines verzweifelten Gebetes, kam mir die rettende Idee! Egon war ja wieder einmal arbeitslos und das Geld reichte hinten und vorn nicht. Als er spät am Abend – weiß Gott woher – endlich wieder auftauchte, begann ich ihm meinen frisch ausgeklügelten Plan zu unterbreiten. Einleitungen sind in solchen Fällen sehr wichtig und müssen deshalb wirkungsvoll sein, dachte ich mir.

‚Eigentlich jammerschade, dass ich die Witwenrente bei unserer Heirat einbüßen musste! Diese 1600 DM könnten wir ganz schön gebrauchen‘, begann ich. Dann legte ich eine Pause ein, um ihm Zeit einzuräumen, sich die Lust auf dieses Geld auf der Zunge zergehen zu lassen. Obwohl er wieder einmal betrunken war, wurde er bei dem Wort ‚Geld‘ hellhörig.

Ich weiß nicht, wieso unter Alkoholeinfluss sein rechtes Auge stets konstant nach außen schielte, während das linke unentschlossen aus einem Augenwinkel in den andern rutschte. Er hatte seinen Teller schweigend leer gegabelt und beschielte nun seine Wurstenden und Radieschenschwänze nachdenklich bescheuert.

‚Ja, das könnten wir gut gebrauchen.‘

‚Mir kam heute so von ungefähr ein guter Gedanke: Wir könnten uns pro forma scheiden lassen, um meine Witwenrente wieder aufleben zu lassen. Das dürfte natürlich unter keinen Umständen irgendwer aus der Familie oder aus unserm Bekanntenkreis erfahren! Nicht einmal die Kinder! Verstehst du? Die Scheidung wäre eine reine Formsache, damit ich an die 1600 DM herankomme. Stell dir vor, was wir mit dem Geld alles anfangen könnten!‘

‚Bist du dir sicher, dass die Witwenrente nach einer Scheidung wieder aufleben würde?‘

‚Ganz sicher bin ich mir nicht, dafür gibt es aber Rechtsanwälte.‘

‚Geh gleich morgen zu einem Rechtsanwalt! Wenn das so ist, wäre das die Idee!‘

Das brauchte ich nicht, hatte ich mich doch bereits genau erkundigt. Zwei Wochen später waren wir geschieden!“

„Gott sei Dank!“, entfuhr es Eleanor.

„Es war auch höchste Zeit!“, bestätigte Stueder mit lauter Stimme. „Großartig, wie Sie das eingefädelt haben! Doch die Tatsache, dass Ihr Gatte auf Ihren Vorschlag ohne Bedenken einging, spricht gewaltig dafür, dass er Ihnen vertraute!“

„Ja, er vertraute mir.“

„Ich wüsste jetzt nur zu gerne, wie Sie ihn dann auch aus dem Haus hinaus bekommen haben.“ Die energische Mary glaubte wohl an die Austreibungskraft eines Besenstiels oder Nudelwalkers.

Als hätte Elena ihre Gedanken erraten, antwortete sie: „Also mit Hilfe von Küchengeräten, wie Holzlöffel oder Besenstiel, hätte die Austreibung nicht funktioniert.“

„Aber vielleicht mit einem Exorzisten? Die Austreibung eines bösen Geistes wie Egon müsste eine Kleinigkeit sein für einen fachkompetenten Mann Gottes“, witzelte Singer.

„Meine Waffen waren Glaubensstärke und Diplomatie. Dazu kam mir sein geringer Intelligenzquotient zu Hilfe.“

„Das auch noch!“, murmelte Hanna. „Blöd war er also auch!“

„Es ist bekannt, dass der Alkohol die Gehirnzellen zerstört; nun, Egon trank seit seinem 16. Lebensjahr.“

„So ein ungleiches Paar!“, entfuhr es Hanna. „Wie konnten Sie nur diesen Mann heiraten?“

„Aus Einsamkeit, aus Verlassenheit! Kurz nach Nellus Tod befand ich mich unter gänzlich fremden Menschen, in einer total neuen Welt; dazu kam die verzehrende Sehnsucht nach meinen Kindern. Ich hätte weiß Gott wen akzeptiert, nur um nicht mehr allein zu sein! Und vergessen Sie nicht: Er war charmant, acht Jahre jünger als ich, war gut aussehend und hatte anfangs seine Süchte mit Erfolg vor mir verbergen können.

Nach der Scheidung folgte eine ‚Trockenzeit‘ von zehn Monaten, in der Egon sich von einer ungeahnt positiven Seite zeigte. Ich schöpfte Hoffnung, dass er es nun tatsächlich geschafft hatte. Um ihm wieder einmal durch mein Vertrauen Mut zu machen, ging ich auf seinen Vorschlag, ein Restaurant zu übernehmen, ein. Landsleute aus Siebenbürgen – zugleich gute Freunde von mir, die in Bad Goisern ein gut gehendes Hotel führten – wollten uns dabei helfen.

Das Restaurant lag wunderschön am Hallstädter See. Noch einmal wollte ich es mit Egon versuchen. Aus Loyalität für diese Sache kündigte ich mein gutes Engagement am Grazer Opernhaus und zog nach Bad Ischl, bei Bad Goisern, um.“

„Was?!“, rief Dr. Johnson aus. „Sie haben Ihre blendende Stellung am Grazer Opernhaus gekündigt? Elena, Sie sind mir ein Rätsel! Wie kann jemand so diplomatisch und zugleich so gutgläubig bis zur Naivität sein?“, ereiferte er sich.

„Diese Frage stelle ich mir auch schon die ganze Zeit“, bemerkte Singer. „In der Tat, eine seltene Konstellation: Diplomatie und Naivität! Schwer zu verstehen.“

„Es hätte alles so gut gehen können, wenn ... ja, wenn ... Tage bevor wir den Mietvertrag für das Restaurant unterschreiben sollten, wurde Egon rückfällig.“

„Nein!“, entfuhr es Hanna.

„Sternhagelvoll torkelte er mir entgegen, lallte und schielte mich an. Für mich ein beinahe tödlicher Schock! Mit einem Schlag war alles kaputt! Nun saß ich in Bad Ischl, hatte einen wunderbaren Arbeitsplatz, eine Lebensversicherung, aufgegeben. Seine Antwort auf dieses Opfer war jedoch ein derber Fußtritt! Es war nicht nur ein verächtliches, mutwilliges Zertrampeln meiner schönen Karriere in meinem geliebten Opernhaus, sondern auch das unseres neuen Projekts.

Der unmittelbare Anlass für meinen Entschluss, mich endgültig von Egon zu trennen, war der, dass er mir einmal 5000 öS und einmal 2000 öS entwendete. Er hatte einen Job als Kellner im Restaurant der Bergstation auf dem ‚Krippenstein‘ angenommen. Da er noch immer meinen Wohnungsschlüssel besaß, war er in unserer Abwesenheit einfach hereinspaziert und hatte sich bedient. Endlich, endlich sah ich ein, dass bei ihm Hopfen und Malz verloren war. Ich musste mich gänzlich von ihm trennen! Aber wie?

Zwei ganze Jahre hängte er sich noch an meine Fersen, nahm mehrere Jobs als Kellner an, wurde wiederholt gefeuert und flüchtete sich dann immer wieder zu uns. Trinken, Autos kaputtfahren, sich dabei die Knochen brechen, tagelang umherirren! Es hatte sich nichts geändert, es sei denn zum Schlimmeren.

So rief er mich z. B. eines Tages verzweifelt an, er habe sich bei einem Autounfall beide Arme gebrochen und wisse nicht wohin. Natürlich nahm ich ihn auf, bis er wieder fit war und arbeiten konnte. Seine Stellung am Krippenstein verlor er jedoch endgültig, als er eines Tages betrunken in die Bahn gestiegen war und sich plötzlich in München wiederfand. Ohne einen Pfennig in der Tasche machte er sich auf die Beine. Vergebens winkte er auf der Autobahn; einen zwei Meter-Lulatsch, verwahrlost und wenig Vertrauen erweckend, nahm doch keiner mit! Nach drei Tagen Fußmarsch in Badesandalen, verhungert und verdreckt, mit eitrigen Wunden an den Füßen, wurde er von der Salzburger Grenzlpolizei in eine Zelle gesperrt. Er gab meinen Namen an, sonst hatte er ja niemanden … Ich wurde verständigt, machte mich sofort mit einem Taxi auf den Weg und holte die stinkende Jammergestalt ab, was hätte ich sonst tun sollen? Ich kaufte ihm einen Schlafanzug, holte den Arzt und pflegte ihn gesund.

Es war nur noch Mitleid, was ich für ihn empfand, so, wie man für einen räudigen Hund Mitleid empfindet.

Der Gedanke an seine bedauernswerte Mutter beschäftigte mich oft. Sie war Witwe und sie liebte ihn, saß jedoch hilflos in Rumänien. Und dieser fremden Mutter zuliebe wollte ich ihn nicht fallen lassen. Aus diesem Gefühl heraus betete ich immer noch verzweifelt für ihn: ‚Großer Gott, hilf mir, ihm zu helfen!'

Ich hatte ihn ja einmal geliebt. Er tat mir als eine wandelnde Katastrophe, als ein zerstörtes menschliches Geschöpf einfach leid. Großen Halt fand ich unter meinen Freunden der ‚Christlichen Weltordnung', deren Mitglied ich geworden war. Wenn Egon gerade mal bei uns war, nahm ich ihn zu unseren christlichen Versammlungen mit, und ich hatte das Gefühl, es tat ihm gut. War er mal ansprechbar, nutzte ich die Zeit, um mit ihm Gespräche über Gott und sein Wort, die Bibel, zu führen. Immer wieder wies ich ihn auf den Wert dieses Buches hin, mit Erfolg: Er fing an, sich mehr und mehr dafür zu interessieren, hörte wieder auf zu trinken. Mit einem Ehepaar aus meinem Bekanntenkreis freundete er sich an und führte mit ihnen lange Gespräche über Gott und seinen Bestseller, die Bibel. In ihm vollzog sich tatsächlich eine gewaltige Veränderung.

Sollte ich abermals Hoffnung schöpfen, mich wieder an ihn binden? Nein! Meine Kraft war aufgebraucht! Aus, vorbei! Alles, was ich wollte, war, ihm zu helfen, richtig auf die Beine zu kommen, so, wie man einem kleinen Kind das Gehen beibringt, und dann wollte ich ihn allein laufen lassen. Es sah zwar so aus, als ob er es diesmal schaffen würde, doch wer garantierte mir, dass er nicht irgendwann einmal wieder rückfällig werden würde? Keiner! Also musste ich mich räumlich von ihm trennen.

Und wieder zog ich um. Ich hatte am Stadttheater Detmold vorgesungen und einen Vertrag unterschrieben. Für ein größeres Opernhaus war ich mit 46 Jahren bereits zu alt. Mit dieser großen räumlichen Distanz wurde Egon endlich von uns abgeschüttelt. Zwar hatte er es noch einmal versucht, mir zu folgen, doch ich hatte diesmal energisch reagiert. Und siehe da, Sie werden es nicht für möglich halten: Egons Erkenntnisse, die er aus der Bibel gewonnen hatte, brachten eine neue Saite in ihm zum Klingen; er blieb trocken und änderte seine ganze Lebensweise. Um Egons Geschichte hier abzuschließen: Er wurde Butler und Chauffeur bei einem Millionär, heiratete, bekam zwei Töchter und alle seine Familienangehörigen, plus Schwiegermutter, wurden gläubig, wurden Mitglieder der ‚Christlichen Weltordnung'. Und wenn er nicht gestorben ist, lebt er auch heute noch … ohne Alkohol."

„Sie sagen das jetzt so cool daher, liebe Elena, doch ich glaube, kein Mensch kann ermessen, was Sie mit diesem Mann durchgemacht haben!" Eleanor

sprach mit innerer Anteilnahme, beinahe erschüttert. „Mit Ihrer psychischen und physischen Kraft, mit Ihren Nerven, mit Ihrem Herzblut haben Sie diesen Mann gerettet, haben buchstäblich aus einem Unmenschen einen Menschen gemacht. Nur Gott, der Allmächtige, kann das in voller Gänze wertschätzen, kann Ihnen das vergelten."

„Leider, leider waren meine lieben Töchter die Hauptleidtragenden! Ich hatte mir dieses Schicksal, wie auch immer, selbst gewählt, doch meine Kinder waren ja gänzlich unschuldig. Völlig machtlos haben sie unter dem unmöglichen Menschen und den Umständen, die er herbeiführte, leiden müssen! Hätte ich doch die ganze Energie, die ich in Egon investiert habe, meinen heranwachsenden Töchtern geschenkt! Da ich voll berufstätig war, hatte ich sowieso wenig Zeit für meine Familie übrig; und diese wenige Zeit hätte ich ausschließlich meinen Kindern widmen sollen. Erst im Nachhinein wurde mir das richtig bewusst und ich werde mir diese Unterlassungssünde nie, nie verzeihen! Jeder Mensch macht im Leben Fehler, dieser war jedoch mein gröbster Fehler, der unverzeihlichste von allen! Es tut mir unendlich leid!“ Elena hatte im Flüsterton gesprochen. Sie weinte. Jetzt, da sie von Christina und Eleonora so weit entfernt war, empfand sie diese Reue umso schmerzlicher.

„Dass ich zu meinen Töchtern trotzdem immer ein inniges Verhältnis hatte und sie stets zu mir hielten, dass sie mir nie irgendwelche Probleme bereiteten, ist ihrem guten Charakter zuzuschreiben. Ich habe die besten Kinder der Welt! Dadurch, dass ich sie immer als meine allernächsten Vertrauten betrachtete, sie in alles einweihte und oft ihren Rat erbat und schätzte, wurde das Band unserer Liebe fester und fester. Auch in den späteren Jahren, als ich von Theater zu Theater zog, hielten wir zusammen wie Pech und Schwefel. Die ganzen Strapazen der Umzüge und Schulwechsel machten sie mit, jeden Anfang ergriffen sie mit Elan. Ihre Anpassungsfähigkeit wurde gefordert und entwickelt. Sich wiederholt auf neue Umstände einstellen zu müssen, wird von vielen als negativ betrachtet; es sei verwirrend für die Kinder. Dem ist nicht so. Wenn ich Ihnen mal schnell die Definition des Wortes ‚Intelligenz‘ aus dem Meyers-Lexikon vorlesen darf!“ Elena griff eines der dicken Bücher aus dem Regal und las:

„Intelligenz ist diejenige Fähigkeit, die Bewältigung neuartiger Situationen durch problemlösendes Verhalten ermöglicht und somit Versuch-und-Irrtum-Verhalten und das L e r n e n an Erfolgen, die sich zufällig einstellen, entbehrlich macht.“

Elena klappte das große Buch zu und fuhr fort: „Genau diese Fähigkeit haben meine Töchter entwickelt. Sie sind für den Rest ihres Lebens anpassungsfähig, intelligent und charmant. Während meiner Theaterwanderjahre besuchten sie die Gymnasien, dann studierte Christina in Hamburg Theaterwissenschaften, Musikwissenschaften und Kunstgeschichte und machte den Magister. Eleonora studierte in Salzburg Gesang und absolvierte das Mozarteum mit Bravour. Ich habe allen Grund, stolz auf solche Töchter zu sein!

Das Theater in Detmold hatte so seinen eigenen Status: Es fungierte als eine Art Durchgangslager für den Osten. Aus der Sowjetunion, aus Polen, der Tschechoslowakei, Rumänien etc. erhielten die Sänger in Detmold auf alle Fälle ein Engagement. Wenige blieben jedoch länger als ein Jahr. Die Arbeitsatmosphäre glich der eines Konzentrationslagers. Lediglich zum Schlafen verirrten wir uns noch an den heimischen Herd. Im Schnitt hatten wir monatlich 32 Vorstellungen zu bewältigen; im Januar waren es sogar 36! Ich hielt es nur ein Jahr aus, um dann an das Theater nach Osnabrück zu gehen. Nach zwei Spielzeiten wechselte ich 1981 nach Würzburg an die Städtischen Bühnen, ein mittelmäßiges, pflegeleichtes Theater. Wenigstens war es mir gelungen, in meinem ‚fortgeschrittenen' Alter von einem kleinen Theater wie Detmold ins Mittelmaß zu steigen. Im Alter von 50 Jahren musste ich dreimal so gut sein wie meine viel jüngeren Kollegen und Kolleginnen, um mein gutes Image zu verteidigen. Energiegeladen und mit einer fast wilden Freude an meinem Beruf schaffte ich das.

Und dann kam der Sommer 1982! Der Sommer, in dem ich nach dreizehnjähriger Abwesenheit von meinem Heimatland auf Besuch nach Bukarest fuhr. Über diesen Jahrhundertbesuch möchte ich heute jedoch nicht erzählen."

„Schon wieder! Etwas zu verbergen? Eben gerade deshalb möchten wir es erfahren!" Mary, wer denn sonst.

Elena sah man bereits die Müdigkeit an, leise sagte sie: „Ich sagte ‚heute nicht', es würde zulange dauern."

„Okay! Wir begnügen uns damit, wenn Sie uns andeutungsweise verraten, worum es sich bei diesem Besuch handelte." Mary war hartnäckig.

„Ich ahne etwas! Ich ahne etwas!" Eleanor sagte es leise, begleitet von einem romantischen Augenaufschlag. „Und ich bin bereit zu wetten, dass es etwas mit Puiu zu tun hat. Hab ich recht?"

„Sie haben recht! Ich flog nach Bukarest direkt in Puius Arme! Mehr sage ich heute nicht!"

„Oh! Ich platze vor Neugierde! Und wann möchten Sie uns darüber erzählen?" Typisch Mary.

„Ich werde darüber nicht mündlich erzählen, sondern eine außergewöhnliche, glücklich-traurige Lovestory schreiben."

„Und was haben wir von dieser geschriebenen Lovestory, wenn Sie über alle Berge sind? Gar nichts! Es sei denn, Sie versprechen, jedem von uns eine Kopie zukommen zu lassen." Marys Vorschlag fanden alle gut.

„Mache ich gerne. Und wie soll ich die Story betiteln? Ich bitte um Vorschläge!"

„Leidenschaftliche Liebe in Bukarest", war Marys spontaner Vorschlag.

„Klingt banal." Stueder hatte recht.

„Wieder Puiu", war Singers knappe Titelidee.

„Zu trocken." Auch Johnson hatte recht.

„Was würden Sie, Eleanor, vorschlagen?", fragte Elena.

„Traumerfüllung nach 30 Jahren."

„Das gefällt mir! Genau so werde ich die Story nennen: ‚Traumerfüllung nach 30 Jahren!' Jetzt möchte ich aber liebend gerne noch die darauf folgenden zwei Jahre schaffen, und zwar in einem einzigen Satz: Nach weiteren zwei Spielzeiten in Würzburg befand ich mich im Jahre 1984! Ich versprach ja, heute bei diesem Jahr anzukommen. Das wollten Sie doch, meine lieben Freunde!"

„Ja! Genau das wollten wir! Ich habe schwer auf dieses Jahr gewartet, dem Jahr Ihrer Begegnung mit John!" Eleanor rieb sich die Augen. „Frisch bin ich zwar schon längst nicht mehr aber verdammt neugierig."

John ergriff das Wort: „Wenn die Herrschaften erlauben, würde ich nun gerne weitererzählen. Mich an Elenas heiserer Stimme orientierend, rechne ich, dass sie fix und fertig ist. Meine Erzählergabe ist zwar nicht brillant, aber ich werde …"

„… ja, gewiss, John, Sie werden uns auf alle Fälle im Telegrammstil darüber in Kenntnis setzen: Wie und wo auf hier anwesende weibliche Person gestoßen Stopp Wann wo und warum geküsst Stopp", stichelte Singer.

„Das wäre ein totaler Mangel jeglichen Mitteilungsbedürfnisses! Ich muss schon bitten!", wehrte sich John gespielt beleidigt.

„Also, das war so", fuhr John fort. „Ich weiß nicht, warum ich mir eines Abends im August 1983 die ‚Wellington Post' kaufte. Es war ganz und gar nicht meine Zeitung und doch kaufte ich sie mir. Genauso wenig weiß ich, warum ich die Heiratsanzeigen las, wollte ich doch alles andere als heiraten. Wenn das nicht Schicksal war! Offensichtlich sollte ich unbedingt Elenas Heiratsanzeige lesen!"

„Heiratsanzeige? Elenas Heiratsanzeige, sagten Sie?" Stueder war fassungslos.

„Ja, Heiratsanzeige! Elenas Heiratsanzeige! Oder haben Sie was gegen Heiratsanzeigen? Mir hat eine Heiratsanzeige eine wunderbare Frau aus Deutschland hierher gebracht. Was dagegen?"

„Nur zu, John! Keiner hier hat etwas gegen Heiratsanzeigen!", sagte Dr. Johnson.

„Also, Sie lasen an besagtem Abend Elenas Heiratsanzeige, das haben wir kapiert. Und dann?" Marys Worte trieften vor Ironie.

„Genau! Ich las an jenem Abend im August Elenas Heiratsanzeige."

„Okay! Okay! Mein Gott! Bei Ihrem Tempo sitzen wir morgen noch hier und hören das wohl strapazierte Wort ‚Heiratsanzeige' noch hundertmal." Stueder wurde nervös.

„Elenas Heiratsanzeige", fuhr John mit einer Ochsenruhe fort, und wurde endlich nicht mehr unterbrochen, „war nett und charmant. Sie gefiel mir so sehr, dass ich gleich antwortete. Ich unterließ es jedoch nicht, klarzustellen, dass ich nicht die Absicht hatte zu heiraten."

„Wieso haben Sie dann geschrieben? Versteh' ich nicht", bemerkte Mary.

„Ich auch nicht. Trotzdem tat ich es. Und trotzdem antwortete mir Elena, obgleich ich mich klar geäußert hatte, dass ich nicht heiraten wollte."

„Ja. Und dann?" Stueders Geduld schien am Ende.

Elena mischte sich ein: „Dürfte ich vorweg eine Sache klären? Die Frage, die im Raume steht, wieso ich als Deutsche eine Heiratsanzeige in ein neuseeländisches Blatt setzte, möchte ich beantworten. Zwei Dinge hatte ich mir in den Kopf gesetzt:

1. nach Neuseeland auszuwandern,
2. zu heiraten.

Warum also nicht zwei Fliegen mit einer Klappe schlagen?"

„Alles klar, Elena! Das nenne ich eine Frau, die weiß, was sie will", fand Stueder.

„Aber wieso antwortet eine solche Frau ausgerechnet einem erklärten Heiratsmuffel! Versteh' ich nicht. Wie viele Antworten haben Sie damals auf Ihre Anzeige erhalten? War da kein Heiratsfreudiger dabei?"

„Doch! Es waren zwölf Heiratswillige und ein Heiratsunwilliger. Letzterer gefiel mir eben am besten. Ich hatte mich schon gleich in sein Foto verliebt und ganz besonders in seine ehrlichen, humorvollen Briefe", erklärte Elena mit einem verschmitzten Lächeln.

„Ich denke, i c h sollte doch weitererzählen, oder?", beschwerte sich John. „Also mir ging es genauso. Ein tolles Foto, einige nette Briefe und ich wusste: Das ist die Frau, die ich lieben werde."

„Ja, du schriebst mir damals: ‚Something in my inside tells me, we will like each other!' und das gefiel mir außerordentlich", ergänzte Elena.

John fuhr fort: „Acht Monate flogen unzählige Briefe über die Ozeane. Im April 1984 kam Elena dann endlich nach Neuseeland. Sie hatte sich in einem Motel in Wellington einquartiert und ich besuchte sie dort."

„Wie? Sie haben Sie nicht vom Flughafen abgeholt?", entrüstete sich Dr. Johnson.

„Ich lebte damals noch mit meinen drei Söhnen zusammen und so unterdrückte ich dieses Verlangen. Meine Jungs hätten das nicht verstanden. Wie auch immer, es war ein Samstagvormittag, als wir uns in der Rezeption gegenüberstanden. Als ich Elena auf mich zukommen sah, dachte ich: ‚Toll! Klasse Weib! Genau wie auf den Fotos!' Und sie fand mich auch nicht übel, das sagte mir das Blitzen in ihren dunkelbraunen Augen. ‚Na ja', dachte ich mir, ‚die besten Voraussetzungen! Es kann also losgehen.' Aber wie sollte es losgehen? Sieben Jahre war ich alleinerziehender Vater gewesen und hatte keine Frau mehr angerührt; ich hatte vergessen, wie man mit dem schönen Geschlecht umgeht. Von Elena wusste ich, dass sie auch genau sieben Jahre mit ihren Töchtern allein gelebt hatte, dementsprechend stellten wir uns beide wie Teenager an. ‚Das Beste ist, den Dingen ihren freien Lauf zu lassen!', dachte ich mir. Wir lächelten und lachten viel, wir erzählten kleine und große Geschichten, als hätten wir uns immer schon gekannt. Es war eine totale Übereinstimmung auf allen Ebenen, die absolut gleiche Wellenlänge. Es war herrlich! Wir schlenderten durch die Stadt, tranken Kaffee, besuchten den Botanischen Garten und setzten uns dann ins Auto in Richtung Wanganui.

Jeder von Ihnen kennt die Straße, wenn man Wellington hinter sich gelassen hat: Wie sie da von den Hügeln steil zum Meeresufer hinabfällt, als wollte sie gleich im Meereswasser ertrinken, und wie sie sich dann verspielt die Küste entlangschlängelt, versetzt sie mich jedes Mal in ein Hochgefühl. Dieser fantastische Ausblick: auf der linken Seite das Meer, auf der rechten die felsigen Hügel – einmalig!

Die Sonne schien, der Himmel und das Meer waren tiefblau, wir zwei saßen schweigend, doch mit klopfendem Herzen im Auto, lächelten uns an und fühlten, dass etwas Ungewöhnliches mit uns geschah."

„John, darf ich hier bitte etwas anfügen?", bat Elena und fuhr dann fort:

„Ja, unsere erste Fahrt war unvergesslich schön! Ich betrachtete dich von der Seite, wie du da entspannt am Steuer saßest und lächeltest, und plötzlich fühlte ich mich dir auch innerlich so nahe! Ich lehnte mich zurück, streckte die Beine aus, verschränkte die Hände hinter meinem Nacken und flüsterte mir selber zu: ‚Ich bin am Ende meiner Suche angelangt!‘ In dem Augenblick schautest du mich an und fragtest mich: ‚Happy?‘ Und ich sagte nur: ‚Yes!‘ und lächelte glücklich. Es war die Erfüllung!“

„Ja! Auch nachher benahmen wir uns so natürlich! Alles, was wir taten, war ehrlich und wie selbstverständlich“, fuhr John fort. „Wir verfolgten die Straße bis Waikanai, wo wir im Restaurant meiner Freunde Rosemary und Robin Gordon Mittag aßen. Dann ging's weiter. In Wanganui besuchten wir den wunderschönen Park mit dem Botanischen Garten und dem See; und hier geschah es: Irgendwann am Seeufer unter den Bäumen standen wir uns plötzlich gegenüber, sahen uns schweigend an und küssten uns. Es war das Natürlichste von der Welt, dass wir uns in den Armen lagen. Hand in Hand schlenderten wir weiter durch den Park. Ist es daher verwunderlich, dass wir abends im Motel bloß ein Zimmer mit Doppelbett mieteten? Nein, auch das war das Natürlichste von der Welt!“

„Und vielleicht deshalb so unvergesslich schön!“, ergänzte Elena verträumt.

„In diesem Hochgefühl der Liebe auf den ersten Blick verbrachten wir drei Wochen. Elena wohnte mit uns in meinem Haus im Gartencenter in Levin. Wir machten noch einige traumhafte Ausflüge in die Umgebung; Elena war hingerissen vom neuseeländischen Busch mit seiner Pflanzenwelt und den exotischen Vögeln. Immer wieder sagte sie zu mir: ‚Ihr wisst gar nicht, wie schön eure Heimat ist!‘ Leider musste sie am Ende dieser flitterigen Wochen zurück nach Germany, nicht ohne das Versprechen zurückzulassen, so bald wie möglich wiederzukommen. Im August war sie wieder hier. Und so ging das Hin und Her einige Jahre über die großen Wasser. Am Horizont zeigte sich zwar ein verräterisches Blinken, ein Zwielicht, das unser Glück infrage zu stellen schien, doch wir waren zu sehr mit uns beschäftigt, als dass wir jenen blassen Schimmer wahrgenommen hätten. ‚We will find a way!', war unsere Devise.

Elena war überaus aktiv und füllte bald das Haus mit Gesangsschülern, Gitarre-, Flöte- und Akkordeonschülern. Mit den Eltern der Schüler gewannen wir zugleich Freunde, wir organisierten Hauskonzerte und hatten eine Menge Spaß. Elena wurde Mitglied der Musik-Society, komponierte ununterbrochen Lieder und sang einige Weltpremieren in den Konzerten in Levin. Dadurch wurde sie schnell bekannt und beliebt. 1987 bekam sie dann das Angebot, in der Massey-University in Palmerston-North Deutsch zu unterrichten. Natürlich war sie sehr stolz darauf. Wir zogen nach Palmerston um, was wir unabhängig von dem Angebot sowieso im Sinn hatten. Seither leben wir hier, haben Sie, meine Freunde, kennengelernt und fühlen uns sehr wohl in diesem netten, beschaulichen Städtchen."

„Die Sympathie beruht auf Gegenseitigkeit", sagte Eleanor in einem netten, warmen Ton. „Sie beide bedeuten für diese Stadt eine Bereicherung. Sie, John, als Landespräsident der iIliterature-Society, haben auf dem Gebiet der Bekämpfung des Analphabetentums in diese Stadt erst richtig Schwung hineingebracht! Und was wären die Kultur- und Music Societies ohne Sie, Elena? Umso mehr bedauern wir, dass Sie Neuseeland verlassen wollen!"

Es war Viertel nach drei Uhr am Morgen. Die kleine Zuhörerschaft hatte nun sechs Stunden in ihren Sesseln verbracht. Singers Kopf lehnte weit nach hinten und sein sonst so kritisches Sprechorgan gab nur noch ganz gemeine Töne von sich, was sich wie pfff … rrrr … chra … chra … anhörte. Verlegen rüttelte ihn Eleanor an der Schulter. Mary ließ sich ihre Müdigkeit nicht anmerken und lächelte mit ihren munteren, braunen Augen in die Runde.

Hanna saß ganz nachdenklich da, sie schien überhaupt nicht müde zu sein, ihr Blick war hellwach, als sie sagte: „Was wir in dieser Nacht gehört haben, war sehr interessant. War es nicht die letzte Sequenz eines Kreises?"

Mary sah ihre Nachbarin an und fragte: „Was wollen Sie damit sagen?"

„Ich glaube zu begreifen, was Sie meinen, Hanna", sagte Dr. Johnson verschwörerisch.

„Elenas Lebensgeschichte beginnt ja mit dem Prolog, den sie 1986 in Neuseeland schrieb", fuhr Hanna fort. „Ich erinnere mich genau an diese Lesung im Goethe-Institut. Der erste Satz lautete doch: ‚Stress und Hektik, Probleme und Sorgen, Ernüchterungen und Enttäuschungen, das alles hatte sie über Bord geworfen …' Stimmt's?"

„Stimmt genau."

„Nun, von 1986 bis jetzt hat Elena in mehreren Rückblenden ihr Leben Revue passieren lassen. Die ersten Rückblenden griffen tief in die Vergangenheit hinein, die folgenden näherten sich dann von Mal zu Mal mehr der Gegenwart, bis die letzte Rückblende in das Jahr 1986 einfloss, das Jahr, in dem Elena mit ihrem Prolog begann", versuchte Hanna zu erklären. „Die letzte Rückblende – ich meine die, die wir heute gehört haben – hört dort auf, wo der Prolog beginnt, im Jahre 1986. War das etwa nicht die letzte Sequenz eines Kreises?"

„Mit viel Fantasie kann man es so nennen. Ich meine, die geometrische Figur, die zu Elenas Lebensbeschreibung passen soll, muss noch erfunden werden", witzelte Dr. Johnson.

Kein Wunder, dass den komplizierten Überlegungen über Geometrie und Biografie keiner mehr so richtig zu folgen vermochte. Singer schlief schon wieder, Eleanor rieb sich die Augen, Mary gähnte durch die Nase, doch Stueder bemühte sich gar nicht, seinen gähnenden Mund mit der Hand abzudecken. Das hatte Ansteckungskraft: Ein herzerquickendes allgemeines Gähnen mit einem Chor verschiedenster hoher und tiefer Töne erfüllte den Raum. Im Kamin lag nur noch ein Häufchen Asche, keiner hatte mehr Holz nachgelegt.

„Zeit fürs Sandmännchen!" Dr. Johnson erhob sich fröstelnd. „Kommt! Lasst uns heimgehen!"

Ganz Gentleman, hielt John den Damen die Mäntel und Jacken. Fröstelnd schlüpften sie hinein und verabschiedeten sich schlaftrunken, so gut sie konnten. Als sie bereits am Gartentor waren, kehrte Eleanor um und umarmte die Gastgeberin: „Elena, haben Sie vielen Dank für diese unvergessliche Nacht! Ich wünsche Ihnen von Herzen alles Gute für Deutschland! Vergessen Sie uns nicht! Und schreiben Sie bitte recht bald, ich meine, bevor Sie abfliegen, das Intermezzo ‚Traumerfüllung nach 30 Jahren'! Wir warten darauf."

Gähnend und mit großer Anstrengung lächelnd, wünschten alle Elena viel Glück für die weitere Zukunft, baten sie noch, unbedingt zu schreiben, und entschwanden nacheinander in der Dunkelheit.

Die Autorin

Katharina Zerbes-Margineanu wurde 1932 geboren und verbrachte ihre Kindheit in den Bergen der Karpaten Rumäniens im Hotel ihrer Eltern. Nach Abschluss der Lehrerinnenbildungsanstalt in deutscher Sprache war sie vier Jahre als Lehrerin tätig. Nach einem Gesangsstudium heiratete sie ihren Gesangslehrer. Ein Jahr nach seinem Tod, 1969, flüchtete sie nach Deutschland und trat als Sängerin in mehreren Opernhäusern auf. Anschließend, 1984, lebte sie acht Jahre in Neuseeland, unterrichtete dort Deutsch an einer Universität. Seit 1992 lebt sie wieder in Deutschland. Aus ihrer Ehe mit ihren ehemaligen Gesangslehrer, Ioan Margineanu, hat sie zwei Töchter und fünf Enkelkinder.